100
PREGUNTAS
SOBRE DIOS

MANUAL DE APOLOGÉTICA PRÁCTICA
PARA EL SIGLO XXI

ANTONIO CRUZ y JUAN VALDÉS

Editorial CLIE
www.clie.es

EDITORIAL CLIE
C/ Ferrocarril, 8
08232 VILADECAVALLS
(Barcelona) ESPAÑA
E-mail: clie@clie.es
http://www.clie.es

100 PREGUNTAS SOBRE DIOS
ISBN: 978-84-19055-56-9
Depósito legal: B 14930-2023
Teología cristiana - Apologética
REL067030

Impreso en Estados Unidos de América / *Printed in the United States of America*
23 24 25 26 27 LBC 5 4 3 2 1

Acerca de los autores

Antonio Cruz Suárez nació en Úbeda, Jaén, España. Se licenció y doctoró en Ciencias Biológicas por la Universidad de Barcelona. Es Doctor en Ministerio por la "Theological University of America" de Cedar Rapids (Iowa, Estados Unidos). Ha sido Catedrático de Bachillerato en Ciencias Naturales y jefe del Seminario de Experimentales en varios centros docentes españoles de secundaria, durante una treintena de años. Ha recibido reconocimientos de la Universidad Nacional Autónoma de Honduras; Universidad Autónoma de Yucatán (México); Universidad Mariano Gálvez de Guatemala; Universidad Nacional de Trujillo (Perú); Facultad de Ciencias Biológicas de la Universidad Nacional Mayor de San Marcos, en Lima (Perú); Universidad Católica de Asunción (Facultad de Ciencias de la Salud de Asunción y Facultad de Ciencias Químicas, Campus Guairá, Paraguay) y Universidad San Carlos de Guatemala. Ganó durante dos años consecutivos (2004 y 2005) el "Gold Medallion Book Award" de la "Evangelical Christian Publishers Association" de los Estados Unidos, al mejor libro del año en español. Fue honrado con la Medalla del "Consell Evangèlic de Catalunya" correspondiente al año 2019. Es presidente fundador de la Sociedad de Apologistas Latinos (SAL) con sede en los Estados Unidos y profesor de apologética en la Facultad Internacional de Teología IBSTE de Castelldefels (Barcelona). Ha publicado una veintena de libros, más de mil artículos de carácter apologético en la web *www.protestantedigital.es* e impartido seminarios, conferencias y predicaciones en centenares de iglesias, universidades e instituciones religiosas de España, Canadá, Estados Unidos y toda Latinoamérica.

El Dr. **Juan Valdés** ha trabajado arduamente en el campo de la educación y especialmente con la juventud durante los últimos 30 años, con especialidades en filosofía, apologética y teología. El Dr. Valdés ha desarrollado estudios posgrado en Trinity Evangelical Divinity School, tiene Maestrías de Liberty Baptist Theological Seminary y de Logos

Graduate School además de un Doctorado en Apologética de Southern Evangelical Seminary. El Dr. Valdés ha dedicado la mayor parte de su carrera académica al área de Apologética. Además, enseña Teología, Biblia, Filosofía y Apologética a nivel universitario tanto en inglés como en español. El Dr. Juan Valdés es un reconocido conferencista internacional, y comparte regularmente en seminarios, convenciones, conferencias de pastores, eventos de jóvenes, campamentos, conferencias de apologética, además de eventos en iglesias locales. Actualmente es uno de los directores de la Sociedad de Apologistas Latinos y Conferencista con el ministerio Reasons for Hope en los Estados Unidos.

Índice

RELIGIONES

FILOSOFÍA

CIENCIA

BIOÉTICA

CONCLUSIÓN

Introducción

La palabra *apologética*, que procede del sustantivo griego *apologia* (defensa verbal) y del verbo *apologeomai* (defenderse), la utilizaban sobre todo los filósofos griegos de la antigüedad y los juristas para referirse a la defensa que ellos hacían de sus puntos de vista. Cuando los cristianos eran encarcelados a causa de su fe, la *apología* era también la *defensa* de su causa en el proceso judicial. A veces, como se evidencia en los escritos del apóstol Pablo, esta defensa se convertía en una posibilidad para dar testimonio público de su fe y proclamar el evangelio de Jesucristo: *Varones hermanos y padres, oíd ahora mi defensa ante vosotros* (Hch 22:1).

En el Nuevo Testamento, el concepto de "defensa" (apología) aparece en unas 18 ocasiones. El apóstol Pedro se refiere a "presentar defensa con mansedumbre y reverencia" (1 P 3:15). Pablo habla de "derribar argumentos y toda altivez que se levanta contra el conocimiento de Dios" (2 Cor 10:5). Judas dice que debemos "contender ardientemente por la fe una vez dada a los santos" (Jd 3). En general, los cristianos primitivos defendían su mensaje frente a los ataques externos del paganismo o del ateísmo y también frente a los internos como las herejías y desviaciones de la doctrina bíblica que surgían en el seno de las iglesias. En los siglos XVIII y XIX, dos teólogos alemanes, Jacob Planck (1794) y Friedrich Schleiermacher (1811) le dieron a la apologética el rango de ciencia teológica y posteriormente en España, la Real Academia de la Lengua Española la reconoció como tal. Actualmente la apologética se considera una ciencia que expone las pruebas y fundamentos de la verdad de la religión cristiana. Pero, desde luego, no se trata de una ciencia empírica o demostrable como la biología o la física, sino más bien de una disciplina relacionada con el misterio que rodea todo lo divino.

La apologética es inseparable del mensaje cristiano. La Biblia dice que por causa de la Caída este mundo vino a ser parte del reino del maligno, por tanto, es lógico que en él, el mensaje divino tenga que mantenerse constantemente a la defensiva. La apologética aflora por toda la Escritura. El mensaje de los profetas tenía carácter apologético. Apologética hizo Juan el Bautista. Apologéticos fueron los planteamientos de Jesús ante los escribas y fariseos. En fin, los escritos del N.T., tanto los Evangelios como las Epístolas, tienen un carácter netamente apologético. Sin embargo, el apologeta no debería olvidar que las palabras, las ideas y las explicaciones son pobres intentos de justificar algo que no tiene cabida en categorías racionales. La fe será siempre algo imprescindible para acercarse a Dios.

A diferencia de lo que sucede con la doctrina, la apologética no es algo definitivo y permanente sino que evoluciona a lo largo del tiempo. Cambia según las épocas, puesto que los ataques a la fe presentan características distintas. Hoy, la apologética pretende responder a las objeciones intelectuales de carácter científico o filosófico que plantean aquellos que no son creyentes y que dudan o dificultan el desarrollo de la fe cristiana. De ahí que el presente trabajo se haya diseñado pensando sobre todo en cien cuestiones puntuales que tienen que ver no solo con la teología cristiana sino también con otras religiones, así como con la filosofía, la ciencia y la bioética contemporáneas. Se trata de preguntas, muchas de las cuales son habituales en los coloquios que los autores vienen realizando desde hace bastantes años en sus conferencias. Las imágenes que aparecen en cada pregunta son fotografías de Antonio Cruz. El libro se ha dividido en seis secciones: teología, religiones, filosofía, ciencia, bioética y una conclusión evangelística. Cada uno de los dos autores ha escrito 50 preguntas que se reparten en estas seis secciones.

La presente obra es pues una síntesis de respuestas apologéticas, hechas desde la fe cristiana, a las principales inquietudes que se dan en la actualidad acerca de la existencia de Dios y de otros muchos temas colaterales. Es el deseo de sus autores que este libro pueda servir como herramienta apologética en la extensión del reino de Dios.

Terrassa, Barcelona, España, julio de 2022

ANTONIO CRUZ
Dr. en Ciencias Biológicas por la Universidad de Barcelona
Dr. en Teología por la *Theological University of America* de
Cedar Rapids (Iowa)

Miami, Estados Unidos, julio de 2022

JUAN VALDÉS
Apologista graduado del *Southern Evangelical Seminary* (SES).
Ejerce su ministerio, tanto en español como en inglés, en los EE. UU.,
Latinoamérica y Asia.

Teología

¿Quién creó a Dios?

A. Cruz

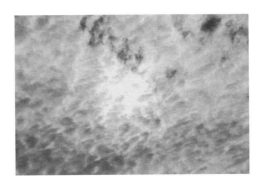

"Abuelo, ¿quién hizo a Dios?", me preguntó de repente mi nieto Bruno de cinco años. Por supuesto, no era la primera vez que algún nieto me hacía esa misma pregunta. "Nadie", le respondí. "¿Nadie?", me replicó, a la vez que seguía inquiriéndome con la inocente mirada de sus grandes ojos. ¿Por qué será que, en ocasiones, las mejores cuestiones las suscitan los niños pequeños?

"A Dios no le creó nadie porque siempre existió", proseguí con mi respuesta. Aunque no estaba muy seguro que la mente de un niño de cinco años estuviera preparada para entender el concepto de la eternidad de Dios, no obstante, continué con mis reflexiones. "Mira, Bruno, todas las cosas que tienen un principio –como todos los seres de este mundo– necesitan algo o a alguien que las haya hecho o que sea la causa de ellas. Pero como Dios no tuvo ningún principio, no necesita ser creado. Por tanto, nadie creó a Dios". "¡Ah, vale, ya lo entiendo!", me dijo y se marchó corriendo para seguir jugando a la pelota con su hermana Zoe.

Si existe un Dios que no tiene principio –tal como dice la Biblia– es absurdo preguntarse por quién le creó. ¿Quién creó al no creado? Si hubiera sido creado ya no sería Dios. De manera que estamos aquí ante una confusión de categorías. Lo que resulta sorprendente es que tal pregunta se la sigan formulando todavía muchos adultos, incluso reconocidos científicos.

Otra cuestión que suele salir con frecuencia de los labios infantiles es: ¿cómo pudo Dios crear el mundo a partir de la nada? Todos intuimos que de la nada, nada puede salir. Y, desde luego, la observación científica confirma que la nada absoluta no puede crear nada, por mucho que algunos físicos y matemáticos se nieguen en reconocer tal evidencia fundamental. Sin embargo, no es irracional pensar que alguien, como el Dios bíblico, sea capaz de crear algo donde antes no había nada.

La creación *ex nihilo* (de la nada, en latín) no significa que el Creador tomara un puñado de "nada" y a partir de ella elaborara el universo, tal como pensaba Platón. Dios no creó el cosmos a partir de algo que ya existía junto a él. Esto no sería creación *ex nihilo* sino creación *ex materia*, como defendía el dualismo platónico, que creía en la eternidad de Dios y también en la eternidad de la materia. De ahí que Tomás de Aquino en el siglo XIII dijera aquello de que, incluso aunque la materia fuera eterna –algo que él no creía– seguiría necesitando y dependiendo de Dios para su mera existencia, su transformación y la creación del mundo.

Pero tampoco Dios creó el mundo a partir de sí mismo o *ex Deo,* como aseguran ciertos panteísmos. El creador no pudo tomar una parte de sí mismo para crearnos porque, sencillamente, no tiene partes. Él es, por definición según la Escritura, lo absolutamente único. Un ser así infinito no se puede producir mediante la suma de partes finitas por muchas que se le quieran agregar. Siempre existiría la posibilidad de añadirle alguna parte más. De manera que aunque el cosmos fue creado por Dios, no es de su misma sustancia.

En fin, si, como decimos, el mundo no fue hecho a partir de ninguna materia preexistente, ni de la propia esencia de Dios, entonces solo queda la alternativa de que fuera creado a partir de la nada. El creador hizo algo que antes no existía en ningún tiempo ni en ningún espacio. Bueno, en realidad, todo existía en su mente diseñadora. Nosotros ya estábamos presentes en su idea creadora. Preexistíamos en la mente de Dios desde antes de la creación del tiempo, el espacio, la materia y la energía.

Y, si esto fue así, entonces resultan legítimas las preguntas: ¿qué quiere Dios de mí?, ¿con qué finalidad me creó?, ¿qué sentido tiene mi vida para él? Cuestiones que cada cual deberá responder por sí mismo. Teología personal no tan infantil.

¿Hizo Dios el mal?

J. Valdés

El origen del mal ha sido tema de reflexión y debate durante toda la historia del pensamiento humano. La existencia del mal parece irreconciliable con la idea de un Dios benévolo. Una de las expresiones más claras del dilema fue la del escéptico David Hume, quien dice de Dios:

> ¿Quiere él prevenir el mal, pero no puede?, entonces es impotente. ¿Puede, pero no quiere?, entonces es malévolo. ¿Puede y quiere?, entonces ¿de dónde sale el mal?[1]

Hume, al igual que otros pensadores de renombre, argumenta que existe una contradicción entre el Dios de la Biblia y lo que observamos en el mundo natural que él ha creado. El dilema presentado por Hume es conocido formalmente como una paradoja. Una paradoja es "una declaración aparentemente contradictoria que no obstante puede resultar siendo cierta".[2] La paradoja del problema del mal es quizás la más famosa en la Biblia y a la vez una de las piedras de tropiezo principales para muchos. La siguiente ilustración nos ayuda a entender la paradoja de forma visual y muestra que es una paradoja de tres esquinas.[3]

1   David Hume, *Diálogos sobre religión natural*, pg. 149 citado en *Dios, la Libertad, y el Mal* de Alvin Plantinga (Publicaciones Kerigma, 2020), p. 19.
2   Wayne Grudem, *Systematic Theology: An Introduction to Biblical Doctrine* (Grand Rapids: Zondervan, 1994), p. 34.
3   Una paradoja de tres esquinas es aquella en la que hay tres afirmaciones que son aparentemente contradictorias, en contraste con una simple paradoja que involucra solo

Es por tanto un dilema entre tres conceptos: el poder de Dios, su benevolencia y la existencia del mal. Tal pareciera que solamente dos de los conceptos pueden ser ciertos al mismo tiempo, sin embargo, la Biblia claramente establece la veracidad de los tres.

Al responder a la pregunta, ¿hizo Dios el mal?, chocamos de frente con la paradoja. Si respondemos que **sí**, entramos en una contradicción directa con el carácter de un Dios benévolo además del conflicto con lo que la Biblia claramente enseña. En Génesis 1 encontramos que Dios repite múltiples veces que todo lo que había hecho era bueno (Gn 1:4, 10, 12, 18, 21, 25). Y después de haber creado al hombre, declara que todo era "bueno en gran manera" (Gn 1:31). Claramente, el mal no aparece en la creación de Génesis 1-2. Si respondemos que Dios **no** hizo el mal, caemos en una aparente contradicción, ya que Dios lo creó todo. Si Dios no creó el mal, ¿de dónde vino?

El primer paso en formular una respuesta a la pregunta es definir lo que es *el mal*. Típicamente, nuestros intentos de definir el mal terminan produciendo una lista de ejemplos del mal en vez de una definición del mismo. Es muchísimo más fácil dar ejemplos de eventos, enfermedades, personas, actos, pensamientos, etc., que caben cómodamente dentro de los parámetros de lo que todos consideraríamos malo. Pero definir la esencia del mal, la razón por la cual dichos eventos, enfermedades, personas, actos y pensamientos son "malos" es una tarea difícil.

Algunos han dicho que la maldad es una substancia que se apodera de algo y lo daña (como un virus infectando a un animal). Otros piensan que la maldad es la fuerza rival del bien en el universo (como el lado oscuro

---

dos declaraciones. Este tipo de paradoja de tres esquinas es más difícil dado que hay que resolver de forma coherente tres declaraciones.

en la *Guerra de las Galaxias*).[4] Muchos han intentado presentar definiciones, pero estas no se sostienen bajo escrutinio. Quizás la definición de Agustín ha sido la más intelectualmente razonable y emocionalmente satisfactoria hasta el momento. Él pudo razonar que "el mal" no posee estatus ontológico, es decir, el mal no es algo. En su obra magistral *La Ciudad de Dios*, Agustín afirma que el mal "no es otra cosa que lo que nombramos la carencia del bien (*privatio boni*)".[5] Clay Jones añade claridad al tema por medio de una analogía: "Así como la oscuridad se define con relación a la falta de luz, así el pensamiento cristiano a menudo ha definido el mal como la ausencia del bien".[6] Es una palabra que usamos para describir cuando falta algo. El mal es una carencia en algo. Cuando a algo le falta el bien que debe estar presente, eso es malo.

Por ejemplo, si una persona carece de la habilidad de entender que el bien debe estar presente, esto es malo. Si una persona carece de bondad en su corazón o del respeto por la vida humana que debe tener, puede ser capaz de cometer un asesinato o una violación, que son ejemplos del mal.[7] El mal es, en realidad, como un parásito que no puede existir excepto como un hoyo en algo que debería ser sólido.[8]

Una vez definido lo que es el mal, el segundo paso es considerar cómo llegó a ser parte de una creación buena (perfecta). Es precisamente en la perfección de la creación que encontramos una puerta por la cual pudo haber entrado el mal y en efecto entró. Geisler nos propone un silogismo muy útil para entender cómo es posible que el mal llegase a ser parte de una creación perfecta.

1. Dios lo hizo todo perfecto.
2. Una de las cosas perfectas que hizo Dios fueron las criaturas libres.
3. El libre albedrío es la causa del mal.
4. Entonces, la imperfección (el mal) puede surgir de la perfección (no directa sino indirectamente a través de la libertad).[9]

4   Norman Geisler & Ron Brooks, 1995, *Cuando los escépticos pregunten: Un manual de evidencias cristianas* (Unilit, Miami), p. 68.

5   Saint Augustine, *The City of God* (New York: Barnes & Noble, 2006), p. 439. (Traducción del autor).

6   Clay Jones, *Why does God allow evil? Compelling answers for life's toughest questions* (Eugene: Harvest House Publishers, 2017), p. 19. (Traducción del autor).

7   Geisler, p. 70.

8   *Ibid.*

9   *Ibid.*, p. 71.

El propósito explícito de Dios al crear al hombre era crear un ser a su imagen que le amaría a él con toda su mente, con toda su fuerza y con todo su corazón y que a la vez los seres humanos se amasen los unos a los otros con un amor puro. Este tipo de amor, del cual el ser humano es muy capaz, no es posible si el hombre no tiene la verdadera libertad de escoger amar. Un amor a punta de escopeta no es amor genuino. Un amor preprogramado sería como la muñeca que al oprimir un botón te repite continuamente, "*I love you*". Entendemos que eso no es amor.

La libertad nos hace a nosotros responsables por la introducción del mal en un mundo perfecto. Geisler y Brooks presentan un resumen excelente de este punto:

> Dios creó el *hecho* de la libertad; nosotros desempeñamos o realizamos los *actos* de libertad. Dios hizo *posible* el mal; los hombres lo hicimos *real y presente*. La imperfección provino del abuso de nuestra perfección moral en cuanto criaturas libres.[10]

Por último, nos toca responder a la paradoja del problema del mal. La bondad de Dios es incuestionable, como lo es su omnipotencia. Tampoco podemos negar la existencia del mal en nuestro mundo. Por tanto, todo intento de resolver la paradoja modificando o redefiniendo cualquiera de los tres puntos termina violando el sentido claro de la revelación bíblica. La solución a la paradoja no consiste en negar ninguna de las tres afirmaciones, sino en considerar que Dios es muchísimo más que los dos atributos mencionados. Con solo añadirle a la descripción de Dios su omnisciencia, la paradoja pierde toda potencia. Pues si Dios todo lo sabe, ha de saber la mejor manera de crear el universo para lograr sus propósitos, y esto fue precisamente lo que hizo.

Entendemos que Dios no escogió el camino más fácil, sino el camino perfecto para llevarnos desde la creación hasta la vida eterna, paso a paso. Inclusive, el plan de Dios le involucra en el sufrimiento y el mal de la humanidad, ya que Jesús sufrió la crucifixión. Dios no es ajeno a nuestro dolor. Por tanto, tenemos que creer que en su omnisciencia, si hubiese habido otra alternativa mejor, seguro que la hubiese llevado a cabo. También debemos considerar que el mal juega un papel importante en el plan de Dios. Pues cómo conoceríamos el amor incondicional de Dios, su misericordia, la gracia y el perdón en un mundo sin maldad. Eso sí, los días del mal están contados. El plan perfecto de Dios también incluye la derrota final del mal ya que en los cielos y la tierra nuevos el mal no existirá más.

---

10   *Ibid.*, p. 72.

¿Cómo puede Dios ser eterno?

A. Cruz

La comparación entre la idea de "tiempo" y la de "eternidad" constituye uno de los problemas más difíciles de resolver para la teología, la filosofía y la ciencia. Quizás, precisamente porque el conocimiento humano está limitado al tiempo y al espacio. El concepto de eternidad es ajeno a nuestra propia naturaleza material finita, de ahí la dificultad de entenderlo completamente. No obstante, la Biblia habla con un lenguaje popular y sencillo acerca de la eternidad de Dios, afirmando que su existencia es "desde el siglo y hasta el siglo" (Sal 90:2); que "permanecerá para siempre" y que su memoria es "de generación en generación" (Sal 102:12). En el libro de Eclesiastés, se dice que Dios "ha puesto eternidad en el corazón de ellos, sin que alcance el hombre a entender la obra que ha hecho Dios desde el principio hasta el fin" (Ecl 3:11). Y, en el Nuevo Testamento, se afirma también que "para con el Señor un día es como mil años, y mil años como un día" (2 P 3:8).

Estas expresiones pretenden mostrar que la eternidad de Dios trasciende todas las limitaciones temporales humanas; que su infinidad es tal que puede prolongarse hacia al pasado lo mismo que hacia el futuro. De manera que, a pesar de que la divinidad llena el tiempo y se halla presente en cada parte de él, no está limitada al mismo pues lo trasciende. Entre la eternidad (o el no-tiempo) y el tiempo existe pues un contraste fundamental. Si nuestra existencia humana suele dividirse en pasado, presente y futuro, la de Dios sin embargo no puede someterse a semejante división. La eternidad del "Yo soy el que soy" (Éx 3:14) se eleva por encima del tiempo creado, superando todas sus limitaciones, todas las sucesiones de momentos, en un indivisible presente. Agustín de Hipona escribió ya en el siglo V d. C. que el tiempo solo existe dentro del universo creado, pero como Dios está fuera del tiempo, para él sólo habría un continuo presente.

En matemáticas, puede también mantenerse la idea de que los números, y las múltiples relaciones posibles entre ellos, existen como símbolos inmateriales con independencia del tiempo y, por tanto, podría decirse que son eternos. Esto conduciría a la eternidad de las ideas o de una mente universal eterna donde estas existen. De la misma manera, la física cuántica ha puesto de manifiesto la necesidad que tienen las partículas subatómicas materiales de ser observadas por alguna mente inteligente para poder comportarse de una forma u otra. Lo cual indicaría que, al principio, fue necesaria dicha mente cósmica, atemporal y observadora de la materia naciente para crearla. La psicología, por su parte, reconoce la experiencia de tantas personas que han sufrido la muerte clínica y que, después de superarla volviendo a la vida, coinciden en referirse a la eternidad como de una existencia atemporal.

El gran físico, matemático y astrónomo inglés del siglo XVII, sir Isaac Newton, refiriéndose a Dios, escribió: "Él es eterno e infinito, omnipotente y omnisciente; es decir, él permanece desde la eternidad hasta la eternidad; y él está presente desde el infinito hasta el infinito; él gobierna todas las cosas, y sabe todas las cosas que suceden o pueden suceder".[11] Sin embargo, esta manifiesta fe en Dios que caracterizaba a Newton no se da en muchos de sus colegas modernos. Algunos se esfuerzan en proponer hipótesis que hagan innecesaria la creación del cosmos y, por tanto, la del creador. No obstante, hasta el presente, todos los datos aportados por la cosmología apuntan en la dirección de un comienzo de la materia, la energía, el espacio y el tiempo.

La Biblia enseña que Dios, como ser necesario, incausado e inmutable, tuvo el propósito eterno de crear el mundo y a los seres vivos. No hubo ningún cambio en él cuando ese propósito se materializó como un acto de su pura voluntad. Por tanto, la eternidad (el no haber tenido un origen o causa) es uno de sus atributos divinos sin los cuales Dios no sería Dios.

---

11 Newton, I., 1687, *Los Principios: Principios Matemáticos de la Filosofía Natural*, 3ª edición (1726), trad. I. Bernard Cohen y Anne Whitman (1999), General Scholium, p. 941.

¿Es Dios infinito?

J. Valdés

El vocabulario humano es inadecuado a la hora de describir a Dios, ya que se trata de describir un ser que es único y para quien no se encuentra semejanza alguna en el mundo natural. Lo más semejante a él es el ser humano creado a su imagen y semejanza, pero la diferencia entre Creador y criatura sigue siendo abismal. Sin embargo, esta similitud es suficiente para proveernos de una herramienta retórica que nos permite expresar lo que sabemos de Dios. Apelamos a los llamados *antropomorfismos*. Un antropomorfismo es el uso de características humanas (*antropos*) para describir a Dios. Mientras que no perdamos de vista las obvias limitaciones de los antropomorfismos, estos pueden ser una herramienta útil para estudiar al ser más maravilloso de la existencia. Hablemos de la infinitud de Dios.

¿Es Dios un ser infinito? La respuesta depende de cómo definamos la palabra infinito. Hablando en términos matemáticos, tendríamos que responder que no lo es, ya que en ese contexto hablaríamos de un valor mayor que cualquier cantidad asignable. Como bien observó Tomas de Aquino, "finito e infinito pertenece a cantidad y en Dios no hay cantidad".[12] Sin embargo, si definimos la palabra en términos de ontología,[13] hablando de la esencia de Dios, pudiésemos responder que sí es infinito. En este sentido,

---

12   Thomas Aquinas, *Summa Theologica, Pt.1 Q.7 Art. 1* (California: Coyote Canyon Press, 2018), p. 38. (Traducción del autor).
13   "Parte de la metafísica que trata del ser en general y de sus propiedades trascendentales" (RAE).

se utiliza la palabra infinito como sinónimo de eterno. Es decir, Dios no tiene principio ni fin, no es un ser finito, por tanto, es un ser infinito. En este sentido, Dios es el único ser infinito, ya que todo lo demás es creado por él.

En el campo de la teología, el termino *infinito* se usa más ampliamente como sinónimo de *ilimitado*. Esa falta de limitaciones en Dios aplica no solo con respecto al tiempo, sino también a distintos aspectos de Dios que son ilimitados. Erickson amplía este sentido elaborando una lista de aspectos en los cuales Dios es ilimitado. Dios no es limitado con relación al espacio, lo que tradicionalmente llamamos la inmensidad de Dios o su omnipresencia.[14] Dios también es infinito con relación al tiempo, ya que no es limitado en forma alguna por el tiempo.[15] Además, en este sentido Dios es infinito en conocimiento ya que su conocimiento es ilimitado.[16] Esto es lo que tradicionalmente llamamos su omnisciencia. Dios también es infinito (ilimitado) en poder, lo que usualmente llamamos su omnipotencia.[17] Finalmente, al considerar los atributos morales de Dios, hallamos que estos, por ser los atributos de un ser eterno (infinito) tampoco tienen fin. Diríamos que el amor de Dios es infinito. Su santidad, su fidelidad y su bondad son infinitos.

Me parece muy acertada la propuesta de Grudem, quien afirma que "ningún sistema de religión (exceptuando el cristianismo) tiene un Dios que es infinito y a la vez personal".[18] Dios es infinito en el sentido de que no está sujeto a nuestras limitaciones, pero a la vez es un Dios personal que desea relacionarse con nosotros y nos tiene en alta estima. Dios nos creó no solo con la capacidad de relacionarnos con él, sino también con el deseo de hacerlo. La Biblia dice que Dios ha puesto eternidad en nuestros corazones (Ecl 3:11). El hombre anhela conectarse con lo eterno y solo Dios puede satisfacer ese anhelo. Reflexionando sobre esto, Daniel Díaz dice:

> En cuanto a nosotros, todo lo finito es corto. A este lado del cielo, ningún vínculo se va a asemejar a la intimidad con Dios. Nada más, nadie más, puede satisfacer la eternidad que nos arde y que llevamos dentro, sino Aquel que puede amar perfectamente. Solo él.[19]

14   Millard Erickson, *Christian Theology, 2nd ed*. (Grand Rapids: Baker Books, 1998), p. 299. (Traducción y adaptación del autor).
15   *Ibid*., p. 300.
16   *Ibid*., p. 301.
17   *Ibid*., p. 302.
18   Wayne Grudem, *Systematic Theology, 2nd Ed*. (Grand Rapids: Zondervan, 2020), p. 197.
19   Daniel Díaz, "Eternidad" de su blog Atenas y Jerusalén. https://atenasyjerusalen.wordpress.com/2019/09/21/eternidad/

En conclusión, Dios no es un ser finito. Dios es infinito en el sentido de que no tiene principio ni fin. Dios es infinito en cuanto a que no está sujeto a las limitaciones de nuestro mundo natural. Dios es infinito en su esencia, Dios ama infinitamente. Dios es infinitamente bueno, infinitamente fiel e infinitamente santo.

¿Es el Dios de la Biblia un dios tapagujeros o de las brechas?

A. Cruz

Cueva de En-Guedi (Israel).

Algunos darwinistas acusan con frecuencia a los partidarios del Diseño inteligente de buscar explicaciones sobrenaturales para resolver problemas complejos, que más tarde la ciencia solucionará de manera racional. Se les culpa de apelar al "dios tapagujeros" para explicar aquellos enigmas del universo que carecen de solución en ese momento. Ante los fenómenos que no se entienden, siempre se ofrecería la misma respuesta: fue Dios quien así lo hizo y asunto zanjado. Al decir esto, en realidad, se le estaría haciendo un flaco servicio a la religión ya que cuando el conocimiento científico avanza y tales enigmas se resuelven de manera natural, el terreno de Dios retrocedería proporcionalmente. Tal idea del Creador le convertiría en un ser menor que jugaría al escondite con los humanos, ocultándose siempre en los momentáneos huecos del conocimiento humano.

Fue el gran teólogo alemán, Dietrich Bonhoeffer, quien acuñó el concepto del dios tapagujeros, expresando muy bien su idea con estas palabras: "Veo de nuevo con toda claridad que no debemos utilizar a Dios como tapagujeros de nuestro conocimiento imperfecto. Porque entonces si los límites del conocimiento van retrocediendo cada vez más –lo cual objetivamente es inevitable–, Dios es desplazado continuamente junto con ellos y por consiguiente se halla en una constante retirada. Hemos de hallar a

Dios en las cosas que conocemos y no en las que ignoramos. Dios quiere ser comprendido por nosotros en las cuestiones resueltas, y no en las que aún están por resolver. Esto es válido para la relación entre Dios y el conocimiento científico".[20] Ahora bien, según esta definición original del dios tapagujeros, cabe plantearse la siguiente cuestión: ¿comete el Diseño inteligente el error de apelar al dios tapagujeros con el fin de explicar las lagunas del conocimiento científico?

La respuesta a esta cuestión es negativa porque el diseño se deduce de aquello que se conoce muy bien y no de lo que aún se desconoce. En este sentido, sigue perfectamente el criterio de Bonhoeffer al detectar inteligencia en lo que conocemos y no en lo que ignoramos. No es que los investigadores vean diseño inteligente en ciertas estructuras naturales irreduciblemente complejas porque estas han sido poco estudiadas y sean prácticamente desconocidas por la ciencia. Es precisamente al revés. Aquello que motiva a muchos científicos a pensar en un diseño inteligente es el gran conocimiento que poseen de dichas estructuras o funciones. No es lo que no saben sino lo que sí saben.

Darwin y sus coetáneos, al observar una célula bajo sus rudimentarios microscopios, no podían pensar en el diseño real de la misma porque solo veían simples esferas de gelatina que rodeaban a un pequeño núcleo oscuro. Nada más. Pero es precisamente el elevado grado de información y sofisticación bioquímica en las estructuras celulares, descubierto por los potentes microscopios electrónicos modernos, lo que ha hecho posible la teoría del Diseño. No se está apelando a ningún dios de las brechas o tapagujeros. Lo que se propone es que la actividad inteligente puede ser detectada en la naturaleza, de la misma manera que lo es la de cualquier informático que diseña algún programa. Los sistemas biológicos manifiestan las huellas distintivas de los sistemas diseñados inteligentemente. Poseen características que, en cualquier otra área de la experiencia humana, activarían el reconocimiento de una causa inteligente.

Si el razonamiento que propone la teoría del Diseño se fundamentara en el dios tapagujeros, como afirman ciertos evolucionistas, diría cosas como las siguientes: puesto que la selección natural de las mutaciones al azar es incapaz de producir nueva información biológica en el mundo, entonces debemos suponer que el diseño inteligente es la causa de tal información. Sin embargo, no es esto lo que se afirma. Lo que se dice, más bien, es: como la selección natural y las mutaciones aleatorias no pueden producir nueva

---

20 http://usuaris.tinet.cat/fqi/bonho_sp.htm (Dietrich Bonhoeffer, 30 de mayo de 1944, *Cartas y documentos de la cárcel*, editados por Eberhard Bethge, traducidos al inglés por Reginald H. Fuller, Touchstone, 1997).

información, y nuestra experiencia es que solo los agentes inteligentes son capaces de hacerlo, debemos concluir que alguna inteligencia debe ser la causa de la sofisticada información que nos caracteriza a los seres vivos y al resto del universo. Por tanto, el Diseño inteligente es la mejor explicación y tal argumento no se basa en el dios tapagujeros sino en nuestra experiencia positiva de que la información siempre procede de la inteligencia. La deducción de diseño es una solución a la cuestión del origen de la información en el mundo.

Uno de los grandes problemas que tiene planteados actualmente el darwinismo es lo que los paleontólogos han llamado la explosión del Cámbrico. La aparición repentina, desde el punto de vista geológico, de los principales filos o tipos básicos de animales, ocurrida hace más de quinientos millones de años según la escala de tiempo evolucionista. Esto constituye una brusca discontinuidad en el registro fósil, que ya Darwin consideraba como una de las mayores objeciones contra su teoría de la selección natural gradualista. A pesar de que se han propuesto varias teorías alternativas para explicar semejante anomalía, en el sentido de intentar justificar una evolución mucho más rápida de lo que sería normal, lo cierto es que las hipótesis no convencen a todos y el enigma paleontológico perdura. ¿Cómo podría argumentarse la realidad de tal explosión cámbrica, desde el Diseño inteligente?

Si realmente la inteligencia tuvo algo que ver en esta aparición repentina de nuevos organismos sobre la faz de la Tierra, estos deberían presentar características que serían exclusivas de una agencia inteligente. Detalles anatómicos, fisiológicos, bioquímicos y genéticos que únicamente hubieran podido originarse por medio de un plan de diseño previo y no como consecuencia de la casualidad natural. Propiedades propias de una actividad inteligente. ¿Se observan tales cualidades en los organismos cámbricos? Sí, por supuesto, hay numerosos órganos, estructuras y funciones que muestran información compleja y específica.

Lo que sea que haya dado lugar a los seres del Cámbrico tuvo que generar nuevas formas con rapidez, no siguiendo un lento proceso azaroso y gradualista desde lo simple a lo complejo. Hubo que construir complejas estructuras nuevas ya plenamente elaboradas y no solo modificar las preexistentes. Aparecieron repentinamente organismos que poseían complicados circuitos integrados equiparables a los de los actuales robots o computadoras electrónicas. Seres que disponían de una especie de información digital codificada en su ADN y, además, de otra información estructural complementaria que suele llamarse "epigenética". Es decir, toda una serie de factores químicos no genéticos que intervienen en el desarrollo de los organismos, desde la aparición del óvulo fecundado hasta la misma muerte, capaces de modificar la actividad de los genes pero que no afectan a su naturaleza ni alteran la secuencia del ADN. Todo esto supone que aquellos "primitivos" organismos presentaban diversos niveles de información que funcionaba de forma jerárquica, organizada e integrada. Si todo esto es así, resulta posible sospechar que detrás de tal explosión del Cámbrico hubo una causa inteligente. Como resulta evidente, entre este razonamiento y el argumento del dios tapagujeros existe una enorme diferencia.

Cualquier animal fósil del Cámbrico, por pequeño que sea, evidencia en sí mismo un proyecto previo. No es el resultado simplista de la suma de sus partes sino todo lo contrario, un diseño global del todo que condiciona el montaje de los distintos componentes. Los proyectos se conciben generalmente antes de su materialización. Son ideas previas a los objetos materiales o a los seres vivos que determinan. Es posible que al visitar, por ejemplo, la sección de componentes de una planta de vehículos, no veamos ninguna evidencia concreta del proyecto previo. Pero si observamos el producto final de la cadena de montaje, notaremos de inmediato que, en efecto, existe un plan básico de diseño que le da sentido a todo. De la misma manera, la considerable complejidad y especificidad de los organismos vivos, así como la conexión y coordinación entre los distintos niveles de información que poseen, demandan un diseño que solo puede hacerse a partir de la inteligencia.

Cuando no existe en la naturaleza ningún mecanismo o fuerza capaz de explicar el origen de la complejidad de un determinado ser, entonces no queda más remedio que inferir racionalmente y de forma justificada que la causa de su aparición debió ser la inteligencia. Decir, por ejemplo, que algún fenómeno está más allá de la investigación científica puede ser también una afirmación científica. Y esto, insisto, no convierte la tesis del Diseño inteligente en un argumento del tipo del dios tapagujeros porque es la propia naturaleza quien nos ofrece múltiples evidencias que nos permiten deducir, en función de nuestra experiencia, que los organismos solo pueden proceder de una mente inteligente. Es lo que sabemos, y no aquello que desconocemos, lo que nos permite inferir diseño. De manera que la teoría del Diseño no contradice en absoluto el razonamiento de Bonhoeffer ya que no utiliza a Dios como tapagujeros.

Si esto es así, ¿por qué se sigue acusando al Diseño de apelar a una mente inteligente? Pues por una razón muy simple. Se trata de la fe de la ciencia en el naturalismo metodológico que impide concluir que una inteligencia superior haya creado el cosmos. Es la fe que impone la cosmovisión materialista y que obliga a suponer que todo se ha hecho mediante procesos naturales carentes de diseño o previsión. Incluso aunque las hipótesis del Diseño fueran las más lógicas o razonables, habría que rechazarlas porque así lo exige el guion naturalista que empapa hoy la ciencia. Aunque en la actualidad no existan explicaciones naturales para ciertos fenómenos complejos, no importa –se asegura– ya se descubrirán en el futuro. Todas las lagunas o huecos del conocimiento serán rellenados mañana mediante causas materiales. Pero, ¿no es esto también como apelar al dios tapagujeros? O, mejor dicho, ¿al "materialismo tapagujeros"? Esta manera de hacer ciencia no busca la mejor explicación posible sino aquellas que se someten al principio naturalista.

No obstante, la tesis del Diseño inteligente se muestra carente de prejuicios a la hora de buscar la mejor explicación científica. Si resulta que las causas naturales son la mejor explicación, entonces se apelará a ellas; pero si lo son las causas inteligentes, ningún principio filosófico debería prohibir su aceptación plena. Siempre habrá que buscar y respetar la mejor explicación posible. Nos parece que este es un método científicamente equilibrado.

Si Dios es uno, ¿cómo puede a la vez ser trino?

J. Valdés

Tres cebras de la Reserva Africana de Sigean (Francia).

El misterio de la Trinidad ha sido desde siempre un tema de debate. Como es de esperar, las doctrinas que contienen misterios fomentan la curiosidad humana y el interés de aquellos que anhelan la gloria de haber resuelto el misterio. Sin embargo, no todos los que profundizan en los grandes misterios de Dios lo hacen por razones tan superficiales. Muchos deseamos entenderle hasta donde nos sea posible y como expresión de nuestro amor por él. Entendemos que él se nos ha revelado a través de las Escrituras para que le conozcamos y con mucho entusiasmo aceptamos el reto de elevar nuestros pensamientos a cosas sublimes y difíciles de entender. Pero debemos proceder con precaución, como nos aconseja Agustín de Hipona, "porque en ningún otro tema es más peligroso el error, o laboriosa la investigación, o más provechoso el descubrimiento de la verdad".[21]

La Trinidad de Dios es un misterio teológico que solamente conocemos por la revelación especial de Dios (la Biblia) y no por medio de la naturaleza. Aunque es difícil de entender y la palabra "Trinidad" no aparece en la Biblia, es innegable que se trata de una doctrina muy bien establecida en las Escrituras. Además, es importantísima para el cristianismo ya que se

---

21   Agustín, *La Trinidad*, Libro 1, capítulo III, sección 5.

centra en la identidad de Dios, y particularmente, en la deidad de Jesucristo y del Espíritu Santo.

En las Escrituras se afirma que hay un solo Dios (Dt 6:4) y que al Padre (Jn 6:27), al Hijo (Jn 8:58) y al Espíritu Santo (Hch 5:3-4) se les asignan los nombres, los atributos y las acciones que solo pueden atribuirse a Dios (Jn 1:1-18). Por ejemplo, vemos que el Hijo dice ser Dios (Jn 8:58); se hace igual a Dios (Jn 5:18) y acepta la adoración de los humanos como si fuera Dios (Jn 9:38; 20:28); se equipara a Dios en autoridad (Mt 24:35) y acepta la oración como Dios (Jn 14:13-14). De igual manera, el Espíritu Santo es equiparable con el nombre de Dios (Hch 5:3-4; 1 Cor 3:16; 6:19); tiene todos los atributos de la deidad (omnisciencia, 1 Cor 2:11; omnipresencia, Sal 139:7; santidad, Ef 4:30; verdad, Jn 16:13; vida, Rm 8:2) y realiza los actos de Dios (creación, Gn 1:2; redención, Ef 4:30; milagros, Gá 3:2-5; cf. Hb 2:4).[22] Podemos, por tanto, ver la Trinidad implícitamente tanto el Antiguo como el Nuevo Testamento.

Lo podemos observar en Isaías 63:7-10:

De las misericordias de Jehová haré memoria, de las alabanzas de Jehová, conforme a todo lo que Jehová **(el Padre)** nos ha dado, y de la grandeza de sus beneficios hacia la casa de Israel, que les ha hecho según sus misericordias, y según la multitud de sus piedades. Porque dijo: Ciertamente mi pueblo son, hijos que no mienten; y fue su Salvador **(el Hijo)**. En toda angustia de ellos él fue angustiado, y el ángel de su faz los salvó; en su amor y en su clemencia los redimió, y los trajo, y los levantó todos los días de la antigüedad. Mas ellos fueron rebeldes, e hicieron enojar **su santo espíritu**; por lo cual se les volvió enemigo, y él mismo peleó contra ellos (RV60).

También lo vemos en el bautismo de Jesús en Mateo 3:16-17:

Y Jesús **(el Hijo)**, después que fue bautizado, subió luego del agua; y he aquí los cielos le fueron abiertos, y vio al Espíritu de Dios **(el Espíritu Santo)** que descendía como paloma, y venía sobre él. Y hubo una voz de los cielos **(el Padre)**, que decía: Este es mi Hijo amado, en quien tengo complacencia (RV60).

Existe un diagrama antiguo, desarrollado hace siglos, que capta muy claramente la relación entre las tres personas y la esencia de Dios en la Trinidad.

---

22   Norman L. Geisler & Douglas E. Potter, *A Popular Survey of Bible Doctrine* (Indian Trail: NGIM, 2015), pp. 31-32. (Adaptación y traducción del autor).

No obstante, a través de los siglos ha habido serios errores doctrinales con respecto a la Trinidad, que debemos evitar. Los dos errores más comunes son el *triteísmo*, que afirma que son tres dioses en vez de uno, y el *sabelianismo* (o *modalismo*) que dice que Dios es una sola persona que se manifiesta en distintas formas –a veces como Padre, a veces como Hijo y a veces como el Espíritu Santo–. Estos y otros errores parecidos se debatieron ardientemente durante los primeros siglos. La postura ortodoxa se alcanzó en dos concilios particulares que fueron fundamentales en la consolidación de la doctrina de la Trinidad.

El Concilio de Nicea (325 d. C.) aclaró y confirmó la deidad del Hijo frente a la postura herética de Arrio, quien argumentaba en contra de la divinidad de Jesús. En el Concilio de Constantinopla (381 d. C.) se confirmó la deidad del Espíritu Santo frente a la postura herética del *macedonianismo* que se la negaba. El debate continúa todavía hoy, como dice James White: "muchos cristianos, sin saberlo, sostienen una perspectiva errada sobre la Trinidad, debido simplemente a su incapacidad para articular la diferencia entre la esencia de Dios y las tres personas que comparten esa esencia. Como resultado, incluso creyentes cristianos ortodoxos se deslizan hacia una herejía antigua conocida por medio de muchos nombres: modalismo, sabelianismo, patripasionismo. Hoy, este mismo error se conoce como la posición de los Unitarios o "Solo Jesús". Independientemente de cómo le llamemos, es la negación de la Trinidad basada en negar la distinción entre el Padre, el Hijo y el Espíritu Santo".[23]

---

23   James R. White, *The Forgotten Trinity*, Revised & Updated (Bloomington: Bethany House Publishers, 2019), p. 153. (Traducción del autor).

¿El Espíritu Santo es también Dios?

J. Valdés

Gaviota reidora volando sobre el Mar de Galilea (Israel).

De los tres miembros de la Trinidad, el Espíritu Santo es quizás el más difícil de entender, pero vale la pena el esfuerzo de intentarlo. No se puede sobrevalorar la importancia que tiene la doctrina del Espíritu Santo. Es quien personaliza la Trinidad en la vida del creyente. La imagen que tenemos del Padre es la de un ser transcendente que habita en un cielo lejano. De igual forma, al Hijo lo vemos como un ser que habitó en la tierra hace dos mil años. Pero el Espíritu Santo habita *en* el creyente y está activo *en* nosotros. Él es la persona de la Trinidad a través de la cual la plenitud de la Deidad obra en cada uno de los creyentes.[24]

Las dificultades para entender al Espíritu Santo se deben en parte a que es un ser abstracto. Carecemos de una imagen concreta como la que tenemos del Padre o del Hijo. Todos entendemos la imagen de lo que es un padre y al Hijo lo tuvimos habitando entre nosotros en el primer siglo. Sin embargo, el Espíritu Santo es intangible y difícil de visualizar. Esta y otras dificultades llevaron a que se debatiera ardientemente la deidad del Espíritu Santo durante los primeros siglos del cristianismo ya que las doctrinas tienden a pulirse al ser retadas por perspectivas contrarias. El debate sobre la deidad del Espíritu Santo culminó en la declaración del Concilio de Constantinopla (381 d. C.), que afirmó su divinidad plena y rechazó

---

24 Millard Erickson, *Christian Theology*, 2nd Edition (Grand Rapids: Baker Books, 1998), pp. 862-863. (Adaptación y traducción del autor).

los intentos de subordinarlo a un estatus inferior al del Padre y del Hijo. El Código Niceno fue ampliado para incluir los detalles de la divinidad del Espíritu Santo. Esta ha sido la posición sostenida por la mayoría de los creyentes durante los últimos 1 500 años.

Pero ¿cómo sabemos que el Espíritu Santo es también Dios? Hay cuatro líneas de evidencia que podemos explorar para establecer la deidad del Espíritu Santo.[25] Primero, existen varios pasajes en la Biblia donde se le llama Dios al Espíritu Santo. Por ejemplo, cuando Pedro en el libro de Hechos 5 confronta a Ananías y Safira por haber mentido, le dice en el versículo 3, *… ¿por qué llenó Satanás tu corazón para que mintieses al Espíritu Santo…?* Y luego, en el verso 4 le dice, *no has mentido a los hombres, sino a Dios*, dejando en claro que el Espíritu Santo es Dios.

Pablo también lo dice en 1 Corintios: *¿No sabéis que sois templo de Dios, y que el Espíritu de Dios mora en vosotros? Si alguno destruyere el templo de Dios, Dios le destruirá a él; porque el templo de Dios, el cual sois vosotros, santo es* (3:16-17). Es evidente que para Pablo, el hecho de que el Espíritu Santo habite en nosotros es equivalente a que Dios mismo habita en nosotros.

La segunda línea de evidencia es que el Espíritu Santo posee los atributos y las cualidades de Dios. La Biblia lo describe como omnisciente en pasajes tales como 1 Cor 2:10-11, en donde se afirma que el Espíritu Santo conoce todas las cosas de Dios y nos las revela. También aparece como omnipotente en el evangelio de Lucas (1:35), donde la virgen María queda embarazada por el poder del Espíritu Santo. El apóstol Pablo afirma en Romanos (15:19) que su ministerio se movía por la *potencia de señales y prodigios, en el poder del Espíritu de Dios*. Esto mismo se observa también en Juan (16:8-11). Otro atributo divino que vemos en el Espíritu Santo es que la Biblia lo describe como un ser eterno. Solo Dios es eterno; sin embargo, en Hebreos (9:14) se habla del *Espíritu eterno*. Todos estos pasajes evidencian que si vemos en el Espíritu Santo atributos y cualidades que solo le corresponden a Dios es porque el Espíritu Santo es Dios.

La tercera línea de evidencia es que el Espíritu Santo hace las obras que corresponden a Dios. Estuvo y continúa estando activo en la creación (Gn 1:2; Job 26:13). Dice el salmista, con relación a la maravillosa creación de Dios: *Envías tu Espíritu, son creados, y renuevas la faz de la tierra* (Sal 104:30). El Espíritu Santo es esencial en la salvación del hombre (Jn 3:5-8; Tt 3:5; Rm 8:11) y además nos reveló las Sagradas Escrituras (2 Tm 3:16). De nuevo, si vemos al Espíritu Santo haciendo aquello que solo Dios puede hacer es porque el Espíritu Santo es Dios.

---

25 *Ibid.*, pp. 873-875. (Adaptación y traducción del autor).

La cuarta línea de evidencia es la asociación del Padre, del Hijo y del Espíritu Santo en una aparente igualdad. Esto lo vemos en la fórmula bautismal de Mateo 28:19. Asimismo, Pablo, en su explicación de los dones espirituales y la repartición de ellos, dice: *Ahora bien, hay diversidad de dones, pero el Espíritu es el mismo. Y hay diversidad de ministerios, pero el Señor es el mismo. Y hay diversidad de operaciones, pero Dios, que hace todas las cosas en todos, es el mismo* (1 Cor 12:4-6). Las bendiciones de Pablo (1 Cor 13:14) y Pedro (1 P 1:2) también presentan a las tres personas divinas en igualdad de condiciones. Todos los apóstoles entendían que Dios era Padre, Hijo, y Espíritu Santo a la vez.

Por tanto, queda claro en las Escrituras que el Espíritu Santo es también Dios, como lo son el Padre y el Hijo. No deja de haber misterio en esta relación trinitaria, pero no podemos despedir la deidad del Espíritu Santo por el simple hecho de no entender cómo se relacionan tres personas en la esencia de un solo Dios.[26]

---

26 Para una discusión más amplia sobre la Trinidad, vea la *pregunta anterior* donde abordamos el tema.

¿El Dios del Antiguo Testamento es igual al Dios del Nuevo Testamento?

J. Valdés

Ruinas de Tell Meguido (Israel).

¿Será verdad que hay dos dioses diferentes, uno del Antiguo Testamento y otro del Nuevo Testamento? Si existen dos dioses, ¿por qué no reconocer que pueden existir tres o cuatro o muchísimos dioses más? Esta pregunta nos confronta con dos temas fundamentales. Primero, tenemos que considerar ¿cuántos dioses hay? Segundo, debemos preguntarnos si realmente el perfil de Dios en el A. T. Es diferente del perfil de Dios que muestra el N. T.

¿Cuántos dioses hay? Para responder a esta pregunta debemos diferenciar entre dioses imaginarios y el único Dios verdadero. Hay miles de dioses imaginarios que han surgido en la literatura y el folklore desde muy temprano en la historia de la humanidad. Son dioses con forma de hombre, de diversos animales, así como de híbridos entre hombres y animales. Son el producto de la imaginación humana que, al rechazar al único Dios verdadero, crea estos dioses ficticios para responder a las grandes incógnitas de la vida (vea Romanos 1:18-23). Sin embargo, ninguno de estos seres imaginarios goza de estatus ontológico, es decir NO EXISTEN en un mundo real. Es bastante obvio que los panteones egipcios, griegos y romanos son enteramente mitológicos. No son reales. Al despedir a los dioses imaginarios como inexistentes, podemos enfocarnos en el único Dios verdadero.[27]

¿Presenta el Antiguo Testamento un Dios distinto al del Nuevo Testamento? Esta pregunta parte desde la óptica de aquellos que definen al Dios del A. T. Como malévolo, vengativo, iracundo y severo en el trato con el ser humano; mientras que el Dios del N. T. Es visto como un Dios de amor, compasivo y paciente con sus creaturas.[28] ¿Refleja esto la realidad? Les propongo que no. El Dios de la Biblia se revela a sí mismo como un dios que no cambia. Esta idea es conocida por los teólogos como la inmutabilidad de Dios. Encontramos esta doctrina tanto en el A. T. Como en el N. T. En Malaquías se dice: *Porque yo Jehová no cambio* (Malaquías 3:6). En Santiago leemos: *Toda buena dádiva y todo don perfecto desciende de lo alto, del Padre de las luces, **en el cual no hay mudanza, ni sombra de variación*** (Santiago 1:17). Jesucristo, la segunda persona de la Trinidad[29] también se revela inmutable, *...el mismo ayer, hoy, y por los siglos* (Hebreos 13:8). Entonces, ¿cómo se explican las diferencias entre los dos testamentos en relación al trato de Dios con los seres humanos?

La clave para entender las diferencias entre los dos testamentos en cuanto al trato de Dios con el hombre es precisamente la palabra "testamento". Los dos testamentos representan dos pactos, dos tratos diferentes entre Dios y los hombres. En cada pacto (o testamento) las promesas y las expectativas son distintas. El Antiguo Testamento (el pacto antiguo) se basaba en la ley. Toda infracción de la ley era tratada inmediatamente con la severidad correspondiente a dicha infracción. Era en respuesta a la rebeldía y al pecado del hombre con relación a la ley que se dan los castigos más severos de parte de Dios. De la misma manera, era Dios, cumpliendo su parte del pacto que había hecho con los seres humanos que, si ellos le obedecían, recibirían bendiciones en abundancia. Por lo contrario, si no le obedecían, sufrirían graves consecuencias. Entre los propósitos de dicho pacto estaba el confrontar al hombre con su incapacidad para cumplir la ley; confrontarlo con las trágicas consecuencias de su pecaminosidad. Era necesario que el ser humano reconociera su incapacidad para cumplir la ley y su inhabilidad para arreglar cuentas con Dios. Tal reconocimiento

---

27   Esta pregunta la abordamos presuponiendo la existencia del Dios de la Biblia como el único Dios verdadero. La demostración de dicha presuposición se encuentra en la *Pregunta 41*. Las *Preguntas 43-46* aclaran aún más la identidad del Dios de la Biblia como el único Dios que realmente existe.

28   De hecho, Dios hizo muchas cosas lindas y amorosas con su pueblo y los bendijo grandemente en el A. T. especialmente durante los periodos en que se sujetaban a la ley. De igual forma encontramos pasajes en el N. T. donde Dios trata con el hombre de forma severa también.

29   El tema de la Trinidad se trata en la *Pregunta 6*.

de parte del hombre era necesario para llevarle a depender de la gracia de Dios y no en su propia justificación. Dios les prometió un salvador, pero si no entendían su condición, no valorarían el rescate. El antiguo pacto les enseñaría a esperar la promesa del Mesías que les reconciliaría con Dios. Tenían que vivir por la fe en que Dios proveería un salvador para la humanidad. La carta a los Hebreos (en el N. T.) detalla todo el proceso y los propósitos del Antiguo Pacto. El capítulo 11 de dicha carta nos provee una lista de muchísimos hombres y mujeres que vivieron sostenidos por la fe en el Mesías venidero y alcanzaron la gracia de Dios.

Al comenzar el Nuevo Testamento (el nuevo pacto), Dios establece nuevos parámetros para su trato con el hombre. El nuevo pacto se basaría en la gracia. El pacto promete perdón, salvación y vida eterna a todo el que deposita su fe en Jesús, el Mesías. El énfasis del nuevo pacto cambia de la ley a la gracia. Por lo que el trato de Dios con los seres humanos parece menos severo. Sin embargo, Dios no ha cambiado, sino que sigue siendo el mismo. El pecado aún le ofende y la paga del pecado sigue siendo la muerte. El Apóstol Pablo lo expresa majestuosamente en su carta a los Romanos:

Pero ahora, aparte de la ley, se ha manifestado la justicia de Dios, testificada por la ley y por los profetas; la justicia de Dios por medio de la fe en Jesucristo, para todos los que creen en él. Porque no hay diferencia, por cuanto todos pecaron, y están destituidos de la gloria de Dios, siendo justificados gratuitamente por su gracia, mediante la redención que es en Cristo Jesús, a quien Dios puso como propiciación por medio de la fe en su sangre, para manifestar su justicia, a causa de haber pasado por alto, en su paciencia, los pecados pasados, con la mira de manifestar en este tiempo su justicia, a fin de que él sea el justo, y el que justifica al que es de la fe de Jesús. ¿Dónde, pues, está la jactancia? Queda excluida. ¿Por cuál ley? ¿Por la de las obras? No, sino por la ley de la fe. Concluimos, pues, que el hombre es justificado por fe sin las obras de la ley. (Romanos 3:21-28).

Dios castigó a Jesús en la cruz del Calvario por los pecados del hombre para que nosotros, los que creemos en Jesús, no tengamos que sufrir el castigo. Aquellos que no crean no podrán ser reconciliados con Dios. Ellos tendrán que pagar sus propias cuentas, sufrir el castigo y la eterna separación de Dios.

Al considerar la diferencia entre los dos pactos (o testamentos), podemos entender que Dios no ha cambiado. Es el mismo Dios tratando con el hombre según el pacto correspondiente. El Dios del A. T. Es el mismo del N. T. Y su perfil no cambia. En ambos testamentos es un Dios de amor, misericordia, gracia y justicia.

¿Dijo Jesús en algún momento ser Dios?

A. Cruz

El beso de Judas, mosaico de la Basílica católica de la Agonía (Jerusalén, Israel).

El rechazo de la existencia de Jesús como personaje real es algo que históricamente no se sostiene. Sin embargo, algunas personas poco informadas siguen diciendo que el Maestro galileo nunca existió. Pero, como bien escribe el profesor Jesús Peláez, de la Universidad de Córdoba (España): "si hubieran existido razones para negar la existencia histórica de Jesús, las autoridades judías no habrían dejado de insistir en ellas. Estos datos son concluyentes y prueban la existencia real de la persona de Jesús de Nazaret".[30] Actualmente, ningún historiador serio se atreve a decir que fue un personaje ficticio.

No obstante, una cosa es aceptar la existencia real de Jesús y otra distinta creer que era Dios. Muchos dicen que el Galileo nunca afirmó serlo y que tal creencia se la inventaron los discípulos después de su muerte en la cruz. Los primeros en afirmar esto fueron los propios judíos contemporáneos de Jesús. Así, los ebionitas, secta judeocristiana de los primeros siglos del cristianismo, negaban la deidad de Cristo. Más tarde, los alogistas, negaron también que Jesús fuera el Logos y rechazaron los escritos de Juan porque consideraban que eran contradictorios con el resto del Nuevo

---

30 Peláez, J. 1995, "Jesús y el Reino de Dios. Las comunidades primitivas. El judeocristianismo", p. 228, en Piñero, A. (Ed.), *Orígenes del cristianismo*, Ediciones El Almendro (Córdoba) y Universidad Complutense (Madrid).

Testamento.[31] Para ellos, solo se trataba de un hombre al que durante su bautismo se le concedieron poderes sobrenaturales. Por tanto, una de las principales tareas de los primeros apologistas cristianos fue precisamente defender la doctrina de la divinidad de Jesucristo. ¿Era consciente el Maestro de ser el Hijo de Dios, elegido para acercar su reino a la tierra y salvar a la humanidad? Si lo era, ¿lo confesó alguna vez en público?

Según el Nuevo Testamento, Jesús se designó a sí mismo en más de cuarenta ocasiones con el nombre de "Hijo del Hombre". La mayoría de los estudiosos admite actualmente que este apelativo se usa en el N. T. Con el mismo sentido que aparece en el libro de Daniel (7:13-14). Es decir, en relación al regreso escatológico de Cristo (Mt 16:27-28; Mc 8:38; 13:26; etc.); a sus sufrimientos, muerte y resurrección (Mt 17:22; 20:18, 19, 28; 12:40; etc.); a su divinidad y preexistencia (Jn 1:51; 3:13-14; 6: 27, 53, 62; etc.); así como también a su autoridad divina (Mc 2:27-28; Jn 5:27). Por tanto, los hebreos contemporáneos de Jesús entendían la denominación de "Hijo del Hombre" en sentido mesiánico. Llamarse a sí mismo con este apelativo era dar a entender que él era el Mesías prometido, el Hijo de Dios encarnado que tenía autoridad, poder y majestad.

En cierta ocasión, según manifiesta el evangelista Juan, Jesús se refirió a su propia preexistencia con estas palabras: "De cierto, de cierto os digo: Antes que Abraham fuera, yo soy" (Jn 8:58). Inmediatamente, los judíos que le escuchaban tomaron piedras para arrojárselas, pero el Maestro salió del Templo y logró escaparse. Ser anterior en el tiempo a Abraham equivalía a tener la misma existencia que Dios. Era como decirles abiertamente que él era Dios. Por eso los judíos intentaron lapidarlo porque, según ellos, acababa de blasfemar al hacerse igual a Dios.

En otra conversación con sus compatriotas, Jesús les dijo: "¿al que el Padre santificó y envió al mundo, vosotros decís: `Tú blasfemas´, porque dije: `Hijo de Dios soy´? Si no hago las obras de mi Padre, no me creáis. Pero si las hago, aunque no me creáis a mí, creed a las obras, para que conozcáis y creáis que el Padre está en mí y yo en el Padre" (Jn 10:36-38). Esto era también una manifestación pública de su divinidad. Los judíos le habían preguntado en varias ocasiones que definiera claramente su identidad. Aquí vemos cómo Jesús, quizás como nunca antes, se identificó absolutamente con el Padre, al decirles que sus obras (es decir, sus milagros sobrenaturales) demostraban claramente que era el Mesías de Dios. Así lo entendieron sus oyentes y la mayoría de ellos consideraron que el Galileo acababa de pronunciar la más grande de las blasfemias por la que merecía la muerte. Ni siquiera se les ocurrió que debían esperar el veredicto del Sanedrín o

---

31   Berkhof, L. 1979, *Teología sistemática* (La Antorcha, México), p. 362.

de la sinagoga, pues para ellos hacerse igual al Padre merecía una clara sentencia de muerte.

Otra evidencia mediante la que Jesús manifestaba ser Dios es el hecho de decirles a ciertas personas que se les perdonaban sus pecados. En el milagro de sanación de un paralítico, al que tuvieron que bajar por el techo de la casa debido a la multitud que escuchaba, lo primero que Jesús le dijo al enfermo fue: "Hijo, tus pecados te son perdonados" (Mc 2:1-12; Mt 9:1-8; Lc 5:17-26). Sin embargo, el Maestro sabía perfectamente que los judíos creían que solo Dios podía perdonar los pecados, precisamente porque estos eran ante todo una ofensa contra el Creador. De manera que al pronunciar esta frase estaba también diciendo que él era Dios.

Dice el Nuevo Testamento que Jesús enseñaba "como quien tiene autoridad y no como los escribas" (Mt 7:29; Mc 1:22) y que muchas de sus enseñanzas empezaban con la frase: "de cierto os digo" (Mt 5:18; 6:2; 5, 16, etc.). ¿Qué quiere decir esto? Iniciar así un discurso era como decir: "Doy fe de que todo lo que voy a hablar es absolutamente cierto y no necesito el testimonio de nadie que lo corrobore porque me baso en mi propia autoridad". Semejante introducción era absolutamente nueva y revolucionaria para los oídos judíos, ya que la Ley decía que se requería el testimonio de al menos dos o tres testigos (Dt 17:6; 19:15; Mt 18:16; 2 Cor 13:1; etc.). Sin embargo, Jesús manifestó públicamente que él no necesitaba el testimonio de testigos, como los antiguos profetas de Israel, porque tenía autoridad divina. Evidentemente esto era también hacerse igual a Dios.

Llamar al Padre mediante el término arameo "*Abba*" (papá), como hacía Jesús, refleja también una intimidad inusual y novedosa que era ajena al judaísmo tradicional. Los judíos más piadosos no se atrevían siquiera a mencionar el nombre de Dios por temor a pronunciarlo mal. Sin embargo, el Galileo se dirige al Padre casi con el balbuceo cariñoso de un niño pequeño. Esta intimidad con el Altísimo refleja una nueva relación con Dios que sólo Jesús, como su propio Hijo encarnado, puede iniciar y enseñar al ser humano. El periodista estadounidense Lee Strobel le hizo una entrevista al profesor de teología, el Dr. Ben Witherington, especialista en el Nuevo Testamento, y este le manifestó: "Jesús está diciendo que solo a través de tener una relación con él se hace posible este tipo de lenguaje de oración, este tipo de relación "Abba" con Dios. Esto dice mucho de cómo se consideraba a sí mismo".[32] Es evidente que Jesús estaba afirmando ser Dios al modificar la manera de relacionarse con el Altísimo.

Cuando Tomás, el famoso discípulo incrédulo, vio con sus propios ojos a Jesús resucitado y se cercioró de su existencia real, pronunció unas

---

32   Strobel, L. 2000, *El caso de Cristo* (Vida, Miami, Florida), p. 158.

palabras muy reveladoras: "¡Señor mío, y Dios mío!" (Jn 20:28). ¿Por qué aceptó Jesús la adoración de Tomás? ¿Acaso no constituía esto también una blasfemia para los hebreos? El Maestro la aceptó porque realmente creía y sabía que era Dios. De la misma manera, cuando Jesús preguntó a sus discípulos: "Y vosotros, ¿quién decís que soy?" (Mt 16:15-19) y Simón Pedro respondió: "Tú eres el Cristo, el Hijo del Dios viviente", no le corrigió sino todo lo contrario, lo felicitó: "Bienaventurado eres, Simón, hijo de Jonás, porque no te lo reveló carne ni sangre, sino mi Padre que está en los cielos". Pedro reconoció la divinidad del Maestro y este se lo corroboró.

El evangelista Lucas recoge también las siguientes palabras de Jesús, dirigidas a la multitud: "Os digo que todo aquel que me confesare delante de los hombres, también el Hijo del Hombre le confesará delante de los ángeles de Dios; mas el que me negare delante de los hombres, será negado delante de los ángeles de Dios" (Lc 12:8-9). Lo que les está diciendo aquí Jesucristo es, ni más ni menos, que la salvación de las personas depende de confesarle o negarle a él delante de los hombres.

Asimismo, ante la incisiva pregunta del sumo sacerdote Caifás: "Te conjuro por el Dios viviente, que nos digas si eres tú el Cristo, el Hijo de Dios", Jesús respondió: "Tú lo has dicho; y además os digo, que desde ahora veréis al Hijo del Hombre sentado a la diestra del poder de Dios, y viniendo en las nubes del cielo" (Mt 26:63-64). A primera vista, pudiera parecer que la respuesta del Maestro es ambigua. Algo así como: "eso lo has dicho tú". Sin embargo, esa contestación fue una clara afirmación y así fue como lo entendió Caifás. También en la última cena, cuando Judas le preguntó a Jesús: "¿Soy yo, Maestro?", él respondió: "Tú lo has dicho", lo cual fue también una respuesta afirmativa (Mt 26:25). Por tanto, Jesús le respondió al sumo sacerdote con un "sí, yo soy", tal como reconoce el evangelista Marcos (14:62), palabras que, seguidas de su alusión a la parusía, fueron suficientes para condenarlo a muerte.

Tal como escribe Strobel, "los propios nombres usados para la figura de Dios en el Antiguo Testamento, también se aplican en el Nuevo para hablar de Jesús: nombres como el Alfa y la Omega, Señor, Salvador, Rey, Juez, Luz, Roca, Redentor, Pastor, Creador, Dador de Vida, Perdonador de Pecados, el que habla con autoridad divina".[33] Precisamente por todo esto, por decir que era Dios, murió crucificado en el Gólgota.

33   Strobel, L. 2007, "Preguntas difíciles acerca de Cristo" en Zacharias, R. y Geisler, N. ¿Quién creó a Dios? (Vida, Miami, Florida), p. 107.

¿Cómo puede Jesús ser Dios y hombre a la vez?

J. Valdés

Mosaico de la iglesia Duc In Alto (Rema mar adentro) en Magdala (Israel).

Dios es difícil de entender. A pesar de revelarse a nosotros a través de las Escrituras, la naturaleza, y la persona de Cristo, aún existen muchos misterios que parecen impenetrables desde nuestra óptica limitada como seres humanos. Esto no ha de extrañarnos, pues entendemos que el Dios creador del universo ha de ser infinitamente mayor que cualquiera de sus criaturas. Pienso que la realización de dicha realidad fue lo que provocó las palabras de David al declarar: *Cuando veo tus cielos, obra de tus dedos, la luna y las estrellas que tú formaste, digo: ¿Qué es el hombre, para que tengas de él memoria, y el hijo del hombre, para que lo visites?* (Sal 8:3-4). Sin embargo, Dios se ha revelado a sí mismo precisamente porque desea que le conozcamos (Jr 9:24; Rm 1:19-20). Además, Dios nos ha dado una inteligencia poderosa para que le amemos con la mente (Mt 22:37) y nos esforcemos por conocerle mejor.

Entre los más grandes misterios de Dios encontramos lo que los teólogos llaman la relación hipostática de Cristo. Es decir, la relación entre la naturaleza divina y la naturaleza humana de Jesús. Se trata de un asunto difícil de entender ya que ambas naturalezas contienen atributos contradictorios. Si Jesús es Dios entonces es todopoderoso, todo lo sabe, y además es omnipresente, entre otros muchos atributos divinos. Pero, a la vez, si Jesús es humano entonces no es todopoderoso, no lo sabe todo, no es omnipresente, etc. Se trata de un misterio ya que parece imposible que una persona sea tanto infinita como finita simultáneamente. A estas dificultades volveremos después, pero primero será prudente establecer lo que la Biblia dice sobre las dos naturalezas de Jesús.

La humanidad de Jesús es evidenciada por toda una colección consistente de pasajes bíblicos que la enfatizan. Nació por medio de un parto natural de su madre María; fue conocido como el hijo judío de un carpintero de Nazaret (aunque sabemos que no fue su padre biológico); poseía todos los elementos esenciales de un ser humano, alma (Mr 14:34), cuerpo (Jn 19:38-40) y espíritu (Jn 13:21). Padecía necesidades humanas como el hambre (Mt 4:2), la sed (Jn 19:28) y el cansancio (Mt 8:24). Se comportaba como ser humano ya que aprendía, crecía, trabajaba, dormía, comía y oraba. Es indiscutible que la Biblia presenta a Jesús como un ser humano.

La deidad de Jesús también se evidencia claramente en las Escrituras. Jesús realizó actividades que solo le corresponden a Dios. Crea el universo (Jn 1:1-3); perdona pecados (Mt 9:1-8); juzga a la humanidad (Jn 5:22); acepta que le oren y que le adoren (algo que los hombres y los ángeles rehusaban aceptar, Hch 10:25-26; Ap 22:8-9) y fue concebido por obra del Espíritu Santo. Además, se le atribuyen los atributos de eternidad (Jn 1:1), omnipresencia (Mt 18:20), omnisciencia (Lc 6:8; Jn 2:24-25), omnipotencia (35 milagros registrados en los Evangelios), e inmutabilidad (Hb 13:8). Es obvio, por tanto, que la Biblia también presenta a Jesús como un ser divino.

Pero ¿cómo hacemos para reconciliar las dos naturalezas siendo que estas son diametralmente opuestas? Aunque Pablo afirma que ...*en él habita corporalmente toda la plenitud de la Deidad* (Col 2:9), no queda claro cómo pueden relacionarse las dos naturalezas en una sola persona. Los padres de la Iglesia, en los primeros cinco siglos del cristianismo, debatieron las posibles explicaciones y rechazaron seis posturas (luego catalogadas como herejías cristológicas) antes de llegar a una postura que hiciese honor a la revelación bíblica. Las posiciones rechazadas terminaban desvirtuando la naturaleza de Jesús al negar una de sus naturalezas o malinterpretar la relación entre ellas (vea figura 1). El *ebionismo* rechazaba la deidad absoluta de Jesús al negar que fuera preexistente. Para ellos, Jesús llegó a ser Dios solo después del bautismo, cuando descendió sobre él el Espíritu Santo. El *docetismo* negaba la humanidad de Jesús y argumentaba que solo parecía humano, aunque en realidad era divino. El *arrianismo* negaba la deidad absoluta de Jesús, presentándolo como un ser divino pero inferior al Dios Padre. El *nestorianismo* argumentaba que eran dos personas –no una– y que la divina controlaba a la humana. El *eutiquianismo* negaba la distinción entre las dos naturalezas. Argüía que la naturaleza divina se tragó a la humana y surgió una tercera naturaleza –una *tertium quid*–. Finalmente, el *apolinarismo* negaba que la humanidad de Jesús tuviese espíritu. Es decir, Jesús tendría dos naturalezas pero un solo espíritu.

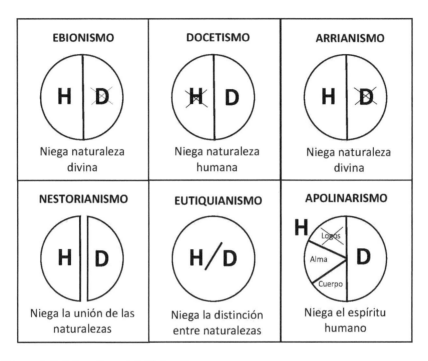

Figura 1: Seis herejías cristológicas[34]

Es sumamente importante mantener ambas naturalezas intactas y simultáneamente preservar la unidad perfecta de ellas en una sola persona. Tal como afirma Erickson: *Si la redención lograda en la cruz ha de aprovechar a la humanidad, tiene que ser la obra del Jesús humano. Pero si ha de tener el valor infinito necesario para expiar los pecados de todos los seres humanos en relación a un Dios infinito y perfectamente santo, entonces también tiene que ser la obra del Cristo divino. Si la muerte del Salvador no es la obra de la unidad del Dios-hombre, entonces será deficiente en un punto o el otro.*[35] Es por esto por lo que el Concilio de Calcedonia (451 d. C.), estableció lo que llegaría a ser la postura del mundo cristiano durante más de trece siglos. Entre las declaraciones precisas que encontramos en el Credo que elaboraron, se afirma que para

34   H. Wayne House, *Charts of Christian Theology & Doctrine* (Grand Rapids: Zondervan Publishing House, 1992), p. 55. (Adaptación y traducción del autor).

35   Millard Erickson, *Christian Theology*, 2nd Edition (Grand Rapids: Baker Books, 1998), p. 740. (Adaptación y traducción del autor).

entender la unión hipostática tenemos que reconocer que nuestro Señor Jesucristo es:

> Dios verdadero y hombre verdadero, con un alma que razona y un cuerpo material, consubstancial con el Padre en cuanto a la Deidad, y consubstancial con nosotros en cuanto a la humanidad. (…) Cristo, Hijo, Unigénito, uno solo y el mismo en que se reconocen dos naturalezas inconfundibles, no intercambiables, indivisibles e inseparables.[36]

A pesar del misterio inherente a la doble naturaleza de Jesús, si hemos de respetar y sostener la postura bíblica, tenemos que afirmar tanto su humanidad como su divinidad, tal como declararon los padres de la Iglesia en el Concilio de Calcedonia.

---

36 B. B. Warfield, 1974, *La persona y la obra de Jesucristo* (CLIE, Terrassa), p. 69.

Si Jesús es Dios, ¿entonces murió Dios en la cruz?

J. Valdés

Interior de la iglesia católica Duc In Altum (Rema Mar Adentro) en Magdala (Israel).

La muerte de Jesús en la cruz es fundamental en la historia de la redención del hombre. Sin embargo, cuando tratamos de entender los misterios de la Trinidad, surge un conflicto aparente. ¿Habrá muerto Dios en la cruz? Para resolver este aparente conflicto, debemos examinar una herejía trinitaria que surgió temprano en la historia de la Iglesia.

En el siglo tercero, un teólogo llamado Sabelio propuso una interpretación de la Trinidad que llegó a conocerse como *modalismo* o *sabelianismo*.[37] Quizás en un intento de contrarrestar el error del *triteísmo* (tres dioses), Sabelio enfatizó tanto la unidad del Padre, el Hijo y el Espíritu Santo que se perdió la distinción entre las tres personas de la Trinidad. Según Sabelio, Dios es una sola persona que se manifiesta de tres formas distintas. A veces es el Creador (el Padre) mientras que en otras ocasiones es el Redentor (el Hijo) y de la misma forma, a veces se manifiesta como el Santificador (el Espíritu Santo). Sabelio mantuvo el ministerio correspondiente a cada miembro de la Trinidad mientras que argumentaba que era una sola persona manifestándose de distintas formas.

---

37 Sabelio no fue el primer proponente de la idea, pero fue quien le dio forma a la versión popular del argumento. Antes de él, Noeto de Esmirna y Praxeas habían contribuido a la formulación de una Trinidad modalista.

No faltaron quienes pusieran al descubierto las consecuencias fatales de esta perspectiva. Tertuliano fue uno de los voceros más destacados en hacerle frente al modalismo, que fue considerado herejía desde muy temprano en el debate acerca de la Trinidad. Tertuliano comentó con ironía que Sabelio "puso en fuga al Paracleto y crucificó al Padre".[38] A esta idea de que el Padre fue crucificado se le conoció como *patripasionismo* (de *patri*, "padre" y *passion*, "sufrimiento"). Según el *Diccionario de Teología*, Noeto de Esmirna "enseñó que Cristo era el Padre y por lo tanto el Padre fue el que nació, sufrió y murió".[39]

¿Es bíblico este concepto de la muerte del Padre en la cruz? Por supuesto que no. Un análisis del modalismo muestra que no hace justicia en absoluto al texto bíblico. Cuando se aplica la perspectiva modalista de manera consistente a todo el texto de las Escrituras, es fácil comprobar los terribles inconvenientes. Primero, para adoptar esta postura con relación a la Trinidad hay que negar la aparición de las tres personas en el bautismo de Jesús (Mt 3:16-17). Segundo, se tienen que ignorar o considerar falsos todos los pasajes donde Jesús le oraba al Padre, ya que él mismo era el Padre. Tercero, pasajes como Juan 16 pierden todo sentido. Si el modalismo es cierto, ¿por qué habla Jesús de enviar al Espíritu Santo y de regresar al Padre? Jesús aparece como un demente ya que habla de sí mismo en segunda y tercera persona. Pero quizás lo más trágico de aceptar una postura modalista con relación a la Trinidad es el impacto que tiene sobre la doctrina de la salvación. Como bien dice Grudem, "el modalismo termina socavando el corazón de la doctrina de la expiación, la idea de que Dios envió al Hijo como un sacrificio sustitutivo, y que el Hijo cargó la ira de Dios en lugar nuestro, y que el Padre (…) vio el sufrimiento del Hijo y quedó satisfecho (Is 53:11)".[40] Si se acepta el modalismo, se pierde por completo la coherencia del plan de la salvación.

Hoy día el modalismo goza de muy pocos seguidores. Por lo general, se acepta que es una herejía. No obstante, en muchos círculos evangélicos se apela a analogías para tratar de explicar la Trinidad y estas analogías terminan describiendo a Dios en términos modalistas. Por ejemplo, es muy común tratar de describir la Trinidad con la analogía de un hombre que es padre, es hijo y es esposo; o bien decimos que Dios es cómo el agua que puede existir en estado sólido (hielo), líquido o gaseoso. Sin embargo, estas analogías terminan por describir a un ser o una entidad en tres distintos

---

38 Pablo Hoff, *Teología Evangélica, Tomo 1 & 2* (Miami: Editorial Vida, 2005.), p. 269. Citando Tertuliano, *Contra Praxeas I*.

39 *Ibid*.

40 Wayne Grudem, *Systematic Theology* (Grand Rapids: Zondervan Publishing House, 1994), p. 242. (Adaptación y traducción del autor).

modos (modalismo). Por tanto, deben evitarse las analogías en cuanto a la Trinidad, porque no existe nada en el mundo creado que sea semejante o equiparable a la esencia sobrenatural del Creador.

Entonces, ¿quién murió en la cruz? El que murió en la cruz fue Jesús. Como ser humano, Jesús nació, creció, vivió y murió. En la cruz, Jesús entregó su cuerpo como paga por nuestros pecados, pero Dios no murió. Tampoco murieron ese día ninguna de las tres personas divinas de la Trinidad. Quien sí murió fue el hombre Jesús, no el Jesús divino.[41]

41 Para más detalles sobre la distinción entre el Jesús humano y el divino, vea la *respuesta anterior* (*Pregunta 10*).

¿Estuvo el mundo sin Dios durante tres días?

J. Valdés

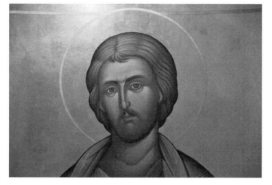

Fresco de la moderna iglesia católica Duc In Altum en Magdala (Israel).

Si solo existe un Dios, el Dios de la Biblia, y Jesucristo es Dios, entonces al morir Jesús y estar tres días muerto, ¿podemos concluir que el mundo estuvo sin Dios durante esos días? No. La conclusión parece seguir las premisas de este argumento, pero en realidad comete la falacia de *non sequitur* (la conclusión a la que se llega no se deduce por su premisa).

Esta pregunta parte de un concepto errado de lo que la Biblia enseña sobre la Trinidad. Si nos desviamos de lo que las Escrituras establecen como verdades correspondientes a la Trinidad terminamos en el terreno de lo absurdo. Cabe aclarar que los errores trinitarios siempre caen en uno de estos dos campos. Algunos desvirtúan el concepto de la unidad de Dios y terminan con alguna forma de triteísmo (tres dioses). Otros descuidan el concepto de la distinción entre el Padre, el Hijo y el Espíritu Santo, llegando así a alguna forma de modalismo o sabelianismo, donde Dios se reduce a una sola persona.

Es precisamente por adoptar este tipo de modalismo[42] propuesto por Sabelio, que surgen esta y otras preguntas que aparentan reducir la Trinidad a la categoría de lo absurdo. Consideremos algunas de estas conclusiones absurdas que seguirían si redujésemos a Dios a una sola persona que

---

42   Vea la *pregunta anterior* para una explicación más detallada del modalismo (especialmente el sabelianismo).

se manifestara de diversos modos en distintas ocasiones. Tendríamos que creer que Dios (Padre, Hijo y Espíritu Santo) murió en la cruz. También nos veríamos obligados a pensar que Dios (Padre, Hijo y Espíritu Santo) nació de una virgen y tuvo que aprender a caminar, a comer y a vivir en la tierra durante 33 años. ¡Piensen en las implicaciones de semejante aberración doctrinal! De ser esto cierto, no solo estuvo la tierra sin Dios durante los tres días posteriores a la crucifixión, sino que el trono de Dios estuvo desocupado durante 33 años, hasta que Jesús regresó a tomarlo, después de ascender al cielo, según se puede leer en el primer capítulo de Hechos de los Apóstoles. Y no hablemos ya de los pasajes donde Jesús ora al Padre, o promete enviar al Espíritu Santo, o del bautismo de Jesús, donde las tres personas de la Trinidad se manifiestan. Pero basta de ejercicios en el campo de lo absurdo.

No se puede enfatizar demasiado la importancia de entender lo que la Biblia enseña con relación a la Trinidad. Sí, hay misterio ahí, pero hay ciertos parámetros que nos ayudan a mantenernos dentro de la sana doctrina revelada por Dios en las páginas de la Biblia. Pablo Hoff nos propone seis elementos esenciales en la doctrina de la Trinidad que nos ayudan a mantenernos dentro de dichos parámetros de la revelación divina y evitar las conclusiones absurdas que fluyen de interpretaciones heréticas.[43]

1. **La unidad de Dios**. La Biblia no deja lugar para dudar de que Dios es uno. El cristianismo –según la sana interpretación de las Escrituras– es monoteísta. Tanto en el Antiguo Testamento como en el Nuevo, la enseñanza clara es que hay un solo Dios verdadero (Dt 6:4; Is 45:5-6; Rm 3:30).

2. **La deidad de cada una de las tres personas**. La Biblia también enseña que las tres personas de la Trinidad son divinas. Toda la plenitud de la deidad habita en cada uno de los miembros de la Trinidad.[44]

3. **La Trinidad y la unidad de Dios no son consideraciones idénticas**. No es que son tres dioses y un dios. Tampoco son tres personas y una persona. De ser así, la Trinidad consistiría en una grave contradicción lógica. Bien dice Hoff que el modo por el cual Dios es tres, en algún aspecto, es diferente del modo cuando es uno. Cuando hablamos de *un* Dios, hablamos de su *esencia* (*usía*) y cuando hablamos de *tres* miembros de la Trinidad, hablamos de tres *personas*

---

43 Pablo Hoff, *Teología Evangélica, Tomo 1 & 2* (Miami: Editorial Vida, 2005.), p. 282-285. (Adaptación del autor).

44 Vea la *Pregunta 6*, para una explicación más detallada al respecto.

(*hipóstasis*).[45] No hay contradicción porque los términos son de distintas categorías.

4. **La Trinidad es eterna**. El Padre, el Hijo y el Espíritu Santo son eternamente divinos. Ninguno comenzó a existir, ni ninguno llegó a ser divino.

5. **La subordinación funcional**. Sería un error afirmar que un miembro de la Trinidad es inferior en esencia y autoridad al otro. Pero sí existe subordinación en función y actividad entre los miembros. Las diferencias no son cuestión de rango o jerarquía, sino de las funciones que le corresponden a cada uno en particular.

6. **La Trinidad permanece incomprensible**. Podemos saber lo que Dios revela acerca de sí mismo –incluso lo que revela sobre su Trinidad– pero esto no quiere decir que entendamos cómo funciona en su totalidad. Constituye un misterio para nosotros y no ha de extrañarnos, ya que es imposible que nuestra mente finita entienda la totalidad de un Dios infinito.

Siempre que nos mantengamos dentro de estos seis puntos clave, evitaremos las malas interpretaciones de las Escrituras con relación a la Trinidad y el mensaje bíblico mantendrá su coherencia. Dios es eterno, su trono nunca ha estado vacío y es el que continuamente sostiene toda la creación.

---

45   Para entender la relación entre los tres y el uno, vea el diagrama que acompaña la *Pregunta 6*.

Si Jesús es Dios, ¿a quién le oraba?

J. Valdés

Muro de las Lamentaciones (Jerusalén).

La oración fue parte integral de la vida de Jesús en la Tierra. Los Evangelios dicen que Jesús se apartaba a lugares desiertos a orar (Lc 5:16). Durante los momentos más críticos de su vida Jesús oraba. La noche que fue entregado, Jesús oró fervientemente en el Jardín de Getsemaní (Mt 26:36-44). Lucas añade que fue una oración de tanta agonía que *era su sudor como grandes gotas de sangre que caían hasta la tierra* (Lc 22:44). Durante su crucifixión, en medio de la agonía, mantuvo contacto con el Padre en oración. De las siete ultimas expresiones (conocidas como las siete palabras) de Jesús en la cruz, tres de ellas fueron dirigidas al Padre. La primera palabra fue pidiéndole al Padre que perdonará a los que le crucificaban y se burlaban de él (Lc 23:34). La cuarta palabra fue un clamor al Padre al sentirse abandonado por el peso abrumador del pecado de la humanidad sobre sus hombros (Mt 27:46). La última palabra que Jesús pronunció antes de morir fue una oración al Padre, *Padre, en tus manos encomiendo mi espíritu* (Lc 23:46). Pero, si Jesús es Dios, ¿a quién le oraba? Algunos argumentan que estos pasajes evidencian que Jesús no era Dios, sino simplemente un ser humano, ya que él hablaba con el Padre y el Padre hablaba con él (Mt 3:17).

Para responder a esta pregunta, es importante tener en cuenta que Jesús es Dios, pero mientras vivió en este mundo, también fue un hombre.

Jesús tenía dos naturalezas.[46] Por tanto, las respuestas sobre Jesús han de contestarse según cada naturaleza distintiva. Si nos preguntamos, ¿sentía Jesús agotamiento físico? Las respuestas serían sí y no. En su naturaleza humana, *sí*, Jesús se cansaba. Sin embargo, en su naturaleza divina, *no*, Jesús no se cansaba. Si nos preguntamos, ¿sufrió Jesús hambre y sed? Las respuestas serían sí y no. En su naturaleza humana Jesús sí tuvo hambre y sed, como bien lo manifestó en la cruz. No obstante, en su naturaleza divina, Jesús no tiene necesidad de comida o bebida, al contrario, él es *el pan de vida* y *la fuente de agua que salta para vida eterna*. Fue en su naturaleza humana que Jesús creció y aprendió durante sus 33 años de vida. Empero, en su naturaleza divina, Jesús es Dios eterno, omnisciente, e inmutable (ni crece, ni aprende, ni cambia). Esta distinción entre las dos naturalezas es la clave para entender la pregunta sobre la oración.

Jesús en su naturaleza humana dependía constantemente del Padre y manifestaba esa dependencia principalmente a través de la oración. El Padre, desde su trono escuchaba las oraciones de Jesús y le respondía. De esta forma Jesús modelaba para nosotros la forma en que debemos vivir nuestra jornada en esta tierra –constantemente conectados con el Padre en oración– en total dependencia de él. Y ¿qué de la naturaleza divina de Jesús? ¿Necesitaba Jesús en su naturaleza divina orar al Padre? Sí. Una de las profundidades más hermosas de la Trinidad de Dios es que los tres miembros de la Trinidad se comunican entre sí y mantienen una hermosa relación de amor y mutua dependencia. Esto lo vemos a través de toda la Biblia. Desde el 'Jardín del edén', donde encontramos a Dios el Padre conversando con los demás miembros de la Trinidad al usar expresiones como, *...hagamos al hombre a nuestra imagen, conforme a nuestra semejanza* (Gn 1:26). También lo vemos en Isaías donde Dios el Padre pregunta, ¿*...quien irá por nosotros?* (Is 6:8). Por tanto, el hecho de que Jesús orase es completamente consistente tanto con su naturaleza humana como con su naturaleza divina.

---

46   Vea la *Pregunta 10* para más detalles.

Si Jesús es Dios, ¿por qué hay cosas que él desconocía?

J. Valdés

Qunrám (Israel).

Muchas de las preguntas que surgen en relación con la deidad de Jesús parten de la ignorancia de la doctrina de la Trinidad. Algunos argumentan ardientemente en contra de la Trinidad –entre los cuales encontramos a los Testigos de Jehová–. Como dice José Girón, "los Testigos de Jehová son enemigos acérrimos de la doctrina de la Trinidad".[47] Los Testigos de Jehová acostumbran a subordinar la persona de Jesús como un "dios" en minúscula, creado e inferior en todo al Padre. Para apoyar su doctrina errada, ellos apelan a versículos como Mateo 24:36, en los que Jesús les dice a sus discípulos que él no sabe cuándo será la segunda venida. Para ellos esto constituye evidencia de que Jesús no puede ser Dios. Este argumento merece consideración, ya que crea una aparente paradoja. Si hay algo que Jesús no sabe, no puede ser Dios porque Dios lo sabe todo. Y si es verdad que Jesús lo sabe todo, entonces por qué mintió a sus discípulos, ya que Dios no miente. De ahí surge la pregunta, ¿por qué hay cosas que Jesús desconocía? Veamos dónde está el error de este argumento.

Como ya hemos mencionado, la clave para entender los comportamientos y las palabras de Jesús es entender su doble naturaleza.[48] Cada vez que

47 José Girón, 1954, *Los Testigos de Jehová y sus doctrinas* (Editorial Vida, Miami), p. 51.
48 Para más detalles vea la *Pregunta 13*.

nos hacemos una pregunta sobre Jesús, tenemos que recordar que tenía dos naturalezas y por lo tanto hay dos respuestas, una según su naturaleza humana y otra según su naturaleza divina. ¿Había cosas que Jesús desconocía? ¿Era limitado su conocimiento? Como humano, desde luego que sí. Jesús, en su naturaleza humana, tuvo que aprender a hablar, a leer, a escribir, etc. Fue desarrollándose como cualquier otro ser humano –creciendo en estatura y en conocimiento–. No obstante, en su naturaleza divina, Jesús es Dios omnisciente y esto significa que posee todo conocimiento.

Al leer los evangelios, esto es precisamente lo que observamos. Hay cosas que Jesús desconoce (humanamente) como la fecha de la segunda venida, pero hay cosas que Jesús sabe y que ningún otro ser humano puede saber. Por ejemplo, cuando habla con la mujer samaritana (en Juan 4) revela que sabe todo el historial de ella. Según el pasaje, ella logró persuadir a muchos de los habitantes de su aldea argumentando que Jesús le había dicho todo lo que ella había hecho. En varias ocasiones, dicen los Evangelios que Jesús conocía lo que los escribas y fariseos estaban pensando. Estos ejemplos muestran que Jesús, en su naturaleza divina era omnisciente. ¿Cómo hacía Jesús para manejar ambas naturalezas? No tenemos ni la más remota idea. Ahí hay misterio, pero misterio no es lo mismo que contradicción. La aparente paradoja termina siendo un error de pensamiento que ignora la doble naturaleza de Jesús.

Si Jesús es el Dios eterno, ¿por qué no se menciona en el Antiguo Testamento?

J. Valdés

Detalle del Muro de las Lamentaciones (Jerusalén).

Existe un refrán muy común para describir a las personas que nos encontramos con demasiada frecuencia, decimos que *me lo encuentro hasta en la sopa*. Este refrán pudiera aplicarse en el mismo sentido a Jesús en el Antiguo Testamento, es decir, está "hasta en la sopa". Jesús no solo se menciona en el Antiguo Testamento, sino que está presente, de una forma u otra, prácticamente en TODO el Antiguo Testamento. Pero, antes de proceder a considerar la evidencia, es importante aclarar que esta es otra pregunta que parece ignorar la doble naturaleza de Jesús. En su deidad, Jesús es eterno, mientras que en su humanidad tiene fecha de nacimiento, de muerte y de resurrección –lo cual es un misterio profundo en las Escrituras–.[49] Obviamente, en el Antiguo Testamento aparece Jesús como el Hijo eterno de Dios, la segunda persona de la Trinidad, y no como el Jesús encarnado que vemos en el Nuevo Testamento. Ahora, consideremos y respondamos a la pregunta obvia, ¿dónde aparece Jesús en el Antiguo Testamento?

Primero, encontramos a la segunda persona de la Trinidad explícitamente en el Antiguo Testamento mencionado como el Hijo, el Señor, Jehová y el Ángel de Jehová. Estos títulos corresponden a Jesús antes de su

---

49   Para más claridad sobre este tema de la naturaleza doble de Jesús, véase el desarrollo del tema en las cinco preguntas previas (*Preguntas 10 a 14*).

encarnación.[50] El Salmo 2:7 es un ejemplo del uso del título 'Hijo' y dice: *...Jehová me ha dicho: Mi hijo eres tú.* En el Salmo 110:1 Dios mismo le llama "Señor" y dice, *Jehová dijo a mi Señor: Siéntate a mi diestra, hasta que ponga a tus enemigos por estrado de tus pies.* En Mateo 22:44 Jesús cita este Salmo a los fariseos y ellos se disgustan con él porque las implicaciones son obvias, Dios el Padre le dice a Dios el Hijo (quien es el Señor de David) *siéntate a mi diestra.* Otro nombre que se le atribuye al Jesús pre-encarnado es Jehová (vea Génesis 19:24; Oseas 1:7). También aparece Jesús como 'el Ángel de Jehová' en múltiples pasajes del Antiguo Testamento (vea Génesis 16:7-14; 22:11-16; 31:11-13; Éxodo 3:2-5; 14:19; Jueces 6:11-24; 1 Reyes 19:5-7; etc.). Estos pasajes establecen la presencia de la segunda persona de la Trinidad a través todo del Antiguo Testamento.

Segundo, Jesús aparece implícitamente en la creación como el Creador de todo. Entendemos que el Evangelio de Juan nos hace una conexión clara y muy específica del papel que Jesús juega en la creación del mundo. Juan nos dice:

En el principio era el Verbo, y el Verbo era con Dios, y el Verbo era Dios. Este era en el principio con Dios. Todas las cosas por él fueron hechas, y sin él nada de lo que ha sido hecho, fue hecho (Juan 1:1-3, RV60).

A esto podemos añadir las palabras del apóstol Pablo quien dijo:

Porque en él fueron creadas todas las cosas, las que hay en los cielos y las que hay en la tierra, visibles e invisibles; sean tronos, sean dominios, sean principados, sean potestades; todo fue creado por medio de él y para él. Y él es antes de todas las cosas, y todas las cosas en él subsisten (Colosenses 1:16-17, RV60).

Obviamente, estos pasajes están en el Nuevo Testamento, pero sirven para indicarnos una de las áreas donde podemos buscan y encontrar a Jesús en las páginas del Antiguo Testamento. No cabe duda de que Juan y Pablo colocan a Jesús en Génesis 1:1, donde ya encontramos al Padre creando y al Espíritu Santo paseándose sobre la faz de las aguas. Además, encontramos pistas sobre la pluralidad de Dios que sirven hasta cierto punto, para confirmar lo que los autores del Nuevo Testamento nos están afirmando. Pasajes como Génesis 1:26 donde la deidad se comunica usando pronombres plurales (i.e., *hagamos, nuestra imagen, nuestra semejanza*) muestran la pluralidad de Dios desde el principio. Estos y otros pasajes no mencionan a Jesús explícitamente, pero corroboran lo que dicen Juan y Pablo en el Nuevo Testamento. No obstante, creo que la más impactante presentación de Jesús en el Antiguo Testamento es como el Mesías redentor.

---

50   Aquí solo enumeramos algunos de los pasajes principales, pero existen muchos otros pasajes que apoyan el uso de esto títulos para Jesús en el Antiguo Testamento.

Tercero, encontramos a Jesús en Génesis 1 y 2 como el redentor en toda la creación.[51] A primera vista, Cristo no parece ser necesario en el mundo de Génesis 1-2, ya que era un mundo perfecto que no necesitaba de un salvador todavía. Sin embargo, Génesis fue escrito por Moisés para el pueblo de Israel, un pueblo redimido en un mundo caído. Aunque también fue escrito para nosotros, el enfoque principal de Moisés era enseñarle al pueblo de Israel –recién redimido de Egipto– acerca de su Redentor y a esperar de él una redención mayor que el rescate de la esclavitud en Egipto.

La clave para ver a Jesús en la creación es entender que había un plan de redención desde antes de la fundación del mundo (Efesios 1:4). Jesús, el Redentor, es el "Cordero que fue inmolado desde el principio del mundo" (Apocalipsis 13:8). Su plan de morir para redimir al hombre fue "destinado desde antes de la fundación del mundo" (1 Pedro 1:20). El Padre, el Hijo y el Espíritu Santo planificaron la redención del hombre antes de crear el universo. La redención ya estaba planificada antes que Dios dijera, "sea la luz". Por tanto, la creación viene a ser parte integral del plan de redención. El Creador creó el mundo como el escenario donde se desarrollaría la obra de redención. Por ejemplo, creó al hombre a su imagen, una imagen dañada por el pecado. Pero notamos que el Nuevo Testamento describe a Jesús como la perfecta imagen de Dios (2 Corintios 4:4; Colosenses 1:15) y su obra redentora se presenta como la restauración de la imagen de Dios en la humanidad. Pablo estaba diciendo, "si quieres entender quién es Jesús y lo qué está haciendo para nuestra redención, tenemos que volver al Génesis y considerar la perfecta imagen de Dios, Adán y Eva".

Esto nos ayuda a entender en parte el porqué de la increíble imaginación y creatividad que vemos en el mundo natural. Todo el mundo natural parece haber sido creado para señalarle al perdido el camino de la salvación. Dios creó las ovejas para enseñarnos que él es el Buen Pastor (Juan 10). Creó los pájaros para enseñarle a su pueblo a descansar en él y vivir con menos ansiedad (Mateo 6:25-27). Creó al camello, en parte para mostrarnos lo difícil que es para los que confían en sus riquezas entrar en el reino de los cielos (Mateo 19:24). Creó los lirios y las rosas para compararse a sí mismo con ellas (Cantares 2:1). Creó el agua para explicar como él refresca la sed del alma (Juan 4:14). Incluso los ángeles fueron creados porque Dios sabía que el hombre pecador los necesitaría. Los creó para ser "espíritus ministradores, enviados para servicio a favor de los que serán herederos de la salvación" (Hebreos 1:14). Inclusive, todas las ofrendas y

---

51   Este tema de Jesús como redentor es uno de los más extraordinarios presentados por David Murray en su libro *Jesus on every page: 10 simple ways to seek and find Christ in the Old Testament*. Publicado por Thomas Nelson en Nashville, 2013. El contenido de esta sección lo he resumido, traducido y adaptado del capítulo 7 de este libro de Murray.

fiestas establecidas por Dios para su pueblo en el Antiguo Testamento representan distintos aspectos de la obra redentora de Cristo. Hasta los muebles y los materiales del tabernáculo y del templo –cada detalle– tipifican algún aspecto de la obra redentora.

Jesús mismo y sus apóstoles usaron el tema de la creación para explicar como Dios redime nuestras almas. Pablo dice que, si alguno está en Cristo, es una nueva creación (2 Corintios 5:17). En las cartas a los Romanos (5:12-21) y a los Corintios (1 Cor 15:21-22; 45-49), Pablo conecta a Adán con Cristo de manera majestuosa. Entendemos la obra del postrer Adán solo a la luz del primer Adán, ambos representantes de la humanidad.

Al considerar estas cosas, entiendo perfectamente las palabras del apóstol Pablo, *¡Oh profundidad de las riquezas de la sabiduría y de la ciencia de Dios! ¡Cuán insondables son sus juicios, e inescrutables sus caminos!* (Romanos 11:33). Al entender que todo fue creado como parte del escenario de la redención del hombre, nos toca volver a leer el Antiguo Testamento preguntándonos cómo estos pasajes encajan dentro de la revelación del plan redentor. Lo que no podemos negar es que Jesús está en cada página del Antiguo Testamento, está hasta en la sopa.

¿Es cierto que Jesús comenzó a ser Dios en el momento de su bautismo?

J. Valdés

Bautismo en aguas del Jordán (Israel).

Ser adoptado es una de las experiencias más maravillosas que le puede acontecer a un huérfano. Ser adoptado es venir a ser parte de una familia que le ama y le ha escogido para que se integre en el seno de ella. En la Biblia, Dios usa la analogía de la adopción para explicar como todos nosotros –los que hemos aceptado el regalo de la salvación– somos adoptados por Dios y así venimos a ser hijos de Dios. Sin embargo, Jesús no es un hijo adoptado por Dios. Una de las primeras herejías con las que la iglesia primitiva tuvo que contender fue la doctrina del *adopcionismo*. Según esta perspectiva, Jesús de Nazaret fue un ser humano normal, excepto que vivió una vida sin pecado y por lo tanto se ganó la adopción, como Hijo de parte de Dios, al salir de las aguas del bautismo.[52]

Sin embargo, el evangelio de Mateo nos narra lo que aconteció al salir Jesús de las aguas del bautismo:

Y Jesús, después que fue bautizado, subió luego del agua; y he aquí los cielos le fueron abiertos, y vio al Espíritu de Dios que descendía como paloma, y venía sobre él. Y hubo una voz de los cielos, que decía: Este es mi Hijo amado, en quien tengo complacencia (Mateo 3:16-17).

---

52 Hubo otras versiones del adopcionismo que enseñaban que Jesús fue adoptado por Dios al nacer o después de la resurrección.

Sin lugar a duda, este fue un momento extraordinario. Fue uno de los pocos momentos documentados en el relato bíblico donde se manifiestan los tres miembros de la Trinidad. Pero, de ninguna manera podemos extraer de este acontecimiento la idea de que Jesús estaba siendo adoptado por el Padre para que comenzara a ser un hijo de Dios. Simplemente, esto no es lo que dice el texto.

El adopcionismo es contrario a todo lo que leemos en las Escrituras, especialmente en los evangelios. Durante todo su ministerio terrenal, Jesús expresó su preexistencia, tanto explícita como implícitamente. Uno de los pasajes más significativos lo encontramos en Juan 8 donde Jesús establece su eterna deidad de forma maravillosa al decir:

Abraham vuestro padre se gozó de que había de ver mi día; y lo vio, y se gozó. Entonces le dijeron los judíos: Aún no tienes cincuenta años, ¿y has visto a Abraham? Jesús les dijo: De cierto, de cierto os digo: Antes que Abraham fuese, yo soy (Juan 8:56-58).

Jesús no solo afirma que él existe desde antes de Abraham, sino que se identifica como el gran "yo soy". Esta es la expresión que usó el Dios de Abraham, Isaac y Jacob para identificarse a sí mismo en Éxodo 3:14.

Otra de las ocasiones en que Jesús se identificó como el eterno Hijo de Dios se encuentra en el evangelio de Lucas:

Entonces él les dijo: ¿Por qué me buscabais? ¿No sabíais que en los negocios de mi Padre me es necesario estar? (Lucas 2:49).

Lo curioso de este pasaje es que Jesús apenas tiene unos doce años y le está diciendo a sus padres terrenales que su verdadero padre es Dios. Además, este episodio acontece unos 18 años antes del bautismo de Jesús. Este tipo de pasaje es imposible reconciliar con la idea del adopcionismo.

No ha de extrañarnos que el adopcionismo fuera rechazado como herejía por la iglesia primitiva. Aunque ha vuelto a surgir un par de veces en la historia, es fácil ver que, a la luz de las Escrituras, no se puede sostener esta doctrina. Jesús es el eterno Hijo de Dios.

Si Dios es perfecto, ¿por qué dice la Biblia que es celoso?

A. Cruz

Símbolo cristiano referido al alfabeto griego (Ap 1:8; 21:6-7 y 22:13).

Es cierto que en el Antiguo Testamento se dice en varias ocasiones que Dios es celoso (Éx 20:5; 34:14; Dt 4:24; 5:9; 6:15; Jos 24:19; Ez 23:25; Na 1:2). Sin embargo, ¿a qué clase de celos se refieren todos estos textos bíblicos? Es sabido que en la lengua española contemporánea existen varios significados distintos para la palabra "celo".[53] Desde el período en que los animales se reproducen hasta cierta marca popularizada de cinta transparente adhesiva. Sin embargo, también se llama celo al "cuidado, diligencia e interés con que alguien hace las cosas que tiene a su cargo", o al esfuerzo serio por alcanzar un objetivo. Este sería, por ejemplo, el sentido de versículos bíblicos como el siguiente, en el que Isaías le pide a Dios misericordia: "¿Dónde está tu celo y tu poder, la conmoción de tus entrañas y tus piedades para conmigo? ¿Se han estrechado?" (Is 63:15). Se habla aquí del celo o del cuidado de Dios como Señor de la historia con el que él defiende a Israel frente a otros pueblos. Es evidente que no es este el sentido de la pregunta en cuestión.

Una última acepción serían los "celos" como sentimiento penoso que experimentan algunos seres humanos al ver que la amada o el amado no les corresponde o siente mayor afecto por otra persona. Tal sería el sentido

---

53 Moliner, M. 2008, *Diccionario de uso del español,* Tomo 1 (Gredos, Madrid), p. 339.

de: "Porque el hombre enfurecido por los celos no perdonará en el día de la venganza" (Prov 6:34) o el de los textos mencionados al principio: "No tendrás dioses ajenos delante de mí. No te harás imagen, ni ninguna semejanza de lo que esté arriba en el cielo, ni abajo en la tierra, ni en las aguas debajo de la tierra. No te inclinarás a ellas, ni las honrarás; porque yo soy Jehová tu Dios, fuerte, *celoso*, que visito la maldad de los padres sobre los hijos hasta la tercera y cuarta generación de los que me aborrecen" (Éx 20:3-5). Dios se muestra así celoso, en el mejor sentido de la palabra, porque desea el amor y la devoción de su pueblo. No quiere que Israel le dé la espalda y se vuelva torpemente tras los ídolos paganos que no liberan, sino que esclavizan al ser humano.

Hablar así de Dios, bajo la imagen del adulterio y los celos, es un antropomorfismo frecuente en la Escritura e incluso necesario para entender la especial relación de Yahvé con su pueblo. La idea aquí es que, como cualquier esposo que ama verdaderamente a su esposa, Dios siente celos cuando algo o alguien le roba el cariño de su amada. Siempre que la Biblia se refiere a los celos de Dios lo hace en relación a la idolatría en que a veces cayó el pueblo elegido. ¿Qué diferencia hay entre los celos divinos y los humanos? Los celos de las personas son a veces muy egoístas porque tienen envidia y codician aquello que en verdad no les pertenece. Sin embargo, los celos de Dios protegen lo que realmente le pertenece, puesto que él nos creó.

El Creador no peca al reclamar la lealtad de sus criaturas ya que él nos hizo y no nosotros a nosotros mismos (Sal 100:3). Por eso, sabe perfectamente lo que nos conviene y entiende que los ídolos inventados por el hombre no traen salvación ni nada bueno. En cambio, el corazón humano solo puede alcanzar la paz y el sentido de la existencia permaneciendo fiel a su Creador. Como Dios sabe todo esto, por eso se muestra celoso y desea proteger al ser humano. Así pues, los celos divinos son buenos porque no los mueve el egoísmo sino el verdadero amor. Son celos santos como reconoció el apóstol Pablo en el Nuevo Testamento: "Porque os celo con celo de Dios; pues os he desposado con un solo esposo, para presentaros como una virgen pura a Cristo" (2 Cor 11:2).

Si Dios es bueno, ¿por qué mandó matar a tantos inocentes en el Antiguo Testamento?

A. Cruz

Estatua que representa al profeta Elías contra los sacerdotes de Baal, situada junto al monasterio carmelita conocido como "Sacrificio de Elías", a 30 km de Haifa (Israel).

Ciertamente el Antiguo Testamento relata acontecimientos violentos ordenados por Dios que escandalizan al hombre moderno, sobre todo a quienes no creen en su existencia y, por tanto, no aceptan su soberanía universal. Pero también a los propios creyentes que no aciertan a comprender por qué un Dios misericordioso pudo ordenar supuestamente la desaparición de pueblos enteros. Se trata de pasajes como el siguiente, que se refieren a la destrucción de los cananeos y otros grupos: "Pero de las ciudades de estos pueblos que Jehová tu Dios te da por heredad, ninguna persona dejarás con vida, sino que los destruirás completamente: al heteo, al amorreo, al cananeo, al ferezeo, al heveo y al jebuseo, como Jehová tu Dios te ha mandado; para que no os enseñen a hacer según todas sus abominaciones que ellos han hecho para sus dioses, y pequéis contra Jehová vuestro Dios" (Dt 20:16-18).

Algunos creen que la Biblia es más violenta incluso que el Corán, mientras otros, como el biólogo ateo Richard Dawkins, acusan a Dios de ser una especie de monstruo malévolo: "El Dios del Antiguo Testamento –escribe en *El espejismo de Dios*– es posiblemente el personaje más molesto de toda la ficción: celoso y orgulloso de serlo; un mezquino, injusto e implacable

monstruo; un ser vengativo, sediento de sangre y limpiador étnico; un mi-
sógino, homófobo, racista, infanticida. Genocida, filicida, pestilente, mega-
lómano, sadomasoquista; un matón caprichosamente malévolo".[54] ¿Tiene
razón Dawkins? ¿Es el Dios de la Biblia un genocida que ordena limpiezas
étnicas? ¿Acaso fueron exterminados por completo los cananeos?

El libro de Josué dice que este, por orden divina, conquistó y mató a
"todo lo que tenía vida" de las montañas del Neguev (Jos 10:40). Sin embargo, poco tiempo después, cuando los israelitas empezaron a ocupar la
tierra de Canaán recién conquistada, se afirma que "cuando Israel se sintió
fuerte hizo al cananeo tributario, mas no lo arrojó" (Jc 1:28). ¿Cómo hubieran podido los hebreos someter a los cananeos y obligarles a pagar tribu-
tos, si estos habían sido exterminados varios años antes? Es evidente que la
conquista de la tierra de Canaán, llevada a cabo por los hebreos dirigidos
por Josué, no supuso la aniquilación total de su población. La expresión
"matar todo lo que tenía vida" es solo una forma exagerada de hablar o
una hipérbole habitual en aquel contexto para decir que la victoria había
sido general.[55] Probablemente muchos cananeos salvaron su vida huyendo
a las montañas y regresando después de que el ejército de Josué se fuera a
pelear otras batallas más al norte.[56]

La arqueología ha confirmado que en la Edad del Bronce, que era la
época de Josué, las ciudades cananeas estaban constituidas por fortines militares donde vivían mayoritariamente soldados.[57] El resto de la población
se dedicaba sobre todo a la agricultura y habitaba en las áreas circundan-
tes a dichos fortines. Los más grandes podían albergar algunos centenares
de soldados, por lo que la orden de matar a todos los habitantes de tales
ciudades se refería a los militares y no a los civiles. Como decimos, estos
hubieran podido escapar pronto a las montañas.

Por otro lado, cuando se dice que el Dios del Antiguo Testamento es
racista o que ciertos textos son xenófobos, se olvida por completo que la
Biblia desconoce los prejuicios raciales. Los pueblos semitas tienen un origen común. El Pentateuco afirma que todos los seres humanos son descendientes de Adán y Eva, quienes fueron creados por Dios a su imagen y
semejanza. No hay lugar aquí para ninguna forma de racismo. En la lista
genealógica de Génesis 10 se menciona el origen de los diferentes pueblos
y etnias, no solo de los hebreos. Lo cual demuestra la importancia que la

---

54 Dawkins, R., 2011, *El espejismo de Dios,* ePUB, p. 30.
55 Cabello, P. 2019, *Arqueología bíblica* (Almuzara, España), pp. 279-292.
56 Geisler, N. L. & Howe, T. 2008, *The Big Book of Bible Difficulties* (BakersBooks,
Grand Rapids, Michigan), p. 145.
57 Siemens, R. 2019, "La conquista de Canaán: ¿Un genocidio de los cananeos?",
en Cruz, A. y Siemens, R. *Es tiempo de defender tu fe* (El Lector, Asunción, Paraguay), pp.
185-187.

Escritura le concede a todos los grupos humanos. Abraham es elegido por Dios para ser de bendición a "todas las familias de la tierra" (Gn 12:3). Y, si en algún momento, alguien se vuelve racista, como ocurrió en el caso del profeta Jonás al negarse a predicarles a los ninivitas, pueblo enemigo de Israel, Dios le amonestará firmemente.

La singular salida del pueblo de Israel de la esclavitud de Egipto no fue solo de los hebreos sino también "de una grande multitud de toda clase de gentes" pertenecientes a otras etnias (Éx 12:38). La propia esposa de Moisés era una cusita de piel oscura (hoy diríamos, somalí) (Nm 12:1). Rahab fue asimismo una mujer cananea aceptada como miembro de pleno derecho por el pueblo de Israel (Jos 6:23). Los extranjeros en general fueron siempre considerados y protegidos por las leyes hebreas (Lv 19:34). Por tanto, acusar de racismo al Dios que se revela en la Biblia o a la propia Escritura es poco razonable y no corresponde a la realidad.

En cuanto a la titularidad de ciertas tierras de Canaán, conviene recordar que los antepasados de los israelitas (como Abraham, Isaac y Jacob) habían vivido durante más de dos siglos en territorio cananeo. En ese tiempo habían adquirido legalmente buena parte de aquellas tierras e incluso habían enterrado en ellas a sus seres queridos (Gn 23:16-20; 25:7-11; 33:18-20; 50:12-14). Al salir los hebreos de Egipto y deambular durante 40 años por el desierto, se dirigieron finalmente a Canaán porque allí tenían derechos sobre las propiedades de sus antepasados y sobre todo porque, desde la perspectiva bíblica, la conquista de Canaán no se considera como la usurpación de una tierra ajena sino como la toma de posesión de algo que les pertenecía porque Dios así se lo había prometido en diversas ocasiones (Gn 12:1-9; 15:7; 17:8; 26:3; 28:13; Jos 2:9-10; 9:24).

Otro dato que, a veces se pasa por alto, es que la conquista del territorio de Canaán por parte de Israel fue, entre otras cosas, un acto de legítima defensa.[58] Cuando los israelitas se aproximaban a Canaán, después de su largo éxodo desde el país del Nilo, diversos pueblos cananeos los atacaron sucesivamente sin piedad (Éx 17:8-16; Nm 21:1-3, 21-26; 22-24; 33-35; Dt 2:26-37; 3:1-22; Jos 10 y 11). Israel tuvo que defenderse de tales ataques para no perecer y desaparecer como pueblo. Sin embargo, a excepción de Canaán, cuya conquista Dios permitió debido a su inmoralidad, paganismo y estilo de vida licencioso ("la maldad del amorreo había llegado a su colmo", Gn 15:16), a Israel se le prohibió ocupar la tierra de otras naciones vecinas como Moab, Amón y Edom, ya que tales pueblos eran los propietarios legítimos de sus tierras (Dt 2:2-6, 9, 19).

La guerra en el mundo bíblico es también un drama humano que puede expresar el combate espiritual entre Dios y las fuerzas del mal. Yahvé lucha

---

58   *Ibid.*, p. 181.

contra el pecado y contra quienes lo propagan. Por eso, cuando el pueblo elegido le da la espalda a su Dios y empieza a adorar a dioses ajenos, Yahvé no duda ni un instante y lo combate igual que a los enemigos de Israel. Los dioses paganos de los pueblos que rodeaban al pueblo elegido eran fundamentalmente guerreros. Sus luchas divinas se concebían como el origen de las guerras humanas. Cada país o ciudad tenía su propia divinidad que les protegía aparentemente de los demás dioses de sus enemigos. Es en este contexto donde hay que entender las guerras antiguas de Israel.

No obstante, lo que no aparece jamás en la Biblia es el concepto de "guerra santa" o guerra de religión. El deber de propagar la fe por medio de las armas. El pueblo hebreo, a diferencia de otras culturas de la antigüedad, combate por su existencia, no por su fe o su religión. Según tal concepción, era Yahvé quien peleaba por su pueblo y no al revés. Dios no tiene más remedio que presentarse ante el ser humano a través de lo que este es realmente. Se muestra así porque el hombre era así. Tal es el precio que hubo que pagar para que la humanidad empezara a ser transformada. Dios tiene que rebajarse hasta la estatura mental y moral del ser humano de aquella época para poder manifestarle su plan de la salvación. A los ojos del hombre del Antiguo Testamento, Dios no es violento a pesar de actuar así, porque no quebranta su alianza. Pero aquel tiempo ya pasó junto con la ley del talión y el Nuevo Testamento nos muestra que la verdadera naturaleza del Padre no es, ni mucho menos, la del Jehová de los ejércitos sino la que nos ofrece Jesucristo.

La Biblia relata la destrucción de la cultura cananea como consecuencia del juicio divino a causa de su abominable maldad (Gn 15:16; Éx 34:15-16; Lv 18:25; Dt 9:5; 20:18). No hay motivaciones racistas sino morales y religiosas. Si el pueblo de Israel tenía que ser luz a todas las naciones, no tenía más remedio que apartarse de la cultura pagana de Canaán. El problema consistía en que aquella era precisamente la Tierra Prometida por Dios a Abraham y a su descendencia (Gn 26:3). ¿Por qué resultaba tan perniciosa para Israel la religión cananea? Los dioses de esta mitología presentaban características inmorales intolerables para la religión de Yahvé. Eran perversos, mentirosos, promiscuos, violentos, desleales, maquinadores, incestuosos, adúlteros, veían bien la bestialidad, la pederastia y aceptaban la prostitución religiosa, la magia, la adivinación, así como el abominable sacrificio de niños (Dt 18:9-14). Los cananeos pudientes, en vez de sacrificar a sus propios hijos al dios Moloc, compraban niños de las familias más pobres para hacerlo y así obtener sus supuestas bendiciones.

La corrupción moral había llegado a tal extremo en aquella cultura que Dios decidió acabar con ella, igual que ocurrió en tiempos de Noé con el diluvio (Gn 6) o en Sodoma y Gomorra en la época de Abraham (Gn 18 y

19). Dios no tolera la maldad y juzga al ser humano, sea de la cultura que sea, incluso a Israel cuando este va en pos de dioses ajenos. Lo cual indica también que Yahvé no es racista, ni arbitrario, ni está movido por una ira ciega o sin sentido. De manera que la Biblia justifica la destrucción del mundo cananeo en base a su perversión moral y espiritual. La conquista de Canaán por los israelitas, así como el diluvio y el castigo de Sodoma y Gomorra, fueron anticipos puntuales y tipológicos del juicio final con que será juzgada la humanidad de todas las épocas de la historia. Esto forma parte del mensaje de la Biblia que, desde luego, no gusta hoy a todo el mundo.

Y, ¿qué decir de la muerte de niños inocentes en tales guerras? Es evidente que desde la ética actual resulta incomprensible. Solo se puede afirmar que Dios es el Creador soberano, él da la vida y puede volverla a tomar también en cualquier momento. El hecho de que sus acciones puedan parecernos injustas no significa que lo sean ya que desconocemos sus planes eternos. Dios es justo y siempre hace o hará justicia. Hoy llamamos "daños colaterales" a la muerte de inocentes en las guerras provocadas por el hombre y, aunque años después se intente hacer justicia condenando a los principales culpables, nunca dicha justicia llega a ser perfecta. Sin embargo, con Dios podemos estar seguros de que no será así porque "Dios es juez justo, y Dios está airado contra el impío todos los días" (Sal 7:11). Es cierto que todos somos pecadores y que no hay justo ni aun uno, pero la esperanza cristiana acepta que la causa justa de Dios será reconocida en la eternidad por todos los inocentes de la historia. Según la Escritura, la justicia definitiva solamente se alcanzará al final de los tiempos.

Algunas personas acusan a Dios de no actuar en el mundo para erradicar la maldad. Sin embargo, cuando lo hace, como ocurrió en los días de Noé, en Sodoma y Gomorra o en Canaán, dicen que es injusto por matar inocentes. El problema real es que no se reconoce que la paga del pecado pueda ser motivo de muerte y aniquilación. El mundo de hoy no considera que la idolatría de los cananeos, su depravación moral o sus abominables prácticas sexuales fueran suficiente motivo para que el juicio divino dictaminara la eliminación de aquella cultura. Se rebaja así a Dios a la altura del ser humano, suponiendo que la ética divina debiera ser a imagen y semejanza de la del hombre moderno. Desde esta perspectiva secular, Dios no tendría derecho a castigar o quitar vidas humanas.

Ahora bien, ¿en base a qué criterios morales podemos condenar al Dios del Antiguo Testamento? Si Dios no existe, tal como dicen tantos escépticos hoy, el bien o el mal tampoco existen, entonces ¿por qué tanta indignación contra la moralidad del Creador? Por ejemplo, la mayoría de las objeciones que Richard Dawkins dirige contra Dios y contra los personajes históricos de la Biblia, se le pueden hacer también al naturalismo ateo, que él profesa.

¿Qué clase de dios sería la evolución ciega que se nos propone como alternativa al Dios del Antiguo Testamento? ¿Sería también una divinidad injusta e insensible al sufrimiento de sus criaturas? ¿Masacraría sobre todo a los débiles y enfermos? ¿Se comportaría como un sadomasoquista que usara el dolor, la destrucción y la muerte para formar nuevas especies? ¿Podría tachársele de matón malévolo por carecer de propósito para el futuro de sus seres creados? ¿Acaso no se le debería acusar de limpiador étnico, genocida y racista por enfrentar entre sí poblaciones, tribus, razas y especies en su lucha por la existencia? Resulta que al sustituir el Dios bíblico por las mutaciones al azar y la selección natural, muchos de los rasgos morales que Dawkins encontraba malvados y repugnantes se encuentran también en su dios darwinista.

Además, si nos fijamos en las estrategias genéticas supuestamente seguidas por la selección natural, difícilmente encontraremos mejores ejemplos que los llevados a cabo por los hebreos en el Antiguo Testamento y que tanto enfurecen a nuestro autor materialista. En su libro *El gen egoísta*, Dawkins afirma: "A nivel de gen, el altruismo tiene que ser malo, y el egoísmo, bueno. (…) El gen es la unidad básica del egoísmo. (…) En lo que concierne a un gen, sus alelos son sus rivales mortales, pero otros genes son solo una parte del medio ambiente, comparables a la temperatura, alimentos, predadores o compañeros".[59] Si esto es realmente así, ¿qué hicieron mal los antiguos israelitas, desde el punto de vista evolutivo, al eliminar a las otras tribus de la tierra prometida? ¿No dijo Darwin que la competencia se vuelve más intensa cuando dos razas o especies próximas luchan por el mismo espacio?

Si los genes humanos solo son máquinas de supervivencia, ¿qué hay de malo en robar hembras con fines reproductivos? Desde el punto de vista darwinista y materialista, es difícil acusar a los hebreos primitivos de dudosa moralidad por comportarse como máquinas de supervivencia ya que, al fin y al cabo, solo seríamos animales evolucionados.[60] Sin embargo, el propio Dawkins reconoce que, a pesar de todo, el ser humano no debería comportarse con el egoísmo que supuestamente caracteriza a sus genes sino mediante una ética solidaria. Pues bien, de la misma manera, tampoco los creyentes defienden la matanza de inocentes sino todo lo contrario, el amor y la misericordia de Jesucristo. No debemos tomar como norma ética para el presente aquello que ocurrió exclusivamente para un momento histórico del Antiguo Testamento. En fin, las críticas ateas a ciertos juicios divinos del pasado se desvanecen ante las propias convicciones naturalistas. Dios es bueno, pero también justo y jamás tolerará la maldad.

59   Dawkins, R., 1979, *El gen egoísta* (Labor, Barcelona), p. 64.
60   Cruz, A. 2015, *Nuevo Ateísmo* (CLIE, Viladecavalls, Barcelona), pp. 80-81.

Si Dios es bueno, ¿por qué castigará con el infierno?

J. Valdés

Souvenirs de Israel entre los que figuran coronas de espinas similares a la que pusieron a Jesús.

Bueno, bueno y ¿qué significa la palabra bueno? Hablamos de lo bueno que es el tío Tomás; lo bueno que es el auto de mi esposa; lo bueno que sería ganar la lotería; pero en cada uno de estos ejemplos la palabra 'bueno' significa algo un poco diferente. Desde nuestra óptica, bueno puede significar útil, agradable, positivo, placentero, etc. Por tanto, debemos aclarar lo que queremos decir al hablar de "bueno" en relación con Dios. En lo que concierne a este tema, debemos preguntarnos qué significa la frase "Dios es bueno", ya que la pregunta parece cuestionar la bondad de Dios. La bondad de Dios es uno de sus atributos morales y se puede definir de la siguiente manera, *Dios es la norma suprema del bien, y que todo lo que Dios es y hace es digno de aprobación.*[61]

Aplicando esta definición a nuestra pregunta, debemos considerar si el infierno como lugar de castigo es digno de aprobación. ¿Cómo reconciliamos el castigo terrible del infierno con la bondad de Dios? A primera vista, pudiera parecer que Dios es cruel o malvado al someter a alguien al semejante castigo. Para responder, debemos primero definir lo que es el infierno y su propósito. Luego deberemos considerar quiénes van al infierno y por

---

61 Wayne Grudem. *Teología Sistemática* (Miami: Editorial Vida, 2007), p. 203.

qué. Finalmente, tendremos que tomar en cuenta otros atributos de Dios que se relacionan con el infierno.

¿Qué es el infierno? A veces es más fácil comenzar por lo que NO es el infierno. El infierno *no* es vivir con la suegra. El infierno *no* es un estado mental. El infierno *no* es la dificultad que estamos viviendo en este momento. Según nos ha revelado Dios en las Escrituras, el infierno, además de ser eterno,[62] es un lugar real y no un estado mental. Grudem provee la siguiente definición bíblica, *el infierno es un lugar de un castigo eterno consciente para los impíos.*[63] Esto es precisamente lo que nos enseñan las Escrituras. Muchas veces en Mateo 25, Jesús menciona lo terrible que será el infierno y se refiere a la duración eterna de este castigo (Mateo 25:30, 41, 46). Jesús se expresa de igual forma en el evangelio de Marcos, enfatizando que el castigo será eterno (Marcos 9:43, 48). En Lucas 16 tenemos el relato de Lázaro y el hombre rico, donde Jesús nos permite ver 'detrás del telón' como será el infierno para los que terminan allí y observamos que son conscientes de su terrible condición. Sin duda, las explicaciones más gráficas del infierno las encontramos en el libro de Apocalipsis (14:9-11; 20:10). Pero ¿por qué crear un lugar tan terrible? Debido al aliento de vida que Dios sopló en el hombre, el ser humano tiene un alma eterna. Nuestro cuerpo muere, pero nuestra alma no morirá jamás. Por lo tanto, es necesario un lugar donde puedan habitar los que escogen el regalo de la salvación de Cristo (el cielo) así como un lugar donde puedan habitar las almas que rechazan el perdón de Dios (el infierno). Eso nos introduce a la siguiente pregunta.

¿Dónde debería Adolfo Hitler pasar la eternidad? Preguntas como estas nos confrontan con la realidad de que algunas personas parecen merecer el infierno más que otras. Por supuesto, a todos se nos ocurren personas que deberían ir al infierno, pero en esa lista nunca aparecemos nosotros. Esto es muy típico del ser humano, deseamos justicia para los demás y misericordia para nosotros. Sin embargo, según la Biblia, ¿quiénes se merecen el infierno? La Palabra de Dios es muy clara en este asunto. Todos hemos pecado y eso nos descalifica para entrar al cielo (Romanos 3:23). En nuestro estado pecaminoso, el hombre no puede aparecer ante la presencia de Dios. Aunque no nos guste la idea, tenemos que reconocer que todos merecemos el infierno. No obstante, Dios hizo provisión para que podamos evitar el infierno y pasar la eternidad con él en el cielo (Romanos 6:23). Entonces,

---

62 En el mundo evangélico hoy existe una corriente de teología que intenta reinterpretar las Escrituras para redefinir el infierno como un lugar de castigo temporal para aliviar la aparente 'crueldad' de Dios. Existen varias corrientes divergentes de esta idea desde un castigo temporal seguido de la salvación de todo el mundo, hasta un castigo temporal seguido de la aniquilación de los impíos. Sin embargo, un análisis cauteloso de los pasajes mencionados arriba imposibilita tales interpretaciones.

63 Grudem, p. 1212

la pregunta pasa a ser, ¿quién puede entrar al cielo y así evitar el infierno? A TODO el que cree en Jesús para su salvación le es otorgada la entrada a la vida eterna con Dios en los cielos (Juan 3:16; Romanos 6:23; 8:1). El que no va, es porque no quiere ir. C.S. Lewis lo resume maravillosamente: *En última instancia solo hay dos tipos de personas: los que dicen a Dios "hágase su voluntad" y aquellos a quienes Dios dirá al fin, "hágase tu voluntad". Todos los que están en el infierno lo escogen.*[64]

Dios es mucho más que bueno. Además de ser bueno, Dios es justo y misericordioso a la vez. Veamos como estos tres atributos de Dios funcionan juntos en cuanto al infierno. La *justicia* de Dios es perfecta. Es decir, Dios no puede dejar pasar una transgresión sin que esta reciba el castigo merecido. Todo pecado tiene que ser castigado. ¡Todos! De no haber un infierno, muchos escaparían el juicio y la paga de su pecado. Después de todo, Hitler se pegó un disparo quitándose la vida sin haber tenido nunca que dar cuentas por sus horribles atrocidades. De no existir un infierno, acusaríamos a Dios de ser injusto por permitirle a tantos déspotas morir sin tener que responder por lo que hicieron. El infierno es necesario para que exista la justicia perfecta. También debemos entender que la justicia de Dios se manifiesta aun dentro del infierno, ya que la Biblia nos indica que allí habrá distintos niveles de castigos según lo merecido por el ofensor (Mateo 10:15; 11:24; Lucas 10:12).[65]

Sin embargo, Dios es a la vez *misericordioso*, no deseando que ninguno se pierda, sino que todos se arrepientan y reciban el regalo de la salvación (Ezequiel 33:11; 2 Pedro 3:9; 1 Timoteo 2:4). La misericordia de Dios también es perfecta. Es decir, todo el que realmente se arrepiente y busca el perdón de Dios lo encuentra. Además de ser justo y misericordioso, Dios es *amor*. Es precisamente el amor de Dios lo que hace provisión –pagando un precio altísimo– para que el hombre pueda ser reconciliado con él y tenga entrada en el cielo. El amor de Dios fue la motivación que había detrás del sacrificio en la cruz (Juan 3:16), acto que hizo posible extender el perdón y la reconciliación a todo el que lo desea. Es decir, el amor perfecto hace posible la misericordia perfecta al pagar el precio para lograr una justicia perfecta.

Cuando entendemos que Dios es justo y misericordioso, además de ser amor, vemos que el amor de Dios es precisamente lo que le motiva a morir en la cruz para que podamos todos entrar al cielo. Mientras que la

---

64 C.S. Lewis. *The Great Divorce* (San Francisco: HarperSanFrancisco, 2001.), p. 75. (Traducción del autor).

65 En un sentido, cada uno recibirá un castigo justo y merecido; pero en otro sentido, el castigo principal es la separación eterna de la presencia de Dios y ese aspecto del castigo aplica a todos.

misericordia y la justicia nos permiten reconciliar la realidad del infierno con el Dios amoroso de la Biblia. Por lo tanto, en vista de la provisión que Dios ha hecho para que NADIE tenga que ir al infierno, no tiene sentido acusar a Dios de ser injusto o falto de amor. La opción de escoger la vida eterna en el cielo es nuestra, así como es nuestra opción escoger una eternidad sin Dios. El hombre escoge libremente donde desea pasar la eternidad y Dios respeta esa decisión.

Si Dios es bueno, ¿por qué destruyó su propia creación con un diluvio?

J. Valdés

Parque Natural de Sant Llorenç del Munt, Barcelona, España.

Como autoridad máxima sobre su creación, hay cosas que Dios puede hacer que *no* serían consideradas malas, pero que de hacerlas nosotros, *sí* lo serían. Múltiples pasajes del Antiguo Testamento son mal entendidos porque el intérprete demanda que las acciones de Dios sean limitadas por roles y responsabilidades humanas, algo muy parecido al muchacho que pregunta a su padre: "¿por qué tengo que acostarme yo tan temprano y tú no tienes que hacerlo?". A veces queremos sujetar a Dios a las mismas prohibiciones y reglas morales a las que el hombre tiene el deber de sujetarse. Este parece ser el error que hay detrás de esta pregunta retando la bondad de Dios.

Una de las responsabilidades que le corresponde exclusivamente a Dios es el número de nuestros días. Si tomamos en nuestras manos la acción de ponerle fin a la vida de alguien, esto es considerado malo, como debe serlo. Sin embargo, como nuestro Creador, si Dios escoge ponerle fin a la vida terrenal de alguien, él tiene el derecho de hacerlo. El filósofo cristiano William Lane Craig lo explica así:

"Ciertamente él no está sujeto a las mismas obligaciones morales y prohibiciones a las que estamos nosotros. Por ejemplo, yo no tengo derecho alguno de tomar la vida de una persona inocente. De mi parte eso sería homicidio. Pero Dios no está sujeto a tal prohibición. Él puede dar y tomar la vida como quiera. Frecuentemente admitimos esto cuando acusamos a alguna autoridad de 'jugar el papel de Dios'. Las autoridades humanas se apropian de derechos que solo le corresponden a Dios. Dios no está bajo ninguna obligación de extender mi vida por un segundo más. Si desea ponerle fin a mi vida en este mismo instante, esa es su prerrogativa".[66]

No obstante, es importante aclarar que esto *no quiere decir* que Dios carece de bondad moral. Ciertamente *no quiere decir* que Dios es caprichoso o que sus acciones son impredecibles. Simplemente significa que las responsabilidades que Dios tiene son mucho más elevadas que las que nosotros jamás tendremos en este mundo.

Tampoco podemos ignorar la justicia de Dios. Recibimos el amor de Dios con los brazos abiertos. Sin embargo, no lo encontramos cariñoso cuando leemos pasajes como el relato del diluvio. Sin embargo, todo el que ha sido víctima de un crimen o ha sufrido una injusticia demanda desesperadamente que el Dios de justicia se haga presente. Cualquier representación de Dios que lo muestre carente de uno de estos dos atributos está errada. Rechazaríamos un Dios carente de justicia tan rápido como un Dios carente de amor. Sin embargo, cuando Dios ejerce justicia, a muchos les cuesta aceptarlo.

El relato del diluvio es precisamente un ejemplo de Dios ejerciendo justicia. La Biblia es clara en describir el nivel de corrupción al que había llegado TODA la humanidad en los tiempos del diluvio. Al juzgar la condición moral del ser humano, "...vio Jehová que la maldad de los hombres era mucha en la tierra, y que todo designio de los pensamientos del corazón de ellos era de continuo solamente el mal" (Génesis 6:5). La Biblia nos explica que, "... se corrompió la tierra delante de Dios, y estaba la tierra llena de violencia. Y miró Dios la tierra, y he aquí que estaba corrompida; porque toda carne había corrompido su camino sobre la tierra" (Génesis 6:11-12). Como Creador y Juez del mundo, Dios tenía todo el derecho de sentenciar a la humanidad a la muerte. Si nos parece cruel e injusto quizás sea porque minimizamos la culpabilidad de aquella gente o porque no entendemos la autoridad de Dios sobre su Creación. Sin embargo, la justicia de Dios se hace notoria al ver que les perdonó la vida a Noé y a sus hijos. ¿Por qué halló gracia Noé? La Biblia dice que "Noé, varón justo, era perfecto en sus generaciones" (Génesis 6:9). Noé, a pesar de no ser perfecto, resalta en fuerte contraste con lo que estaba sucediendo en esa cultura. Dios, en su perfecta justicia, perdona la vida de Noé y sus hijos.

Por tanto, para comprender al Dios del Antiguo Testamento debemos comenzar entendiendo que su rol y sus responsabilidades son muy distintas a las nuestras. Hay cosas que él puede hacer que no son malas cuando

---

66   William Lane Craig, "Slaughter of the Canaanites", Q & A, (http://www.reasonablefaith.org/slaughter-of-the-canaanites#ixzz2M6t78hVq. Accedido el 2/17/2013). (Traducción propia para este artículo).

ell las hace, pero sí lo serían si fuésemos nosotros los perpetradores. Esto no quiere decir que Dios es inmoral, sino que él no está sujeto a las mismas prohibiciones y reglas morales que nosotros. Esto es algo que aceptamos en nuestra vida diaria, por lo que no ha de ser difícil considerarlo con respecto a Dios. No es tanto la bondad de Dios lo que provoca la destrucción de la tierra por medio del diluvio, es la justicia de Dios. Dios es bueno, por eso perdonó la vida de Noé. Dios es justo, por eso destruyó un mundo malvado y pervertido.

Si Dios es inmutable, ¿por qué dice la Biblia que se arrepintió de haber creado al hombre?

A. Cruz

Bosque de abetos del Pirineo catalán, Lleida (España).

Es cierto que en el Antiguo Testamento hay varios pasajes en los que parece que Dios se arrepienta o cambie de opinión (Gn 6:6; Éx 32:14; 2 S 24:16; 1 Cr 21:15; Jr 26:19; Am 7:3, 6; Jon 3:10). Sin embargo, ninguna de tales expresiones significa que el Creador se haya equivocado en sus planes eternos y tenga que modificarlos, igual que hacemos los humanos en tantas ocasiones. Algunas versiones bíblicas traducen el término "se arrepintió" por "lamentó", que expresaría mejor la idea de que a Dios le preocupa el pecado humano y se duele por causa del mismo.

Cuando la Biblia dice: *Y se arrepintió Jehová de haber hecho hombre en la tierra, y le dolió en su corazón* (Gn 6:6), le está asignando una cualidad humana a Dios para explicarnos cómo se sentía el Creador a causa del pecado del hombre. La idea es comunicar a las personas el profundo dolor que Dios experimenta por culpa de la maldad humana. La Escritura presenta a un Dios personal muy cercano al ser humano que nos conoce profundamente y sufre con nuestras transgresiones.

Por ejemplo, en Éxodo 32:14, podemos leer: *Entonces Jehová se arrepintió del mal que dijo que había de hacer a su pueblo.* Es evidente que si Dios lo sabe todo, es eterno e inmutable, no va a cambiar de opinión, en el sentido de arrepentirse de algo, o de reconocer que estaba equivocado. A nosotros puede parecernos que cambia de opinión, desde nuestra perspectiva finita y temporal. Sin embargo, desde su perspectiva eterna, Dios no puede cambiar. Lo que ocurre es que solo se puede comunicar con el hombre por medio de una revelación antropomórfica. Es decir, hablándonos en términos humanos temporales que podamos entender. Rebajándose hasta nuestro nivel.

Otro ejemplo, cuando Adán y Eva pecaron y se escondieron de la presencia de Dios, en Génesis 3:9, leemos: *Mas Jehová Dios llamó al hombre, y le dijo: ¿Dónde estás tú?* ¿Es que el Dios omnisciente (que lo sabe todo) no sabía dónde se había escondido Adán? ¡Claro que lo sabía! No está preguntando por su localización física sino por su condición espiritual: ¿Dónde estás tú en relación conmigo? ¿Sigues siendo el mismo de antes o tu corazón ha cambiado? Incluso esto último también lo sabía Dios porque: *Él conoce los secretos del corazón* (Sal 44:21). Él sabía dónde estaba el ser humano y qué había dentro de su corazón, pero deseaba que fuera el propio hombre quien se diera cuenta de lo que había hecho. Dios busca a Adán en el huerto del edén sabiendo que ha pecado y sabiendo donde se esconde, pero lo explica desde nuestra perspectiva humana, finita y espacial.

De la misma manera, lo que a nosotros puede parecernos un cambio de opinión, o que Dios se arrepiente de sus intenciones previas, es solo un lenguaje humano (antropomórfico) para que lo entendamos. Dios no se sorprende nunca de nuestras decisiones porque las conoce desde la eternidad. Él sabe qué elección hará cada persona, desde antes de la fundación del mundo. En Jeremías 18:8, Dios dice: *Pero si esos pueblos se convirtieren de su maldad contra la cual hablé, yo me arrepentiré del mal que había pensado hacerles.* Esta es una manera humana de hablar, puesto que Dios sabe desde el principio quién se arrepentirá y quién no. Él hace que todas las cosas contribuyan a sus planes eternos y a su voluntad suprema, en la cual *no hay mudanza, ni sombra de variación* (St 1:17).

Si Dios es omnipotente, ¿podría crear una piedra tan grande y pesada que él mismo no fuera capaz de levantar?

A. Cruz

Montaña llamada "Els Encantats" (Los Encantados). Está formada por dos picos: el "Encantat Xic" de 2 734 metros de altitud y el "Encantat Gran" de 2 748 m. Ambos se levantan imponentes junto al estanque de Sant Maurici, en el Parque Nacional de Aigüestortes (Pirineo de Lleida, España).

Se trata de una pregunta aparentemente simple pero que esconde una paradoja engañosa, basada en una mala interpretación de la omnipotencia divina. Generalmente, lo que se pretende al formularla es demostrar la incoherencia e inexistencia de un Dios que todo lo puede. Si se responde afirmativamente, diciendo que el Creador sí podría crear dicha roca, entonces se está admitiendo también que Dios es incapaz de levantarla, luego no sería omnipotente. Si, por el contrario, se responde negativamente, se está diciendo también que es incapaz de crear algo tan simple como una enorme y pesada piedra. De manera que se diga lo que se diga parece que Dios no pueda ser omnipotente y, por tanto, su existencia se vería socavada.

No obstante, el error implícito en esta pregunta es el de suponer que Dios puede hacerlo absolutamente todo, incluso aquellas cosas incoherentes, absurdas o sin sentido. Según dicha definición deficiente de la omnipotencia, el Creador podría hacer paradojas imposibles como círculos-cuadrados, solteros-casados, muertos-vivientes, mitades-enteras, existentes-inexistentes o que dos más dos sumaran cinco, en vez de cuatro. Pero nada de esto tiene sentido en la lógica divina ya que *hay cosas contrarias a su propia esencia sobrenatural y que, por tanto, Dios no puede hacer*. Si el Creador realizara tales contrasentidos, estaría actuando contra sí mismo y nos estaría engañando. Hay acciones que la omnipotencia divina no puede llevar a cabo de ninguna manera como mentir, ser injusto, equivocarse, dejar de amar, inducirnos al mal, pecar o aprobar el pecado, contradecirse, cansarse, dejar de ser, etc. Sin embargo, nada de esto le impide seguir siendo un Dios todopoderoso y misericordioso. La definición bíblica de omnipotencia divina es la de un poder ilimitado e infinito empleado para realizar su eterna voluntad, no para hacer aquellas ocurrencias que se generen en mentes humanas escépticas que intentan demostrar su inexistencia.

La Biblia enseña que Dios, un ser infinito y sobrenatural, creó un universo finito y natural. Esto implica que ningún ser físico de la naturaleza creada podrá jamás cuestionar o superar su omnipotencia divina. Es imposible concebir una piedra del mundo natural que sea mayor que el poder infinito de un Dios sobrenatural. Esto es algo que carece de sentido pues nada creado puede vencer o sobrepasar a su Creador. Es una locura intentar retar a Dios con una roca material por muy pesada que esta sea. Y, de la misma manera, es absurdo responder a una pregunta absurda, contradictoria y falaz que empieza asumiendo una presuposición equivocada. La Palabra de Dios dice al respecto: "Nunca respondas al necio de acuerdo con su necedad, para que no seas tú también como él. Responde al necio como merece su necedad, para que no se estime sabio en su propia opinión" (Prov 26:4-5).

Si Dios es omnipotente, ¿por qué no destruye el mal?

J. Valdés

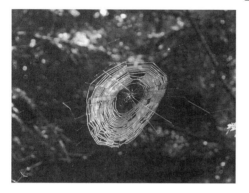

El rabino Harold Kushner dice en su libro popular *Cuando a la gente buena le pasan cosas malas:* "Si podemos llegar al punto de reconocer que existen cosas que Dios no controla, muchas cosas buenas pasan a ser posibles". Él es de los que piensa que Dios no destruye el mal porque no puede. Es más, él propone que Dios no es perfecto, lo que le lleva a preguntar: "¿serás capaz de perdonar a Dios aun cuando has descubierto que no es perfecto?". Obviamente, esta forma de responder al problema del mal no encuentra apoyo alguno en lo que la Biblia nos revela sobre Dios. El Dios del rabino Kushner no se parece en NADA al Dios de las Escrituras. Pero su postura parte de haber sufrido la pérdida de un hijo y de tratar de reconciliar esa desgracia con la existencia de un Dios bueno y todopoderoso.

En un intento de reconciliar un Dios bueno, todopoderoso y soberano con la existencia de tanta maldad en el mundo, muchos terminan desvirtuando y redefiniendo a Dios hasta tal extremo que deja de ser el Dios de la Biblia y pasa a ser un dios que solo existe en sus imaginaciones. Algunos, como el rabino Kushner proponen que Dios no destruye el mal porque no puede. Desea hacerlo, pero sus manos están atadas. Otros ponen en duda la bondad de Dios y proponen que Dios no es bueno y por eso permite tanta maldad en el mundo. Otros argumentan que Dios es bueno y todopoderoso, pero no es soberano. Es decir, Dios no está en el control de todo. El diablo compite con Dios por el control del universo y por eso existe tanta maldad. Aún hay quienes argumentan que el mal no existe, que es simplemente una ilusión o existe solo en nuestras mentes.

El problema con todas estas posturas es que no se corresponden con la realidad. Es innegable que el Dios de la Biblia es bueno, todopoderoso y soberano sobre su creación. Por otro lado, negar la existencia del mal es hablar tonterías. Entonces, ¿cómo reconciliamos el problema del mal con la existencia de Dios? El mal se vence, no se destruye. Permítame explicarme. El mal no puede ser destruido sin destruir con ello la libertad del hombre. Destruir el mal es quitarle al hombre la potestad de escoger libremente entre amar o no amar a Dios y al prójimo. El más grande mandamiento de Dios al ser humano es el amor. En el Evangelio de Mateo encontramos el siguiente diálogo entre Jesús y sus discípulos:

> *Maestro, ¿cuál es el gran mandamiento en la ley? Jesús le dijo: **Amarás** al Señor tu Dios con todo tu corazón, y con toda tu alma, y con toda tu mente. Este es el primero y grande mandamiento. Y el segundo es semejante: **Amarás** a tu prójimo como a ti mismo* (Mateo 22:36-39, énfasis añadido).

Sin embargo, para amar a Dios o al prójimo, debemos tener la opción de no amarlo. El verdadero amor no puede ser obligado, tiene que ser algo que el ser humano escoja libremente. Para obedecer a Dios, debemos tener la opción de no hacerlo. Por tanto, si destruimos la libertad del hombre, que sería la única forma de destruir el mal, eso sería malo de por sí, porque le privaría de su mayor bien. Es por lo que argumentamos que destruir el mal sería un acto malévolo.

Si vamos a deshacernos del mal, tenemos que hablar de *vencerlo* y no de destruirlo. Vencer el mal es lo que hacemos cuando escogemos libremente hacer el bien. Es lo que hacemos cuando escogemos libremente amar. Cada vez que pasamos por el lado del árbol de la tentación y nos negamos a comer del fruto prohibido, estamos venciendo el mal. El árbol ya no tiene potestad sobre nosotros. Pero, para el ser humano, es imposible lograr esto en su totalidad dada su naturaleza pecaminosa. Sin embargo, vencer el mal es lo que Jesús hizo cuando vino a este mundo. En cada situación y en cada circunstancia, durante toda su vida terrenal, escogió el bien y rechazó el mal; escogió amar. Hizo lo que nosotros no éramos capaces de hacer. Él venció el mal en nuestro lugar para garantizarnos un futuro donde el mal dejará de ser, y lo hizo sin destruir nuestra libertad.

Algunos utilizan el mal como argumento en contra de la existencia de Dios. Sin embargo, esto es una postura falaz y arrogante. Es falaz porque de la existencia del mal no sigue la inexistencia de Dios; se trata de la conocida falacia del *non sequitor*. Como mucho, la existencia del mal pudiera usarse para atacar el carácter de Dios, pero no su existencia. Además, es arrogante porque asume que, si Dios aún no ha eliminado el mal, nunca lo hará. Es arrogante pretender saber el futuro y más arrogante pretender juzgar el plan de Dios como inferior al nuestro, como dicen algunos, "si yo fuese Dios, yo hubiese hecho las cosas diferentes". Es la máxima expresión de arrogancia que la creatura quiera enseñarle al Creador cómo debió haber creado al mundo.

Dios sabe lo que está haciendo. El plan perfecto de Dios nos presenta un Dios bueno que desea acabar con el mal. El plan perfecto de Dios nos presenta a un Dios todopoderoso que puede acabar con el mal. El plan perfecto de Dios nos muestra un Dios soberano que tiene control sobre toda su creación. Por tanto, el plan perfecto de Dios provee la solución perfecta para el mal. Llegará un día en que el mal será derrotado permanentemente en respuesta al amor de los que libremente hemos escogido amar a Dios y vivir para siempre en un mundo sin maldad.

Si Dios es bueno y escucha las oraciones, ¿por qué no sana a todos los enfermos que se lo piden?

J. Valdés

Basílica de la Natividad en Belén (Palestina).

De lo único que no podemos escapar en esta vida es de los impuestos y de la muerte, dice un refrán muy popular en los Estados Unidos. Cualquier discusión sobre el tema de la sanidad divina debe enmarcarse en la realidad inevitable de la muerte física. La muerte vino a ser parte inevitable de nuestro mundo como consecuencia del pecado introducido por el hombre en el 'Huerto del edén' (Gn 3; Rm 5). Sin embargo, las Escrituras contienen muchísimos relatos de personas que recibieron milagros de sanidad. Varias personas incluso murieron y fueron resucitadas, lo que quizás podamos definir como el mayor milagro de sanidad posible. No obstante, también es ciertísimo que la mayoría de las personas que piden a Dios la sanidad divina para una enfermedad física no la reciben. ¿Cómo reconciliamos esa verdad con el concepto de un Dios que debe desear nuestro bienestar y que supuestamente escucha nuestras oraciones? Para responder a esta pregunta, debemos considerar los tres ingredientes de ella. Tenemos que tratar la bondad de Dios, el alcance de nuestras oraciones y la escasez de milagros de sanidad.

Lo primero que tenemos que aclarar, antes de proceder, es que Dios es bueno. ¿Pero qué quiere decir que Dios es bueno en el contexto de nuestra pregunta?[67] La bondad de Dios es uno de sus atributos morales y se puede definir de la siguiente manera, *Dios es la norma suprema del bien, y que todo lo que Dios es y hace es digno de aprobación.*[68] Es decir, cuando Dios escoge sanar, ese acto es digno de aprobación. Pero también quiere decir que cuando Dios escoge *no* sanar a alguien, ese acto también es digno de aprobación, ya que TODO lo que Dios hace es bueno. No debemos dudar de que Dios desea lo mejor para nosotros, aunque muchas veces esto incluye no sanarnos. Esto parece chocante, pero lo es solo desde nuestra óptica limitada. En nuestros pensamientos y en nuestra forma de proceder entendemos que lo mejor que Dios puede hacer es sanarnos. Sin embargo, Dios nos ha dicho con claridad cristalina que sus pensamientos no son nuestros pensamientos y que su modo de proceder no es como el nuestro (Isaías 55:8-9). Desde la óptica de Dios, hay situaciones donde nuestra sanidad es lo mejor para nosotros y hay otras situaciones donde no lo es.

Lo segundo que tenemos que considerar es el alcance de nuestras oraciones. ¿Escucha Dios todas las oraciones de todo el mundo? Sí, si el asunto es escucharlas, Dios percibe todo lo que acontece en el mundo, incluyendo todas las oraciones que se levantan a él. Pero ¿está Dios bajo la obligación de responder a toda petición que se le presenta? No. Dios no está bajo la obligación de contestar ninguna petición. No obstante, Dios libremente se compromete a responder a las peticiones *de sus hijos*. Es decir, Dios no tiene por qué responder a las peticiones de los que *no* son sus hijos. Esto es fácil de entender cuando lo llevamos al ámbito de las relaciones humanas. Si mi hijo me pide $20 para salir con sus amigos, yo tengo cierto deber de responderle, pero si el hijo de mi vecino me viene a pedir lo mismo, no tengo por qué dárselo, lo mando a pedírselo a su papá. Este principio está claramente establecido tanto en el Antiguo como en el Nuevo Testamento. Dios invita a su pueblo, sus hijos, sus discípulos, sus siervos, etc., a que vengan a él con sus necesidades y él responderá.

Habiendo abordado los temas de la bondad de Dios y el alcance de nuestras oraciones, nos toca considerar la forma en que Dios responde a nuestras peticiones en general y a la escasez de milagros de sanidad divina en particular. En general, podemos afirmar que Dios responde a todas nuestras peticiones (las de sus hijos). Sin embargo, la respuesta no siempre es afirmativa. A veces Dios responde que *sí*, otras veces que *no*, otras veces responde que *todavía no*, y a veces responde con un *quizás*, descansando sobre nuestro compromiso de cumplir nuestra parte en el asunto. ¿En qué se basa Dios para las distintas respuestas? Las respuestas de Dios no son

---

67   Ya definimos este término en la *Pregunta 19*, pero lo repetimos por su importancia en esta.

68   Wayne Grudem. *Teología Sistemática* (Miami: Editorial Vida, 2007), p. 203.

arbitrarias, son basadas en lo que él sabe será lo mejor para nosotros y para el desarrollo de sus planes y propósitos. Lo que Dios espera de nosotros es que confiemos en él, que ejercitemos fe en él. Tenemos que vivir con la certeza de que Dios sabe lo que está haciendo. Además, tenemos que aceptar su voluntad, aunque no nos guste ya que ésta siempre obrará para nuestro bien.

¿Pero y qué de la sanidad? ¿Cómo es posible que sea "bueno" para nosotros no recibir la sanidad de nuestro cuerpo? ¿Cómo puede ser "lo mejor" de parte de Dios que uno de sus hijos se muera por no recibir la sanidad física? Por racionales que parezcan estas preguntas, terminan descubriendo nuestro desenfoque. En vez de estar enfocados en la vida eterna, estamos enfocados en la vida presente. Es decir, si lo más importante es esta vida, entonces la sanidad de nuestro cuerpo físico tiene que ser la mejor alternativa. Pero si lo más importante es la vida eterna en los cielos junto a nuestro amado salvador, entonces la muerte física es lo mejor que nos puede suceder. Esto es precisamente a lo que se refería el apóstol Pablo en su carta a los Filipenses:

> Porque para mí el vivir es Cristo, y *el morir es ganancia*. Mas si el vivir en la carne resulta para mí en beneficio de la obra, no sé entonces qué escoger. Porque de ambas cosas estoy puesto en estrecho, teniendo deseo de *partir y estar con Cristo, lo cual es muchísimo mejor*; pero quedar en la carne es más necesario por causa de vosotros (Filipenses 1:21-24, énfasis añadido).

Como creyentes, nuestro enfoque debe estar en el premio mayor. Sin embargo, nos aferramos a esta vida y con buenas razones. Así como Pablo, sentimos que todavía podemos ser útiles al ministerio, a nuestros hijos, a nuestras familias. Aún tenemos sueños y objetivos que lograr y por lo tanto deseamos continuar viviendo. Eso es normal entre nosotros. Entendemos que la vida eterna es mucho mejor y queremos "un día", en el muy lejano futuro, ir a la presencia de Dios, pero como decía un amigo misionero que ya partió con el Señor: "no quiero irme en el próximo autobús".

Pero ¿no dice la Biblia que Jesús compró nuestra sanidad en la cruz del Calvario? ¿No es esto lo que afirma el profeta Isaías acerca del Mesías venidero? Sin duda, Isaías 53 es uno de los más preciosos pasajes proféticos sobre la muerte del Mesías y lo que este sacrificio lograría. El pasaje que nos concierne dice:

> Ciertamente *llevó él nuestras enfermedades*, y sufrió nuestros dolores; y nosotros le tuvimos por azotado, por herido de Dios y abatido. Mas él herido fue por nuestras rebeliones, molido por nuestros

pecados; el castigo de nuestra paz fue sobre él, y *por su llaga fuimos nosotros curados* (Isaías 53:4-5, énfasis añadido).

Permítame proponerles una interpretación que quizás no sea muy popular, pero que creo que es la forma correcta de entender este pasaje. Sin negar que Dios tiene el poder para sanar a quien quiera cada vez que él quiera, algo que creo firmemente y lo he visto con mis propios ojos, este pasaje **no** nos garantiza la sanidad de nuestro cuerpo físico. Cristo no vino a la cruz para garantizarnos el ser sanado de una gripe, ni de cáncer, ni del corazón. Les propongo que la sanidad que Cristo vino a adquirir para nosotros es la *sanidad permanente* que experimentaremos en nuestros cuerpos glorificados. Los milagros de sanidad física son soluciones *temporales* pues al final tenemos que morir de algo. Si Dios nos sana hoy de cáncer (como bien puede), mañana moriremos del corazón o de otra causa. A veces no pensamos en que el pobre Lázaro tuvo que morir dos veces. No creo que Cristo vino a la cruz para lograr una sanidad temporal, sino para garantizarnos un cuerpo que jamás se enfermará, jamás sentirá dolor y jamás morirá (Ap 21:4).

Pero ¿por qué son tan escasos los milagros de sanidad? Lo natural es que nuestros cuerpos se enfermen y que todos muramos. Dado que esta es la ley de la vida, las enfermedades abundan y la muerte aún más. No obstante, a veces Dios sana a un enfermo. Pero tenemos que estar claros al respecto, cuando Dios escoge sanar a alguien, podemos estar seguros de que esa sanidad es parte del plan perfecto de Dios y que aún no ha llegado el tiempo para que esa persona pase a la eternidad. Sigue siendo una sanidad temporal, pero por alguna razón Dios escoge posponer lo inevitable y darle al beneficiario un tiempo más sobre la tierra. Siempre oramos por la sanidad de los enfermos asumiendo que aún no es tiempo de que partan de este mundo. Pero, tenemos que aceptar la voluntad de Dios y confiar que el único que sabe el mejor tiempo para que partamos de este mundo es Dios. En fin, no existe conflicto alguno entre la bondad de Dios, su capacidad de escuchar nuestras peticiones y sus decisiones de sanar a algunos mientras que a otros no.

¿Cómo sabemos que Dios escucha las oraciones?

J. Valdés

En días recientes estaba conversando con un amigo por teléfono y le estaba contando algo importante, pero no me había dado cuenta de que la llamada se había cortado y que estaba hablando solo. No había nadie escuchando del otro lado. ¿No será la oración algo por el estilo? ¿Será que hay alguien del otro lado escuchando atentamente a nuestras peticiones? De ser así, ¿cómo lo sabemos? Hay por lo menos tres líneas de argumentación que podemos utilizar para apoyar el concepto de que Dios escucha nuestras oraciones.

Primero, tenemos el compromiso personal que Dios mismo hace con nosotros a través de la Biblia. Tanto el Antiguo como el Nuevo Testamento contienen garantías de parte de Dios con respecto a nuestras oraciones.[69] En el segundo libro de las Crónicas encontramos una de esas garantías de parte de Dios:

> *si se humillare mi pueblo, sobre el cual mi nombre es invocado, y oraren, y buscaren mi rostro, y se convirtieren de sus malos caminos; entonces **yo oiré** desde los cielos, y perdonaré sus pecados, y sanaré su tierra (2 Crónicas 7:14, énfasis añadido).*

---

69 Dios no escucha todas las oraciones, solo las de sus hijos. Para más detalles vea la *Pregunta 24*.

Entendemos que el pasaje presenta condiciones para que Dios responda a nuestras oraciones. Dios las escucha todas, pero solo responde cuando nosotros andamos bien con él. Este pasaje es representativo del principio que encontramos en todo el Antiguo Testamento que Dios está dispuesto a escuchar y responder a nuestras oraciones, siempre y cuando estemos bien con él. En el Nuevo Testamento encontramos garantías similares sobre la disponibilidad de Dios para oír y responder a nuestras peticiones. Jesús mismo se lo promete a sus discípulos múltiples veces en los evangelios. Por ejemplo, en Lucas dice:

> *Y yo os digo: Pedid, y se os dará; buscad, y hallaréis; llamad, y se os abri-rá. Porque todo aquel que pide, recibe; y el que busca, halla; y al que llama, se le abrirá* (Lucas 11:9-10).

La misma promesa aparece seis veces entre los capítulos 14 y 16 del evangelio de Juan.[70] Sin embargo, es importante notar que, aunque estos versos específicos no parecen ser condicionales, si los leemos en sus respectivos contextos entendemos que había condiciones necesarias de parte de Dios para que dichas oraciones fuesen contestadas. Además de estas y otras referencias, tenemos en el A. T. y el N. T. muchísimos ejemplos de oraciones específicas contestadas por Dios.

La segunda línea de argumentación que debemos considerar es que en la Biblia tenemos muchísimos ejemplos donde Dios responde a oraciones específicas. Por ejemplo, el profeta Jeremías, en medio de sus lamentaciones expresa cómo Dios estuvo atento a sus oraciones y le respondió:

> *Invoqué tu nombre, oh Jehová, desde la cárcel profunda; oíste mi voz; … Te acercaste el día que te invoqué; dijiste: No temas.* (Lamentaciones 3:55-57).

Igual que este ejemplo, encontramos que las páginas del A.T. están repletas de oraciones contestadas por Dios, tales como la oración del rey Ezequías, donde Dios le concede quince años más de vida en respuesta a su petición (2 Reyes 20:1-6). O el caso de Ana, a quien Dios le concede la petición de tener un hijo, a pesar de ser estéril (1 Samuel 1:1-2, 6, 9-11, 19-20). Lo mismo encontramos en las páginas del N. T. Entre las muchas peticiones que Dios contestó a enfermos en el N. T., una de las más poderosas es la del ciego de nacimiento que encontramos en el capítulo nueve del evangelio de Juan. Él mismo testifica:

---

70   Juan 14:13; 14:14; 15:7; 15:16; 16:23; 16:24.

*Y sabemos que Dios no oye a los pecadores; pero si alguno es temeroso de Dios, y hace su voluntad, **a ese oye** (Juan 9:31, énfasis añadido).*

Es obvio que el ciego, recién sanado, habla de sí mismo testificando que Dios le había escuchado y le había contestado su petición. Este es uno de muchos relatos donde Dios responde a peticiones por sanidad, tales como la mujer del flujo de sangre, que no tuvo ni siquiera que pronunciar las palabras de su petición (Mateo 9:20-22). Tenemos la petición del centurión quien rogaba por la sanidad de su siervo (Mateo 8:5-13). Así como la petición del ciego Bartimeo (Marcos 10:46-52). Inclusive, tenemos el registro de oraciones a las que Dios respondió, aunque su respuesta fue negar la petición, como le sucedió a Pablo con respecto a su aguijón (2 Corintios 12:7-9).

Sin embargo, a pesar de las promesas y los ejemplos que encontramos en la Biblia, algunos dudan de la veracidad de las Escrituras. Para ellos podemos presentar una tercera línea de argumentación. Podemos testificar con certeza de que Dios escucha las oraciones, ya que tenemos muchísimos ejemplos entre el pueblo de Dios a lo largo de la historia y particularmente en el presente que demuestran que Dios sí está escuchando y respondiendo a nuestras oraciones. A través de los años he sido testigo de muchísimas oraciones específicas a las que Dios respondió de manera sobrenatural. He visto milagros de sanidad en mi vida, en la vida de seres queridos y familiares, así como en la vida de muchos de los feligreses de nuestra congregación. He conocido hermanos cuyos tumores cancerosos han desaparecido milagrosamente. He visto milagros de protección en situaciones de peligro. Además, a mi testimonio podemos sumar el de millones y millones de creyentes que han recibido respuestas a sus peticiones. Podemos testificar con la autoridad de quien ha visto con sus propios ojos que Dios escucha y responde a las oraciones de sus hijos.

En conclusión, para el que desea creer que Dios escucha y responde las oraciones de su pueblo, la evidencia es abundante. Dios promete oírlas. La Biblia está repleta de ejemplos de oraciones contestadas. Y tenemos el testimonio de creyentes durante dos milenios que han experimentado en carne propia el haber recibido respuesta a sus peticiones.

Si Dios sabe lo que necesitamos, ¿por qué tenemos que pedírselo?

J. Valdés

Judío ortodoxo en la sinagoga del Muro de las Lamentaciones (Jerusalén).

Dicen que el tiempo es oro. Es decir, el tiempo es un recurso valiosísimo y limitado, por lo que no debemos desperdiciarlo. Para algunos, esto quiere decir que no debemos perder tiempo orando pues, al fin de cuentas, Dios sabe lo que necesitamos y nos lo va a dar de todos modos, aunque no se lo pidamos. Tenemos que preguntarnos, ¿es una pérdida de tiempo levantar nuestras peticiones ante Dios? Otros piensan que es absurdo e incoherente tener que pedirle a Dios lo que queremos. Argumentan que tener que orar demuestra que tal Dios (un dios que todo lo sabe) no existe, pues si todo lo supiera, no tendría necesidad de que se lo pidiéramos. Tenemos que preguntarnos, ¿necesita Dios escuchar nuestras peticiones para enterarse de nuestras necesidades y nuestros deseos? Estas formas de pensar parten de una profunda falta de conocimiento concerniente sobre lo que es la oración y por qué oramos. La oración no es una pérdida de tiempo. Tampoco oramos para informarle a Dios de cosas que él desconoce, ni para obligarlo a cumplir con sus deberes, ni para suplicarle como si él estuviese renuente a darnos lo que pedimos. La oración no funciona así.

Lo primero que tenemos que entender es que la oración no es solo para pedirle cosas a Dios. Muchos ven a Dios como una máquina dispensadora de dulces y la oración es la moneda que insertamos para conseguir la barra de chocolate que deseamos. Dios no quiere ser nuestra máquina dispensadora, Dios desea tener una relación íntima con cada uno de nosotros. Para esto la oración es indispensable. Es el método principal para mantener dicha relación. No oramos solo para pedir. La oración es nuestro "tiempo de calidad" con Dios. Es el tiempo en el que hablamos con él, compartimos con él, le contamos cuánto le amamos y cuánto le admiramos. La oración es el tiempo en el que compartimos con Dios nuestros pensamientos más íntimos, nuestras vulnerabilidades, nuestros sueños y nuestras frustraciones. Es cierto que también le presentamos nuestras peticiones, pero eso ni siquiera es lo más importante.

También es cierto que Dios sabe lo que necesitamos. Como parte del Sermón del Monte, Jesús dice: "porque vuestro Padre sabe de qué cosas tenéis necesidad, antes que vosotros le pidáis" (Mateo 6:8). Pero, a pesar de este conocimiento, en el siguiente verso nos manda orar y nos enseña cómo hacerlo con la oración modelo del Padre Nuestro (Mateo 6:9-13). Parece haber una incongruencia entre la idea del verso 8 y el mandato a orar del verso 9. Esto parece indicar que la oración no es para beneficio de Dios sino para beneficio nuestro. Esto es precisamente lo que Calvino pensaba al respecto. En su maravillosa obra *Institución de la Religión Cristiana*, Calvino respondió al por qué deberíamos presentar peticiones a Dios y concluyó que era para nuestro propio beneficio, no para el de Dios.[71]

¿Cómo nos beneficia orar y presentar nuestras necesidades y peticiones delante de Dios? Calvino presenta los seis beneficios siguientes:[72]

1. "A fin de que nuestro corazón se inflame en un continuo deseo de buscarle, amarle, y honrarle siempre, acostumbrándonos a acogernos solamente a él en todas nuestras necesidades, como a puerto segurísimo".

2. "A fin de que nuestro corazón no se vea tocado por ningún deseo, del cual no nos atrevamos al momento a ponerlo como testigo conforme lo hacemos cuando ponemos ante sus ojos todo lo que sentimos dentro de nosotros y desplegamos todo nuestro corazón en presencia suya sin ocultarle nada".

3. "Para prepararnos a recibir sus beneficios y mercedes con verdadera gratitud de corazón y con acción de gracias; ya que por la oración nos damos cuenta de que todas estas cosas nos vienen de su mano".

4. "Para que una vez que hemos alcanzado lo que le pedimos nos convenzamos de que ha oído nuestro deseo, y por ello seamos mucho más fervorosos en meditar su liberalidad".

---

71 Juan Calvino, *Institución de la Religión Cristiana*, Libro 3, capítulo 20, sección 3.
72 *Ibid.*

5. Para que "gocemos con mucha mayor alegría de las mercedes que nos ha hecho, comprendiendo que las hemos alcanzado mediante la oración".

6. "A fin de que el uso mismo y la continua experiencia confirme en nosotros, conforme a nuestra capacidad, su providencia, comprendiendo que no solamente promete que jamás nos faltará, que por su propia voluntad nos abre la puerta para que en el momento mismo de la necesidad podamos proponerle nuestra petición y que no nos da largas con vanas palabras, sino que nos socorre y ayuda realmente".

Es decir, oramos para aprender a depender de Dios como nuestro único refugio. Oramos para mantener nuestra transparencia delante de Dios. Oramos para crear consciencia de la provisión de Dios en agradecimiento por todo lo que hace a nuestro favor. Oramos para reconocer cuán fiel Dios es en responder a nuestras peticiones. Oramos para gozarnos más en lo que Dios ha hecho por nosotros. Oramos para que nuestra fe se fortalezca al ver que Dios cumple sus promesas. Esta lista de Calvino no es exhaustiva. Podemos añadir otras razones y beneficios de levantar nuestras peticiones delante de Dios.

Por ejemplo, oramos en obediencia a Dios, ya que él nos manda orar (1 Ts 5:17; Mt 7:7; 21:22; Lc18:1; 22:46). Oramos también porque la oración reduce nuestro orgullo y autodependencia. Así como nos avergüenza tener que pedirle ayuda a un vecino, amigo o ser querido –porque es una admisión de que no somos autosuficientes– pedirle a Dios también nos confronta con la misma realidad (aunque no debe avergonzarnos pedir la ayuda de Dios). Este aspecto de la oración es valiosísimo para ayudarnos a ajustar nuestra actitud, pues provoca humildad en nosotros. Cuando oramos, somos confrontados con nuestras debilidades, nuestra fragilidad, además de nuestros pecados. La oración en este sentido es un reconocimiento de nuestra dependencia del Señor. Dependemos de él no solo para la provisión de nuestras necesidades materiales, sino también para la gracia y la misericordia que tanto necesitamos. Además, la oración es parte íntegra de nuestra armadura espiritual para enfrentar los ataques diarios del enemigo (Ef 6:18). No podemos pelear nuestras batallas diarias sin la ayuda de él. También oramos porque reduce nuestra ansiedad, como dice el apóstol Pablo en su carta a los Filipenses:

No se preocupen por nada; en cambio, oren por todo. Díganle a Dios lo que necesitan y denle gracias por todo lo que él ha hecho. Así experimentarán la paz de Dios, que supera todo lo que podemos entender. La paz de Dios cuidará su corazón y su mente mientras vivan en Cristo Jesús. (Filipenses 4:6-7, NTV).

La oración nos permite descansar en Dios y confiar en él de manera que podemos estar en paz. Se podría añadir que la oración produce cambios en nosotros, ya que nos permite ver lo que realmente hay en nuestra mente y nuestro corazón. A menudo, esto nos motiva a cambiar. La oración también nos reenfoca en las cosas de arriba y nos provoca para desarrollar nuestra fe en Dios. La oración es el vehículo que Dios ha establecido para que recibamos todo lo que necesitamos de parte de él (Hb 4:16).

En fin, son muchísimas las razones por las que debemos orar. Sin embargo, quizás la más importante es que por medio de la oración nos acercamos a Dios, nuestro Padre. Es la forma en que aprendemos a caminar con Dios. Es donde encontramos intimidad con él. Es donde aprendemos a amar a Dios. Es donde se descubren sus propósitos para nuestra vida. ¿Cómo lograríamos todo esto si nunca hablásemos con Dios?

¿Es Dios el autor de la Biblia?

J. Valdés

Reconstrucción de uno de los rollos del Mar Muerto.

Hablar de la Biblia es hablar de la Palabra de Dios. De portada a portada la Biblia se autodefine como la Palabra de Dios. No obstante, es necesario considerar varios asuntos relevantes a esta afirmación. ¿Qué parte de la Biblia es Palabra de Dios? ¿Cómo es que Dios escribió la Biblia? ¿Cómo sabemos que es Palabra de Dios y no palabras de hombres? Responder a estas preguntas nos permite entrelazar algunos de los conceptos más importantes en cuanto a la autoría divina de la Biblia.

En la teología se afirma que la Biblia es de inspiración verbal y plenaria. El apóstol Pablo, escribiéndole a los corintios, les dice que: Toda Escritura es *inspirada* por Dios… (2 Tm 3:16, énfasis añadido). La palabra griega que se traduce por 'inspirada' significa literalmente *exhalada por Dios*. Es decir, Dios exhaló sus palabras a los autores humanos para que ellos escribiesen lo que hoy conocemos como la Biblia. La autoría divina es el claro y consistente testimonio de toda la Biblia. Pasajes como el salmo 68 atestiguan lo mismo: "El Señor ha emitido la palabra, y millares de mensajeras la proclaman…" (Sal 68:11, NVI). La frase "así dice el Señor" y otras similares aparecen más de 3800 veces en el Antiguo Testamento. La misma afirmación la encontramos en el Nuevo Testamento (2 Tm 3:16; 2 P 1:21; etc.). Decimos 'verbal' porque las palabras mismas de la Biblia son las que Dios inspiró. Es decir, la inspiración de la Biblia es palabra por palabra en los autógrafos originales.

Esto lo vemos expresado tanto en el Antiguo como el Nuevo Testamento. Por ejemplo, David afirma que: "El Espíritu del Señor habló por medio de mí; puso **sus palabras** en mi lengua" (2 S 23:2, NVI, énfasis añadido). Pablo le dice a los corintios, "lo cual también hablamos, no con palabras enseñadas por sabiduría humana, sino con las (palabras) que enseña el Espíritu, acomodando lo espiritual a lo espiritual" (1 Cor 2:13). Esta aclaración es importante porque algunos enseñan que la inspiración fue conceptual y no verbal. Proponen que Dios solo inspiró las ideas, pero los autores humanos las expresaron en sus propias palabras. Lo absurdo de esta proposición es que la ideas se comunican con palabras. Por tanto, los autores humanos recibieron de Dios palabras que ellos escribieron (1 Cor 2:13). Decimos 'plenaria' porque es TODA Escritura la que es inspirada. Los 66 libros que componen la Biblia –todos y cada uno– fueron inspirados por Dios. Esta aclaración es importante porque algunos enseñan erradamente que la inspiración es parcial. Hablan en términos de que la Biblia "contiene" la Palabra de Dios, pero solo en algunas secciones y esto es contrario a lo que la Biblia afirma de sí misma. Pero ¿cómo es que Dios escribió la Biblia?

La inspiración de la Biblia fue un proyecto divino utilizando recursos humanos. Dios apartó un grupo especial de unas cuarenta personas para que escribiesen las Escrituras (2 P 1:21). Luego Dios los preparó, usando y transcendiendo sus personalidades, para que escribiesen lo que Dios quería. Dios inspiró a estos hombres a escribir sobre asuntos que a menudo ellos no conocían ni entendían. Por ejemplo, Moisés no podía saber lo que aconteció en el principio, ya que Dios es el único testigo de la creación. Es obvio que depende directamente de Dios para escribir lo que detalló en Génesis. Otro ejemplo lo vemos en Daniel, quien expresa temor y confusión al recibir revelaciones de Dios que él no entendía (Dn 8:27). Otras veces, Dios inspiró a estos hombres a escribir sobre eventos de los cuales ellos eran testigos presenciales (1 Jn 1:1-3). Aunque debemos aclarar que ser testigo presencial no era suficiente para ser autor de las Escrituras. Por eso Dios comisiona a Lucas para corregir errores en los relatos no inspirados que algunos en su tiempo habían escrito (Lc 1:1-4). Lo cierto es que los autores humanos trabajaron bajo la supervisión inmediata de Dios, quien actuó no solo como autor sino también como editor del proyecto.

No obstante, para el escéptico no es suficiente que la Biblia afirme su propia autoría divina, se requiere algo más. Hasta el momento todo lo que argumentamos está basado en evidencia interna de las mismas Escrituras. Pero debemos preguntarnos si existen argumentos o evidencias externas que corroboren la autoría divina de la Biblia. Afortunadamente, o por providencia divina, la inspiración divina de la Biblia es atestiguada por excelentes argumentos racionales extrabíblicos. Podemos argumentar que la Biblia es un libro divino exponiendo su increíble supervivencia a pesar de numerosos intentos de erradicarla. Desde el decreto del emperador romano Diocleciano (245-313 d. C.), en el que se declara que toda Biblia debería ser destruida en el año 303 d. C., hasta la historia más reciente, la Biblia ha sufrido innumerables ataques. Muchos de estos ataques fueron ideológicos, procedentes de los filósofos ateos como Voltaire y Nietzsche. Sin embargo, la Biblia ha mostrado, en todos y cada uno de estos ataques, una capacidad sobrenatural de supervivencia. Curiosamente, el ateo francés Voltaire (1694-1778), se jactaba al declarar que: "En cien años no habrá ni una sola Biblia en la tierra, excepto una a la que los buscadores de curiosidades antiguas acudirán".[73] Sin embargo, veinte años después de la muerte de Voltaire, la Sociedad Bíblica de Ginebra compró su casa para imprimir Biblias. Luego pasó a ser la sede en París de la Sociedad Bíblica Británica y Extranjera que almacenaba y distribuía Biblias por toda Europa.[74] Parece que Dios tiene sentido del humor.

Podemos argumentar a favor de la autoría divina de la Biblia considerando su precisión científica. Aunque la Biblia no fue escrita como un libro de texto científico, cuando la Biblia habla de asuntos científicos lo hace con precisión. Por ejemplo, la Biblia afirma una creación *ex nihilo* (de la nada) siglos antes de que la ciencia moderna llegase a esa conclusión (Hb 11:3). La Biblia habla de los ciclos de evaporación y condensación atmosférica (Sal 135:7). Lo curioso de estas y otras afirmaciones científicas similares es que los autores humanos de la Biblia no podían saber estas cosas cuando fueron escritas. La ciencia no había llegado a estos conocimientos. Además, muchos de los grandes científicos de la historia tomaban la Biblia como la Palabra de Dios. En palabras de uno de los más célebres y respetados científicos de la historia, Isaac Newton:

> Si todos los grandes libros del mundo fuesen vivificados y reunidos en una Convención, al momento de entrar la Biblia, los demás libros caerían con sus rostros en tierra como los dioses de los filisteos cuando el Arca de Dios fue puesta delante de ellos en el templo de Dagón.[75]

También podríamos enumerar la precisión histórica o el poder que tiene la Biblia para transformar la vida de aquellos que se acercan a sus páginas.

---

73 Citado por Michael C. Bere en *Bible Doctrines for Today* (Pensacola: A Beka Book, 1996), p. 23. (Traducción y adaptación del autor).
74 *Ibid.*
75 Citado en Willmington, Harold, "Question 16 - How have various well-known personalities from different walks of life viewed the Bible?" (2019). 101 Most Asked Questions, p. 34. https://digitalcommons.liberty.edu/questions_101/34 (traducción del autor).

Pero creo que entre los argumentos más persuasivos está el contenido profético. Nada es más obvio que la incapacidad del ser humano para conocer el futuro. No somos capaces ni siquiera de predecir con precisión el clima de la semana entrante, mucho menos de predecir secuencias exactas de gobiernos humanos en una región, tal como profetizó Daniel. Él predijo la sucesión de los cuatro imperios mundiales del mediterráneo (Babilonia, Medo-Persia, Grecia y Roma) con total y absoluta precisión y con cientos de años de anticipación. Las profecías concernientes a la primera venida de Jesús constituyen evidencia irrefutable de autoría divina. Más de cien profecías sumamente detalladas, escritas cientos de años antes de que acontecieran, se llegan a cumplir con exactitud en Jesús. Ningún ser humano es capaz de lograr esto. Solo Dios conoce el futuro.

Por lo tanto, es sabio y razonable aceptar que la Biblia es una colección de 66 libros escritos y recopilados a lo largo de 1 500 años por más de 40 autores humanos bajo la supervisión de un solo autor y editor divino: Dios.[76]

---

76 Sobre esto se ha escrito muchísimo en el campo de la teología y, por lo tanto, se puede profundizar mucho más en el tema consultando cualquier teología sistemática al alcance del lector.

¿No existen otros libros religiosos que también son inspirados por Dios, aunque no se encuentren en la Biblia?

J. Valdés

Copista judío realizando una copia de la Torá en Masada (Israel).

Los libros de la Biblia, aquellos que se consideran inspirados por Dios, son conocidos como el "Canon" de las Escrituras.[77] El vocablo canon proviene del griego y significa una caña o vara de medir, es decir, una regla. Por tanto, hablar del canon es hablar de los libros que fueron "medidos" o sujetados a un alto estándar y fueron hallados como legítimamente inspirados por Dios. Sin embargo, hay muchos otros libros que fueron rechazados. Al abordar el tema de los libros incluidos y los excluidos de la Biblia tenemos que diferenciar entre dos categorías de escritos extrabíblicos. Existen dos categorías de libros que no cumplen con los requisitos para ser incluidos en el canon de las Escrituras. Primero, podemos considerar los libros completos y porciones de libros adicionales que aparecen en el Antiguo Testamento de algunas Biblias católicas. Estos se conocen como los libros apócrifos. Segundo, tenemos los libros adicionales correspondientes al Nuevo Testamento incluyendo varios "evangelios" más allá de Mateo, Marcos, Lucas y Juan. Estos se conocen como pseudoepígrafos. En cada

---

77 Mucho se ha escrito sobre el proceso del canon. Para más detalles se debe consultar un libro específico sobre el tema o la sección correspondiente de una buena teología sistemática.

categoría de literatura extrabíblica debemos preguntarnos el porqué de su exclusión de la Biblia.

Los libros llamados apócrifos incluyen *1 y 2 Esdras, Tobías, Judit, Sabiduría de Salomón, Eclesiástico, Baruc* (incluyendo una *Epístola de Jeremías*), y *1 y 2 Macabeos*. Además de estos libros completos tenemos porciones añadidas a los libros que sí son considerados canónicos y estas incluyen adiciones a Ester, tres adiciones al libro de Daniel –el Cántico de los tres jóvenes santos (añadido al capítulo 3)–, Susana (un supuesto capítulo 13), Bel y el dragón (un supuesto capítulo 14), y la pequeña oración de Manasés que a veces es insertada en los *Reyes* y otras veces en las *Crónicas*. El teólogo Wayne Grudem enumera las siguientes cuatro razones para la exclusión de estos textos en el canon del Antiguo Testamento: 1) Ninguno de ellos afirma tener la misma clase de autoridad que tenían los escritos del Antiguo Testamento; 2) Los judíos, de quienes ellos se originaron, no los consideraban palabras de Dios; 3) Ni Jesús ni los autores del Nuevo Testamento los consideraban Escrituras; 4) Contenían enseñanzas incongruentes con el resto de la Biblia. [78] Entre estas enseñanzas, que pueden fácilmente ser catalogadas como heréticas, encontramos la adoración de los ángeles, la oración por los muertos, la limosna para alcanzar la salvación, etc. Vea algunos de estos pasajes:

> *...pues la limosna libra de la muerte y limpia de todo pecado...* (Tobías 12:9).[79]
> *...pues si no hubiera esperado que los muertos resucitarían, superfluo y vano era orar por ellos... Obra santa y piadosa es orar por los muertos...* (2 Macabeos 12:44-46).[80]

A la lista de Grudem podemos añadir tres razones adicionales para rechazar estos escritos: 1) Estos libros nunca fueron sancionados por los líderes de la iglesia primitiva. Fueron rechazados tanto por los judíos como por los gentiles que formaron parte de la iglesia en sus comienzos; 2) Durante los primeros cuatro siglos de la iglesia, nunca fueron aceptados en el canon. En el 404 d. C. Jerónimo, en la traducción en latín de la Vulgata, los distinguió como apócrifos del canon, dándoles un estatus secundario. Grudem nos aclara que "Él dijo que no eran "libros del canon" sino meramente "libros de la iglesia" que eran útiles y provechosos para los creyentes".[81] No fue hasta el Concilio de Trento (1545-1546) que la propia Iglesia Católica los aceptó como inspirados, quizás motivados por contrarrestar las acusaciones de los reformadores; 3) Estos escritos contienen errores históricos,

---

78 Wayne Grudem. *Teología Sistemática* (Miami: Editorial Vida, 2007), pp. 59-60.
79 Biblia católica, traducción Nácar-Colunga, 13ª edición.
80 *Ibid.*
81 Grudem, pp. 57-58.

geográficos y cronológicos. Por ejemplo, en *Judit* se menciona a Nabuco-donosor como rey de los asirios que reinó desde la gran ciudad de Nínive (Judit 1:1, 5).[82] Este es un error grave, ya que la historia no es ambigua en cuanto al reinado de Nabucodonosor. Este fue rey de Babilonia y reinó desde allí. Como este, hay muchísimos errores en los apócrifos. Podemos concluir que estos escritos tienen valor como documentos antiguos para la investigación de la cultura y los tiempos en que fueron escritos y contienen algunos datos históricos que son valiosos para el estudio de las Escrituras. Pero, tenemos que rechazarlos como parte de la revelación inspirada de Dios que conocemos como el Antiguo Testamento cuyo contenido quedó establecido unos 400 años antes de Cristo.

La pseudoepigrafía concerniente al Nuevo Testamento es extensa y requiere en algunos casos consideraciones distintas a las de los apócrifos del Antiguo Testamento. En el caso de la pseudoepígrafía encontramos muchísimos escritos atribuidos a los discípulos, pero que fueron escritos mucho después del fallecimiento de estos. La lista es demasiado extensa para enumerar, pero algunos de los más famosos son los "evangelios" de Tomás, de María Magdalena, de Judas, etc., que claramente no fueron escritos ni por Tomás, ni María, ni Judas. Estos contienen materiales fantásticos, aberraciones doctrinales y enseñanzas gnósticas que los distingue patentemente del verdadero canon del Nuevo Testamento. Por ejemplo, el *Evangelio de Tomás* enseña que la mujer tiene que convertirse en hombre para poder salvarse:

> *Simón Pedro les dijo: "Dejen que María se vaya de nosotros, porque las mujeres no merecen vivir". Jesús dijo: "He aquí, yo la guiaré, para poder hacerla varón, para que ella también pueda llegar a ser un espíritu viviente, parecido a ustedes varones. Porque toda mujer que se hace a sí misma varón entrará en el reino de los cielos".*[83]

En el *Evangelio de Pedro* encontramos elementos fantásticos que no tienen lugar alguno en las Escrituras. Por ejemplo, ángeles gigantes escoltan-do a Jesús al salir de la tumba, así como una cruz que habla.[84] El evangelio de Judas presenta a este como el héroe de la historia y quien ayudó a Jesús a liberarse de su cuerpo contaminado, una doctrina central del gnosticismo.

También hay una serie de supuestas epístolas inspiradas entre las cuales encontramos la *Epístola de Bernabé*, la *Epístola de Pablo a los Laodicenses*, la *Epístola de Ignacio*, otra de *Clemente*, etc. Estas también contienen ideas

---

82   Biblia católica, traducción Nácar-Colunga, 13ª edición.
83   *Evangelio de Tomás* (par. 114), citado por Grudem, p. 68.
84   Josh & Sean McDowell, 2018, *Evidencia que Demanda un Veredicto* (Editorial Mundo Hispano, El Paso), pp. 155-156. Este libro es una excelente fuente para considerar tanto los apócrifos del A. T. como los pseudoepígrafos del N. T.

contrarias a las Escrituras canónicas, no fueron escritas por quienes se les atribuye, y están repletas de interpretaciones extrañas. Por ejemplo, en el *Evangelio de Bernabé* encontramos que los seis días de la creación representan lo que duraría la tierra antes de la destrucción final: seis mil años.

Atended, hijos, qué quiere decir lo de: "Acabólos en seis días". Esto significa que en seis mil años consumará todas las cosas el Señor, pues un día es para Él mil años. Lo cual, Él mismo lo atestigua, diciendo: "He aquí que el día del Señor será como mil años". Por lo tanto, hijos, en seis días, es decir, en los seis mil años, se consumarán todas las cosas. (15:4).

También hay una categoría apocalíptica pseudoepígrafa que contiene un *Apocalipsis de Pedro* y otro de Pablo. En el *Apocalipsis de Pablo* lo encontramos ascendiendo al tercer cielo y luego al cuarto, al quinto, al sexto, al séptimo, al octavo, al noveno y al décimo cielo. ¡Menos mal que solo tenemos un manuscrito parcial, sino fuera así a saber en qué cielo terminaría! Una simple lectura de estos materiales convence a cualquiera de que estos escritos no son de la misma calidad que los que reconocemos haber sido inspirados por Dios.

En conclusión, hay múltiples razones por las que estos escritos fueron rechazados del canon de las Escrituras. Aunque el mérito de los apócrifos se debate entre católicos y protestantes, la historia muestra que dicho debate es reciente ya que durante dieciséis siglos todos concordaban en que no eran inspirados por Dios. En contraste, no existe debate alguno en el mundo cristiano sobre la exclusión de los pseudoepígrafos. Es más, podemos afirmar con bastante certeza que el mundo cristiano no desea tenerlos como textos autoritativos. El canon que tenemos está cerrado, son 39 libros del Antiguo Testamento y 27 del Nuevo Testamento. Todos inspirados por Dios.

¿Cómo se ha revelado Dios al hombre?

J. Valdés

Cueva usada por los pastores que cuidaban sus rebaños cuando les fue anunciado el inminente nacimiento de Jesús (Campo de los Pastores, Belén).

Todo el que ha tenido la oportunidad de pasar tiempo en la naturaleza, de sentarse a la orilla de un arroyo o de sentir las brisas del aire fresco en su rostro debe admitir que esos momentos vienen acompañados de un sentido de transcendencia. Lo mismo sucede cuando en una noche oscura miramos hacia los cielos y vemos millares de estrellas adornando el espacio inmenso que nos rodea. En esos momentos percibimos la existencia de "algo" más allá del mundo natural, un Creador, un pintor que pintó ese cuadro espectacular llamado naturaleza que estamos presenciando. Esa es una de las formas en que Dios se ha revelado al hombre. El apóstol Pablo les explicaba a los romanos que *...las cosas invisibles de él, su eterno poder y deidad, se hacen claramente visibles desde la creación del mundo, siendo entendidas por medio de las cosas hechas...* (Romanos 1:20). El salmista expresa poéticamente esta profunda conexión entre la naturaleza y su Creador:

> *Los cielos cuentan la gloria de Dios, y el firmamento anuncia la obra de sus manos.*
> *Un día emite palabra a otro día, y una noche a otra noche declara sabiduría.*
> *No hay lenguaje, ni palabras, ni es oída su voz.*

Por toda la tierra salió su voz, y hasta el extremo del mundo sus palabras (Salmo 19:1-4).

La naturaleza "anuncia" y "declara" continuamente la gloria de su Creador y lo hace en un lenguaje peculiar sin palabras e inaudible. Los teólogos llaman esta forma de revelarse Dios al hombre "revelación natural". Otros hablan de la naturaleza como un segundo "libro" que Dios ha escrito. Lo cierto es que las huellas de Dios aparecen en toda la naturaleza, así como se hacen visibles su poder, su creatividad y su inteligencia. Sin embargo, Dios anhela revelarle muchísimo más al ser humano y para esto emplea un método más directo.

"Revelación especial" es la forma en que los teólogos definen esta segunda categoría de revelación. Hay dos formas distintivas por las que Dios se ha revelado a sí mismo de manera "especial" al ser humano. Primero, Dios se ha revelado a través de personas selectas a las cuales él les comunicó mensajes específicos para la humanidad. Se trata de los profetas o voceros de Dios en la antigüedad que documentaron estas revelaciones en lo que conocemos como la Biblia. Estos hombres, cuyos mensajes continúan impactándonos hoy, no comunicaron humana sabiduría, sino que fueron inspirados por el Espíritu Santo de Dios (2 Pedro 1:21). Esta revelación de Dios a través de los tiempos es de naturaleza progresiva. Es decir, Dios se fue revelando poco a poco a la humanidad, según él escogió hacerlo. La revelación comienza en el principio, como se lo reveló Dios a Moisés en el libro de los orígenes llamado Génesis y continua a través de todo el Antiguo Testamento. Después de un período de silencio, este tipo de revelación escrita continúa con los escritos del Nuevo Testamento y va progresando hasta la revelación de los eventos finales que vemos en Apocalipsis. A lo largo de todo este período, Dios se va revelando a sí mismo, sus planes y sus propósitos para con la humanidad en forma detallada.

La segunda forma de "revelación especial" de parte de Dios fue mucho más directa, ya que Dios mismo tomó forma de hombre y habitó entre nosotros. Como dice el autor de Hebreos, *Dios, habiendo hablado muchas veces y de muchas maneras en otro tiempo a los padres por los profetas, en estos postreros días nos ha hablado por el Hijo…* (Hebreos 1:1-2). Jesucristo es la revelación máxima de Dios a la humanidad. Es Dios habitando entre nosotros. Es el "pintor" introduciéndose en su propio cuadro para revelarle al hombre el camino a la salvación y la vida eterna. Esta revelación de Dios también quedó documentada por inspiración del Espíritu Santo en lo que hoy conocemos como el Nuevo Testamento. No solo quedaron documentadas la vida y las enseñanzas de Jesús en cuatro evangelios, sino que también quedó escrito el impacto de sus palabras a través de los discípulos y creyentes que llevaron esta nueva revelación a las naciones del mundo. Pero ahí no termina la misión de Dios de revelarse a la humanidad.

Dios ha seguido revelándose a la humanidad hasta el día de hoy. Escuchamos cuantiosos testimonios de personas a las que Dios se les ha revelado en forma de sueños y visiones. Esta forma de revelación ha sido particularmente efectiva en el mundo musulmán, donde muchos han venido a la fe cristiana porque Jesús se les ha revelado en un sueño o una visión.[85] A otros Dios se les ha revelado a través de ángeles, mientras que algunos han recibido un mensaje especifico de parte de Dios a través de una persona desconocida. Es más, cada vez que alguien escucha una predicación de la Palabra en labios de un siervo de Dios, su Espíritu se le está revelando a esa persona. En resumen, el Creador del universo ha escogido revelarse al hombre y lo hace de muchas maneras, pero siempre con máxima efectividad.

---

85   Para un estudio de un caso específico vea el testimonio poderoso de mi amigo Nabeel Qureshi en su libro *Buscando a Alá, encontrando a Jesús: Un musulmán devoto encuentra al cristianismo* (Miami: Editorial Vida, 2015). También pueden ver en inglés un estudio de múltiples casos específicos en, Tom Doyle. *Dreams and Visions: Is Jesus Awakening the Muslim World?* (Nashville: Thomas Nelson Publishers, 2012).

¿Puede la naturaleza enseñarnos algo acerca de Dios?

A. Cruz

La Cuevona, Cuevas, Asturias (España).

El salmista inspirado escribió: *Los cielos cuentan la gloria de Dios, y el firmamento anuncia la obra de sus manos* (Sal 19:1). Estas palabras evidencian que, para el gran poeta del Antiguo Testamento, Dios se habría revelado en sus obras. La misma creencia es recogida en el Nuevo Testamento por el apóstol Pablo, en su carta a los romanos, al decir que: *Las cosas invisibles de él* (Dios), *se hacen claramente visibles desde la creación del mundo, siendo entendidas por medio de las cosas hechas* (Rm 1:20). Tales textos constituyen la base de la llamada "revelación natural", que es distinta a la "revelación bíblica, escritural o sobrenatural".

En la primera, el ser humano puede, mediante el uso de su razón y por medio de una analogía, llegar al conocimiento y la certeza de la existencia del Dios creador, partiendo de la realidad material del universo, las características del mundo natural, del propio ser humano o de toda la creación. Mientras que la revelación escritural es sobrenatural, puesto que es el propio Dios quien le manifiesta al hombre sus verdades teológicas en las Sagradas Escrituras. Esta segunda revelación es inaccesible para la sola razón humana ya que la humanidad no podría de ninguna manera haber alcanzado por sí misma tales conocimientos teológicos.

Una de las más ubicuas evidencias de esta primera revelación, que se detectan en la naturaleza y que conduce a pensar en una mente inteligente diseñadora, proviene del mundo de las matemáticas. ¿A qué se debe que dicha disciplina funcione tan bien en el cosmos y solucione tantísimos problemas? Es sabido que los símbolos matemáticos como números, letras, funciones, ecuaciones y conjuntos no son realidades físicas que existan en la naturaleza sino abstracciones de la mente humana. No crean o causan nada, sin embargo, por alguna razón, el universo funciona matemáticamente.

En su obra, *El Ensayador* (*Il Saggiatore*, 1623)[86], Galileo escribió que la naturaleza está escrita en lenguaje matemático. Esto significaba que se podía describir racionalmente como un conjunto ordenado de fenómenos cuantitativos y que, por tanto, podía ser investigada científicamente por el ser humano. Hoy sabemos que las matemáticas no solo sirven para organizar datos, sino que también reflejan aspectos reales del mundo físico y que el universo está sujeto a leyes matemáticas precisas que se expresan mediante ecuaciones.

Por ejemplo, Pitágoras descubrió que existía una relación entre las matemáticas y la música. Los números racionales se podían relacionar con las notas musicales. Cuando una cuerda vibrante de un instrumento musical se reducía a la mitad, emitía la misma nota pero una octava más alta. Los sonidos eran pues consonantes dependiendo del intervalo que los separaba. Por su parte, Isaac Newton, descubrió la ley de la gravedad y pudo expresarla en la forma de una simple ecuación matemática que sirvió a los astrónomos modernos para inaugurar la era espacial. Hoy en día, las matemáticas ayudan a los astrofísicos a descubrir la ubicación precisa de planetas desconocidos. Mediante cálculos matemáticos, el físico escocés James Clerk Maxwell (1831-1879), formuló la teoría clásica de la radiación electromagnética, prediciendo la existencia de las ondas de radio. Sus trabajos físico-matemáticos unificaron la electricidad, el magnetismo y la luz como manifestaciones distintas de un mismo fenómeno.

Los trabajos sobre matemática teórica, publicados entre 1915 y 1916, condujeron a Albert Einstein a formular su famosa teoría general de la relatividad, que sigue siendo uno de los principales fundamentos de la física moderna. Tres años después, en 1919, el astrofísico británico Arthur S. Eddington, estudiando un eclipse total de Sol, confirmó que las predicciones matemáticas de Einstein se cumplían perfectamente ya que la luz de las estrellas era desviada por el Sol. Otro físico británico más reciente, el

---

86   Galileo Galilei, *Il Saggiatore* (en italiano) (Roma, 1623); *The Assayer*, English trans. Stillman Drake and C. D. O'Malley, in *The Controversy on the Comets of 1618* (University of Pennsylvania Press, 1960).

doctor Peter Higgs, empleó también los cálculos matemáticos para predecir la existencia de una nueva partícula elemental que todavía no se conocía. Después de casi medio siglo de arduo trabajo, se descubrió el famoso bosón de Higgs que él había sugerido. Todo esto conduce a la siguiente cuestión: ¿por qué resultan tan eficaces las matemáticas para describir el cosmos físico?

El físico y matemático húngaro, Eugene Paul Wigner, Premio Nobel de Física en 1963 por su contribución a la teoría del núcleo atómico y de las partículas elementales, había escrito tres años antes un artículo titulado: "La irrazonable eficacia de la Matemática en las Ciencias Naturales". Este trabajo, que sorprendió a la comunidad científica, terminaba con las siguientes palabras: "El milagro de la idoneidad del lenguaje de las matemáticas para la formulación de las leyes de la física es un regalo maravilloso que no entendemos ni merecemos. Deberíamos estar agradecidos por ello y esperar que siga siendo válido en futuras investigaciones".[87] ¿Será verdad que la efectividad de las matemáticas es un milagro?

Desde el naturalismo, que asume que lo único que existe es materia o energía y espacio-tiempo, pero ninguna causa sobrenatural; no se ofrece una respuesta satisfactoria a la razón de tal efectividad matemática. Se dice tan solo que se trata de una pura coincidencia y que no es sorprendente que las matemáticas puedan aplicarse bien al mundo porque el mundo tiene una estructura matemática. Sin embargo, esta respuesta no es ni mucho menos una explicación puesto que existe una buena parte de las matemáticas que no se puede aplicar bien a la realidad física. Por ejemplo, los números imaginarios o los espacios dimensionales infinitos, aunque son útiles en matemáticas, no pueden aplicarse al universo material ya que la realidad física no es capaz de tener la estructura que describen. De manera que no toda estructura matemática puede aplicarse al cosmos. Además, decir que el mundo tiene una estructura matemática, no explica por qué la tiene y por qué es tan increíblemente elegante.

Sin embargo, desde la perspectiva del teísmo, buena parte de la matemática se adapta perfectamente a la realidad del universo porque el Dios creador decidió formar el mundo según el plan que tenía en mente. La física y las matemáticas se coordinan bien y son tan eficaces en ciencias naturales porque fue el mismo Dios quien, en su infinita sabiduría, planificó el mundo con arreglo a ese modelo matemático que tenía en mente. El pensamiento matemático e inmaterial del Creador fue la base sobre la que se construyó el universo material. Por lo tanto, desde la fe en Dios, se puede argumentar de esta manera:

87   https://www.dartmouth.edu/~matc/MathDrama/reading/Wigner.html

1. Si Dios no existiera, la aplicabilidad de las matemáticas al mundo natural sería solo una afortunada coincidencia.
2. Pero como la aplicabilidad de las matemáticas no es una coincidencia.
3. Dios debe existir.

El hecho de que la ciencia matemática se pueda aplicar tan bien en las ciencias naturales es un milagro que solo puede haberse dado gracias a la existencia del Dios creador. Por tanto, la naturaleza nos habla claramente acerca de la sabiduría del ser supremo e indica su coherencia creadora.

Si Dios inspiró la Biblia, ¿por qué contiene errores y contradicciones?

A. Cruz

Frutos venenosos del arbusto llamado vulgarmente "emborrachacabras" (*Coriaria myrtifolia*), muy abundante en Sant Llorenç del Munt y en la Serra de l'Obac (Barcelona, España). Si se consumen, pueden producir la muerte ya que afectan al sistema nervioso central, provocando fuertes tetanias.

La simple lógica sugiere que si Dios inspiró a los hombres que escribieron los distintos libros de la Biblia (2 Tm 3:16-17), esta no debería contener errores ni contradicciones puesto que Dios no se equivoca, ni miente, ni es su propósito confundir a nadie (Tt 1:2; Hb 6:18). Entonces, ¿por qué hay discrepancias como por ejemplo las que aparecen entre 2 Crónicas 22:2 y 2 Reyes 8:26? En la primera cita se dice que cuando Ocozías comenzó a reinar era de 42 años, mientras que en la segunda se afirma que solo tenía 22 años. También en el mismo libro de Crónicas, se informa que Salomón poseía 4 000 caballerizas o establos para sus caballos y 12 000 jinetes (2 Cr 9:25), pero en algunas versiones antiguas, en 1 Reyes 4:26 se dice que tenía 40 000 establos. Existen numerosos ejemplos de tales desavenencias bíblicas que han dado lugar a varios libros, diccionarios y enciclopedias de dificultades y aparentes contradicciones.[88] ¿A qué se deben estos dos errores mencionados?

88   Ver Haley-Escuain (1989), *Diccionario de dificultades y aparentes contradicciones bíblicas* (Clie, Terrassa, Barcelona); Geisler, N. L. & Howe, Th. (2008), *The Big Book of Bible Difficulties* (BakerBooks, Grand Rapids, Michigan).

¿Cuántos años tenía realmente Ocozías cuando comenzó a reinar en Judá? ¿Era cuarentón o veinteañero? Se trata de un claro error de copista que se resuelve fácilmente por el contexto. Según 2 Reyes 8:17, el padre de Ocozías, que se llamaba Joram, era de 32 años cuando se convirtió en rey de Judá y estuvo reinando durante ocho años hasta su muerte. De manera que Joram murió a los 40 años. Si su hijo Ocozías hubiera tenido 42 años al sucederle en el trono, habría sido dos años mayor que su padre. Lo cual es imposible y resuelve el error en favor de los 22 años.

Con la cuestión acerca del número de caballerizas del rey Salomón se produjo un error de copia similar. Se confundieron los términos hebreos "cuatro" (*rbh*) y "cuarenta" (*rbym*), ya que son visualmente muy parecidos. Es posible que cualquier mancha en el manuscrito hubiera podido hacer que este término no se distinguiera bien e indujera al error de confundir 4 000 con 40 000. No obstante, del contexto se desprende también que Salomón disponía de 1 400 carros (1 R 10:26; 2 Cr 1:14-17; 9:25-28). La proporción de 4 000 caballos para 1 400 carros de combate es más lógica que la de 40 000 caballos para 1 400 carros, por lo que el número menor de estos animales es el que parece más razonable.

Los errores que aparecen en las distintas copias y versiones de la Biblia se deben fundamentalmente a equivocaciones de los copistas ya que tales anomalías no figuraban en los manuscritos originales. Tal como escribe Norman L. Geisler, "no se ha encontrado un manuscrito original con errores".[89] Además, en la mayoría de los casos resulta fácil determinar cuál es el término incorrecto por comparación con el contexto. Los copistas judíos eran tan escrupulosos en su trabajo que escribían exactamente lo que leían, aún a sabiendas de que el original del que copiaban podía contener errores. Sin embargo, ninguno de estos errores afecta al sentido de ninguna doctrina de la Biblia y menos aún al mensaje principal de la misma.

Otras pretendidas discrepancias bíblicas, aparte de los errores de copia en los manuscritos, pueden deberse a una diferencia en las fechas de redacción de los pasajes discordantes; a haber sido escritos por autores diferentes; a perspectivas o enfoques distintos de sus respectivos escritores; a distintas maneras de calcular el tiempo; a los diversos modismos orientales; a la costumbre de asignar varios nombres a la misma persona u objeto; al uso de una misma palabra que posee significados diferentes e incluso opuestos, etc. Sin embargo, a pesar de tales errores o discrepancias humanas, la mayoría de los cristianos conservadores acepta la *inerrancia* de las Escrituras, mientras que los liberales la rechazan. ¿En qué consiste esta llamada *doctrina de la inerrancia de la Biblia*?[90]

---

89 Zacharias, R. & Geisler, N. 2007, *¿Quién creó a Dios?* (Vida, Miami, Florida), p. 151.

90 Feinberg, P. D. 2011, "¿Tiene errores la Biblia?" en *Biblia de Estudio de Apologética* (Holman, Nashville, Tennesse), pp. 1284-1285.

La inerrancia asume que, cuando se conocen todos los datos necesarios, la Biblia (es decir, los manuscritos originales correctamente interpretados) se revela como verdadera en todas sus afirmaciones, sean estas doctrinales, éticas, sociales, físicas o humanas. Los críticos de esta doctrina dicen que, al no poder hoy tener acceso a los manuscritos originales, sostener la inerrancia es algo que carece de sentido. Sin embargo, sus defensores creen que precisamente la existencia de una gran cantidad de copias de alta calidad de los escritos originales, así como la aplicación de una compleja crítica textual a los mismos, permite aceptar la inerrancia bíblica. Desde esta perspectiva, ¿en qué se suele fundamentar la creencia en la inerrancia de las Escrituras?

En primer lugar, en aquello que la Biblia dice de sí misma, sobre todo cuando sus afirmaciones pueden ser contrastadas con datos externos de otras fuentes históricas y geográficas (2 Tm 3:16; 2 P 1:21; Dt 13:1-5; 18:20-22; Mt 5:17-20; Jn 10:34-35; Nm 23:19; 1 S 15:29; Tt 1:2; Hb 6:18). El segundo argumento es de carácter histórico y se refiere a la opinión que predominó entre los grandes teólogos a lo largo de la historia. Por ejemplo, Agustín de Hipona escribió: "He aprendido a mostrar respeto y a honrar únicamente los libros canónicos de las Escrituras: solo en cuanto a estos creo, con toda certeza, que los autores no tuvieron error alguno". Mientras que Lutero dijo: "Estoy dispuesto a confiar en ellos (los padres de la Iglesia) solo cuando demuestren sus opiniones a partir de las Escrituras, que nunca tienen error".[91] En tercer lugar, la lógica sugiere que si la Biblia no fuera completamente veraz en sus afirmaciones, entonces cualquiera de sus partes podría ser falsa o contener graves errores doctrinales. Y, por último, cuando se rechaza la inerrancia, pronto surgen serias dudas sobre doctrinas fundamentales de la Escritura, como pueden ser la encarnación de Cristo, su divinidad, resurrección, redención, etc.

Así pues, los errores y contradicciones de la Biblia se deben siempre a los copistas humanos que los introdujeron a lo largo de la historia, no a Dios ni a su inspiración ya que los documentos originales carecían de tales equivocaciones.

91   *Ibid.*, p. 1284.

Si Dios es omnisciente, ¿por qué puso el árbol del bien y del mal en el jardín?

J. Valdés

Frutos del manzano (*Malus domestica*) típicos de Asturias (España).

En la historia de las malas ideas –una historia larga y colorida– colocar el árbol del conocimiento del bien y del mal en el jardín del edén parece estar entre las peores. Esa decisión *aparenta* ser culpable de la peor catástrofe en la historia de la humanidad, la pérdida de la inmortalidad y la pérdida de comunión entre el hombre y su Creador. Sin embargo, a veces las apariencias engañan. Para responder a esta pregunta debemos tener en cuenta tres factores importantes. Primero tenemos que analizar la situación desde la óptica de Adán y Eva en el jardín. Luego debemos considerar el propósito del árbol. Finalmente, debemos considerar los acontecimientos desde la óptica de un Dios omnisciente. De esta forma podremos responder al porqué del árbol del conocimiento del bien y del mal y descubriremos que no fue una mala decisión por parte de Dios.

¿Quiénes eran Adán y Eva y qué pasó en el jardín desde la óptica de ellos? Adán y Eva fueron creados por Dios como seres perfectos. ¿En qué sentido eran perfectos? Eran perfectos en todo el sentido de la palabra, es decir, anatómicamente, emocionalmente y psicológicamente. Eran perfectos en su capacidad cognitiva, en su capacidad para relacionarse el uno con el otro y con el resto de la creación. Además, también eran moralmente perfectos. Fueron creados a la imagen y semejanza de Dios. Sin embargo, parte de lo que contribuye a la perfección moral del hombre es su libertad. Tanto ellos como nosotros somos creados con la libertad de ejercer nuestra voluntad al escoger lo que hemos de hacer frente a las diversas situaciones que se presentan en nuestra vida. Esta libertad es imprescindible para que el hombre sea capaz de cumplir el propósito por el cual fue creado. Dios creó al hombre para que le amara y estuviera en comunión con él eternamente. Sin embargo, es imposible amar sino somos seres libres. Para escoger amar a Dios, el hombre debe tener la opción de no amarlo. Para escoger obedecer a Dios, el hombre debe tener la opción de no obedecerlo. De no ser así, el ser humano sería menos que perfecto e incapaz de cumplir el propósito principal para el que fue creado, sería un autómata. Enfrentados con la opción de comer o no comer del árbol (obedecer o desobedecer) ellos usaron su libertad para escoger no seguir las instrucciones de Dios. La imperfección (el mal) entró en el mundo natural por el mal uso de la libertad que se les había otorgado.

La colocación del árbol en el huerto del edén, acompañado de su prohibición tenía propósito. El propósito *no* era destruir al hombre, sino darle la oportunidad de escoger amar a Dios. La conexión entre amar y obedecer es bastante obvia. Jesús lo expresa enfáticamente en el Evangelio de Juan:

> *El que tiene mis mandamientos, y **los guarda**, ese es el que **me ama**; … Respondió Jesús y le dijo: El que **me ama**, mi palabra **guardará;** … El que **no me ama**, **no guarda** mis palabras; …* (Juan 14:21-24, énfasis añadido).

Tres veces afirma Jesús que la obediencia acompaña al amor, así como la desobediencia es evidencia de la falta de amor. Adán y Eva tenían la opción de amar a Dios o no amarle. Era sumamente fácil elegir la obediencia en este caso. Ellos no necesitaban comer de ese árbol. Todo lo que ellos necesitaban se les había provisto en forma súper abundante. La desobediencia no fue por hambre, ni por necesidad, sino que fue una decisión consciente, un ejercicio de su libertad para escoger. ¿Pero no pudo Dios haber anticipado las consecuencias de darle tanta libertad al hombre? Y de hacerle libre, ¿por qué ofrecerle la oportunidad de echar a perder todo? Parece que mejor hubiese sido no poner el árbol allí.

Ahora veámoslo desde la óptica de Dios. Dada su omnisciencia, ¿no pudo Dios anticipar las consecuencias de poner el árbol en el jardín y prohibirle al hombre su consumo? Por supuesto que sí. A Dios no le sorprendió la forma en que se desarrollaron los eventos. A Dios no le tomó por sorpresa la desobediencia de Adán y Eva, ya que Dios lo sabe todo. El teólogo Wayne Grudem nos ayuda con una definición del vocablo 'omnisciente' al afirmar que "Dios se conoce plenamente a sí mismo y todas las cosas reales y posibles en un acto sencillo y eterno".[92] Es decir, el conocimiento de Dios no es progresivo. Dios no se va enterando de las cosas según van aconteciendo. Al contrario, Dios sabe todo lo que acontece en cada momento de la historia de la humanidad ANTES incluso de haber creado el universo. Su conocimiento es total y perfecto. Entonces tenemos que preguntarnos por qué puso Dios el árbol en el huerto, sabiendo bien que el hombre desobedecería. Ni lo puso por gusto, ni fue una mala idea, sino que tuvo que haber jugado un papel imprescindible en el *plan perfecto* de Dios.

Desde la óptica de Dios, quien sabe el final desde el principio, todos los eventos de la creación, –incluso la colocación del árbol del conocimiento del bien y del mal– valieron la pena. Dios no solo vio las consecuencias temporales de la caída del hombre en el huerto del edén, sino que vio lo que le costaría a él el tener que enviar a Jesús a morir en la cruz y vio los resultados finales de toda la obra redentora y es entonces cuando pronunció las palabras poderosas: *hagamos al hombre*. El universo fue creado con un propósito. Dios elaboró el plan perfecto para el cumplimiento de dicho propósito. Si hubiese un plan mejor para lograr su objetivo, Dios lo habría implementado, ya que Dios sabe los resultados de cada plan posible. Es así como la omnisciencia de Dios impacta su obra creadora. A muchos les gusta pensar en cómo lo podrían haber hecho mejor. Simplemente eliminarían el árbol y todo habría salido bien. ¿No nos parece un poco arrogante pretender saber "mejor" que Dios cómo hacer las cosas? Dada nuestra "omni-ignorancia", ¿no nos parece absurdo asumir que nosotros somos más capaces que Dios? Tampoco podemos ser demasiado severos en juzgar a Adán y Eva, pues nosotros pasamos frente al árbol prohibido todos los días y son más las veces que comemos de él que las que nos abstenemos.

Cuando nos detenemos a considerar el cuadro completo –la obra maestra del Creador omnisciente del universo– no queda otra respuesta razonable excepto reconocer que Dios sabe lo que está haciendo. No solo sabe lo que está haciendo, sino sabe la mejor manera de hacerlo. Frente a los detalles de la creación y los procedimientos de Dios –por misteriosos que estos nos parezcan– solo podemos responder con humildad. Nuestra humildad es evidencia de que reconocemos que nosotros *no* somos Dios.

92   Wayne Grudem, 2007, *Teología Sistemática* (Vida, Miami), p. 1329.

Si Dios es omnisciente, ¿por qué creó un mundo donde hay tanta maldad y sufrimiento?

A. Cruz

Potentes armas defensivas y ofensivas de los rinocerontes africanos (Foto: Ana Romero).

La maldad y el sufrimiento consiguiente que esta provoca al ser humano se deben, según la Biblia, a la ruptura de relaciones con Dios. La raíz de lo malo se hunde en el orgullo y en el deseo de autonomía que caracteriza al hombre. Podría decirse que la maldad es la ausencia de la bondad. Es como errar el blanco o apartarse del destino positivo para el que fue creado el ser humano.

No obstante, algunos filósofos y pensadores a lo largo de la historia han venido deduciendo, de la realidad del mal en el mundo, que el Dios justo y misericordioso que presenta la Biblia no puede existir. Un Creador bueno y omnisciente parece incompatible con una creación sometida al mal. Sin embargo, el patrón de referencia necesario para distinguir convenientemente el bien del mal apunta a la idea de un absoluto infinito y misericordioso que ha implantado la conciencia moral en el ser humano. Dicho patrón solamente puede ser Dios y si este no existiera no habría posibilidad de juzgar o discernir entre la bondad y la maldad. Luego, la cruel realidad del mal, en vez de refutar la existencia de Dios, la hace necesaria.

La cuestión acerca de por qué Dios, siendo como es omnisciente, no pudo haber hecho un mundo sin maldad, en el que las personas no pecaran ni actuaran injustamente con sus semejantes, conduce inevitablemente a una de las características esenciales del ser humano, la libertad. Sin ella, el hombre se convierte en una especie de robot de carne y hueso, dejando inmediatamente de ser humano. Dios no quiso crear máquinas parlantes sin sentimientos ni libre albedrío, sino que asumió el riesgo de formar personas libres para amar, odiar o pecar. El Creador habría podido forzarnos a amar siempre, pero eso habría sido una violación de nuestra libertad humana. Ser libres para amar implica necesariamente serlo también para odiar. Es cierto que el plan divino al crearnos abrigaba la posibilidad del mal uso de la libertad, pero el origen de la maldad se inició en el corazón humano, no en Dios. Todos los males del presente mundo (tanto morales como naturales) se deben, según la Escritura, a la rebelión original del hombre contra su Creador.

Desde luego, el mundo actual no es el mejor de los mundos posibles, pero puede ser el mejor camino hacia el mejor mundo posible. El buen o mal uso que cada persona haga de su libertad, determinará el destino final de cada cual. Tal como escribe Norman Geisler: "Quienes eligen a Dios serán confirmados y el pecado dejará de ser. Quienes rechazan a Dios están en cuarentena eterna y no podrán trastocar el mundo perfecto que se ha instaurado. Se habrá logrado el propósito final de un mundo perfecto con criaturas libres, si bien la manera de llegar a ese estado requerirá que aquellos que abusan de su libertad sean expulsados".[93] Afortunadamente Dios no ha terminado todavía su plan salvífico y la humanidad tiene tiempo para arrepentirse, haciendo buen uso de su libertad.

Así pues, desde el punto de vista de la Biblia, la maldad y el sufrimiento característicos del mundo presente son compatibles con la existencia del Dios omnisciente y bondadoso. Él acabará definitivamente en el momento oportuno con todo mal que atenaza al ser humano y al resto de la creación. Cuando Cristo regrese juzgará a los hombres con justicia y erradicará el mal para siempre (Mt 25:31-46; Ap 20:11-15).

---

93   Zacharias, R. & Geisler, N. 2007, *¿Quién creó a Dios?* (Vida, Miami), p. 43.

¿Está Dios enfrascado en una batalla cósmica con Satanás para controlar al mundo?

J. Valdés

Detalle de la fachada de la basílica católica de la Anunciación en Nazaret (Israel).

"Hace mucho tiempo en una galaxia muy, muy lejana...", así comienza el primer episodio de *La Guerra de las Galaxias*, una de las películas más célebres en la historia de la cinematografía. Siguiendo la primera película, encontramos una saga de siete películas adicionales, todas súper populares. El tema que constituye el trasfondo de la saga completa es la batalla cósmica entre el bien ("la fuerza") y el mal ("el lado obscuro"). Esta idea de la batalla cósmica entre las fuerzas del bien y del mal ha captado la imaginación de muchos, pero es solo ficción. La realidad es otra. Hay por lo menos dos razones que demuestran que esta tesis es falsa. Primero, la propia definición de Dios excluye otras deidades capaces de contender con él. Segundo, la Palabra de Dios es muy clara en exponer la soberanía de Dios, incluso sobre Satanás y sus huestes.

¿Cómo definimos al ser a quien la Biblia identifica como 'Dios'? Por definición, Dios es un ser único. Él es la causa no causada. Él es pura existencia y perfección. Por tanto, Tomás de Aquino argumentaba que: "Él ha de contener en sí mismo la perfección total de ser...como Dios es la primera causa efectiva de todo, las perfecciones de todo han de preexistir en él en una forma más eminente".[94] Cuando hablamos de poder, existe mucho poder en el mundo natural pero mayor poder existe en Dios, la fuente de todo poder. Por definición, no existe ser más poderoso que Dios, el todopoderoso. Es imposible que exista otra deidad comparativamente poderosa (*todopoderosa*). Tomás de Aquino, de nuevo añade claridad al argumento afirmando que, si otro dios coexistiese "...necesariamente diferirían entre sí. Algo pertenecería a uno que no le pertenecería al otro...".[95] Ellos tendrían que "compartir" el poder dejándolos a ambos algo menos que todopoderosos. Además, la noción de dos seres todopoderosos es incoherente. Dios es único. Por definición no puede existir un ser *tan* poderoso como él y muchísimo menos uno que sea *más* poderoso. Hablando en términos racionales, Dios no tiene rivales.

¿Qué dice la Biblia sobre Satanás y sus huestes? ¿Es Satanás comparativamente poderoso como Dios? No. La Biblia enseña que Satanás es un ser creado. Más específicamente es un ser angelical creado por Dios que, luego de rebelarse contra Dios, fue expulsado del cielo (Isaías 14:12-15). ¿Está Dios enfrascado en una batalla cósmica con Satanás para controlar el mundo? No. Bástenos con considerar el caso de Job, donde encontramos a Satanás *pidiéndole permiso a Dios* para tentar a Job (Job 1-2). Una lectura del Evangelio de Marcos nos muestra una y otra vez a Jesús echando fuera demonios. Estos demonios ni siquiera intentaban resistir a Jesús. Este es el consenso de todo el Nuevo Testamento.

Sin embargo, no podemos ignorar el hecho de que Satanás y sus huestes viven para luchar contra los hijos de Dios. Eso es lo que significa el nombre 'Satanás', adversario. En nuestras batallas individuales contra el mal, el Diablo desempeña el papel de tentador. No obstante, Jesús nos demostró que podemos resistir las tentaciones (Mateo 4). La Biblia nos exhorta: "Someteos, pues, a Dios; resistid al Diablo, y huirá de vosotros" (Santiago 4:7). También vive para tratar de frustrar o interrumpir los planes de Dios, pero está derrotado. Jesús lo derrotó al resucitar de entre los muertos (Hebreos 2:14). Dios es soberano y su autoridad es incuestionable. Nada ni nadie puede impedirle a Dios cumplir su propósito.

---

94 Tomás de Aquino. *Summa Theologica* (Sección 1, pregunta 4, artículo 2). (Traducción del autor).

95 *Ibid.*, (Sección 1, pregunta 11, artículo 3). (Traducción del autor).

¿Es María la madre de Dios?

J. Valdés

Escenificación de los tiempos bíblicos que puede visitarse en Nazaret (Israel).

No. Dios es eterno y un ser eterno no comienza a existir, por tanto, no tiene madre ni padre. Además, los seres humanos son creación de Dios. Antes de que María existiese, Dios es. Es más, antes que existiese ningún ser humano, Dios es. Podemos incluso argumentar que antes de que existiese el universo, Dios es. Entonces parece absurdo argumentar que un ser creado es el progenitor de su propio Creador. Sin embargo, la pregunta no es completamente irracional, ya que María es la madre de Jesús. Si Jesús es Dios y María es su madre, entonces, ¿qué podemos concluir? Tal pareciera que María sí es la madre de Dios. Esto nos deja en una aparente paradoja. Sin embargo, cuando nos detenemos a considerarlo bien, nos damos cuenta de que aquí no existe una contradicción.

Esta pregunta nos devuelve al tema de las dos naturalezas de Jesús.[96] Jesús es a la vez el Dios eterno, Creador del universo y un ser humano que nació, vivió, murió y resucitó. Jesús es 100% Dios y 100% hombre a la vez. Como Dios, su preexistencia se revela en pasajes como los siguientes:

> *Porque en él fueron creadas todas las cosas, las que hay en los cielos y las que hay en la tierra, visibles e invisibles; sean tronos, sean dominios, sean principados, sean potestades; todo fue creado por medio de él y para él* (Colosenses 1:16).

96 Para abundar más sobre las dos naturalezas de Jesús, vea las *Preguntas 10-14*.

> En el principio era el Verbo, y el Verbo era con Dios, y el Verbo era
> Dios. Este era en el principio con Dios. Todas las cosas por él fueron hechas,
> y sin él nada de lo que ha sido hecho, fue hecho (Juan 1:1-3).

De manera que, en su deidad, Jesús es eternamente Dios y por tanto no tiene madre. No obstante, en su forma humana, Jesús sí comenzó a existir, la Biblia le llama su "encarnación". María fue escogida por Dios para cumplir una misión importantísima, ser la madre de la naturaleza humana de Jesús. Es decir, María fue el canal o el puente por el cual Dios tomó forma de hombre y habitó entre nosotros (Filipenses 2:5-11). Sin duda hay misterio aquí, ya que Jesús como hombre fue hijo de María, pero como Dios fue el Creador y el Salvador de María.

Si Jesús tuvo hermanos, ¿por qué no eran ellos también divinos?

J. Valdés

Escenificación de los tiempos bíblicos que puede visitarse en Nazaret (Israel).

¡Tremendo familión! Además de Jesús, José y María fueron padres de cuatro hijos y un número indeterminado de hijas. Cuando leemos los evangelios encontramos que Jacobo (Santiago), José Jr., Simón y Judas son enumerados como los hermanos de Jesús, además de las hermanas (Mateo 13:55-56). Aunque esto se ha cuestionado mucho a través de la historia de la iglesia, la Biblia no es ambigua al tratar el tema. Los hermanos de Jesús se mencionan múltiples veces.[97] Los cuestionamientos **no** se fundamentan en la Biblia, sino en el intento de sostener la perpetua virginidad de María a pesar de que esta enseñanza no es bíblica. Mateo nos dice con toda claridad que José y María sí tuvieron relaciones íntimas, pero esperaron hasta después del nacimiento de Jesús para tenerlas (Mateo 1:25).

Sin embargo, en el caso de Jesús el asunto fue diferente. Tenemos que distinguir entre Jesús y sus hermanos. Jesús no fue concebido como resultado de que José fertilizara el óvulo de María, como suele suceder en la concepción natural. Esa es la forma en que fueron concebidos todos los hermanos y hermanas de Jesús, así como el resto de la humanidad. Pero la concepción de Jesús fue un evento *sobrenatural*. Jesús fue concebido por un

---

97   Vea Mateo 12:46; Marcos 3:31; Lucas 8:19; Juan 7:1-10 y Hechos 1:14.

acto milagros e inexplicable del Espíritu Santo de Dios. José no tuvo parte alguna en el proceso. Por tanto, podemos considerar a los hermanos de Jesús como medio-hermanos, ya que Jesús era hijo natural solamente de María, mientras que ellos eran hijos de José y María.

También es importante notar que los hermanos de Jesús nunca pretendieron ser divinos. Es más, durante el ministerio terrenal de Jesús ellos eran escépticos de su mensaje y de su supuesta identidad como el Mesías prometido (Juan 7:3-5). No fue hasta que vieron a Jesús resucitado de entre los muertos que ellos empezaron a creer. Luego de la resurrección, Lucas los incluye en la lista de los que estaban en el aposento alto orando y esperando el derramamiento del Espíritu Santo (Hechos 1:13-14). Sabemos que Jacobo (también conocido como Santiago) llegó a ser el pastor de la Iglesia en Jerusalén, además de escribir una de las epístolas generales del Nuevo Testamento. También se piensa que Judas, el autor de otra corta epístola del Nuevo Testamento, era uno de los hermanos de Jesús. Claramente, ellos llegaron a reconocer la deidad de Jesús. Sin embargo, nunca pretendieron ser divinos.

La divinidad de Jesús no fue producto de su concepción. Es decir, Jesús no es Dios porque nació del vientre de María. Jesús es eternamente Dios. Por tanto, es absurdo argumentar que los hermanos de Jesús deberían ser divinos también, por ser hijos de la misma madre.

¿Qué quiere decir que Dios es "santo"?

J. Valdés

En una visión extraordinaria del profeta Isaías, se nos presenta el majestuoso trono de Dios y allí encontramos un coro angelical proclamando *Santo, santo, santo,* Jehová de los ejércitos; toda la tierra está llena de su gloria (Isaías 6:3). Cientos de años más tarde, el apóstol Juan relata otra poderosa visión del trono solemne de Dios y encontramos al coro angelical declarando aun de día y de noche, *Santo, santo, santo* es el Señor Dios Todopoderoso, el que era, el que es, y el que ha de venir (Apocalipsis 4:8). La santidad de Dios es proclamada no solo por los profetas y los apóstoles, sino también por los ángeles del cielo. Pero ¿qué quiere decir que Dios es santo? Primero, tenemos que definir el concepto de la santidad de Dios. Luego debemos considerar cómo la santidad de Dios nos impacta a nosotros.

La santidad es un atributo de Dios.[98] Los atributos de Dios suelen ser clasificados en grupos distintos.[99] La santidad típicamente aparece bajo la categoría de atributos morales, los cuales hablan de la pureza moral de Dios. Ahora, ¿cómo se define el atributo de la santidad de Dios? Según

---

98   Millard Erickson. *Christian Theology,* 2nd Edition (Grand Rapids: Baker Books, 1998), p. 291. Erickson define los atributos como "...aquellas cualidades de Dios que constituyen lo que él es, las características de su naturaleza... cualidades pertenecientes a toda la divinidad". (Traducción del autor).

99   Los distintos teólogos presentan distintas clasificaciones, pero es importante notar que las clasificaciones no alteran el significado del atributo. Las clasificaciones solo son intentos de "organizar" los atributos de Dios en formas que faciliten el aprendizaje de estos.

Grudem, "La santidad de Dios quiere decir que él está separado del pecado y dedicado a mantener en alto su honor".[100] Aunque Grudem hace alusión a dos dimensiones de la santidad de Dios, Erickson tiende a desempacar mejor los dos aspectos fundamentales de esta. Según Erickson, podemos entender la santidad de Dios primero, como la unicidad de Dios, su carácter sagrado y segundo, como la pureza y la bondad absoluta de Dios, su separación total del pecado.[101]

La palabra "santo" proviene del sustantivo hebreo 'qadosh' y se usaba en los tiempos del Antiguo Testamento para hablar de la "separación" o la distinción que se hacía entre aquello que es ordinario y aquello que es separado para Dios. Por ejemplo, las vasijas que se usaron en el Tabernáculo y luego del Templo eran "santificadas" o separadas del uso ordinario y dedicadas exclusivamente al uso sagrado. Por tanto, cuando se le atribuye a Dios el atributo de santidad, esto conlleva la idea de su distinción o separación de todo lo demás. Hablar de Dios como "santo" resalta la separación que existe entre Dios y su creación. El concepto lo encierra Moisés poderosamente al proclamar, "¿Quién como tú, oh Jehová, entre los dioses? ¿Quién como tú, magnífico en santidad, terrible en maravillosas hazañas, hacedor de prodigios?" (Éxodo 15:11). Dios es único. Dios se distingue de toda su creación. Eso es en parte lo que quiere decir que Dios es Santo.

Además de su unicidad, la santidad de Dios quiere decir que "él permanece intacto y sin mancha por la maldad en el mundo".[102] El profeta Habacuc lo declara de forma inequívoca: "Son tan puros tus ojos que no puedes ver el mal; no te es posible contemplar el sufrimiento". (Habacuc 1:13, NVI). Al contrario que los dioses paganos y los de la mitología, el Dios verdadero no puede hacer el mal, pues va en contra de su propia naturaleza. Es precisamente este aspecto de la santidad de Dios al que se refiere Santiago al declarar que "...Dios no puede ser tentado por el mal, ni tampoco tienta él a nadie" (Santiago 1:13). Creo que la analogía de Erickson es apropiada, "Él es, por así decirlo, alérgico al pecado y al mal".[103] Pero ¿cómo nos afecta eso a nosotros los seres humanos?

La santidad de Dios viene a ser el fundamento de las demandas morales que Dios pone sobre los seres humanos. Los mandamientos de la ley provienen del propio carácter santo de Dios. La Biblia afirma múltiples veces que debemos ser santos porque él es santo (Levítico 11:44-45; Mateo 5:48, etc.). La Escritura también es clara en que sin santidad nadie verá al Señor (Hebreos 12:14). Eso crea un problema serio para la humanidad,

100 Wayne Grudem, *Teología Sistemática* (Miami: Editorial Vida, 2007), p. 208.
101 Erickson, p. 311.
102 *Ibid.*
103 *Ibid.*, p. 312

142

ya que ninguno de nosotros puede alcanzar la santidad perfecta necesaria para acercarnos a la presencia de Dios. Para ese problema, Dios ha provisto una solución. Si hemos de entrar a la presencia de Dios y comparecer ante su trono, tenemos que pasar por el proceso de santificación. Este es un proceso doble. En un sentido, a través de la santidad de Jesús y su sacrificio en la cruz, los creyentes llegamos a ser "vasijas santificadas" por así decirlo, a quienes se nos otorga acceso directo al trono de Dios (Hebreos 10:10,14,19-22). Esta santificación es instantánea en aquellos que depositan su fe en Jesús para la salvación de sus almas. Por otra parte, tenemos una responsabilidad ante Dios de buscar la santidad en nuestro diario vivir. Este es el proceso de la santificación, un proceso de por vida. Esta es la forma en que el Espíritu Santo nos va conformando, cada día más, a la imagen de Cristo. Esto lo encontramos en todo el Nuevo Testamento (i.e., Romanos 6-8; 1 Tesalonicenses 4:1-7; etc.).

La santidad de Dios nos revela tanto la pureza moral de Dios como su unicidad. No es que Dios posea santidad, Dios ES santo. La santidad de Dios es parte de su esencia. Dios es único en poder, en conocimiento, en existencia, en santidad, etc. A esa separación o distinción entre Dios y su creación le llamamos 'santidad'. Además, la santidad de Dios es la base para el estándar moral que Dios ha establecido para el hombre. La santidad es un estándar moral al que estamos obligados a luchar diariamente por obtener, aunque al final descansamos en la santidad que hemos obtenido como resultado del sacrificio de Jesús en la cruz.

¿Qué es la providencia de Dios?

J. Valdés

Granadas de Israel de las que se obtiene un delicioso jugo rojo.

Existen muchas palabras teológicas en nuestro vocabulario contemporáneo que no aparecen en la Biblia. Las palabras 'Trinidad' y 'rapto' no aparecen, como tampoco aparece la palabra 'providencia'. Sin embargo, no debemos asumir que la ausencia de una palabra particular es igual a la ausencia del concepto que dicha palabra representa. En el caso de estas tres palabras, los conceptos que ellas representan están claramente contenidos en las páginas de la Biblia. Nos enfocaremos en la palabra 'providencia' ya que es de particular interés para responder a esta pregunta. ¿Qué quiere decir la palabra 'providencia'? ¿Dónde encontramos ese concepto en la Biblia? ¿Cuán importante es el concepto de la providencia?

La responsabilidad de Dios con su creación no terminó al acabar de crearla. Es más, podemos argumentar que la responsabilidad de Dios para con su creación solo comenzó con el acto de crearla y ha permanecido a través de la historia. Este es el concepto teológico al que nos referimos con el vocablo 'providencia'. Al hablar de providencia, estamos hablando de las acciones continuas de Dios por medio de las cuales preserva en existencia su creación y la guía hacia el cumplimiento de los propósitos para los cuales fue creada.[104] Es decir, la palabra providencia tiene que ver con

104 Millard Erickson. *Christian Theology*, 2nd Edition (Grand Rapids: Baker Books, 1998), p. 413. (Traducción y adaptación del autor).

las relaciones continuas entre Dios y su creación.[105] Es un error pensar que el mundo natural tiene la capacidad inherente de auto subsistir. La Biblia nos muestra con toda claridad que la creación depende del Creador para su subsistencia.

Cuando el apóstol Pablo le habla del concepto de la providencia de Dios a los colosenses, lo expresa así:

> Porque en él fueron creadas todas las cosas, las que hay en los cielos y las que hay en la tierra, visibles e invisibles; sean tronos, sean dominios, sean principados, sean potestades; todo fue creado por medio de él y para él. Y él es antes de todas las cosas, y *todas las cosas en él subsisten* (Colosenses 1:16-17; énfasis añadido).

Queda claro que la creación depende de Dios para permanecer o subsistir. Pablo también expresó el concepto a los filósofos griegos en el Areópago cuando les declaró que "...en él vivimos, y nos movemos, y somos" (Hechos 17:28). El autor de los Hebreos expresa asimismo el concepto de la providencia al decir que Cristo, además de ser el Creador del universo, es también "...quien sustenta todas las cosas con la palabra de su poder" (Hebreos 1:3). En cuanto al término traducido 'sustenta', en este pasaje, Grudem explica que "no significa simplemente 'sostener', sino que tiene el sentido de control activo y determinado de lo que se está llevando de un lugar a otro".[106] Es decir, el preservar va acompañado de dirección o gobierno.

Aunque se debate en algunos círculos los límites de la intervención divina en los asuntos humanos, lo indiscutible es que Dios gobierna sobre su creación y ejerce autoridad sobre ella cada vez que él lo considera necesario. Vemos la providencia de Dios en la naturaleza como lo expresa el salmista,

> Porque yo sé que Jehová es grande,
> Y el Señor nuestro, mayor que todos los dioses.
> Todo lo que Jehová quiere, lo hace,
> En los cielos y en la tierra, en los mares y en todos los abismos.
> Hace subir las nubes de los extremos de la tierra;
> Hace los relámpagos para la lluvia;
> Saca de sus depósitos los vientos (Salmo 135:5-7).

Encontramos lo mismo en el Sermón del Monte, donde Jesús declara que "vuestro Padre que está en los cielos, que hace salir su sol sobre malos y buenos, y que hace llover sobre justos e injustos" (Mateo 5:45). A esto le pudiéramos añadir una lista larga de intervenciones específicas donde

---

105 Wayne Grudem. *Teología Sistemática* (Miami: Editorial Vida, 2007), p. 328.
106 *Ibíd.*, p. 329.

Dios detuvo la lluvia, calmó tempestades, hizo brotar agua de una peña, etc. Dios gobierna sobre el reino animal también (Salmo 104:21-29). La providencia de Dios se ve con toda claridad en la historia y el destino de las naciones, como lo vemos revelado en la visión de Daniel 2. Tampoco podemos negar que Dios interviene en la vida personal del ser humano. Esto lo vemos en toda la Biblia. Dios trata con individuos a veces bendiciéndoles con grandes milagros y otras veces juzgándolos de manera personal. La providencia es evidenciada desde Génesis hasta Apocalipsis.

No se puede minimizar la importancia del concepto de providencia de Dios, ya que fundamenta lo que creemos sobre nuestra relación con él. La providencia de Dios nos habla de la intervención continua de Dios en su creación y especialmente en los asuntos humanos. La providencia muestra que el deísmo es un concepto errado sobre la forma en que Dios se relaciona con su creación. El deísmo enseña que Dios creó el universo de manera que se auto sustente sin necesidad de Su intervención. Por tanto, el deísta considera que Dios creó el universo y le dejó correr su propio curso sin intervenir más. Sin embargo, los pasajes que consideramos muestran que, si Dios no sustenta el universo, este no puede continuar existiendo. Erickson utiliza una analogía que capta la diferencia entre el concepto deísta y el concepto de providencia. El deísmo ve el universo como un carro con control de crucero, donde se oprime un botón y ya no es necesario tener el pie en el pedal del acelerador porque el carro se mueve solo. En contraste, el concepto bíblico de la providencia es como un carro *sin* control de crucero. Si le quitas el pie del pedal del acelerador, el carro comienza a decelerar hasta el punto de parar por completo. Algo similar sucedería con el universo. Si Dios deja de sustentarlo, este dejaría de funcionar.[107]

Lo cierto es que podemos tener plena confianza en que Dios está al tanto del universo e interviniendo en los asuntos de su creación y en que él cumplirá su propósito eterno. Este es el concepto bíblico de la providencia de Dios.

---

107 Erickson, p. 418. (Traducción y adaptación del autor).

Si Dios es espíritu, ¿era también Jesús solo un espíritu?

J. Valdés

Paloma fotografiada en las ruinas de Masada (Israel).

Hay mil maneras de abordar los misterios de la Trinidad. Quizás eso sea uno de los principales motivos por los que existe tanta confusión con el concepto de la Trinidad.[108] Entender el concepto requiere que comprendamos lo que la Biblia revela sobre cada miembro de la Trinidad individualmente: Dios el Padre, Dios el Hijo y Dios el Espíritu Santo. Luego debemos estudiar lo que la Biblia enseña sobre la relación y las distinciones entre los tres miembros de la Trinidad. Y como si eso fuese poco, tenemos que considerar seriamente la encarnación del Hijo en la persona de Jesús, otro maravilloso misterio.[109] Esta pregunta se dirige al mismo centro de la Trinidad y trata con la naturaleza de Dios el Padre, así como la naturaleza de Dios el Hijo y específicamente sobre las implicaciones concernientes a la encarnación de Jesús.

La Biblia nos enseña que Dios es espíritu. Es más, la suprema autoridad en asuntos de divinidad –Jesús mismo– le declara la mujer samaritana que

108 Para abundar más sobre la Trinidad vea las *Preguntas 6 a la 16*.

109 Debo aclarar que al usar la palabra *misterio* no me refiero a un asunto del que nada se puede saber. En este contexto me refiero al hecho de que, aunque mucho se nos ha revelado de estos asuntos, aún hay cosas que están más allá de nuestra capacidad de comprensión.

"Dios es Espíritu; y los que le adoran, en espíritu y en verdad es necesario que adoren". (Juan 4:24). Pero ¿qué quiere decir Jesús con esa declaración? En contexto, Jesús le está enseñando a la mujer samaritana que Dios no está sujeto a las limitaciones del mundo material –Dios está en todo lugar– y para tratar con él *no* tenemos que "visitarlo" en algún templo o monte sagrado. Para las religiones de esos tiempos, los dioses eran estatuas o ídolos que solo podían estar en un lugar a la vez. Por tanto, era necesario ir al lugar donde se encontraba "dios" para adorarlo. Jesús le revela a la mujer samaritana que Dios es espíritu, por ende, la adoración se debe llevar a cabo en el ámbito espiritual.

Lo curioso de ese pasaje es que en cierta forma Jesús está hablando de sí mismo, pues él es Dios. Eso nos confronta con la necesidad de distinguir entre el Hijo eterno y la forma visible de Dios encarnada en Jesús de Nazaret, un hombre. Juan expresó que "el Verbo fue hecho carne, y habitó entre nosotros" (Juan 1:14). De esta manera confirmó que Jesús era un ser humano con un cuerpo físico. Cuando Pablo le dice a los Colosenses que en Jesús habitó corporalmente toda la plenitud de la deidad (Colosenses 2:9), nos está confirmando que a pesar de que Jesús es 100% hombre, también era 100% Dios.[110] Esto también tiene significado por la forma en que impacta la relación entre Dios y su creación. Obviamente, Dios existe independientemente de su creación. Pero algunos enfatizan demasiado la trascendencia de Dios hasta el punto de caer en el deísmo (la idea de que Dios creó el universo y no ha vuelto a intervenir en él). También es indiscutible que Dios interviene en los asuntos humanos, llamamos esos la providencia de Dios.[111] Y otros sobre-enfatizan el involucramiento de Dios en todos los asuntos humanos a expensas de su trascendencia. Sin embargo, ambas condiciones reflejan la realidad. Según explican los teólogos:

> Al mismo tiempo, Dios es trascendente (está por encima y más allá del universo que creó y es mayor que él) e inmanente (está presente en el universo y participa en él). Solo la enseñanza cristiana acerca de Dios unifica adecuadamente estos dos conceptos. La trascendencia preserva la distinción entre Dios y el universo que creó… La inmanencia, que reconoce que Dios está presente en el universo que creó, es necesaria para preservar la amorosa relación de Dios con los hombres de la tierra…[112]

---

110 Vea la *Pregunta 10*.
111 Para abundar más sobre la providencia de Dios vea la *pregunta anterior*.
112 William W. Menzis & Stanley M. Horton, 1993, *Doctrinas Bíblicas: Una perspectiva Pentecostal* (Editorial Vida, Miami), p. 45.

Por tanto, Jesús es la expresión perfecta de la inmanencia de un Dios trascendente. En el evangelio de Juan, el Maestro lo resume así: "El que me ha visto a mí, ha visto al Padre (Juan 14:9). Jesús no era un espíritu, era un ser humano que fue formado en el vientre de María, nació, creció, murió, resucitó y está sentado a la diestra de Dios intercediendo por nosotros (Romanos 8:34). A la vez, Jesús es el eterno Hijo de Dios, la segunda persona de la Trinidad que no tuvo principio ni fin.

Si Dios es espíritu, ¿por qué se refiere la Biblia a los ojos de Dios, sus oídos, sus manos, su dedo, etc.?

J. Valdés

Los ojos de las aves rapaces nocturnas son grandes y evidencian un perfecto diseño para ver en la penumbra o con muy poca luz.

La comunicación presenta uno de los retos más grandes para el ser humano. Entre sus grandes dificultades está el hecho de que los lenguajes sufren serias limitaciones. Por ejemplo, para que haya comunicación efectiva, los seres que intentan comunicarse deben compartir un lenguaje común. Como todo inmigrante sabe, es muy difícil comunicarse con alguien que no comparte tu mismo lenguaje. Aun cuando se comparte el mismo lenguaje en general, es difícil comunicarse si no se comparte el mismo vocabulario. En todos los lenguajes existen vocablos sofisticados y palabras técnicas, correspondientes a las diversas disciplinas académicas, que son desconocidas por aquellos que no forman parte del círculo particular en el que se utilizan. Recuerdo chocar de frente con esta realidad cuando a los quince años intenté leer un libro de Samuel Vila titulado *Manual de Teología Apologética*. Para cualquier ciudadano español con cierto nivel académico, el libro es de simple lectura. Sin embargo, para mí, fue un gran reto, ya que mi primera lengua es el inglés y en aquel entonces mi español era sumamente elemental. Recuerdo que lo leí con un diccionario a la par y era rara la página del libro donde no me veía obligado a consultarlo. El libro estaba repleto de palabras que nunca habían aparecido en mi radar.

Nuestro vocabulario parte de nuestras experiencias con el mundo en el que vivimos. Existen palabras para describir los objetos con los que nos encontramos a diario. Hay todo un vocabulario específico para describir el mundo de las emociones y los sentimientos que experimentamos. Encontramos palabras adecuadas que describen las ideas y los conceptos que pensamos. Cuando escuchamos un término desconocido, no tenemos con qué relacionarlo. Es decir, las palabras tienen algún referente al que las atamos para darles sentido. De vez en cuando surge la necesidad de inventar una nueva palabra para describir algo nuevo o recién descubierto. De esa forma el vocabulario de un idioma va creciendo. Esto también presenta un reto, ya que nuestro vocabulario está firmemente anclado a la realidad del mundo natural. ¿Cómo hacemos para entender aquello que corresponde a lo sobrenatural? ¿Cómo haría Dios para comunicarse con el ser humano? ¿Cómo comunicarle al ser humano cosas únicas que nunca se han visto dentro del mundo natural?

No existe nada en el mundo natural que refleje una Trinidad perfecta como la del Padre, el Hijo y el Espíritu Santo. No existe ser humano que tenga dos naturalezas como las tiene Jesús. ¿Cómo hace Dios para comunicarnos esas grandes verdades? Dios es infinitamente más grande que toda energía y poder que existe en el universo, pero no tenemos palabras en nuestros vocabularios para algo más poderoso que el universo, ya que no hay nada dentro del mundo natural que posea semejante poder. Dios lo sabe todo, pero no tenemos palabras en nuestros vocabularios para describir a un ser que posee todo conocimiento ya que no existe nadie en el mundo natural que lo posea. Es decir, Dios es único y dentro del mundo natural no tenemos referente al que atar el tipo de vocabulario que describe a Dios y sus interacciones con el ser humano.

Dios es espíritu, pero está al tanto de todo lo que sucede en el mundo natural. ¿Cómo hace Dios para comunicarle esto a los seres humanos? Para superar estas limitaciones humanas, Dios se revela al hombre usando el vocabulario humano, a pesar de que este no es exacto con relación a lo divino. Llamamos ese tipo de vocabulario *antropomorfismo* que se deriva del griego y significa 'en forma de hombre'. Es decir, Dios se describe apelando a la forma o a las cualidades humanas. A pesar de que Dios no tiene ojos literales, Dios nos revela que sus ojos lo ven todo. Dios no tiene oídos, pero nos habla de cómo sus oídos lo oyen todo. De esa forma nos hace entender que él está al tanto de todo. Al hablar de su poder, Dios se revela como todopoderoso. Al hablar de su presencia en todo lugar se revela como omnipresente. Al hablar de su conocimiento se revela como omnisciente. Todas estas palabras se quedan cortas y tienden a ser imprecisas, pero le comunican al ser humano lo que Dios desea que sepamos de él.

Religiones

¿Cómo sabemos que el Dios de la Biblia es el verdadero Dios?

J. Valdés

Cristograma que figuraba en la 'Tumba del jardín' (Jerusalén). Las letras IC y XC son la primera y última de las palabras "Jesús" y "Cristo" en griego. Mientras que el alfa y la omega de abajo significan principio y fin.

Por definición, un Dios supremo es un ser único.[113] No puede existir más de un Dios, pues si hubiera más serían algo menos que supremos. Sin embargo, la historia está repleta de supuestas deidades. Excluyendo los panteones mitológicos de los egipcios y los griegos, aún se proponen millones de dioses por las diversas religiones, especialmente el hinduismo que plantea más de 300 millones.[114] De los millones de dioses propuestos por las religiones del mundo, ¿cómo identificamos al único y verdadero Dios? ¿Será el Dios de la Biblia, o quizás el Dios del Islam, o uno de los millones de dioses del hinduismo?

---

113 Este concepto lo desarrollamos en la *Pregunta 45*.

114 Cabe la aclaración de que el hinduismo es una religión sumamente fragmentada y diversas escuelas de pensamiento dentro del hinduismo atribuyen distintos rangos a los millones de dioses que proponen. Sin embargo, parece haber un consenso en que Brahma, en sus tres manifestaciones, es mayor a todos los demás dioses. Para una comparación entre Brahma y el Dios de la Biblia, vea la *Pregunta 44*.

Si cada religión afirma que su dios es el verdadero,[115] ¿cómo adjudicamos entre ellas? Si queremos responder de manera objetiva debemos adoptar una metodología independiente de las propuestas religiosas. De esa manera también evitamos el argumento circular. Apelaremos a la argumentación abductiva[116] para determinar cuál es el mejor candidato para el puesto de Dios. Partiendo de la premisa de que el único Dios verdadero es el Creador del universo, haremos una serie de observaciones del mundo creado. De ahí elaboraremos argumentos abductivos a favor de la mejor explicación (causa) posible de dichos efectos. Finalmente, compararemos esos resultados con los principales candidatos propuestos por las principales religiones del mundo para determinar quién cumple con los requisitos necesarios para ser reconocido como el único Dios verdadero.

Debemos aclarar tres puntos importantes antes de comenzar las observaciones. Primero, los argumentos abductivos son argumentos debatibles y no establecen sus conclusiones con certeza absoluta, sino que proponen conclusiones de diversos grados de probabilidad. Los buenos argumentos abductivos producen conclusiones altamente probables, aunque no irrefutables. Sin embargo, en nuestro caso el efecto acumulativo de una serie de argumentos abductivos –todos apuntando a la misma conclusión– presenta conclusiones muy difíciles de refutar. Segundo, en la etapa final comparamos los candidatos propuestos por las cinco religiones principales del mundo. ¿Por qué solo cinco, si existen miles de religiones? Las cinco religiones principales del mundo actual son el hinduismo, el budismo, el cristianismo, el islam y el judaísmo. Estas cinco religiones representan aproximadamente cinco mil millones de los habitantes de la tierra.[117] Además, la mayoría de las religiones restantes (especialmente en el oriente) se desprenden de estas cinco, combinando y adaptando las creencias fundamentales de ellas. Tercero, las observaciones que hacemos del universo no son controversiales en lo más mínimo. Es decir, estas observaciones son aceptadas y reconocidas mundialmente, aun por los que niegan la existencia de deidad alguna. Lo controversial son las sugerencias de dichas observaciones, pero por ser controversial, no son necesariamente menos ciertas.

115 Entre las más grandes religiones del mundo, la única que no propone dios alguno es el budismo, ya que en su expresión mayoritaria esta religión es atea.
116 Un argumento abductivo es aquel que busca la mejor explicación (la causa) de un hecho a través de la observación de los efectos producidos por dicha causa. El argumento abductivo responde a la pregunta, ¿qué podemos aprender acerca de la causa a través de la observación de lo que ha causado? ¿Cuál es la mejor explicación? Es un método muy común en las ciencias forenses y las ciencias históricas.
117 Vaughan, Don. "What Is the Most Widely Practiced Religion in the World?". *Encyclopedia Britannica*, https://www.britannica.com/story/what-is-the-most-widely-practiced-religion-in-the-world. Consultado el 31 de diciembre de 2021.

Hagamos diez observaciones del mundo creado y preguntémonos, ¿qué podemos concluir acerca de la causa del universo a partir de estas observaciones?

Observación 1. El universo comenzó a existir.[118]

¿Qué sugiere esto con respecto a la causa del universo? Si hubo un momento en el que el universo no existía, entonces el universo no existe necesariamente. Es decir, el universo no tiene por qué existir. Esto implica que una decisión se tomó para darle inicio al universo, lo que sugiere que **la causa ha de ser personal**, ya que solo un ser personal puede escoger hacer o no hacer algo.

Observación 2. El tiempo comenzó a existir.

¿Qué sugiere esto con respecto a la causa del universo? Si la causa existe antes del tiempo, ya que el tiempo fue creado por dicha causa, podemos argumentar que la causa del tiempo existe independientemente del tiempo y que no es limitada por el tiempo. Esto sugiere que **la causa es atemporal o eterna**.[119]

Observación 3. El espacio comenzó a existir.

¿Qué sugiere esto con respecto a la causa del universo? Si la causa existe antes del espacio, ya que el espacio fue creado por dicha causa, podemos argumentar que la causa del espacio existe independientemente del espacio y que no es limitada por el espacio. Esto sugiere que **la causa es 'supraespacial' u omnipresente**.

Observación 4. La materia comenzó a existir.

¿Qué sugiere esto con respecto a la causa del universo? Si la causa existe antes de la materia, ya que la materia fue creada por dicha causa, podemos argumentar que la causa de la materia existe independientemente de

---

118 Desde que Einstein propuso su teoría de la relatividad, la ciencia ha avanzado bajo la propuesta de que el universo tuvo un comienzo –el tiempo, la materia, el espacio y la energía– todo comenzó al mismo tiempo en un punto finito de la historia. Recientes descubrimientos en la física y la astronomía han confirmado esta posición al punto de ser prácticamente irrefutable.

119 Entendemos que el vocabulario para describir la causa del universo es impreciso, ya que nuestro vocabulario parte de lo que conocemos del mundo natural en el que vivimos, pero nos toca describir un ser que trasciende el universo que creó. He optado por palabras que captan la idea esencial de la característica necesaria para quién sea la causa del universo, entendiendo que no son exactas.

la materia y que no es limitada por la materia. Esto sugiere que **la causa es inmaterial**.

Observación 5. El universo contiene cantidades masivas de energía.

¿Qué sugiere esto con respecto a la causa del universo? La cantidad de energía en el universo es imposible de calcular, pero con observar las estrellas es más que suficiente para captar algo de la cantidad tan masiva de energía que existe. El sol nuestro emite una inmensa cantidad de energía solar, sin embargo, este es un astro bastante pequeño comparado con los que hemos podido observar en el universo visible.[120] Existen astros 2 000 veces más grandes que el sol nuestro.[121] Considerando que el número de astros en el universo visible es casi imposible de contar por ser tan numeroso, la cantidad de energía que ellos emiten es espectacularmente grande. Según la ley de la causalidad, la causa tiene que ser igual o mayor que el efecto. Por tanto, podemos argumentar que la causa ha de poseer cantidades de energía igual o mayor que toda la energía del universo. Esto sugiere que **la causa es 'supra-poderosa' u omnipotente**.

Observación 6. El universo es gobernado por leyes naturales.

¿Qué sugiere esto con respecto a la causa del universo? La ciencia ha descubierto que TODO dentro de este maravilloso universo funciona bajo leyes rígidas, precisas y constantes, a lo que atribuimos gran parte de los avances de la ciencia. Podemos argumentar que la causa diseñó meticulosamente cada detalle del universo y su funcionamiento, favoreciendo el orden. Esto sugiere que **la causa es el arquitecto o diseñador del universo**.

Observación 7. El universo manifiesta un ajuste fino para el sostén de la vida biológica.

¿Qué sugiere esto con respecto a la causa del universo? Este ajuste tan preciso de las constantes de la física sugiere intenciones muy específicas. La causa ha de haber tenido la intención de formar un universo con el propósito especifico de sostener la vida biológica, ya que el ajuste es preciso para ello. Esto sugiere que **la causa actuó con propósito**.

Observación 8. La vida es dependiente del ADN, rico en información.

¿Qué sugiere esto con respecto a la causa del universo? Toda la vida biológica de nuestro planeta parte de la información detallada que

---

120 Tales como los súper gigantes azules, Betelgeuse, los gigantes rojos, etc.
121 Por ejemplo, se calcula que VY Canis Majoris es más de 2 100 veces el tamaño del Sol.

encontramos en el núcleo de las células, en el ADN. Dada la complejidad del ADN en su estructuración, la complejidad del contenido de este –todas las instrucciones para la estructuración y el sostén de la vida biológica– y la complejidad de los sistemas de acceso y utilización de la información, podemos argumentar que **la causa es super inteligente u omnisciente**.

Observación 9. El diseño de la vida en nuestro planeta manifiesta increíble diversidad.

¿Qué sugiere esto con respecto a la causa del universo? La diversidad de lo creado es impresionante. Si tomamos un momento para considerar el mundo de los vegetales, no podemos dejar de ver la variedad de colores, texturas, sabores, olores y formas. Eso es solo en los vegetales. ¿Qué diríamos de la variedad en el reino de las flores o en el reino animal? Podemos argumentar que la causa valora la diversidad. Esto sugiere que además de ser creador, **la causa es creativa**.

Observación 10. La información es fundamental al universo.

¿Qué sugiere esto con respecto a la causa del universo? Todas las leyes del universo se pueden reducir a fórmulas matemáticas elegantísimas. En palabras de Johannes Kepler:[122] "El propósito principal de toda investigación del mundo externo ha de ser el descubrimiento del orden racional que se le ha impuesto por Dios y que él nos reveló en el lenguaje de la matemática".[123] Dado que la información no es reducible a materia o energía, podemos argumentar que **la causa ha de ser el informador máximo del universo**. Esto sugiere que la causa es el '*logos*' del universo.

Si consideramos las sugerencias de cada observación encontramos que la causa del universo tiene que ser: 1) personal; 2) eterna; 3) omnipresente; 4) inmaterial; 5) omnipotente; 6) un Dios de orden; 7) que actuó con propósito; 8) omnisciente; 9) creativo; y 10) la fuente de información detrás del universo (el '*logos*' del universo). ¿Cuál de los candidatos propuestos por las principales religiones del mundo cumple con todas y cada una de estas características?[124]

---

122 Kepler fue un astrónomo, matemático y filósofo alemán, figura clave en la revolución científica.

123 Morris Kline, *Mathematical Thought from Ancient to Modern Times* (1972), p. 231. (Traducción del autor).

124 Dada la naturaleza de los argumentos abductivos, cada una de estas características tienen que corresponder a la causa. Es decir, todas son necesarias para el Creador del universo. Cualquier candidato a quien le falte tan siquiera una de tales características, queda automáticamente descartado.

El Dios de la Biblia es el único agente causal propuesto por cualquier religión cuya descripción incluya TODAS las características y atributos sugeridos por nuestras observaciones. Curiosamente, llegamos a esta conclusión basándonos en observaciones del mundo natural y no partiendo de ninguna postura religiosa. No obstante, existe una fuerte consonancia entre la revelación escrita (la Biblia) y la observación del mundo natural. La armonía entre la Biblia y el 'Libro de la Naturaleza' es innegable. El cristianismo es la única religión que presenta un candidato calificado para ser la causa del universo, los demás candidatos carecen de las características necesarias.[125,126]

125 Por cuestión de espacio, hemos omitido la evaluación de los candidatos de las otras cuatro religiones, pero en las preguntas siguientes de esta sección elaboraremos un poco más al respecto.

126 Este artículo puede complementarse con las *Preguntas 63 y 72*.

¿Es cierto que Dios creó el universo y la vida, pero no interviene en los asuntos humanos, tal como propone el deísmo y que es como un relojero que le dio cuerda al reloj del cosmos para que este funcione por sí mismo?

A. Cruz

El *racionalismo* es una corriente filosófica, formulada por René Descartes[127] y desarrollada durante los siglos XVII y XVIII, que acentúa el papel de la razón en la adquisición de todo conocimiento. Se opone al *empirismo* ya que este resalta el valor de la experiencia humana. Los racionalistas priorizaban la razón sobre los sentidos naturales, pues estos nos podían engañar, mientras que la razón matemática proporcionaba seguridad a la ciencia para descubrir la verdad. Al aplicar tales principios a la religión se llegó a la conclusión de que la revelación escritural no era necesaria y, por tanto, el racionalismo se tornó antirreligioso. Del teísmo se pasó al deísmo. ¿En qué consiste este último?

El *deísmo* (del latín *deus:* dios) es la creencia general en la existencia de Dios, pero sin la aceptación de ningún credo religioso en particular. El deísta asume que el Creador hizo el mundo y las leyes naturales, pero rechaza todos los libros considerados sagrados o revelados. Entiende que a Dios se llegaría exclusivamente mediante el uso de la razón humana y de la

127 Cruz, A. 2002, *Sociología, una desmitificación* (CLIE & FLET, Terrassa, Barcelona), p. 79.

observación de la naturaleza, no por medio de la fe en ningún líder religioso o en sus doctrinas. Dios sería un ser sobrenatural, necesario, personal y poderoso que solamente se habría revelado en la naturaleza. La moralidad se considera como el producto de la conciencia o reflexión de las personas, en vez de atribuirla a ninguna revelación o ley moral sobrenatural. El Creador se limitaría a observar su creación, pero sin intervenir en ella. Sería como una especie de Dios ocioso (*deus otiosus*) que no realizaría ningún milagro, a parte del acto creador original.

No hay ninguna religión que sea propiamente deísta, aunque dentro del hinduismo y el budismo pueda haber determinadas posturas afines. El deísmo es más bien un sistema de creencias sostenido por individuos concretos. Algunos deístas famosos fueron: Voltaire, Immanuel Kant, Jean-Jacques Rousseau, Benjamín Franklin, Thomas Jefferson, George Washington, Thomas Edison, Thomas Hobbes y Paul Dirac, entre otros muchos. Esta moda racionalista del deísmo sobrevaloró la revelación natural a expensas de la sobrenatural. El ser humano empezó a confiar más en su propia capacidad intelectual y moral en detrimento de la autoridad de la Biblia. La revelación natural se consideró como suficiente para descubrir la verdad y, de esta manera, el deísmo negó la autenticidad de la revelación escritural. La negación de los milagros o intervenciones divinas en el mundo es el principal problema del deísmo, así como su falta de compromiso con el ser humano. Esto entra en conflicto con el Dios providente de la Biblia que sostiene continuamente su creación y es capaz de relacionarse con la criatura humana para restaurarla y salvarla.

Uno de los principales teólogos protestantes que se opusieron al deísmo fue el suizo Karl Barth (1886-1968). Su obra intenta hacer volver la teología desde lo subjetivo a lo objetivo, desde el esfuerzo humano por encontrar a Dios a la revelación de Dios al hombre en Jesucristo.[128] Para él, la revelación bíblica es siempre Dios en acción que acerca al hombre conocimientos que este no podía alcanzar por sí solo de ninguna manera. Según Barth, solo se puede conocer la revelación de Dios por medio de Jesucristo ya que el Hijo del Altísimo es en sí mismo la revelación divina. Y la criatura humana únicamente puede alcanzar dicho conocimiento por medio de la intervención especial del Espíritu Santo. Por tanto, tal como se enseña en la Escritura, Dios se reveló a la humanidad de una vez por todas en la encarnación, muerte y resurrección de Jesús de Nazaret.

El deísmo intentó descartar, ya en los siglos XVIII y XIX, la doctrina bíblica de la providencia divina, al imaginar a Dios retirándose del mundo después de haberlo creado. Sin embargo, la idea de que el Creador, después de haber realizado su obra, continúa preservando a sus criaturas y

---

128 Berkhof, L. 1979, *Teología sistemática* (La Antorcha, México), p. 43.

actuando en todo aquello que sucede en el mundo para dirigirlo hacia un determinado fin, está profundamente arraigada en la Biblia. El salmista se refiere a Dios como un rey sentado sobre su trono celestial que continúa dominando sobre todos (Sal 103:19). Mientras que Jesús dice del Padre que "hace salir su sol sobre malos y buenos, y que hace llover sobre justos e injustos" (Mt 5:45). Por su parte, el apóstol Pablo escribe: "En él (Cristo) asimismo tuvimos herencia, habiendo sido predestinados conforme al propósito del que hace todas las cosas según el designio de su voluntad" (Ef 1:11). Hay muchos textos bíblicos más que corroboran los designios de la providencia de Dios en el mundo y el cuidado que sigue teniendo del mismo.

¿Dios y Alá son el mismo ser divino?

J. Valdés

Detalle de la Mezquita o Cúpula de la Roca (Jerusalén).

¿Es igual Alá que Jehová? Algunos piensan que sí. Entre ellos encontramos los *pluralistas* que afirman la existencia de un solo Dios cuyo nombre varía de cultura en cultura. Es decir, Buda, Brahma, Alá, Jehová y las demás deidades serían realmente el mismo Dios con distintos nombres. ¿Será esto cierto? ¿Son Alá y Jehová distintos nombres para la misma entidad divina? La respuesta es un **no** absoluto. Si comparamos las características de Dios, según es presentado en la Biblia, con aquellas de Alá, según aparece en el Corán, descubriremos que son dos entidades totalmente distintas. Servir a Alá no es igual que servir a Jehová.

Consideremos cuatro grandes diferencias entre Alá y Jehová con el propósito de entender que, aunque ambos nombres se pueden traducir como "Dios", describen dos personas tan diferentes como pudieran serlo, Juan (el discípulo amado en los tiempos de Jesús) y Juan (el autor de este ensayo). El hecho de que los nombres sean iguales no implica que estemos tratando con el mismo personaje.

1. El sufrimiento de Dios. La Biblia revela a un Dios que sufre por la rebeldía de su pueblo. Es un Dios sensible que siente pesar, ira y otras emociones. Los profetas lo presentan como un amante herido, un esposo que siente el dolor por la traición de su amada, un padre cuyo corazón está quebrantado por la rebeldía de sus hijos. En Génesis leemos acerca del dolor que le causó la maldad del hombre (Gn 6:6). Isaías se refiere al Mesías como: *...varón de dolores, experimentado en quebranto* (Is 53:3-4).

Tanto el Antiguo como el Nuevo Testamento abundan en lenguaje descriptivo del sufrimiento de Dios por la rebeldía de su pueblo y por la maldad del hombre. Sin embargo, en el Corán no existen tales emociones en Alá. El islamismo ve los sufrimientos del Dios cristiano como una señal de debilidad, lo cual haría de Dios un ser imperfecto. ¡Alá no sufre por su pueblo!

2. El amor de Dios. La Biblia enseña que Dios ama a toda la humanidad, incluso a los pecadores. Dice la Biblia que *...de tal manera amó Dios al mundo...* (Jn 3:16). Además, dice que él nos amó primero, incluso antes de reconocerlo y siendo aún pecadores (1 Jn 4:10, 19).

El Corán enseña que Alá solo ama a los que le aman, y que **no** ama a los que son pecadores o a quienes no hacen buenas obras. El Corán dice: *En verdad, Al-lah no ama a los transgresores*, Surah 2:191[129]; *Pues Al-lah no ama a los injustos*, Surah 3:58.[130]

3. La revelación de Dios. El énfasis bíblico es que Dios se ha revelado a sí mismo y nuestro mayor deber es conocerle y entrar en una íntima relación con él (Jr 9:23-24; Mt 11:27; Jn 1:18; 17:3; 2 Cor 4:6). Sin embargo, en el islamismo, no es posible conocer a Alá. Veamos lo que dicen algunos de los teólogos de la religión islámica:

Al-Ghazali (el teólogo más prominente en la historia del Islam) escribe: *El resultado final del conocimiento del creyente es su inhabilidad de conocerle a él (Alá), y el conocimiento de ellos es, en verdad, que no le conocen a él y que es absolutamente imposible conocerle a él.*[131]

Fadlou Seadi dice que *Alá es totalmente inconocible.*[132]

Isma'il al-Faruqi- escribe: *El (Alá) no se revela a sí mismo en ninguna forma. Alá solo revela su voluntad.*[133]

129 Las citas del Corán son de la versión en español que aparece en https://www.ahmadiyya-islam.org/es/coran/
130 Vea también Surah 2:276 / 3:32 / 4:36 / 3:31.
131 Fadlou Shehadi, *Ghazali's Unique Unknowable God* (Leiden, E.J. Brill, 1964), p. 37. (Traducción del autor).
132 *Ibid.*, pp. 21-22.
133 al-Faruqi, *Christian Mission and Islamic Da`wah: Proceedings of the Chambèsy Dialogue Consultation* [held 1976 in Chambèsy, Switzerland], (Leicester: The Islamic Foundation, 1982), pp. 47-48.

4. La intimidad de Dios. Quizás una de las diferencias más significativas es que el Dios de la Biblia desea tener una relación íntima con el creyente. Dios es presentado como un Padre que no se avergüenza de sus hijos (Hb11:16). Nuestros padres terrenales nos pueden fallar, pero el Padre divino siempre estará ahí para amarnos y suplir nuestras necesidades (Lc11:9-13). La Biblia presenta a Dios como esposo, amante y amigo de su pueblo. Esta Intimidad se puede ver en pasajes como Dt 1:31; Os 11:1-4; Is 40:11; Jr 3:1, 12, 14.

Sin embargo, Alá no desea tener una relación íntima con sus seguidores. Es imposible para sus seguidores lograr tal intimidad con Alá, aunque así lo desearan. El teólogo musulmán Shabbir Akhtar dice: *Los musulmanes no ven a Alá como su Padre o igualmente, ellos como hijos de Dios. Los hombres son siervos de un amo justo; no pueden en un Islam ortodoxo, alcanzar ninguna relación más íntima con su Creador.*[134]

Apoyándonos en la *ley de la no contradicción*, concluimos que Alá (según lo describe el islam) y el Dios de la Biblia no pueden ser el mismo ser divino. Uno sufre, el otro no. Uno ama al mundo entero, el otro no. Uno se ha revelado a sí mismo, el otro no. Uno desea intimidad con nosotros, el otro no. Las palabras de Moisés lo resumen bien, *porque la roca de ellos no es como nuestra Roca...* (Dt 32:31).

---

134 Shabbir Akhtar, *A Faith for all Seasons* (Chicago, Ivan R. Dee [ed.], 1990), p. 180.

¿Dios y Brahman son la misma divinidad?

J. Valdés

Procesión hinduista en la isla de Mauricio (océano Índico).

En el mundo de las religiones existen muchas entidades que llevan el título de "dios". Muchos interpretan este fenómeno como evidencia de que existe un solo Dios y que todas las religiones al final de cuentas se refieren a esta única deidad. Lo hacen usando distintos nombres y lo incorporan en sus distintas meta- narrativas, pero en realidad todas apuntan a la misma deidad. Muchos consideran que el "dios" principal del hinduismo –Brahman– es el mismo Dios de la Biblia, pero visto desde la óptica del lejano oriente.[135] Sin embargo, llevar el mismo título no equivale a ser la misma entidad. Si comparamos las características del Dios de la Biblia con las de Brahman, según lo encontramos en la literatura del hinduismo, es fácil ver que **no** son la misma entidad.[136]

Realmente no existe correlación significativa entre el Dios de la Biblia y Brahman o cualquiera de los millones de dioses del hinduismo. Consideraremos cuatro grandes diferencias entre Brahman y el Dios de la Biblia para establecer que no se trata de la misma entidad. Primero, los atributos

135 Lo mismo vimos con relación a la religión islámica en la *pregunta anterior*.
136 Es importante aclarar que el hinduismo no es una religión unida en cuanto a su doctrina. Encontramos tanta diversidad que para cada "enseñanza" a la que aludimos aquí, sin duda habrá hindúes que no la crean. Lo que pretendemos hacer es limitarnos a las enseñanzas sobre Brahman más ampliamente aceptadas en el hinduismo y compararlas con lo que Dios ha revelado de sí mismo en la Biblia.

de Brahman son contradictorios resultando en una entidad incoherente. Segundo, el *Trimurti* del hinduismo no es comparable con la Trinidad del Dios bíblico. Tercero, el concepto de Brahman termina siendo panteísta, en contraste con la clara distinción entre el Creador y la creación que vemos en el Dios bíblico. Finalmente, el concepto que el hinduismo sostiene de Brahman termina siendo politeísta también, ya que de él emanan millones de otros dioses, lo que constituye otra fuerte discrepancia con el Dios bíblico.

¿Cuáles son algunos de los atributos o las características de Brahman según el hinduismo?[137] Según el hinduismo, "nuestro conocimiento de Brahman es indeterminado porque él contiene en sí mismo todas las dualidades y contradicciones. Por tanto, no podemos decir nada acerca de él con certeza".[138] Por ejemplo, se dice que Brahman no es conocible (*asat*) y a la vez es conocible (*sat*). Brahman es la existencia y la inexistencia. Tiene forma material y no tiene forma material. Brahman cambia y no cambia. Estas enseñanzas del hinduismo reducen a Brahman a la incoherencia, ya que continuamente violan la ley de la no contradicción. Esta perspectiva tan diluida es lo que le permite al hinduismo aceptar adeptos independientemente de lo que crean. Todas las creencias son bienvenidas bajo la sombrilla del hinduismo. Según enseñan ellos, el ateo puede practicar el hinduismo, ya que Brahman no existe;[139] mientras que el teísta lo puede hacer también, pues Brahman sí existe. Esto presenta diferencias irreconciliables con lo que enseña la Biblia sobre Dios. El Dios de la Biblia es completamente coherente. No existen contradicciones en él, aunque sí hay misterios. Un misterio no es una contradicción sino algo que no entendemos, pero que no encierra contradicción. El Dios de la Biblia existe necesariamente, por tanto, no puede no existir. Él mismo se describe como el eterno YO SOY (Éxodo 3:14). La existencia es parte de su esencia.

El hinduismo enseña que Brahman se manifiesta en el mundo creado a través de una tríada llamada la *Trimurti* que quiere decir literalmente 'tres formas'. Estos tres dioses son Brahma[140], Visnú y Shiva. Brahma es el creador, Visnú es quien preserva la creación y Shiva es el destructor. Algunos intentan reconciliar esta tríada con la Trinidad del Dios de la Biblia, pero no son comparables de forma alguna. Primero porque estos son tres dioses (tres unidades), mientras que la Trinidad bíblica es un solo Dios en

---

137 Toda referencia al hinduismo parte de fuentes primarias según estas se enseñan en www.Hinduwebsite.com (un portal del hinduismo).

138 Jayaram V. "The 12 Manifestations of Brahman"

https://www.hinduwebsite.com/buzz/the-twelve-manifestations-of-brahman.asp. (Traducción y adaptación del autor).

139 *Ibid*.

140 No se debe confundir Brahma, el dios creador con Brahman el dios supremo.

tres personas (una unidad).[141] Además, cada uno de estos dioses tiene un consorte o pareja (una deidad femenina). Es decir, no son tres dioses, sino muchísimos dioses relacionados en la tríada fundamental. De paso, todos los dioses y diosas reciben adoración y tienen adeptos, aunque el que menos adeptos tiene es Brahma. En toda la India solo existen dos templos a Brahma, mientras que existen miles de templos a Shiva.[142] En contraste, la Biblia enseña que la Trinidad –El Padre, el Hijo y el Espíritu Santo– no tienen consortes. El Dios de la Biblia no es un dios sexual ni lleno de lujuria como las deidades del hinduismo. Obviamente, la tríada del hinduismo no tiene absolutamente nada que ver con la Trinidad del Dios bíblico.

En la literatura del hinduismo, las Vedas presentan una personificación de Brahman llamado Purusha.[143] Según el hinduismo, Purusha es Brahman como ser cósmico y la creación emerge como un acto de autosacrificio, porque las partes de su cuerpo fueron ofrecidas para crear seres y mundos.[144] Esta es una de las enseñanzas fundamentales del panteísmo que impregna al hinduismo. Todo es parte de Brahman, literalmente. Por otra parte, algunas escuelas del hinduismo enseñan que Brahman se manifiesta en todo ser viviente, "como su misma alma, *Atman*".[145] Es decir, "cada alma individual es Brahman en el microcosmo de cada ser".[146] De forma más explícita, el hinduismo enseña sobre Brahman que "él existe en todo y todo ser existe en él. No hay nada que no sea él, y no hay nada que exista fuera de él".[147] Esta es la definición clásica del panteísmo, todo es dios y dios es todo. Sin embargo, esto no es lo que encontramos en la Biblia. La Biblia enseña que Dios existe independientemente de su creación (Salmo 8). Mientras que la creación es algo que Dios hizo, esta **no** es Dios mismo. Tampoco vemos en la Biblia relato alguno que describa la creación como las partes del cuerpo visible de Dios. La diferencia es innegable.

---

141 La diferencia en terminología es fundamental. El hinduismo propone que son tres dioses individuales y a la vez es un dios (Brahman). Es decir, tres dioses = un dios (3d = d), lo que constituye una contradicción obvia. La Trinidad bíblica establece que son tres personas, pero un solo Dios. Es decir, tres personas = un Dios (3x = D). Hay misterio en la Trinidad, pero no hay contradicción.

142 Shiva es considerado la fuente de todo bien y de todo mal, quizás por eso suele ser el más adorado.

143 En la literatura del hinduismo existen múltiples narrativas sobre Purusha distintas y contradictorias entre sí. En una de ellas, Purusha es un gigante con mil cabezas y mil pies que es sacrificado por los dioses y que usan las diversas partes de su cadáver para crear el universo.

144 Jayaram V. "The 12 Manifestations of Brahman"
https://www.hinduwebsite.com/buzz/the-twelve-manifestations-of-brahman.asp

145 *Ibid.*

146 *Ibid.*

147 Jayaram V. "Hinduism and the belief in one god" https://www.hinduwebsite.com/onegod.asp

Con una diversidad que nunca deja de sorprender, el hinduismo también termina siendo politeísta. El panteón del hinduismo consiste en millones y millones de deidades. Algunos argumentan que esto es una falsa representación del hinduismo, ya que Brahman es un solo dios. Sin embargo, podemos despedir esta acusación apelando a las propias enseñanzas del hinduismo. Ellos enseñan que "el hinduismo es único porque es esencialmente una fe monoteísta que reconoce el politeísmo como reflexivo de la diversidad de la creación de Dios".[148] Además, añaden que "Dios es uno, pero también muchos".[149] ¿Cómo se compara esta idea con el concepto del Dios bíblico? Veamos lo que Dios mismo propuso a Su pueblo con respecto al número de dioses, "Oye, Israel: Jehová nuestro Dios, Jehová **uno** es" (Deuteronomio 6:4; vea también 1 Corintios 8:5-6). En cuanto a los demás supuestos dioses:

> Nuestro Dios está en los cielos;
> Todo lo que quiso ha hecho.
> Los ídolos de ellos son plata y oro,
> Obra de manos de hombres.
> Tienen boca, mas no hablan;
> Tienen ojos, mas no ven;
> Orejas tienen, mas no oyen;
> Tienen narices, mas no huelen;
> Manos tienen, mas no palpan;
> Tienen pies, mas no andan;
> No hablan con su garganta.
> Semejantes a ellos son los que los hacen,
> Y cualquiera que confía en ellos (Salmo 115:3-8).

El Dios de la Biblia se presenta a sí mismo como el único Dios verdadero. Además, él condena constantemente el culto a otras deidades, entendiendo que dichas deidades en realidad no existen.

El teísmo bíblico es completamente incompatible con el politeísmo[150] y el panteísmo[151] que vemos en el hinduismo. Aunque pudiese haber similitudes superficiales entre Brahman y el Dios de la Biblia, en el fondo son entidades irreconciliables. Es más, Brahman solo existe como personaje ficticio en la literatura del hinduismo, mientras que el Dios de la Biblia es el único verdadero Dios. Por tanto, no pueden ser la misma entidad.

148 *Ibid.*
149 *Ibid.*
150 Para un trato más profundo sobre el politeísmo, vea la *Pregunta 45*.
151 Para un trato más profundo sobre el panteísmo, vea la *Pregunta 46*.

¿Por qué no creer en muchos Dioses, tal como propone el politeísmo?

J. Valdés

En el hinduismo existen más de 300 millones de dioses.

Históricamente el politeísmo goza de una rica tradición en las culturas de los egipcios, los griegos, los romanos, los noruegos, entre otras muchas. Los miembros de sus respectivos panteones aparecen frecuentemente en la literatura clásica. Tan famosas son algunas de las leyendas que hemos adoptado estos "dioses" en nuestros vocabularios. Se habla de tareas *hercúleas*, así como de personas *narcisistas*. Todos sabemos lo que es 'destapar la caja de *pandora*' o celebrar 'la flecha de *cupido*'. Sin embargo, también sabemos reconocer que estos dioses fueron el producto de la imaginación humana y aunque fueron objeto de adoración por los antiguos, no representan entidades reales. Por lo general, hoy celebramos la creatividad de los antiguos, pero no doblamos rodillas ante estos "dioses". Sin embargo, el politeísmo no se puede confinar al pasado.

En el mundo moderno vemos religiones que aún se adhieren al politeísmo. La principal religión politeísta hoy es el hinduismo que también goza de una rica y muy amplia tradición de dioses que se cuentan por millones, aunque se supone que son manifestaciones materiales de la deidad principal llamada Brahman. En el mundo occidental, tenemos también el mormonismo que enseña una teología politeísta, aunque a menudo niegan que esto sea cierto. Existe bastante variedad en cuanto a los detalles de cada grupo. En algunos casos, todos los dioses son similares en rango y se reparten las distintas esferas del mundo, mientras que en otros casos existe una jerarquía con un dios principal liderando sobre dioses inferiores.[152] Algunos sistemas parecen tener un número definido de dioses mientras que los mormones proponen una cantidad indefinida. Pero ¿por qué no creer en muchos dioses?

En vez de evaluar el hinduismo o el mormonismo para demostrar que sus versiones de politeísmo no funcionan, considero mejor tomar el concepto –independientemente de quién lo practique– para mostrar su insostenibilidad. El concepto del politeísmo es incoherente en sí mismo. Si consideramos el concepto de "Dios" desde la óptica racional, él es la causa inicial de todo lo que existe. Dios es un ser único, necesario, no causado. Esto crea un fuerte contraste con el politeísmo, que propone dioses que por lo general son parte de una larga cadena de causa y efecto, dioses que comienzan a existir causados por otros dioses. Aquí es muy importante distinguir entre la causa inicial del universo y lo causado (todo lo demás). Matthew Levering argumenta que a veces no entendemos las implicaciones del argumento cosmológico:

Premisa 1:   Todo lo que comienza a existir requiere una causa.
Premisa 2:   El universo comenzó a existir.
Conclusión: Luego, el universo requiere una causa.

Una de las verdades más importantes que resalta este argumento –además de señalar la necesidad de una causa inicial– es que dicha causa pertenece a un tipo de realidad diferente. La causa existe fuera del sistema.[153] Por tanto, el concepto de muchos dioses que forman parte del mundo causado es incoherente, ya que "Dios" por definición precede la creación y existe independientemente de ella. Geisler añade que como los dioses del politeísmo existen dentro del universo, no son eternos. Estos dioses tuvieron que comenzar a existir junto con, o después del universo. Por tanto, no son dioses sino creaturas procedentes de una causa eterna que transciende lo creado. Esto apunta precisamente a la postura monoteísta del cristianismo bíblico.[154]

También tenemos el problema de la definición de Dios. La causa de todo el mundo material, por definición no tiene limitaciones de tiempo, espacio,

---

152 Esto es conocido como "henoteísmo" y el ejemplo clásico es el politeísmo griego, donde Zeus es el mayor de los dioses.

153 Matthew Levering, *Proofs of God: Classical Arguments from Tertullian to Barth* (Grand Rapids: Baker Academic, 2016), p. 209. Citado en Gavin Ortlund, *Why God Makes Sense in a World that Doesn't* (Grand Rapids: Baker Academics, 2021), p. 26. (Traducción y adaptación del autor).

154 Norman Geisler, *Baker Encyclopedia of Christian Apologetics* (Grand Rapids: Baker Books, 1999), p. 606. (Adaptación y traducción del autor).

poder, inteligencia, etc.[155] Por tanto, es incoherente argumentar a favor de múltiples dioses, ya que eso equivale a limitar a cada uno. Aunque solo existiese un dios adicional, ya Dios dejaría de ser ilimitado.

Se podrían proponer dos objeciones a estos argumentos que merecen consideración. Primero, sería posible realizar un contraargumento partiendo de una definición distinta de Dios. Es obvio que los sistemas politeístas, presentes y pasados, definen lo que es un "dios" de manera muy distinta a la definición que consideramos en este argumento. En todos los sistemas politeístas que conocemos, los "dioses" se definen como seres limitados, aunque de alguna forma superiores a los seres humanos. Aun si existiesen estos seres limitados, no tenemos por qué llamarles "dioses" y mucho menos por qué adorarlos, ya que son creaturas también. Existe un ser mayor –el Creador– a quien realmente se le debe toda honra y honor.[156]

Segundo, algunos argumentarían que podría existir más de un ser supremo e ilimitado. ¿Por qué limitarse a uno solo? Sin embargo, este argumento no toma en cuenta la perfección de Dios. Si existiera más de un dios, estos se tendrían que distinguir el uno del otro. Tal distinción implicaría que uno carece de lo que el otro sí tiene. Sin embargo, un ser que es absolutamente perfecto no puede carecer de nada.[157]

Por encima de todos los argumentos racionales, Dios mismo afirma sin lugar a duda que él es único. En el *shemá* de los judíos queda abundantemente claro, "Oye, Israel: Jehová nuestro Dios, Jehová uno es" (Dt 6:4). Este es el mensaje claro de la Biblia de portada a portada –hay UN SOLO DIOS– y a él solamente debemos adorar (Éx 20; Za 14:9; St 2:19; Ef 4:6; 1 Cor 8:6; etc.).

155 Este concepto se trata un poco más a fondo en la *Pregunta 41*.

156 La Biblia habla de un mundo espiritual donde existen seres mayores –en poderes y habilidades– que los seres humanos pero que, a la vez, son limitados. Se les conoce como ángeles y demonios. Sin embargo, la Biblia no les llama "dioses".

157 Geisler, p. 285.

¿No es Dios y la naturaleza la misma cosa, tal como afirma el panteísmo?

J. Valdés

El panteísmo forma parte de muchas de las cosmovisiones más comunes hoy. Aunque no es una religión en sí mismo, es la filosofía que está detrás del hinduismo (en su mayoría), de muchos budistas, de la cienciología, de la ciencia cristiana y de múltiples expresiones de la Nueva era. El panteísmo se define comúnmente como "...una doctrina filosófica según la cual todo lo que existe es Dios".[158] Aunque este concepto encuentra diversas expresiones en las distintas religiones, hay ciertos conceptos que son comunes a la filosofía general del panteísmo. Primero, Dios no es visto como un ser personal, sino como una fuerza. Segundo, Dios es todo y todo es Dios. Como Dios es todo lo que existe, nada puede existir independientemente de Dios. Dios es visto como la naturaleza y esta es vista como Dios.

Geisler y Brooks explican que, según el panteísmo, "El mundo no fue creado por Dios, sino que emana eternamente de él. Los teístas dicen que Dios creó de la nada (*ex nihilo*), pero los panteístas dicen que Dios saca el mundo de sí mismo (*ex Deo*)".[159] Un tercer principio que surge de esta cosmovisión es que, si todo es Dios, entonces todo es bueno. Se supone que, si Dios es bueno, "...la materia y el mal (incluyendo el pecado, la

---

158 Doug Powell, *Guía Holman de Apologética Cristiana* (Nashville: B&H Español, 2009), p. 102.

159 Norman Geisler & Ron Brooks, *Cuando los Escépticos Pregunten: Un Manual de Evidencias Cristianas* (Miami: Editorial Unilit, 1995), p. 49.

enfermedad y la muerte) son irreales".[160] El mal no puede existir en realidad; debe ser una ilusión. Existen otros principios, pero estos parecen ser los más fundamentales. ¿Será que la cosmovisión panteísta se corresponde con la realidad?

El panteísmo es una cosmovisión muy difícil de sostener dado lo que sabemos del mundo en el que vivimos. Además, cada uno de los tres principios mencionados acá sufren de incoherencia lógica.[161] En cuanto al primer principio, las leyes de causa y efecto demuestran que Dios –como Creador de seres personales– ha de poseer personalidad. Dios no puede ser impersonal.[162] El segundo principio también parece sufrir de incoherencia lógica además de serios problemas científicos. El universo no existe eternamente (emanando de Dios) como propone el panteísmo. La ciencia ha demostrado más allá de toda duda racional que el universo tuvo un principio. Además, es imposible argumentar que el Creador es igual a la creación. Sabemos que el universo tuvo un comienzo, por tanto, es necesario que Dios sea una causa externa e independiente del mundo creado (argumento cosmológico).[163] Dios, como Creador, existe antes de que existiese el universo.

Por otro lado, el universo no puede ser "parte" de Dios, ya que comenzó a existir, y un día dejará de existir y será reemplazado por una nueva creación (Ap 21:1). Además, decir que Dios es el mundo natural es absurdo. Es como argumentar que el pintor y el cuadro son la misma cosa. En respuesta al tercer principio, apelamos a lo que sabemos del mundo real en que vivimos. Si el mal, el dolor y la muerte son ilusiones, ¿por qué siguen siendo una realidad en la vida de todos los seres humanos? ¿Estamos todos sufriendo de la misma horrible ilusión? ¿Acaso no se han muerto muchísimos de los que argumentaban que la muerte es una ilusión? ¿Se muere la gente o no? Para la persona racional, este principio es indefendible.

Mientras que el panteísmo goza de amplia aceptación en el mundo de las religiones orientales y otras cosmovisiones occidentales, es una filosofía hueca. Tanto la razón como la experiencia confirman lo que la Biblia enseña sobre Dios y la distinción entre él y su creación.

---

160 *Ibid.*, p. 50.

161 Vale aclarar que las cosmovisiones panteístas suelen negar las leyes de la lógica y las catalogan como un invento humano o una ilusión. Sin embargo, las leyes de la lógica son innegables, pues los propios panteístas se ven obligados a utilizar argumentos lógicos para tratar de negar la existencia de la lógica; terminan auto refutándose.

162 En la *Pregunta 41* elaboramos un poco más sobre el argumento a favor de un dios personal.

163 Para más detalles sobre el origen del universo y el argumento cosmológico, vea las *Preguntas 63, 64 y 72.*

¿Se inspira la Biblia en otras religiones?

A. Cruz

2 Timoteo 3:16

Algunos creen que muchas historias y milagros relatados en la Biblia fueron inspirados o copiados de otras religiones. Suele decirse, por ejemplo, que el diluvio de la época de Noé fue una asimilación de la epopeya acadia de Gilgamesh, basada en cinco poemas sumerios. De la misma manera, se afirma que la encarnación de Cristo recuerda la venida del avatar hindú Krishna, considerado como una encarnación del dios Vishnu de la India. Y, en fin, que algunos milagros de Jesús relatados en el Nuevo Testamento no serían más que imitaciones adaptadas de ciertos mitos paganos. Evidentemente, con esto se pretende quitar credibilidad a las Escrituras y poner en duda su inspiración divina ya que supuestamente los redactores humanos de la misma habrían actuado de mala fe, al plagiar otros relatos de diversas culturas y religiones. ¿Qué hay de cierto en todo esto?

Es menester reconocer que, en efecto, en el mundo politeísta de la antigüedad existían numerosas leyendas, narraciones milagrosas y mitos religiosos. Sin embargo, esto no significa que los redactores bíblicos los copiaran deliberadamente. Para distinguir convenientemente entre los relatos de la Biblia y los procedentes de otras culturas no solo es necesario fijarse en los parecidos sino también en las diferencias que los distinguen. Por ejemplo, tal como decimos, algunos autores han manifestado que los dos primeros capítulos de Génesis no son más que una copia calcada de la *epopeya de Gilgamesh,* porque en este poema sumerio que narra las peripecias de dicho rey, se menciona también el origen del hombre, así como un diluvio muy similar al bíblico. No obstante, cuando se leen ambos relatos, el sumerio y el bíblico, pronto se descubren las notables divergencias que les separan. El primero supone que el ser humano vivió primitivamente una etapa animalesca en la estepa con el ganado, pero que, poco a poco, fue progresando hacia la vida urbana o sedentaria. Curiosamente algo muy parecido a lo que afirma hoy el evolucionismo, pero con cuatro milenios y medio de antelación. Sin embargo, el autor bíblico lo concibe al revés. Dios crea a Adán y Eva como seres completamente humanos y los coloca en un ambiente privilegiado que posteriormente tendrán que abandonar por no haber reconocido las limitaciones y el consejo divino.

Un experto en las tradiciones del Antiguo Oriente, como el Dr. Maximiliano García Cordero (1921-2012), que fue catedrático de la Universidad de Salamanca y también aceptaba la hipótesis documentaria así como las demás tendencias teológicas comunes a católicos y protestantes del siglo XX, escribió unas palabras tan sugerentes como estas: "Por eso, en la perspectiva bíblica, la trayectoria del hombre, lejos de ser una promoción de un estado mísero a otro de bienestar, es al revés: descenso de una situación privilegiada de colono de Dios en un oasis a la de un beduino, que tiene que luchar con la hostilidad del ambiente de la estepa en pugna por la simple supervivencia. Resulta, pues, insostenible la hipótesis de que el relato bíblico está calcado en la leyenda de la epopeya de Gilgamesh".[164] A nosotros nos parece que García Cordero está aquí en lo cierto. No hay ningún parecido entre el inteligente Adán del Génesis y el salvaje Enkidu, que vive en la estepa, llevando una vida zoológica como el resto de los animales y sin ningún deseo de superación. Por el contrario, Adán no se siente feliz con los animales, le aburren cuando les pone nombre, porque anhela una idoneidad distinta que solamente se la podrá proporcionar Eva.

Según el libro primero atribuido tradicionalmente a Moisés, el huerto del edén era un lugar geográfico concreto que existía en la realidad y poseía verdaderos ríos, algunos de cuyos nombres se conocen hasta el día de hoy. Han sido identificados tres de los cuatro que se mencionan en el texto bíblico: Gihón, Hidekel (que es el río Tigris) y Éufrates (Gn 2:10-14). El primer libro de Crónicas, en el Antiguo Testamento, incluye a Adán al comienzo de la genealogía de personas consideradas reales por el pueblo hebreo (1 Cr 1:1). Y el profeta Oseas se refiere a Adán como la primera persona que quebrantó el pacto con Dios (Os 6:7). La evidencia bíblica de que lo que se registra en Génesis es histórico y no mítico puede apreciarse también en

---

164 García Cordero, M., 1977, *La Biblia y el legado del Antiguo Oriente* (Biblioteca de Autores Cristianos, Madrid), p. 21.

el hecho de que el Nuevo Testamento coloca a Adán al comienzo de la genealogía de Jesús. El evangelista Lucas, aunque culturalmente procedía del mundo griego, incluye en su evangelio la genealogía del Maestro, llegando hasta Adán, "hijo de Dios" (Lc 3:23-38). De manera que también el médico de origen gentil creía en la historicidad de nuestros primeros padres.

El propio Señor Jesús dijo "el que los hizo al principio, varón y hembra los hizo" (Mt 19:4-5) para enseñar que la unión conyugal de la primera pareja literal humana, creada por Dios, constituye la base del matrimonio. De la misma manera el apóstol Pablo declaró que la realidad de la muerte entró en el mundo por el pecado de un hombre literal llamado Adán (Rm 5:12-14). Es más, incluso llega a comparar la persona real de Cristo con la persona literal de Adán (1 Cor 15:22). ¿Cómo se pueden entender todos estos versículos bíblicos si decimos que Adán y Eva nunca existieron?

La historicidad de Adán y Eva posee también una confirmación extrabíblica procedente de la arqueología. El doctor E. A. Speiser, notable asiriólogo del Museo de la Universidad de Pensilvania, encontró en 1932 un sello de piedra muy singular. En un montículo llamado Tepe Gawra,[165] situado a unos veinte kilómetros de Nínive, se halló este sello que representa a un hombre y una mujer desnudos caminando inclinados y en actitud decaída, seguidos por una serpiente erguida. Actualmente este pequeño sello de unos tres centímetros de diámetro está depositado en el Museo de la Universidad de Filadelfia y se estima que fue construido hacia el año 3500 a. C. Ya en su época, el Dr. Speiser señaló que la imagen del sello sugiere poderosamente la historia bíblica de la expulsión de Adán y Eva del huerto del edén.

Ahora bien, si realmente este sello corresponde al cuarto milenio antes de Cristo, esto significa que la historia de nuestros primeros padres ya era conocida mucho antes de que se escribieran la epopeya sumeria de Gilgamesh o los relatos sacerdotales y no sacerdotales, en los que supuestamente se habría inspirado el redactor de Génesis. Luego, no fueron tales documentos los que crearon "el mito de Adán y Eva" –como suele decirse– sino que tal historia ya existía miles de años antes. Dado que se considera que las tablillas de arcilla de la epopeya de Gilgamesh son posteriores al 2500 a. C. Mientras que los relatos sacerdotales y no sacerdotales no llegarían al milenio antes de Cristo. De manera que este dato arqueológico vendría también a respaldar la historicidad de nuestros primeros padres según el relato de la Biblia.

165 https://www.penn.museum/documents/publications/expedition/PDFs/45-3/One%20of%20Iraq.pdf

Es menester señalar que los parecidos entre el relato bíblico de la creación y otros relatos mitológicos antiguos no demuestran que el libro de
Génesis sea mítico. Decir que los dos primeros capítulos de la Biblia son un
mito porque existen algunas similitudes, por ejemplo, con el *mito mesopotámico de Adapa*, del segundo milenio antes de Cristo, es obviar otras posibles
explicaciones. En primer lugar, los parecidos pueden deberse a que dicho
mito de Adapa fue copiado del relato del Génesis. Y, en segundo lugar,
también cabe la posibilidad de que tales semejanzas pudieran resultar de
dos relatos diferentes, escritos por culturas distintas, pero que se referían a
los mismos acontecimientos primitivos.

Sea como fuere, cuando se analizan detenidamente estos escritos de la
más remota antigüedad y se comparan con la narración bíblica, la diferencia es abismal y mucho más significativa que las semejanzas. La grosera
cosmovisión politeísta nada tiene que ver con el fino tejido monoteísta,
sobrio y elegante, que envuelve toda la Escritura. Y esta cosmovisión monoteísta de la Biblia supone todo un universo de diferencias en cuanto al
sentido y trascendencia de los acontecimientos descritos.

En cuanto a la tradición hindú que se refiere a la venida de Krishna al
mundo como un avatar o encarnación del dios Vishnú, que supuestamente
habría aproximado la divinidad al ser humano, se puede también decir lo
mismo: hay una profunda y significativa diferencia con Jesucristo. Se trata
de la muerte en la cruz. Ninguna religión del mundo contempla a Dios
muriendo en una humillante cruz romana. Solo el cristianismo de Cristo predica en exclusiva tal acontecimiento. Hasta el mismísimo Mahatma
Gandhi, el famoso abogado hinduista indio, reconoció que la cruz es lo
más original e inexplicable del cristianismo.[166]

Por lo que respecta a la idea de que los milagros bíblicos son imitaciones de los mitos paganos, se puede decir lo siguiente. En primer lugar, la
mayoría de los personajes que aparecen en los mitos paganos son ficticios,
mientras que en la Biblia son personas reales de carne y hueso. Prome-
teo, Hércules, Perseo o Ariadna eran héroes de la mitología griega que no
existieron en la vida real y que, por tanto, no pueden ser comparados con
Jesucristo, Moisés, Elías o el apóstol Pablo. Además, tales leyendas de las
mitologías paganas repugnaban profundamente a los judíos, por lo que resulta difícil creer que estos hubieran podido copiarlas o dejarse influir por
ellas en sus escritos. Por otro lado, los textos que afirman la resurrección
de héroes paganos suelen ser posteriores a la redacción del Nuevo Testamento. Esto permite pensar que la influencia pudo ser en sentido inverso,

166 Zacharias, R. 2011, "¿Cómo se relaciona el cristianismo con el hinduismo?", en
Biblia de Estudio de Apologética (Holman, Nashville, Tennessee), p. 990.

es decir, que el paganismo copiara de los escritos cristianos que se referían a la resurrección de Jesús.[167]

La singularidad fundamental del cristianismo es que Jesús de Nazaret afirmó ser Dios (Mt 11:27; Mr 2:10-11). Esto es algo absolutamente único entre todas las religiones del mundo. No se da entre los maestros chinos como Confucio o Lao-Tse. Tampoco en Buda que, más bien, era ateo. Ni siquiera el Corán se atreve a decir que Mahoma sea igual a Alá. El Antiguo Testamento jamás afirma que alguno de los profetas, como Abraham, David o Isaías, fueran candidatos a la divinidad. No obstante, en el hinduismo, la figura de Krishna se considera divina. Sin embargo, los estudiosos no están seguros de que haya existido, y si lo hizo, tampoco se sabe en qué siglo. Los escritos hindúes del Bhagavad Gita fueron escritos cientos de años después de la supuesta existencia de Krishna y no pretenden ser tratados históricos, sino que están relatados en un lenguaje legendario en el que intervienen monstruos y otras divinidades.[168] Además, el hinduismo cree que quienes se vuelven al Altísimo, alcanzan la iluminación y se convierten en divinos.

Por lo tanto, Jesús es único entre todos los fundadores de religiones. Dijo que el destino eterno de las personas dependía de lo que cada cual hiciera con él. Afirmó que su muerte en la cruz constituía el pago por el pecado de la humanidad. Y, por medio del milagro de su resurrección, demostró que toda criatura humana puede resucitar también, si le acepta y confía en él.

A veces se dice que cada forma religiosa está adaptada a la mentalidad y cultura del país o región donde se practica y que cada persona posee las creencias típicas de su propia religión. Se es budista, hindú, musulmán, cristiano, etc., en función del lugar donde se ha nacido. La religión sería un accidente o eventualidad geográfica y fracasaría al sacarla fuera de su ámbito local. Sin embargo, esto no se cumple con el cristianismo ya que este es universal. Tal como escribió José Grau: "todas las religiones fracasan cuando son transportadas o exportadas, *todas las religiones menos una*: el cristianismo. El evangelio cuaja tan bien en Tokio como en Texas, en Liverpool como en Ghana. ¿Vemos la diferencia? El evangelio es esencialmente universal, satisface a todos los hombres, a todas las razas, todas las

---

167 Habermas, G. R. 2011, "Son acaso los milagros bíblicos imitaciones de los mitos paganos?", en *Biblia de Estudio de Apologética* (Holman, Nashville), p. 1300.

168 Habermas, G. R. 2011, "Las aseveraciones de Jesús, ¿son acaso únicas entre las religiones del mundo?", en *Biblia de Estudio de Apologética* (Holman, Nashville), p. 1440.

culturas. Esto es un fenómeno único. No todas las religiones pueden decir lo mismo".[169]

El cristianismo es la cosmovisión que encaja mejor con la evidencia disponible. La persona que dice que todas las religiones son iguales, no las conoce en profundidad y, por tanto, se equivoca. El monoteísmo es la concepción que mejor se ajusta a aquello que podemos conocer por medio de la razón y del estudio del cosmos. Y, dentro del monoteísmo, la fe cristiana propone a Jesús como el único camino para llegar a Dios. El cristianismo no es un esfuerzo humano por alcanzar lo divino sino todo lo contrario, es Dios llegando al hombre en la persona de Jesucristo.

169 Grau, J. 1968, *Aquí va la respuesta* (Ediciones Evangélicas Europeas, Barcelona), p. 36.

Filosofía

Si Dios es trascendente, ¿cómo es que pretendemos conocerle?

J. Valdés

Los baobabs son árboles del género *Adansonia* abundantes en la isla de Madagascar, cuyo tronco puede alcanzar hasta 10 metros de diámetro.

"Aunque Dios exista, es imposible para el ser humano conocerle". Esta es la postura del agnosticismo. El argumento suele seguir el siguiente patrón. Los seres humanos solo podemos conocer a través de nuestros cinco sentidos. Es decir, si existe algo más allá de lo que podemos ver, oír, tocar, oler o gustar, no podemos conocerlo. Hasta cierto punto, el argumento es lógico y racional. Sin embargo, hay algo que el argumento deja de tomar en cuenta y es que Dios ha querido darse a conocer al ser humano.

Dios se ha dado a conocer al hombre de múltiples maneras. Primero, Dios se ha revelado a través de su creación.[170] El mundo natural nos introduce en muchos de los atributos de Dios. Observando el mundo natural,

---

170 Para un estudio más detallado de este tema, vea la *Pregunta 30*.

no podemos dejar de ver las "huellas" divinas en todo lo creado. El Apóstol Pablo, en su carta a los Romanos, nos lo explica con toda claridad.

...porque lo que de Dios se conoce les es manifiesto, pues Dios se lo manifestó. Porque las cosas invisibles de él, su eterno poder y deidad, se hacen claramente visibles desde la creación del mundo, siendo entendidas por medio de las cosas hechas, de modo que no tienen excusa (Romanos 1:19-20).

La conexión es obvia, lo que conocemos de Dios es porque él nos lo manifestó. Es una experiencia común el "sentir algo" sobrenatural cuando nos encontramos en las montañas, junto a un arroyo o frente a un cielo estrellado en una noche oscura. Esta es la forma en que nuestra alma percibe la presencia del Creador en medio de lo creado. Además de esta experiencia emocional que el ser humano suele sentir al verse inmerso en la naturaleza, también puede conocerse más acerca de Dios aplicando nuestro razonamiento a aquello que observamos en el mundo natural.[171]

Otra forma en la que Dios se ha dado a conocer al ser humano es a través de las Sagradas Escrituras.[172] Dios se le reveló a un grupo selecto de hombres y mujeres y les inspiró a escribir esas revelaciones. Esas escrituras son las que hoy conocemos como la Biblia. La Biblia es un libro único en la historia de la humanidad, pues proviene literalmente de la mente de Dios y fue escrito por medio de autores humanos bajo divina inspiración.[173] Esta revelación es la más completa, ya que Dios no solo revela detalles acerca de sí mismo, sino que también nos permite verle interactuando con el ser humano en distintas situaciones. Es decir, más allá de una biografía o una lista de atributos, la Biblia nos permite ver a Dios en acción. Dios se revela como todopoderoso y luego vemos a Dios utilizando su poder para resucitar muertos, abrir mares, sanar enfermos, etc. Dios se revela como omnisciente y luego vemos como Dios revela el futuro con todo lujo de detalle a través de cientos de profecías, muchas de las cuales ya se han cumplido. No cabe duda de que Dios se ha revelado en la Biblia para que le podamos conocer. Pero, aún hay otra forma en la que Dios se ha dado a conocer.

Quizás la forma más impactante en la que Dios se ha revelado al hombre es a través de Jesús. Dios se introdujo en el mundo que él había creado

171 Este tipo de razonamiento lo vimos aplicado en la *Pregunta 41* donde, a través del razonamiento abductivo, el hombre es capaz de conocer muchísimo sobre los atributos y las características del Dios que creó el universo.

172 Para un estudio más detallado de la Biblia como palabra de Dios vea la *Pregunta 27*.

173 Muchos cuestionan si la Biblia es realmente la palabra de Dios, pero un estudio minucioso del contenido remueve toda duda. Desde las profecías cumplidas hasta las confirmaciones históricas y arqueológicas del contenido, se puede presentar un caso fortísimo a favor de la inspiración divina. Para más detalle sobre la confiabilidad de la Biblia recomendamos abordar el tema en una buena teología sistemática.

a través de la encarnación de Jesús, la segunda persona de la Trinidad.[174] En un poderoso capítulo de las Escrituras, el apóstol Juan nos confirma la deidad de Jesús como el "Verbo" eterno de Dios y concluye explicándonos que, "...aquel Verbo fue hecho carne, y habitó entre nosotros (y vimos su gloria, gloria como del unigénito del Padre), lleno de gracia y de verdad" (Juan 1:14). ¡Qué maravillosa forma de revelarse a sí mismo, en carne propia! Es por lo que el apóstol Pablo proclama con entusiasmo acerca de Jesús:

> *Él es la imagen del Dios invisible, el primogénito de toda creación. Porque en él fueron creadas todas las cosas, las que hay en los cielos y las que hay en la tierra, visibles e invisibles; sean tronos, sean dominios, sean principados, sean potestades; todo fue creado por medio de él y para él. Y él es antes de todas las cosas, y todas las cosas en él subsisten; y él es la cabeza del cuerpo que es la iglesia, él que es el principio, el primogénito de entre los muertos, para que en todo tenga la preeminencia; por cuanto agradó al Padre que en él habitase toda plenitud, y por medio de él reconciliar consigo todas las cosas, así las que están en la tierra como las que están en los cielos, haciendo la paz mediante la sangre de su cruz* (Colosenses 1:15-20).

No puede haber una revelación más clara de Dios que esta. Por eso Jesús dijo que el que le había visto a él, había visto al Padre (Juan 14:9).

Si Dios no hubiese escogido revelarse a nosotros, tendríamos que afirmar la postura agnóstica. Nosotros no tenemos manera de conocer a Dios, a no ser que Dios escoja revelarse a nosotros de forma que le podamos percibir y conocer. Felizmente, Dios se ha revelado superabundantemente, de manera que no hay excusa para creer en Dios y para llegar a conocerle personalmente.

---

174 Para un estudio más a fondo sobre el lugar de Jesús en la Trinidad vea las *Preguntas 6-16*.

Si nosotros somos hijos de Dios, ¿no somos también Dioses?

J. Valdés

Parque Nacional de los Haitises (Samaná, República Dominicana).

Escuché a un predicador decir en una ocasión que los hijos de los caballos son caballos, los hijos de las vacas son vacas, los hijos de los perros son perros, por tanto, los hijos de Dios son dioses. Lo que más me horrorizó de este episodio es que la gran mayoría de los que estaban presentes respondieron con un fuerte "amén" a lo que había dicho el predicador. ¿Es cierto que nosotros somos dioses puesto que somos hijos de Dios? No. En ninguna porción de las Escrituras encontramos apoyo para la deidad del hombre.[175] Los seres humanos no somos dioses. ¿Por qué no?

Esta línea de argumentación se basa en un simple error de categorías. Los seres humanos somos *creatura* de Dios. Es decir, somos creados por Dios, al igual que los animales son creaturas de Dios. Nosotros no somos *progenie* de Dios. Es decir, nosotros nos somos producto de un acto biológico de reproducción divina. Pero ¿no dice al Biblia que somos hijos de Dios?

175 Algunos aluden al pasaje en Juan 10:34-36 como posible apoyo a la deidad del hombre. Sin embargo, cuando consideramos el contexto entendemos que Jesús está citando el Salmo 82 donde se les llaman dioses a seres angelicales, algo bastante común en el Antiguo Testamento. Jesús usa esta apelación al Salmo 82 para trastornar a los judíos que estaban a punto de apedrearlo por declararles su deidad. El pasaje que el menciona no se refiere a seres humanos.

Sí, pero cuando la Biblia se refiere a los *hijos* de Dios, habla en términos de adopción. En un pasaje majestuoso, el apóstol Pablo explica:

> *Porque todos **los que son guiados** por el Espíritu de Dios, estos son hijos de Dios. Pues no habéis recibido el espíritu de esclavitud para estar otra vez en temor, sino que **habéis recibido el espíritu de adopción**, por el cual clamamos: ¡Abba, Padre! El Espíritu mismo da testimonio a nuestro espíritu, de que somos hijos de Dios. Y si hijos, también herederos; herederos de Dios y coherederos con Cristo, si es que padecemos juntamente con él, para que juntamente con él seamos glorificados* (Rm 8:14-17).

De este pasaje entendemos que, aunque todos hemos sido creados por Dios, no todos llegamos a ser hijos de Dios. Solo aquellos que son "guiados por el Espíritu de Dios" reciben el "espíritu de adopción". Se sobreentiende que estos que son guiados por el Espíritu de Dios y que reciben el espíritu de adopción se refiere a los que han alcanzado la salvación. La conexión entre la adopción y la salvación es más explícita en la carta del apóstol Pablo a los Gálatas:

> *Pero cuando vino el cumplimiento del tiempo, Dios envió a su Hijo, nacido de mujer y nacido bajo la ley, para que redimiese a los que estaban bajo la ley, a fin de que **recibiésemos la adopción de hijos*** (Gálatas 4:4-5).

La misión de Jesús fue redimir al hombre y reconciliarlo con Dios, para que pudiese recibir la adopción de hijo. Es por la fe en Jesús que llegamos a ser hijos adoptados del Padre (Gá 3:26). El apóstol Juan también lo afirma poderosamente en su primera carta:

> *Mirad cuál amor nos ha dado el Padre, para que seamos **llamados** hijos de Dios; por esto el mundo no nos conoce, porque no le conoció a él. Amados, **ahora** somos hijos de Dios, y aún no se ha manifestado lo que hemos de ser; pero sabemos que cuando él se manifieste, seremos semejantes a él, porque le veremos tal como él es* (1 Juan 3:1-2).

Es por amor que el Padre nos permite ser "llamados" hijos de Dios. Aunque no somos hijos, biológicamente hablando, Dios nos permite ser llamados hijos de él. Además, Juan enfatiza que esta no ha sido siempre nuestra condición. Él modifica la frase "somos hijos de Dios" con el adverbio "ahora", indicando claramente que es una posición que hemos adquirido por la gracia de Dios. Los que caen en el error del predicador antes mencionado, están confundiendo la categoría de creatura con la de progenie. Los seres humanos no somos progenie de Dios, sino seres creados por él.

¿No es Dios una especie de muleta emocional como argumentaba Sigmund Freud?

A. Cruz

Sigmund Freud

Es cierto que la religión puede esclavizar a algunas personas; es verdad que algunas formas religiosas atan a las criaturas y las hacen extrañas con respecto a su entorno y a los demás seres humanos. En algunos casos el sentimiento de culpabilidad que genera la creencia puede llegar a perjudicar la salud psíquica del individuo y provocarle un comportamiento neurótico e irracional. En esto Freud tenía razón, para algunas personas la religión es susceptible de hacer que tales sentimientos produzcan neurosis individuales o colectivas. Sin embargo, estas críticas no agotan la autenticidad del sentimiento religioso o de la religión misma. Es verdad que hay religiones autoritarias que poseen un marcado carácter alienante para los fieles que las profesan, pero también existen orientaciones religiosas que se preocupan por la persona humana y promueven su mejora radical.

La religión puede llegar a ser como un opio para las personas –según afirmó Marx–, como un tranquilizante social o un medio de consolación, pero no tiene por qué serlo necesariamente. La religión puede convertirse en una ilusión, en una especie de neurosis o de inmadurez mental –como señaló Freud–, pero tampoco tiene que ser necesariamente así. El hecho de que existan creyentes alienados o neuróticos nada dice acerca de la existencia de Dios. El que se pueda o no explicar psicológicamente la fe o el sentimiento religioso no significa que Dios sea solo el producto de la mente humana.

Decir que la religión es siempre psicología y proyección es equivocarse y dar una respuesta indemostrable. ¿Acaso el enamorado no proyecta también su propia imagen en su amada? ¿Significa esto que su amada no existe o que solo está en la mente del enamorado? ¿No es él quien mejor la conoce y está en mejores condiciones de comprenderla que cualquier otra persona que juzgara desde fuera? El que los humanos proyecten su propia imagen sobre el concepto que tienen de Dios, nada dice acerca de la existencia o no existencia del mismo. Los argumentos psicológicos de Freud no refutan ni destruyen la idea de la existencia de Dios ni la autenticidad del sentimiento religioso. Quien crea que la crítica freudiana de la religión es concluyente se equivoca por completo. El ateísmo de Freud es una hipótesis sin pruebas; el psicoanálisis no lleva necesariamente al ateísmo y las representaciones religiosas siguen siendo irrefutables.

¿Es el cristianismo una de esas manifestaciones religiosas alienantes que conducen a la neurosis, como decía Freud? Parece obvio que, como todas las creencias, la fe cristiana puede sufrir deformaciones o adulteraciones capaces de crear problemas a ciertas personas. No obstante, el genuino cristianismo de Cristo no es una neurosis sino todo lo contrario, una liberación radical del ser humano. Cuando el individuo llega a conocer la verdad de la revelación, descubre la auténtica libertad. Jesús dijo que quien permanece en su palabra, conoce la verdad y esta le convierte en una persona libre (Jn 8:31-32). Pero "permanecer en la palabra de Cristo" implica poseer voluntad y responsabilidad moral.

Cada criatura humana es responsable de sus actos delante de Dios y es libre para decidirse a favor o en contra de él. Sin embargo, este sentido de la responsabilidad moral es el que pretenden destruir los planteamientos de Freud. ¿Hasta qué punto es el ser humano responsable de sus actos si estos vienen determinados por fuerzas o impulsos inconscientes que no se pueden controlar? Si las pulsiones que experimentamos vienen de la parte más antigua del cerebro (del *Ello*) que todavía subsiste de cuando éramos animales irracionales, ¿cómo es posible decir que tales deseos poco evolucionados son moralmente malos y no el simple producto de esa parte cerebral más antigua y animal? ¿Hasta qué punto podemos ser responsables de tales pulsiones?

Las hipótesis freudianas conducen a considerar los errores del comportamiento no como resultado de la corrupción moral del individuo sino como simples respuestas aprendidas por nuestros antepasados y guardadas en el inconsciente. No obstante, cuando se niega la visión cristiana del mundo se está rechazando también la idea de responsabilidad moral y de pecado. Bajo el disfraz de una concepción "científica" de la vida humana, lo que se hace es robarle dignidad al ser humano y tratarlo como si fuera una máquina o un animal. Al negar la realidad de la conciencia y de la maldad que anida en el corazón de las personas, se genera caos moral y corrupción a todos los niveles. Como escriben Charles Colson y Nancy Pearcey:

> ¿Consumen drogas? ¿Son alcohólicos? ¿Son aptos para el trabajo, pero se niegan a trabajar? ¿Están teniendo hijos sin la más mínima intención de mantenerlos económicamente? No importa. Igualmente tienen derecho a los beneficios del gobierno, y no hay que hacer preguntas. De modo que estos patrones de conducta disfuncionales se robustecen y el ciclo continúa. A los ciudadanos no se los alienta a asumir responsabilidad moral o personal para su vida. No nos sorprendamos, entonces, de que la idea de bienestar social ha engendrado una clase social subordinada en donde la conducta disfuncional e ilegal es norma. Al ignorar la dimensión moral, al reducir los desórdenes sociales a problemas técnicos que deben tratarse con soluciones científicas, hemos creado caos moral.[176]

Las ideas de Freud están en la raíz de ese liberalismo que entiende siempre el crimen y la delincuencia como producto exclusivo de la pobreza o de otros males sociales. Es evidente que el ambiente que rodea a muchos individuos puede contribuir negativamente sobre ellos y hacer que muchos lleguen a convertirse en delincuentes. Sin embargo, no todos los que se han criado o viven en tal ambiente se convierten necesariamente en criminales. El hombre es hombre precisamente porque es capaz de tomar decisiones propias moralmente significantes. Pero cuando se niega esta responsabilidad individual y se sitúa el origen del crimen en fuerzas abstractas e impersonales de la sociedad, entonces resulta que nadie es responsable de nada. Negando el pecado y la culpa no es posible mejorar la sociedad. Por el contrario, lo que ocurre es que se le resta significado a las decisiones y a las acciones humanas, se mengua la dignidad del ser humano y se corre el riesgo de dejar sueltas las fuerzas más negativas de este mundo.

Freud contempló la religión, según se ha visto, como una neurosis de carácter edípico que solo servía para ilusionar a las personas y hacerles creer en un Dios caritativo y paternal; sin embargo, su psicología atea ha contribuido a recrear otro gran mito que ha tenido mucho éxito: el mito, ya anunciado por Rousseau, de la bondad innata del ser humano. La creencia en la autonomía del yo y en la inexistencia de verdades objetivas; la convicción de que la moralidad está sujeta a las preferencias de cada cual; la

---

176 Colson, C. & Pearcey, N. 1999, *Y ahora... ¿cómo viviremos?* (Unilit, Miami), p. 168.

concepción de que cada individuo es su propio dios y de que no hay que rendir cuentas a nadie. No existe Dios, ni pecado, ni culpa. Pero ¿no es posible decir también que estas creencias ateas son ilusiones interesadas? Si la religión, según Freud, no es más que la proyección de un deseo, ¿por qué no pueden tales ideas ser a su vez proyecciones del deseo de vivir sin Dios, sin ser responsables de nada y sin tener que dar razón de nuestros actos a nadie? El argumento de la proyección puede aplicarse tanto en un sentido como en otro.

La principal neurosis de nuestro tiempo no es la religión, ni mucho menos el cristianismo, sino la falta de orientación en la vida, la ausencia de valores, de normas éticas y de responsabilidad individual. La carencia de sentido y el vacío existencial que caracteriza al hombre contemporáneo es consecuencia directa de la represión que hoy sufre la moralidad y el sentimiento religioso. En nuestro tiempo se reprime lo espiritual y los resultados pueden verse por doquier. Pero lo cierto es que, a pesar de todas las teorías y mitos humanos, el cristianismo continúa siendo la mejor visión del mundo que todavía está al alcance del ser humano. Es la creencia que mejor se ajusta a la realidad del hombre y que responde de manera sabia a sus preguntas fundamentales. Esto es así, sencillamente, porque el cristianismo de Cristo es la auténtica liberación y la Verdad con mayúscula.

¿Es la fe en Dios "opio del pueblo" como decía Karl Marx?

A. Cruz

La amapola (*Papaver rhoeas*) es una planta anual propia de Eurasia y el norte de África. Su savia, pétalos y cápsulas contienen un alcaloide (*rhoeadina*) de efectos ligeramente sedantes. Nada que ver con la especie *Papaver somniferum,* que es el opio portador de la famosa droga llamada morfina.

La famosa frase que afirma que "la religión es el opio del pueblo" está tomada en realidad, como tantas otras, de Bruno Bauer (1809-1882), amigo personal de Karl Marx y miembro de la izquierda hegeliana. El sentido de la misma es manifestar que las religiones eran como sedantes o narcóticos que creaban una felicidad ilusoria en la sociedad; drogas que contribuían a evadir al hombre de su realidad cotidiana; prejuicios burgueses detrás de los que se ocultaban los verdaderos intereses del capitalismo. Marx combatió la religión degradada de su tiempo porque creía que alienaba al ser humano y no satisfacía sus verdaderas necesidades; pensaba que tal religión solo servía para persuadir a los individuos de que el orden actual de la sociedad era aceptable e irremediable y, por tanto, desviaba sus deseos de justicia y felicidad del mundo humano al mundo divino.

En este sentido, la religión era la medida de la miseria terrena del hombre; la conciencia invertida del mundo porque lo concebía al revés, injusto e inhumano; algo que legitimaba las injusticias sociales del presente creando a la vez una esperanza ilusoria de justicia definitiva en el más allá. Por tanto, lo que había que hacer para superar tal alienación religiosa era cambiar las condiciones económicas y sociales por medio de la revolución y crear un paraíso en la tierra que hiciera innecesario el anhelo religioso. Pasar de la crítica de la religión a la crítica de la política. "También Marx se tiene por un segundo Lutero, pero que ya no entabla combate con los curas de fuera de él, sino con su propio cura interior, con su naturaleza clerical".[177]

Como simpatizante de las ideas de Hegel, Marx llegó a conocer bien la obra de Friedrich Daumer (1800-1875), otro de los jóvenes hegelianos de izquierda que había publicado un libro titulado, *Secretos de la antigüedad cristiana* (1847). Con este trabajo absurdo y simplista se pretendía desacreditar a los cristianos primitivos afirmando que Jesús, bajo el pretexto de reformar el judaísmo, lo que hizo fue volver a las prácticas de los sacrificios humanos y al canibalismo. Daumer decía cosas como que el Maestro atraía hacia sí a los niños con el fin de sacrificarlos o que la última cena fue en realidad una comida de caníbales en la que Judas se habría negado a participar. Lo que resulta increíble es que tales ideas fueran tomadas en serio por personas cultas como eran los filósofos ateos hegelianos. El teólogo católico Henri de Lubac comenta al respecto:

> El mismo año de la aparición de los *Secretos*, Karl Marx, [...] presenta públicamente a los ingleses la "sustancia" del pensamiento de Daumer, feliz por haber descubierto allí "el último golpe dado al cristianismo": "Daumer demuestra que los cristianos, efectivamente, han degollado a los hombres, han comido carne humana y bebido sangre humana. [...] El edificio de la mentira y del prejuicio se hunde".[178]

Si realmente Marx estuvo dispuesto a aceptar tales afirmaciones, esto demostraría por su parte muy poco conocimiento de los principios del cristianismo y de la historia de la Iglesia primitiva. De hecho, lo que resulta evidente a través de sus escritos, es que nunca se enfrentó seriamente con la concepción bíblica de Dios, de Jesucristo y del propio ser humano. Marx pensaba que los burócratas y la psicología burocrática eran al Estado laico del capitalismo lo que los jesuitas y la psicología jesuítica fueron en su día respecto de la monarquía absoluta cristiana y la sociedad señorial moderna. Los jesuitas pretendían hablar en nombre de Dios y de los intereses espirituales de la Iglesia, así como los burócratas lo hacían en nombre del Estado y de los intereses de los ciudadanos.

---

177 Küng, H. 1980, *¿Existe Dios? Respuesta al problema de Dios en nuestro tiempo* (Cristiandad, Madrid), p. 323.
178 De Lubac, H. 1989, *La posteridad espiritual de Joaquín de Fiore*, 2 vols. (Encuentro, Madrid), p. 329.

Sin embargo, tanto unos como otros solo velaban por sus propios intereses. Bajo la apariencia de altruismo y solidaridad hacia el resto de la sociedad únicamente defendían su provecho corporativista y particular. En cuanto al protestantismo, Marx llamó también la atención, mucho tiempo antes que Max Weber, acerca de la relación que existe entre este y el capitalismo. En su opinión, el individualismo espiritual tan característico de los seguidores de la Reforma había pasado, de forma evidente, al modo de producción capitalista propio de la sociedad burguesa.

No obstante, la creencia de Marx era que la religión moriría por sí sola sin necesidad de que se la combatiera violentamente. Mediante la introducción del nuevo orden comunista, la conciencia religiosa desaparecería sencillamente porque ya no habría más necesidad de ella, pues el ser humano se realizaría a sí mismo en el reino de la libertad y la justicia. Pero si Marx pensaba que la religión se volvería superflua e iría desapareciendo poco a poco a medida que se instaurase el comunismo, algunos de sus discípulos más fervientes no estuvieron tan convencidos de ello y emplearon todos los medios a su alcance para combatirla. Lenin, por ejemplo, odiaba todo lo que tuviera que ver con el fenómeno religioso y consideraba el ateísmo como una exigencia necesaria del partido comunista. En su opinión, para ser marxista había que ser también ateo. Hans Küng se refiere a él con estas palabras:

> Ahora la religión ya no es, como para Marx, el "opio del pueblo", al que el mismo pueblo se entrega para alivio de su miseria. Es más bien [...] "opio (conscientemente suministrado por los dominadores) *para* el pueblo": "La religión es opio para el pueblo. La religión es una especie de aguardiente espiritual, en el que los esclavos del capital ahogan su rostro humano y sus aspiraciones a una vida medio digna del hombre. Pero el esclavo que ha tomado conciencia de su esclavitud y se ha puesto en pie para luchar por su liberación, cesa ya a medias de ser esclavo. Educado por la fábrica de la gran industria e ilustrado por la vida urbana, el obrero moderno, consciente de su clase, arroja de sí con desprecio los prejuicios religiosos, deja el cielo a los curas y a los beatos burgueses y consigue con su lucha una vida mejor aquí en la tierra".[179]

No obstante, ni el ateísmo beligerante que profesaba Lenin, ni el más moderado de Marx o el de Feuerbach, se apoyan sobre un fundamento suficientemente convincente. Es indudable que existe una influencia de lo

---

179 Küng, H. 1980, *¿Existe Dios? Respuesta al problema de Dios en nuestro tiempo* (Cristiandad, Madrid), p. 335.

psicológico, de lo social e incluso de lo económico sobre la religión, pero tal influencia no dice nada en absoluto acerca de la existencia o no existencia de Dios. Es verdad que el hombre puede hacer la religión, pero esto no significa que también sea capaz de hacer a Dios. La elaboración de doctrinas, dogmas, rituales, himnos, oraciones y liturgias puede ser obra de los seres humanos, más o menos influidos por lo trascendente; sin embargo, la divinidad misma en cuanto tal no puede ser creada por ningún humano. Si la filosofía rechaza el argumento ontológico que niega que de la idea de Dios pueda concluirse su existencia, ¿no debería negar también, por la misma razón, que de esa misma idea pueda determinarse su no existencia?

Los pensamientos que el hombre se forma acerca de Dios no demuestran que Dios sea solo el producto del pensamiento o de la imaginación humana. El hombre es obra de Dios, pero Dios no es obra del hombre. "Aun cuando se pueda demostrar (...) que la imagen de Dios de una sociedad helenista, feudal o burguesa tiene una esencial determinación, un tinte, un cuño helenista, feudal o burgués, de ahí no se sigue en absoluto que esa imagen de Dios sea simple ilusión, que ese concepto de Dios sea pura proyección, que ese Dios sea una nada".[180] Por tanto, el ateísmo marxista es una pura hipótesis sin pruebas, dogmática e incapaz de superar la fe en Dios.

---

180 *Ibid.*, p. 342.

¿Tenía razón Spinoza al decir que Dios es la naturaleza?

J. Valdés

Albert Einstein declaró en el 1929: "Yo creo en el Dios de Spinoza, quien se revela en la armonía legítima del mundo, no en un Dios que se preocupa por el destino y los hechos de la humanidad".[181] Einstein, uno de los científicos más respetados en la ciencia moderna, parecía estar fascinado por la filosofía de Spinoza, tanto es así que compuso un poema exaltando al filósofo neerlandés. Pero ¿quién era Spinoza y qué concepto de Dios proponía?

Baruch Spinoza (1632-1677) fue un filósofo neerlandés criado en un hogar judío e instruido en hebreo y las enseñanzas del Talmud. Sin embargo, Spinoza terminó abandonando la fe de sus padres y se dedicó por un tiempo a desarrollar una crítica de la Biblia que resultó en su excomulgación por los rabinos en 1656. Posteriormente se dedicó al estudio de la filosofía y a la escritura. Su obra más importante, y a la vez la más relevante en relación a la pregunta bajo consideración fue *Ética demostrada según el orden geométrico*. Tardó 14 años en escribir esta obra y no fue publicada hasta después de su muerte en 1677. En ella encontramos su filosofía sobre Dios.

La primera parte de *Ética* está dedicada al tema de Dios. Después de una extensa línea de argumentación, donde Spinoza explica que Dios es un

---

181 Esta declaración fue la respuesta a un telegrama que recibió del rabino Herbert S. Goldstein y fue publicado en el periódico *New York Times* el 25 de abril de 1929. Ver también Alice Calaprice, *The Ultimate Quotable Einstein* (Princeton: Princeton University Press, 2019), p. 325.

ser necesario, una substancia eterna e infinita, él propone que "todo lo que es, está en Dios, y nada puede ser ni ser concebido sin Dios".[182] Esta propuesta apunta hacia una filosofía panteísta[183] acerca de Dios. Es decir, Dios es la naturaleza y la naturaleza es Dios. Spinoza rechazaba por completo la idea de un Dios personal. Desde su perspectiva, Dios no era un ser divino que responde a las oraciones e inspira la escritura de textos sagrados. Para Spinoza Dios era una entidad impersonal, abstracta y filosófica. Para él, todo lo que vemos en el universo es una expresión o *modo* de la substancia infinita de Dios.[184] El siguiente diagrama contrasta los dos conceptos que estamos considerando.

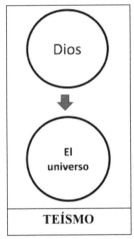

TEÍSMO

PANTEÍSMO

¿Tenía razón Spinoza al decir que Dios es la naturaleza? La respuesta breve es que **no**. Pero tomemos en consideración algunas razones por las que su postura es problemática. Primero, el panteísmo sufre de incoherencia lógica. El universo es un efecto, dado que tuvo un origen, y los efectos requieren causas transcendentes. Decir que el efecto y la causa son la misma cosa es incoherente. Segundo, los atributos de infinito y eterno que Spinoza le atribuye a Dios no son compatibles con lo finito y temporal del mundo natural. Si el mundo natural *es* Dios, ¿cómo puede ser finito e infinito a la vez? ¿Cómo puede ser eterno y temporal? La confirmación científica de que el

182 The Project Gutenberg E-text of *The Ethics*, by Benedict de Spinoza https://www.gutenberg.org/files/3800/3800-h/3800-h.htm#chap01 PART 1. CONCERNING GOD. PROP. XV. (Traducción del autor).

183 Para una consideración más a fondo del panteísmo, vea la *Respuesta 46*.

184 The Project Gutenberg E-text of *The Ethics*, PROP XXV, Corollary. (Traducción del autor).

universo tuvo un comienzo es catastrófica para el panteísmo. Tercero, si todo es Dios, entonces los seres humanos también somos divinos, así como los animales y el resto del mundo natural. Ser divino deja de ser extraordinario si *todo* el mundo natural es divino también. Además, esto tiene serias implicaciones para el ser humano, pues termina reduciéndolo a una forma de igualitarismo ecológico. El valor de los seres humanos no es mayor que el de las plantas y los animales. ¿Y qué hacemos entonces con el problema del sufrimiento y el mal? Dios termina siendo bueno y malo, además de ser la fuente de quien emana toda bondad y toda maldad. Obviamente, por estas y muchas otras razones, el panteísmo es insostenible.

Algunos han argumentado que Spinoza termina siendo ateo, ya que el "dios" de Spinoza no es realmente un ser divino, sino que él usa la palabra "dios" como sinónimo de la palabra "naturaleza". Sin embargo, considero que esto no es correcto. El ateísmo propone que el mundo natural viene a existir sin necesidad de Dios, mientras que Spinoza dedica toda una sección significativa de su *Ética* a elaborar argumentos en contra del ateísmo y establece múltiples argumentos para demostrar que Dios es un ser necesario. El problema con Spinoza surge a la hora de describir cómo es Dios. No es que Spinoza fuese ateo, sino que argumentaba a favor de un dios muy distinto al Dios verdadero. El Dios de la Biblia creó el universo de la nada (*ex nihilo*) y existe independientemente de su creación. Tanto la ciencia como la filosofía apoyan esta postura corroborando lo que la teología viene diciendo desde que Moisés escribió las palabras del primer verso de la Biblia: "En el principio creó Dios los cielos y la tierra".

¿Tenía razón Martín Lutero al afirmar que el dios de los filósofos no era el Dios verdadero?

J. Valdés

Me imagino a Lutero exclamando con el fervor y la pasión de un predicador carismático: *Vernunft... ist die höchste Hur, die der Teufel hat*, en su último sermón en la iglesia de Wittenberg, el 17 de enero de 1546: "La razón es la prostituta más alta que tiene el diablo".[185] Esta fuerte declaración de Lutero da la impresión a primera vista de que él fuera enemigo de la razón, pero no creo que eso sea cierto. El pleito de Lutero no era con la razón, sino con el mal uso de ella. Su mayor preocupación quizás fue demarcar claramente los parámetros de la filosofía en cuanto a los asuntos de la fe. Él afirmaba que la razón puede asistir a la fe como herramienta para aclarar y organizar conceptos, pero siempre como un discurso de segundo orden. Esta postura fuerte y de confrontación fue provocada por las caricaturas de Dios que sostenían los filósofos en los tiempos de Lutero.

¿Cuál era el concepto filosófico de "dios" que tanto disgustaba a Lutero? Él protestaba por la influencia aristotélica en la filosofía escolástica de su tiempo. El "dios" de Aristóteles y los filósofos era un dios impersonal. Por medio de la razón, la filosofía había propuesto un dios omnipotente e inmutable y quizás eterno, pero carente de personalidad, de amor, de justicia y de los demás atributos mediante los que Dios se relaciona con el ser humano. Esta perspectiva era demasiado limitada. Un conocimiento más completo del Dios verdadero permanecería perpetuamente fuera del

---

185 Martin Luther (1483-1546), The Internet Encyclopedia of Philosophy http://www. iep.utm.edu/l/luther.htm,

alcance de los filósofos, según Lutero. El problema era que la filosofía estaba confinada a la razón y esta opera dentro de restricciones empíricas. Tal idea la afirma en un sermón que predicó en 1532 donde dijo:

> Pues la sabiduría humana y la razón son incapaces de elevarse más allá de juzgar y sacar conclusiones según ven sus ojos y según sienten, o de lo que alcanzan con los sentidos. Pero la fe tiene que sacar conclusiones más allá y a menudo en contra de tales sentimientos y entendimientos, y aferrarse a lo que le es presentado en la Palabra.[186]

Sin los recursos disponibles a la teología, tales como la revelación, la fe, y las Escrituras, los filósofos son incapaces de percibir la historia completa de la humanidad y su relación con Dios. Sin la revelación, argumentaba Lutero, la razón no es capaz de conocer lo que Jesús hizo en la cruz, ni el porqué de su sacrificio.

El filósofo Robert Stern, nos resume cinco argumentos que Lutero utilizó para corroborar su postura en cuanto a la primacía de la teología sobre la filosofía.[187] Primero, el conocimiento adquirido por el uso de la razón es severamente limitado, en parte porque solo puede llevarnos a conclusiones generales y en parte porque no puede provocar el tipo de certidumbre con relación a Dios que podemos encontrar a través de la fe, especialmente en cuanto al tema de la salvación. Segundo, Lutero señala que la condición caída del ser humano limita considerablemente su capacidad cognitiva. Cuando a esto le sumamos el "ocultamiento" de Dios, Lutero concluye que la razón quizás sea capaz de "conocer que existe un Dios, pero no sabe quién o cuál es el verdadero Dios".[188] Tercero, si nos atribuimos la capacidad racional de conocer a Dios tal cual es, corremos el peligro del tipo de orgullo teológico que distorsionará desastrosamente nuestra capacidad de tener una relación propia con Dios. Cuarto, asumir que la razón puede más que ayudarnos a navegar este mundo es malentender su función en nuestra economía epistémica, la cual podemos trazar a los diseños originales de Dios. Finalmente, y quizás de mayor importancia, a la razón le cuesta demasiado darle sentido a la pura gratuidad del perdón de Dios por nuestros pecados y esto trae consecuencias desastrosas.

---

186 Sermón, 11 de agosto 1532, WA 36:493. Citado en Stern, Robert, "Martin Luther", The Stanford Encyclopedia of Philosophy (Fall 2020 Edition), Edward N. Zalta (ed.), URL = <https://plato.stanford.edu/archives/fall2020/entries/luther/> (Traducción del autor).

187 Este párrafo es adaptado y traducido del ensayo de Stern, Robert, "Martin Luther", The Stanford Encyclopedia of Philosophy (Fall 2020 Edition), Edward N. Zalta (ed.), URL = <https://plato.stanford.edu/archives/fall2020/entries/luther/>.

188 *Ibid.*, (*Lectures on Jonah* (1526, WA 19:206/LW 19:54–55).

Tenemos que concluir que Martín Lutero tenía razón sobre las limitaciones de la razón. El Dios de la Biblia –el único Dios verdadero– no se parece en nada al dios de los filósofos escolásticos que seguían la tradición aristotélica. Dios no es un ser impersonal y abstracto como lo pintaban ellos. Pero, no se les podía culpar, pues carecían de las herramientas necesarias para abordar adecuadamente el tema de Dios. La única herramienta que tenían era la razón y esta podía ser utilizada por el Diablo para mantener al hombre lejos del concepto de salvación. Por tanto, el énfasis de Lutero era que, sin las herramientas de la fe, la revelación del Espíritu Santo y las Sagradas Escrituras, era prácticamente imposible conocer al único verdadero Dios y la salvación que él ofrece a través del sacrificio de Jesús en la cruz. Lutero temía que enseñar la filosofía aristotélica en las escuelas y universidades resultaría en la pérdida de los jóvenes, ya que se les mantendría lejos del amor de Dios que se manifiesta en la cruz de Cristo.

¿Es la apuesta de Blas Pascal un buen argumento para creer en Dios?

J. Valdés

Blas Pascal (1623-1662), científico, matemático y pensador francés, fue una de las mentes más brillantes de su época. Su área de especialidad en las matemáticas era el estudio de las probabilidades. Por eso no ha de sorprendernos que haya elaborado un argumento a favor de la fe en Dios basado en la probabilidad. Este famoso argumento apareció en varias versiones distintas en sus escritos. No obstante, la versión más potente del argumento se puede resumir con la siguiente tabla:

	DIOS EXISTE	DIOS NO EXISTE
CREER EN DIOS	Lo gano todo. (Felicidad y vida eterna en el cielo).	No pierdo nada.
NO CREER EN DIOS	Lo pierdo todo. (Amargura y vida eterna en el infierno).	No pierdo nada.

El argumento de Pascal era que, dadas las posibles consecuencias, el hombre prudente "apuesta" por la existencia de Dios. Esa es la única opción en la que el hombre no arriesga nada. Sin embargo, muchos han criticado el argumento y de ahí surge la pregunta, ¿es la apuesta de Pascal un buen argumento para creer en Dios?

Los antagonistas sostienen que este argumento no provee buena razón para creer en Dios, sino que redunda en hipocresía. Afirman que creer en

Dios por temor a las consecuencias no es fe genuina. Otros añaden que, de no existir Dios, el que ha vivido creyendo en él pierde muchísimo, ya que se abstiene de los placeres de este mundo y nunca más tendrá otra oportunidad de disfrutarlos. Otros prefieren no apostar, pues no sienten que tienen que participar del ejercicio. Pero ¿tienen razón estos contraargumentos?

Si este fuese el único argumento de Pascal para creer en Dios, quizás algunas de las críticas mencionadas fuesen sostenibles. Pero quien ha leído a Pascal sabe que este argumento viene acompañado de una fe genuina provocada por una poderosa experiencia de conversión. La fe de Pascal no fue el resultado de una apuesta, sino que tuvo una experiencia personal con Dios la noche del lunes 23 de noviembre de 1654. Esa noche le impactó de tal manera que escribió una nota sobre lo que había experimentado y la cosió al chaleco que solía ponerse. De esa manera la llevaría con él siempre. La nota dice en parte:

Desde alrededor de las diez y media de la noche hasta aproximadamente la una de la madrugada, fuego.

El Dios de Abraham, el Dios de Isaac, el Dios de Jacob, no el dios de los sabios y filósofos. Seguridad plena, seguridad plena.

Sentimiento. Alegría. [...]

Olvido del mundo y de todas las cosas, excepto de Dios. [...]

Padre santo a quien el mundo no ha conocido, pero yo sí que te he conocido. Alegría, alegría, alegría, lágrimas de alegría. [...]

"Esta es la vida eterna, que te conozcan a Ti solo Dios verdadero, y a aquel a quién has enviado, Jesucristo" (Jn 17:3).

Jesucristo. Jesucristo.[189]

Pascal llevó la nota junto a su pecho el resto de su vida, como un recordatorio del encuentro maravilloso con Dios que había tenido. Para él la fe en Dios no se fundamentaba en la apuesta.

Respondiendo a las críticas anteriores, deberíamos comenzar entendiendo el objetivo y el sentido en que Pascal presenta su argumento. El deseo de Pascal era que sus amistades tan siquiera consideraran la posibilidad de Dios. Primero, Pascal afirma que todos estamos en el "juego" y todos tenemos que apostar de un lado o del otro. Es decir, creamos lo que creamos, todos vivimos en esta vida con la fe puesta en Dios o no. Aun los

---

189 https://ec.aciprensa.com/wiki/Blas_Pascal:_Los_Pensamientos.

que dicen no participar del ejercicio están apostando, su apuesta es que Dios no existe. Solo hay dos maneras de responder a Dios y la salvación que Jesús compró con su sangre derramada. Creo que esta propuesta de Pascal recibe fuerte apoyo en las palabras de Jesús cuando dijo: "El que no es conmigo, contra mí es" (Mateo 12:30).

Los críticos tienen razón en que el acercamiento a Dios por temor al infierno no parece ser una demostración de fe genuina. Sin embargo, lo que propone Pascal es que la apuesta es el primer paso en el acercamiento a Dios. El argumento fue elaborado para aquellos que ni siquiera estaban dispuestos a considerar la existencia de Dios, ignorando las graves consecuencias de su postura. A ellos, Pascal les dice que llevan todas las de perder.

Ahora, ¿qué hay de los que argumentan que hemos perdido mucho viviendo en la fe, si al final Dios no existe? Creo que se equivocan colosalmente. Los placeres de este mundo suelen ser de índole inmoral. Después de todo, si Dios no existe, ¿por qué debemos sujetarnos a restricciones morales? El placer moral en su mayoría resulta en quebranto y "añade tristeza" según nos revela la Palabra de Dios. Vivir en el desenfreno moral de una vida sin Dios no produce una felicidad duradera. Sin embargo, el que se sujeta a la moralidad que Dios ha revelado en las Escrituras encuentra que su felicidad no es temporal ni tampoco es acompañada de tristeza. Es una vida más saludable, apacible y satisfactoria que la vida inmoral. Luego, si al final encontramos que Dios no existe, no perdimos nada –al contrario– hemos vivido una buena vida y hemos contribuido al bienestar de nuestra sociedad. Me veo obligado a concordar con Pascal en que la persona prudente apuesta por Dios y por ello tiene todas las de ganar.

¿Tenía razón William Paley al comparar a Dios con un relojero?

J. Valdés

¿Tenía razón Paley al proponer la necesidad de un "relojero" o diseñador inteligente para explicar la complejidad del mundo biológico? Algunos consideran que no. Entre ellos encontramos al ateo Richard Dawkins, quien comienza su libro *El relojero ciego* argumentando que Paley tenía razón en concluir que la complejidad especificada que observamos en la biología requería una explicación extraordinaria.[190] Es más, Dawkins afirma que lo que observamos en la biología es muchísimo más complejo que lo que Paley imaginaba. No obstante, Dawkins argumenta que la explicación que ofreció Paley –la de un diseñador inteligente– es errada e innecesaria dada la selección natural. Desde el primer capítulo de su libro, Dawkins establece su tesis principal: "La biología es el estudio de las cosas complejas que dan la apariencia de haber sido diseñadas con un fin". Es decir, no necesitamos apelar a un diseñador inteligente para explicar la complejidad biológica, pues es solo "la apariencia" de diseño. En realidad, concluye Dawkins, no hay diseño inteligente detrás de la vida biológica, por tanto, no hay necesidad de un relojero. Dawkins argumenta en su libro que la naturaleza viene a ser el "relojero ciego" responsable por el aparente diseño.

Aunque Dawkins escribe cientos de años después, Paley anticipa esta y otras objeciones de Dawkins y responde a ellas en el primer capítulo de la

---

190 Richard Dawkins, *El relojero ciego*. (Barcelona: Tusquets Editores S.A., 2015).

Teología Natural [191]. Paley comienza su extraordinaria obra con una analogía. Si andando por el bosque nos encontramos con una piedra, no tendríamos problema alguno asumiendo que siempre ha estado ahí. Sin embargo, si nos encontramos con un reloj, asumiríamos que no es producto de la naturaleza y que ha de haber un relojero responsable por el mismo. De ahí, Paley explica la diferencia. Él propone que encontramos en el reloj lo que no encontramos en la piedra: que ha sido diseñado con un propósito y que consiste en piezas específicamente colocadas para lograr dicho propósito.

Después de una breve descripción de cómo las piezas del reloj funcionan para dar la hora, dedica el resto del capítulo a responder majestuosamente a ocho posibles objeciones. Primero, aclara que la analogía del relojero no puede ser despedida por argumentos de ignorancia. Es decir, el que no sepamos quién es el relojero, cómo hizo el reloj, ni jamás hayamos presenciado la fabricación de un reloj, nada de esto implica que no hay relojero. Segundo, establece que la conclusión no puede ser invalidada porque el reloj se atrase o fuese imperfecto en dar la hora. Él propone que la maquinaria no tiene que ser perfecta para mostrar que ha sido diseñada. Tercero, afirma que, aunque encontremos partes del reloj que no sabemos cómo contribuyen al funcionamiento de este, en ninguna forma invalidaría el argumento de que ha sido diseñado. Cuarto, Paley aclara que tampoco tiene sentido pensar que el reloj con sus múltiples partes es producto de la casualidad o que formas naturales se acomodan en una de las muchas maneras posibles y resultan en un reloj. Quinto, él señala que tampoco sería convincente argumentar que las partes contienen en sí mismas algún principio desconocido que las predispone a juntarse en el orden correcto con las demás partes. Sexto, Paley indica que sería ridículo argumentar que el mecanismo del reloj no puede usarse como evidencia de haber sido diseñado, pero sí sirve para lograr que la mente piense erradamente que es diseñado. Séptimo, también establece que sería igualmente ridículo argumentar que el reloj es producto de las leyes de la naturaleza metálica. Paley añade que es una perversión del lenguaje señalar cualquier ley como la causa eficiente y operativa de cualquier cosa, ya que las leyes presuponen un agente. Octavo, él arguye que no se puede despedir al observador y su conclusión acusándole de no saber nada sobre el asunto. El observador sabe lo suficiente como para entender que resulta imposible explicar el reloj sin un relojero.

Es importante notar que no se discute la existencia de diseño en el mundo natural. Los ateos mismos afirman que sí existe diseño, o por lo menos lo que parece ser diseño. Los intentos de refutar a Paley son en realidad intentos de refutar al Dios que Paley propone como el relojero, el Dios de

191 William Paley, *Teología Natural*. (United Kingdom: Wentworth Press, 2018).

la Biblia. El mismo Richard Dawkins, años después de haber escrito el libro mencionado, acepta la posibilidad de que realmente exista un diseñador –pero no puede ser el Dios de la Biblia– sino que quizás sea algún extraterrestre.[192] Esta tesis es común en el mundo de la ciencia moderna. Al observar la evidencia irrefutable de diseño inteligente, es imposible negar la existencia de un agente inteligente como primera causa-resultando en la propuesta de alguna raza avanzada de extraterrestres detrás del diseño. El biólogo e ingeniero estadounidense Stephen Larson, quien tiene un doctorado en neurociencias de la Universidad de California en San Diego, hace la siguiente observación:

> ...cuando observo una humilde bacteria bajo el microscopio... Me pregunto cómo funciona. Porque el reloj mecánico que es la vida no es como ningún reloj que jamás hayamos construido. Son engranajes y resortes biológicos, pero llenan cuartos y edificios y ciudades de un vasto paisaje microscópico que está repleto de actividad... En parte es extremadamente bien organizado, pero por otra parte la mera escala de todas estas cosas desconocidas y bien organizadas que suceden ahí me hacen sentir que he tropezado con un paisaje alternativo de tecnología que fue construido por un ingeniero un millón de veces más inteligente que yo.[193]

Lo curioso de la observación es que Larson es ateo. Sin embargo, argumenta que es imprescindible afirmar la existencia de un diseñador súper inteligente para explicar una simple bacteria. Luego en la misma charla afirma creer que dicho diseñador probablemente provenga de una raza de extraterrestres mucho más avanzada que nosotros.

Los avances de la ciencia, lejos de desacreditar el argumento de Paley, han servido para afirmar la veracidad de este. Paley tenía y sigue teniendo razón, donde hay un reloj hay un relojero; donde hay diseño biológico hay un gran diseñador.

---

192 Vea el documental, en inglés, *Expelled* dirigido por Ben Stein.
193 Vea Tedx Talk: "Life's Complex Interacting Molecular Machines Appear Built by an Engineer". Por Stephen Larson, PhD. (Traducción del autor).

¿Estaba en lo cierto Ludwig Feuerbach al decir que Dios es un invento humano?

J. Valdés

Según Ludwig Feuerbach: *Aquello que para los sentimientos es un ser necesario, es para ellos inmediatamente un ser real. El anhelo dice: Tiene que haber un Dios personal, i.e., no puede ser que no exista; el sentimiento satisfecho dice: Él es.*[194] Para Feuerbach, Dios es solo una proyección de nuestros deseos y nuestras esperanzas. Anhelamos que Dios exista y por lo tanto asumimos su existencia y definimos sus atributos para acomodarlos a nuestras necesidades y nuestros deseos. Lo inventamos para resolver nuestros temores y nuestras preocupaciones. Tememos la muerte, por tanto, inventamos un dios que nos provea de vida eterna e inmortalidad. Tememos las enfermedades, las tragedias, y los sufrimientos que la vida trae, por lo que nos inventamos un dios omnipotente capaz de solucionarlo todo; un dios salvador que nos rescata. Es decir, proyectamos un dios que alivia todas nuestras ansiedades y nos libra de tener que enfrentar la vida que nos ha tocado vivir. Feuerbach lo explica de la siguiente manera:

> *Es más agradable ser pasivo que actuar, el ser redimido y liberado por otro que librarnos a nosotros mismos; más agradable depender en otro para nuestra salvación que en la fuerza de nuestra propia espontaneidad; más*

194 Ludwig Feuerbach, *The Essence of Christianity* (La esencia del cristianismo). London: Trübner & Co., 1881, p. 146. (Traducción del autor).

agradable establecer delante nuestro un objeto de amor que un objeto de esfuerzo; más agradable verse uno amado por Dios que simplemente depender del amor propio innato en cada ser; más agradable verse en la imagen de los ojos amorosos de otro ser que verse en el espejo cóncavo de uno mismo o en las profundidades frías de los océanos de la naturaleza; es más agradable, en resumen, permitir que nuestros propios sentimientos actúen sobre nosotros, como si fuese otro, que termina siendo idéntico, que regularse uno mismo a través de la razón.[195]

Según Feuerbach, no solo inventamos a Dios como solución a nuestros problemas, sino también para elevarnos por encima de nuestras propias limitaciones. La omnisciencia de Dios nos eleva por encima de las limitaciones de nuestro conocimiento, así como su omnipresencia nos eleva por encima de nuestras limitaciones espaciales. En su eternidad, Dios nos eleva por encima de nuestros límites como seres temporales, etc. Además, inventamos un Dios portátil que nos acompaña dondequiera que vayamos.[196]

Bien, ¿tenía razón Feuerbach? ¿Es Dios un ser ficticio que inventamos para ayudarnos a lidiar con las dificultades que enfrentamos en la vida? ¡NO! Mientras que los argumentos de Feuerbach pudiesen, quizás, explicar el porqué de los dioses mitológicos[197] de los egipcios, los griegos, o los romanos, etc., dichos argumentos no corresponden con la realidad del único Dios verdadero que encontramos revelándose a sí mismo en las páginas de las Sagradas Escrituras. Veamos varias razones por las que la postura de Feuerbach es insostenible.

Primero, el Dios de la Biblia es un ser necesario. Independientemente de la existencia del ser humano, Dios es la Causa inicial del Universo y todo lo que en él existe. El argumento cosmológico para la existencia de Dios presenta en forma lógica la razón por la que el universo no puede ni siquiera existir si no es porque Dios lo ha creado.[198] Dios, como creador de los cielos y la tierra no depende de la imaginación de los seres humanos para su existencia. Es todo lo contrario, los seres humanos no existirían si Dios no los hubiese creado.

Segundo, los atributos de Dios corresponden perfectamente con lo que observamos en la creación. Por ser eterno, Dios es capaz de crear el tiempo.

195 *Ibid.*, p. 140. (Traducción del autor).
196 *Ibid.*, p. 216. (Traducción y parafraseo del autor).
197 Es cierto que los "dioses" inventados por las culturas del mundo antiguo eran creados a la imagen del ser humano, pero con poderes sobrenaturales. Eran egoístas, adúlteros, mentirosos, etc., pero tenían poderes espectaculares.
198 El argumento cosmológico: Todo lo que comienza a existir requiere una causa. El universo comenzó a existir. Luego el universo requiere una causa.

Por ser espíritu, Dios es capaz de crear la materia. Por ser omnipresente, Dios es capaz de crear el espacio. Por ser omnipotente, Dios es capaz de crear la energía. Es decir, el hombre no proyecta estos atributos sobre un ser imaginario, sino que descubren estos atributos de Dios al observar el mundo que Dios ha creado. Es lo que el Apóstol Pablo le dijo a los Romanos, ... *porque lo que de Dios se conoce les es manifiesto, pues Dios se lo manifestó. Porque las cosas invisibles de él, su eterno poder y deidad, se hacen claramente visibles desde la creación del mundo, siendo entendidas por medio de las cosas hechas...* (Romanos 1:19-20).

Tercero, el Dios que se nos revela en la Biblia es un Dios misterioso y complejo que somos incapaces de entender desde la óptica de nuestras mentes finitas y limitadas. Conceptos como la doble naturaleza de Jesús y la Trinidad de Dios son conceptos que ni siquiera entendemos. Pretender que nos inventamos un Dios que no entendemos es absurdo. Ni siquiera podemos argumentar que los atributos de Dios son proyecciones de lo que observamos en nosotros o en nuestro mundo, pues estos son únicos. Es decir, nosotros no conocemos ni observamos nada eterno en nuestro mundo, luego no hay nada que proyectar. Nosotros no conocemos ni observamos nada que sea omnipotente, ni omnipresente, ni omnisciente, etc., por tanto, ¿qué es lo que proyectamos? No podemos proyectar aquello que ni siquiera hubiese pasado por nuestra mente si Dios no nos lo hubiese revelado.

Cuarto, hay aspectos relacionados al Dios de la Biblia que no son muy agradables. Por ejemplo, ¿hemos de creer que el ser humano inventaría un Dios al que resulta imposible satisfacer por nuestros propios méritos? ¿Inventariamos un Dios que crea un infierno, lugar donde todos merecemos ir? Es curioso que el hombre se pasa la vida cuestionando lo que Dios ha hecho y pretendiendo ofrecer una mejor manera de haber creado todo, y luego le atribuimos al hombre el haber inventado a dicho Dios.

Quinto, si Dios es simplemente una proyección del hombre que solo existe en nuestras imaginaciones, ¿cómo explicamos el origen de la materia? ¿Cómo explicamos el origen del tiempo? ¿Cómo explicamos el origen del espacio? ¿Cómo explicamos el origen de la energía? ¿Cómo explicamos el origen de la vida? ¿Cómo explicamos el origen del hombre? ¿Cómo explicamos el diseño tan maravilloso que observamos en la biología? ¿Cómo explicamos el diseño tan maravilloso que observamos en el reino animal? ¿Cómo explicamos el ajuste fino en nuestro universo que permite la vida biológica en nuestro planeta? ¿Cómo explicamos el origen de la información que vemos en el ADN? ¿Cómo explicamos la moralidad objetiva que observamos en toda la historia de la humanidad? Si Dios no es real, nada tiene sentido.

Finalmente, lo que observamos en el mundo en el que vivimos corresponde perfectamente con lo que encontramos revelado en las Escrituras sobre el único Dios verdadero. Dios es el Creador y nosotros somos sus creaturas. Además, Dios nos ha creado a su imagen, no al revés. Feuerbach termina inventando una teoría para no tener que enfrentar la realidad de Dios. Si lo agradable es lo que el ser humano busca, es más agradable imaginarse que Dios no existe y que podemos hacer lo que nos dé la gana, que tener que sujetarse a los principios morales que Dios demanda de nosotros. Entendemos lo que motivó a Feuerbach a inventar que Dios es solo un invento.

¿Acertó Friedrich Nietzsche al anunciar la muerte de Dios?

J. Valdés

En *La Gaya Ciencia*, Nietzsche declara que "¡Dios ha muerto! ¡Dios seguirá muerto! ¡Y nosotros lo hemos matado!"[199] Esta declaración forma parte de la parábola extraordinaria "El hombre loco" donde Nietzsche describe el día en que se anunció al mundo la "muerte de Dios". La parábola capta tanto la intensidad del momento, como las implicaciones para la humanidad. Sin embargo, la frase "¡Dios ha muerto!" es a menudo malentendida. Nietzsche no se refiere a la muerte de una deidad real y existente, sino a la muerte de la idea de que existe un Dios creador y sustentador del universo. Según Nietzsche, el hombre del Siglo XIX había llegado a entender que Dios no existía y que la idea de Dios ya no era necesaria, por ende, Dios había muerto. Este cambio de paradigma se debía en gran parte a que la ciencia y la filosofía de sus tiempos proponían que el universo era gobernado por leyes físicas y no por providencia divina. Se pensaba que Europa había llegado al punto donde no se necesitaba apelar a una deidad como la fuente de la moralidad, los valores o el orden del universo, ya que la ciencia y la filosofía eran más que suficientes para fundamentarlo todo en un ámbito exclusivamente natural. Obviamente, Nietzsche no acertó, ya que en pleno siglo XXI la idea de Dios sigue tan viva como el ser a quien la idea representa.

199 Friedrich Nietzsche, *La Gaya Ciencia* (Ciudad México: Editorial Digital Titivillus, 2019), p. 135. https://ww2.ebookelo.com/ebook/13644/la-gaya-ciencia

Lo curioso de la declaración "¡Dios ha muerto!", especialmente en el contexto de la parábola, es que Nietzsche logra captar el impacto que tendría sobre el ser humano el ser desconectado de Dios. A través de una serie de preguntas, Nietzsche capta la magnitud del proyecto de "matar a Dios":

> *¿Quién nos ha dado la esponja para borrar todo el horizonte? ¿Qué hemos hecho cuando hemos soltado la cadena que unía esta Tierra con su sol? ¿Hacia dónde se mueve ella ahora? ¿Hacia dónde nos movemos nosotros? ¿Nos vamos alejando de todos los soles? ¿Nos estamos cayendo sin cesar? ¿Hacia atrás, hacia un lado, hacia delante, hacia todos los lados? ¿Sigue habiendo un arriba y un abajo?*[200]

Para Nietzsche y los pensadores ateos de su tiempo, el desconectarse de Dios era excitante, como ha de notarse en sus palabras celebratorias:

> *En verdad, ante la noticia de que «el viejo Dios ha muerto» nosotros, filósofos y «espíritus libres», nos sentimos como irradiados por una nueva aurora; nuestro corazón rebosa agradecimiento, sorpresa, presentimiento, expectativa, por fin el horizonte vuelve a aparecernos libre...*[201]

El ser humano era capaz de manejar los asuntos del mundo y solucionar cualquier crisis que surgiera, sin necesidad de apelar a una deidad. El optimismo era palpable. Sin embargo, aunque él lo veía como un logro positivo para la humanidad, también reconocía que para muchos tendría un efecto dañino. Nietzsche predijo que el próximo siglo sería el más sangriento de la historia.

> *Alguna vez irá unido a mi nombre el recuerdo de algo monstruoso, de una crisis como jamás la hubo antes en la Tierra, de la más profunda colisión de conciencias, de una decisión tomada, mediante un conjuro, contra todo lo que hasta este momento se ha creído, exigido, santificado... cuando la verdad entable lucha con la mentira de milenios tendremos conmociones, un espasmo de terremotos, un desplazamiento de montañas y valles como nunca se había soñado..., habrá guerras como jamás las ha habido en la Tierra.*[202]

Aunque Nietzsche erró al declarar la muerte de la idea de Dios, acertó en sus predicciones de la crisis inmensa que los participantes del servicio fúnebre provocarían al comenzar a vivir como si Dios no existiese. Solamente la

200 *Ibid.*
201 *Ibid.*, p. 228.
202 Friedrich Nietzsche, *Ecce Homo* (Ciudad México: Editorial Digital Titivillus, 2017), pp. 81-82. https://ww2.ebookelo.com/ebook/2855/ecce-homo

Revolución rusa se tragó a más de 60 millones de personas en su intento de "arreglar" los problemas de la humanidad, habiéndole usurpado el trono a Dios. El Siglo XX realmente fue el siglo más sangriento de la historia. La nueva "moralidad" sin Dios dejaba mucho que desear, pero era imprescindible que el hombre estableciere su propio código moral. Según Nietzsche, abandonar la idea de Dios era abandonar al cristianismo y la moralidad que le acompañaba. En *El crepúsculo de los ídolos*, Nietzsche declara:

> *Cuando uno abandona la fe cristiana, con ello se quita a sí mismo de debajo de los pies el derecho a la moral cristiana. Esta última no se entiende en modo alguno por sí sola: hay que sacar a la luz este punto una y otra vez. (…) El cristianismo es un sistema, una visión de las cosas pensada en su conjunto y de una pieza. Si se arranca de él un concepto principal, la fe en Dios, con ello se quiebra también el todo…*[203]

Luego hay quienes preguntan el porqué de las atrocidades que se llevaron a cabo en manos de aquellos prominentes ateos del siglo XX. Las consecuencias de ser desligados de Dios, de perder el temor de Dios, son innegables. Cuando se pierde la relación con Dios, se pierde el sentido de la vida.[204] Cuando se desliga el hombre de Dios, pierde el ancla de la moralidad. Cuando se pierde la fe en Dios y en la inmortalidad que él ofrece, se pierde toda esperanza. En los siglos posteriores a Nietzsche el humanismo y el fuerte optimismo que le acompaña ha sufrido terribles desengaños. El hombre no es capaz de vivir sin Dios. Afortunadamente no tiene que hacerlo –ya que Dios sí existe– y ningún movimiento filosófico puede alterar esa realidad.

---

203 Friedrich Nietzsche, *El crepúsculo de los ídolos* (Ciudad México: Editorial Digital Titivillus, 2022), pp. 64-65. https://ww2.ebookelo.com/ebook/14315/el-crepusculo-de-los-idolos.

204 Este es un tema demasiado común en los escritos de Nietzsche al igual que los existencialistas ateos como Jean-Paul Sartre y Alberto Camus.

¿Pueden las personas ser buenas sin Dios?

A. Cruz

Algunos materialistas ateos suelen usar en los debates con creyentes el siguiente argumento, que llaman "el tapabocas de los debates": "Si usted está de acuerdo con que, en ausencia de Dios, robaría, violaría y asesinaría, se revela como una persona inmoral (…). Si, por otro lado, usted admite que continuaría siendo una buena persona, aunque no estuviera bajo la vigilancia de Dios, habría socavado de modo fatal su afirmación de que necesitamos a Dios para ser buenos".[205] ¿Cómo se puede responder a dicho argumento?

Si Dios no existiera (es decir, en ausencia de Dios), ¿qué sentido tendría hablar de inmoralidad? ¿Qué podría significar ser "una persona inmoral" o una "buena persona"? Si Dios no existiera, ¿dónde se podría fundamentar objetivamente el bien o el mal, lo correcto y lo incorrecto? Si Dios no existe, los valores morales objetivos tampoco existen y, por tanto, no tendría ningún sentido hablar de personas inmorales, o de personas buenas o malas. En ausencia de Dios, imperaría la amoralidad. Ni mal, ni bien. Nada. Salvo una indiferencia ciega y despiadada. De la misma manera que, sin un punto de referencia fijo en el espacio, no hay manera de saber si algo está arriba o abajo (a la derecha o a la izquierda), la moralidad requiere también algún punto de referencia objetivo y estable. Y ese punto de referencia es Dios. Su justicia, amor, verdad, misericordia, gracia, paciencia, santidad, bondad,

---

205 Dawkins, R. 2015, *El espejismo de Dios* (Espasa, Barcelona), p. 261.

etc., proporcionan la base de todos los valores morales. La naturaleza de Dios es el patrón mediante el cual se miden todas las acciones humanas.

Dios ha manifestado su naturaleza por medio de mandamientos que proporcionan la base para los deberes morales. Por ejemplo, la característica más importante de Dios es su inmenso amor y esto nos atañe a nosotros ya que en la Biblia se nos dice: "Ama a tu prójimo como a ti mismo". Este mandamiento constituye el fundamento sobre el que podemos afirmar la bondad objetiva de valores como la generosidad, la abnegación, el altruismo y la equidad. Pero, a la vez, nos permite condenar antivalores objetivos como la avaricia, la opresión, el abuso de los débiles o la discriminación. Si Dios no existiera, no habría ningún punto de referencia objetivo para saber lo que es malo o lo que es bueno y, por tanto, solo nos quedaría la opinión o el punto de vista de las personas, que podría cambiar de una sociedad a otra y de una época a otra. Este tipo de moralidad no sería entonces objetiva sino subjetiva ya que dependería de los sujetos, de las personas de una determinada sociedad, y no serviría para nadie más. Por tanto, necesitamos a Dios para ser buenos, o para no serlo, porque él es el fundamento de toda moralidad.

De manera que la cuestión: ¿se puede ser bueno sin Dios?, hay que matizarla. La pregunta correcta no es si yo "puedo ser bueno sin creer en Dios" sino si yo "puedo ser bueno sin Dios". Y, como hemos visto, "sin Dios" nos quedamos sin patrón para evaluar la bondad o la maldad. Puede haber personas que no crean en la existencia de Dios, pero sean honradas, procuren actuar con justicia, paguen sus impuestos y sean buenos ciudadanos, pero esa bondad, o corrección moral que persiguen solamente se puede evaluar a la luz de la ley moral universal que Dios ha implantado en la conciencia humana. Aunque no crean en Dios, lo necesitan como patrón para saber si están actuando bien o no. Dios es el estándar de los valores morales. De la misma manera que una actuación musical en vivo (o en directo) puede ser el estándar para una grabación musical. Y cuanto más se parezca la grabación al original, mejor será. También, cuanto más se conforme una acción moral a la naturaleza de Dios, mejor será.

Si el ateísmo fuera verdadero, entonces no existiría un estándar de moralidad definitivo. No habría ninguna obligación o deber moral. ¿Quién tendría autoridad moral para imponer a los demás normas o deberes morales? Nadie, absolutamente nadie. Desde este punto de vista darwinista y ateo, las personas solamente seríamos "accidentes de la naturaleza", especies biológicas altamente evolucionadas, pero animales al fin y al cabo. Y, de la misma manera que los animales carecen de obligaciones morales, tampoco los seres humanos las tendríamos. Cuando un león atrapa y devora a una gacela, no podemos decir que haya hecho algo moralmente malo, puesto que solamente está haciendo lo que hacen todos los leones para alimentarse. De la misma manera, si Dios no existiera, todas las acciones humanas también se deberían considerar como amorales. Ninguna acción del hombre tendría por qué ser moralmente correcta o moralmente incorrecta.

Ahora bien, la cuestión es que el bien y el mal realmente existen, tal como se puede comprobar fácilmente si miramos a nuestro alrededor. Las acciones correctas e incorrectas no son una entelequia (o una imaginación) de la mente humana, sino que se dan cada día en la realidad. Solo tenemos que escuchar las noticias para comprobarlo. Pues, de la misma manera que nuestros sentidos nos certifican que el mundo físico es real, nuestra experiencia moral nos convence de que los valores morales existen y son objetivamente reales. Cada vez que pensamos: "eso no es justo", "eso está mal", "no hay derecho", "se trata de un robo", etc., estamos afirmando que creemos en la existencia de una moralidad objetiva.

La mayoría de las personas entiende que el abuso infantil, la violación, la discriminación racial o la violencia contra las mujeres son actitudes moralmente incorrectas siempre y en cualquier lugar. Quien diga que estos comportamientos son moralmente aceptables, está completamente equivocado. Ahora bien, ¿acaso podemos decir que este consenso moral de la mayoría de las personas del mundo es solo una opinión personal o una moda social? Es evidente que no, puesto que se trata de valoraciones morales universales.

Alguien podría pensar que quizás la ley moral es solo una convención social, algo que se nos ha inculcado por medio de la educación. Pero no es así. C. S. Lewis, en su libro *Mero cristianismo*,[206] dice que todas las personas admiten que algunas morales son mejores que otras. La moral cristiana es, por ejemplo, preferible a la moral nazi, así como la moral civilizada es mejor que la moral salvaje. Ahora bien, en el momento en que decimos que unas ideas morales son mejores que otras, estamos de hecho midiéndolas por una norma o patrón. Decimos que una de estas morales se ajusta mucho mejor a la norma que la otra. Pero, la norma que evalúa a las dos morales tiene que ser diferente de esas dos morales. Esa norma es la *Moral Auténtica Universal* escrita en la conciencia de las personas que, entre otras muchas cosas, nos dice que la moral nazi es menos verdadera que la moral cristiana.

Así pues, no se trata de una convención social o de algo que nos han enseñado en la escuela sino de la Ley moral escrita en nuestros corazones.

---

206 Lewis, C. S., 1995, *Mero cristianismo* (Rialp, Madrid), p. 31.

Ciencia

¿La fe en Dios impide el avance de la ciencia?

A. Cruz

En ocasiones, suele oírse decir que la creencia en un Dios creador impide o dificulta el avance de la ciencia puesto que, frente a ciertos problemas del mundo natural para los que aún no se conoce una solución racional, los creyentes tienden a pensar que forman parte del misterio divino porque el Creador diseñó el universo así y quizás el ser humano nunca alcance el conocimiento necesario para comprenderlos. De esta manera se perdería el interés por resolver tales dificultades naturales y supuestamente se impediría el avance de la investigación científica.

Sin embargo, es más bien al revés. La creencia en un Dios que ha diseñado inteligentemente el cosmos y a todos los seres que lo habitan estimula el progreso científico, mientras que el materialismo naturalista lo dificulta. Durante la Revolución Científica de los siglos XVI y XVII se produjo en Occidente el florecimiento de la ciencia moderna gracias a investigadores que creían en Dios, como Copérnico, Galileo, Kepler, Newton y muchos otros. Todos entendían que la naturaleza era la otra revelación divina y se aproximaban a ella con respeto ya que consideraban que no era fruto del azar sino de la inteligencia de Dios. Esperaban encontrar en cada detalle físico, químico o biológico esa sabiduría sobrenatural que proviene de lo alto y así fue como descubrieron las leyes fundamentales de toda ciencia.

Posteriormente, con el desarrollo de las ideas materialistas de la Ilustración a partir de mediados del siglo XVIII y las del darwinismo en el XIX, la creencia en el Dios creador se fue sustituyendo progresivamente por las de la eternidad de la materia, el azar como fuente de diversidad biológica y la selección natural evolucionista. De esta manera se llegó a la conclusión de que el evidente diseño que muestra el universo y los seres vivos es fruto de la casualidad y no de la inteligencia. Muchos siguen creyendo hoy que tal diseño es aparente ya que se debería exclusivamente a la transformación aleatoria de la materia. Sin embargo, esta cosmovisión materialista ha conducido a errores que han dificultado durante años el avance de la ciencia.

Por ejemplo, el darwinismo predecía que buena parte del genoma humano y de los animales fuera inútil ya que no servía para producir proteínas. Se creó así el erróneo concepto del llamado "ADN basura", que supuestamente estaba formado por restos de material genético que habrían tenido alguna función en el pasado filogenético de la especie, pero que ya no servían para nada. Pues bien, la genética ha demostrado de manera irrefutable la falsedad de la hipótesis del ADN basura. Aquello que se creía inservible ha resultado ser una fuente de información sofisticada imprescindible para el correcto control y funcionamiento de las células. Esta mala interpretación genética se produjo en base a la supuesta aleatoriedad impersonal materialista y no a la creencia en un Dios sabio del que no cabría esperar la creación de basura en el ADN. En este caso, la fe en un Creador inteligente habría promovido la investigación para descubrir posibles funciones en dicho ADN basura, garantizando así la objetividad científica. Por lo tanto, la fe en Dios no impide el progreso de la ciencia sino todo lo contrario, le abre las puertas de par en par. (Ver la pregunta 5: ¿Es el Dios de la Biblia un dios tapagujeros o de las brechas?).

¿La ciencia moderna contradice a Dios?

A. Cruz

Algunos proponentes del llamado *Nuevo ateísmo* consideran la existencia de Dios equiparable a una hipótesis científica y pretenden, por tanto, ponerla a prueba para demostrar su falsedad o veracidad. De esta manera, llegan fácilmente a la equivocada conclusión de que, si no es posible establecer ninguna comprobación científica que confirme la realidad de Dios es porque este no existe y el ateísmo es cierto. En este sentido, el biólogo ateo Richard Dawkins escribe: *Si se acepta el argumento de este capítulo, la premisa factual de la religión –la Hipótesis de Dios– es insostenible. Es casi seguro que Dios no existe. Con mucho, esta es la conclusión principal del libro.*[207] Se refiere a su obra, *El espejismo de Dios*.

    ¿Es Dios una hipótesis comprobable desde la ciencia humana, como cree Dawkins? ¿Puede el método científico refutar a afirmar su existencia? Como todo el mundo sabe, la ciencia trabaja con aquello que es tangible, material y se puede percibir de manera precisa. Sin embargo, la realidad de la existencia de Dios no puede ser detectada por el método científico habitual porque trasciende dicha materialidad. De ahí que las investigaciones de los hombres y mujeres de ciencia sean incapaces de demostrar o negar a Dios. Estos estudian lo que es físico y natural, pero la divinidad, por definición, pertenece a otro ámbito completamente distinto. Se trata de lo metafísico, es decir, de aquello que está por encima de la física; o lo sobrenatural, más allá de la naturaleza material del universo.

---

207 Dawkins, R., 2011, *El espejismo de Dios*, ePUB, p. 144.

Negar estas otras realidades, como hacen los proponentes del *Nuevo ateísmo*, es caer en el trasnochado *positivismo* radical que rechazaba a priori cualquier realidad espiritual o trascendente, precisamente porque estas no pueden ser detectadas por la ciencia de los hombres. Asimismo, es incurrir en el *cientificismo* o *cientifismo* que considera que los únicos conocimientos válidos serían aquellos que se adquieren mediante las ciencias positivas y que, por lo tanto, estos se deberían aplicar a todos los dominios de la vida intelectual y moral sin excepción. Aparte de lo que se descubre cada día gracias al método científico y del conocimiento que este aporta a la humanidad, la ciencia es incapaz de responder a las preguntas acerca del sentido de la realidad. ¿Por qué existe el universo? ¿Hay alguna finalidad en el mismo? ¿Qué sentido tiene nuestra vida? ¿Somos seres exclusivamente materiales o hay algo trascendente en el ser humano?

Las propias relaciones humanas muestran, por ejemplo, que, aunque resulte difícil medir con precisión el amor que un esposo o esposa siente hacia su cónyuge, este puede ser algo muy real. La ciencia sirve de bien poco cuando se pretende conocer los sentimientos más íntimos de una persona. Considerar la subjetividad de un ser humano como si solo fuera un objeto de estudio más de la naturaleza, sería un grave error, tanto desde el punto de vista moral como del propio conocimiento. El método científico no resulta del todo eficaz para medir los sentimientos que reflejan, pongamos por caso, el brillo de los ojos de una persona enamorada. Para entender dicha verdad es menester abandonar la razón y dejarse llevar por esa otra realidad del sentimiento amoroso.

Hay espacios de la existencia en los que el método controlador de las ciencias naturales no puede entrar. Lo mismo ocurre cuando nos admiramos ante una obra de arte o frente a la belleza de la naturaleza. El análisis objetivo es incapaz de explicar el valor estético o las emociones que se producen en el alma humana al contemplar la hermosura o la bondad. Pues bien, algo parecido ocurre con el misterio de Dios. Lo esencial para llegar a descubrirlo no son las pruebas impersonales a favor de la "hipótesis científica" de su posible existencia, sino la experiencia íntima y personal. De la misma manera en que somos incapaces de reunir suficientes pruebas del amor de nuestros seres más queridos, aunque ellos nos importen mucho más que cualquier otra cosa en el mundo, y debamos abandonarnos siempre a la confianza, sin intentar demostrar intelectualmente dicha relación, también en el encuentro de la criatura humana con el amor infinito de Dios ocurre lo mismo. Para conocerle es menester arriesgarse a experimentar un profundo cambio de vida porque sin semejante transformación personal no es posible descubrir a Dios.

Desde luego, la ciencia no puede demostrar a Dios porque este no entra en su reducido terreno de estudio. Sin embargo, ¿acaso el cosmos no ofrece indicios de sabiduría, susceptibles de ser explicados mejor en el marco de un agente Creador inteligente, que mediante el materialismo darwinista? ¿Estaba errado el salmista al afirmar que *los cielos cuentan la gloria de Dios, y el firmamento anuncia la obra de sus manos* (Sal 19:1)? ¿No debemos considerar inspiradas las palabras del apóstol Pablo cuando dice que *las cosas invisibles de él, su eterno poder y deidad, se hacen claramente visibles desde la creación del mundo, siendo entendidas por medio de las cosas hechas*?

El estudio científico de la naturaleza revela complejidad, información e inteligencia en las entrañas de la materia y la vida. Tal constatación es perfectamente científica y no pretende salirse del ámbito de la ciencia. Por ejemplo, el argumento del doctor Michael J. Behe acerca de la complejidad irreductible que muestran los seres vivos es un razonamiento estrictamente científico, basado en la estructura de órganos y sistemas biológicos que pueden ser estudiados en la naturaleza. Este argumento pone de manifiesto que la teoría darwinista hasta ahora aceptada, presenta serios problemas para seguir explicando la realidad. Apelar a la acumulación de pequeñas mutaciones casi imperceptibles ocurridas y seleccionadas al azar, a lo largo de millones de años,

para dar cuenta de los sofisticados sistemas biológicos que encontramos hasta en las células más simples, resulta ya insuficiente. No es que al descartar el darwinismo materialista deba imponerse inmediatamente la alternativa del diseño como una conclusión obligada. El hecho de que el gradualismo de Darwin sea incapaz de explicar la realidad, hoy por hoy, no implica necesariamente que no pueda encontrarse otro mecanismo natural capaz de hacerlo.

Sin embargo, lo que pone de manifiesto la hipótesis científica del diseño inteligente es una grave anomalía del paradigma darwinista que parece insuperable frente a los conocimientos actuales. Otra cosa distinta sería reflexionar acerca del origen o la identidad de tal inteligencia. Sin embargo, es evidente que semejante ejercicio no es científico sino filosófico o teológico. Por ejemplo, Michael J. Behe, responde así a esta cuestión: "¿Cómo tratará la ciencia 'oficialmente', pues, la cuestión de la identidad del diseñador? ¿Los textos de bioquímica se deberán escribir con declaraciones explícitas de que 'Dios lo hizo'? No. La cuestión de la identidad del diseñador simplemente será ignorada por la ciencia".[208] Behe es perfectamente consciente de que la ciencia no debe incurrir en el campo de la filosofía o la metafísica pues, si así lo hiciera, quedaría inmediatamente descalificada.

---

208 Behe, M. J., 1999, *La caja negra de Darwin* (Andrés Bello, Barcelona), p. 309.

Ahora bien, cuando las diversas ciencias experimentales llegan al límite de sus posibilidades, ¿acaso debe detenerse el razonamiento humano? Este es precisamente el ámbito del razonamiento filosófico. El evolucionismo, tanto ateísta como teísta, o el Diseño inteligente están imposibilitados por su propio método para hablar de Dios. Sin embargo, la filosofía puede proporcionar múltiples argumentos racionales a favor, o en contra, de la existencia de un ser sobrenatural. Esta disciplina es capaz de ofrecer explicaciones extraordinarias allí donde las ordinarias se agotan. La conclusión que propone el Diseño, acerca de que el cosmos y la vida parecen haber sido diseñados inteligentemente, es una conclusión lógica hecha en base a datos científicos. Y aunque no sea una deducción concluyente para todo el mundo, sí que es racionalmente legítima. Pero el territorio científico del diseño se interrumpe precisamente aquí, en la frontera que delimita la cuestión acerca de la identidad de semejante inteligencia previa. El método científico no dispone de visado para traspasar esta frontera. Las implicaciones del Diseño universal pertenecen a otro país, al de las conclusiones de naturaleza filosófica que no se preocupan por cómo son las cosas, sino por cuál es su razón de ser. Tal inferencia es legítima e incluso imprescindible en el conocimiento de toda la realidad.

Dios no es una hipótesis de la ciencia, pero sí una consecuencia lógica y argumentable desde la razón humana.

¿Se opone Dios a la 'Nueva física'?

A. Cruz

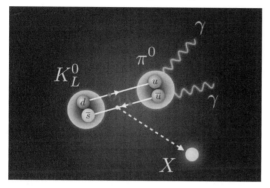

Algunos han manifestado que los últimos y singulares descubrimientos de la mecánica cuántica se opondrían a la existencia de un Dios que creó el universo ordenado a partir de la nada. Según ellos, el comportamiento caótico de las partículas subatómicas, como los fotones de la luz que tanto pueden adoptar forma de partículas como de ondas, no sería compatible con la idea de una creación hecha de materia ordenada. Aparentemente la manera en que reaccionan dichas partículas no parece seguir ninguna regla o ley física. De ahí que ciertos físicos concluyan que la mecánica cuántica contradice la racionalidad de las leyes naturales y sugiere un cosmos incomprensible que no pudo haber sido planificado, puesto que supuestamente sería imposible prever el comportamiento futuro de tales partículas materiales. Por tanto, Dios no podría controlar providentemente el mundo, tal como asegura la Escritura, porque no sabría cómo se comportarían en adelante las partículas subatómicas. ¿Qué se puede responder desde la perspectiva creyente?

Es cierto que aquello que antes, desde la física clásica, se consideraba sólido y estable, como los minerales, las rocas o los metales que hay en las entrañas de la corteza terrestre, son en su realidad última un cimbreante mundo de oscilaciones energéticas, de apariciones y desapariciones de partículas, de vacío interno y desenfreno atómico. Cualquier ser del universo, desde los soles a las personas pasando por las bacterias, se halla sometido a esta continua agitación. Incluso hasta el espacio y el tiempo son proyecciones ligadas a los mismos campos fundamentales. ¿Qué es entonces lo real que subyace en ese conjunto de campos? ¿Mera ilusión? ¿Pura apariencia? O quizás, bajo esa capa de fuerzas encontradas pueda descubrirse que la realidad, después de todo, no estaba hecha de materia, sino de espíritu.

Esto es precisamente lo que proponen Jean Guitton y los Bogdanov en su libro, *Dios y la ciencia* (1994)[209]. Según ellos, no existiría mejor ejemplo de esa interpenetración entre la materia y el espíritu que el comportamiento que manifiestan los fotones. Resulta que cuando el investigador humano intenta observar la onda del campo producida por un fotón, esta se transforma inmediatamente en una partícula precisa y deja de ser un campo; por el contrario, cuando se la analiza como partícula material entonces se comporta como onda. ¿Influye la conciencia humana del investigador en el comportamiento de la materia que estudia e incluso en el resultado de su medición? Los físicos han llegado a la conclusión de que los fotones cuando no son observados conservan abiertas todas sus posibilidades. Es como si tuvieran conocimiento de que se les está estudiando, así como de lo que piensa y hace el observador. Como si cada ínfima parte de la materia estuviera en relación con el todo. Como si la conciencia no solo estuviera en el científico sino también en la propia materia analizada. ¿No es esto algo sorprendente?

Ante tales indicios, otros científicos han empezado a sospechar que detrás del universo y de las leyes que lo rigen se esconde una mente sabia que domina muy bien las matemáticas. Una inteligencia capaz de calcular, relacionar, programar y dirigir el mundo, haciendo imposible que el caos llegue a anular alguna vez al orden. En realidad, los campos generados por las cuatro fuerzas fundamentales del universo no son otra cosa que pura información. El cosmos aparece hoy como una inmensa red informática constituida por múltiples interruptores, colocados cada uno de ellos en la posición precisa para que todo funcione y sea posible la vida y la conciencia humana. Existe un orden implícito no solo en los seres vivos sino también escondido en las profundidades del mundo material. El universo rebosa intención desde la partícula más elemental a la más remota galaxia. Y en las fronteras invisibles de la materia, allí donde se hace borrosa la realidad, se intuyen los caminos del espíritu.

El hecho, aceptado hoy por la ciencia, de que no existan unas leyes dinámicas determinadas de antemano para la materia, pues se ha visto que el estado mecánico de las partículas elementales no parece determinar su estado futuro, no significa sin embargo que Dios no esté en el control del universo. Nada impide creer que detrás del indeterminismo subatómico, o

---

209 Guitton, J. y otros, 1994, *Dios y la ciencia. Hacia el metarrealismo* (Debate, Madrid).

la libertad corpuscular, está la mano del Creador que prosigue sustentando permanentemente el mundo. A pesar de lo que dijera el famoso físico teórico, Steven Hawking, desde su postura agnóstica, Dios no puede estar limitado por su propia creación. La indeterminación de lo material puede conformar perfectamente un universo ordenado y controlado hasta en sus mínimos detalles por Dios. La aparente anarquía frenética de los electrones es, por ejemplo, el sustento material de un órgano tan altamente sofisticado y coordinado con el resto del cuerpo, como el cerebro humano.

Por tanto, el desorden es usado para mantener el evidente orden natural. El Creador optó por la libertad en todos los rincones del cosmos, incluso asumiendo el riesgo que esto implicaba, ya que la mala elección obrada por las criaturas ha traído siempre las peores consecuencias. Pero, a pesar de todo, Dios concede la capacidad de elección porque ama la libertad, característica esencial de la persona humana y también de toda materia creada. De manera que la 'Nueva física' no se opone a Dios ni le invalida como autor de la creación, sino que permite pensar en él como causa original de todas las cosas.

¿Es contraria la termodinámica a la creación divina?

A. Cruz

La Biblia empieza diciendo que en el principio creó Dios los cielos y la tierra, pero ¿hubo realmente un principio? ¿Acaso no se deduce de uno de los postulados fundamentales de la física que la energía debe ser eterna? ¿No dice la primera ley de la termodinámica que la energía ni se crea ni se destruye y que solo se transforma? ¿Hay o no contradicción entre la Biblia y la ciencia? No recuerdo cuántas veces me han hecho estas preguntas. Sin embargo, la respuesta es bien sencilla.

Cuando se formuló por primera vez, en el siglo XVIII, este principio de conservación de la energía (Lavoisier, 1789), los científicos pensaban que el universo era eterno y que cualquier idea que implicara creación a partir de la nada debía considerarse como religiosa o no científica. No obstante, hoy, las cosas han cambiado. Gracias a la aceptación de la teoría del Big Bang, se cree que en realidad el mundo tuvo un principio puntual en el tiempo y que, en esa singularidad inicial, se habría originado no solo toda la materia sino también la energía (que, según Einstein, es otra expresión de la materia), así como el espacio y el tiempo. Si se invierte ese alejamiento observable de las galaxias (conocido como "corrimiento al rojo"), se llegaría al momento cero de la creación del mundo.

De manera que la validez actual de dicho *principio de conservación de la masa-energía* –como actualmente se le conoce– no tiene que ver tanto con la eternidad de la energía sino con las transformaciones que esta experimenta en el mundo, al pasar de una forma de energía a otra diferente. La mayoría de los científicos ya no cree en la eternidad del cosmos ni de la energía que lo constituye. Tal cambio de cosmovisión fue doloroso para algunos por sus evidentes repercusiones religiosas. Otros siguen buscando todavía alguna alternativa contraria a la creación. Sin embargo, cuanto más se profundiza en este asunto, más reforzada sale la teoría de la Gran Explosión.

Lo que sí es cierto es que en cada cambio energético se produce una degradación de energía que la hace cada vez menos utilizable. Por ejemplo, al quemar carbón para producir electricidad, la energía térmica se transforma en eléctrica, pero se pierde parte de la misma en forma de calor que pasa a la atmósfera. De la misma manera, cuando dicha energía eléctrica se convierte otra vez en térmica, en una estufa, se escapa también cierta cantidad de radiación electromagnética. Esto significa que, aunque la energía total siga siendo la misma en el sistema terrestre, ya no se podrá usar toda en beneficio humano.

En resumen, decir que la primera ley de la termodinámica contradice el principio de todas las cosas porque "la energía no puede ser creada" es una gran equivocación. La ciencia debe basarse en la observación, no en declaraciones dogmáticas que no pueden ser verificadas. Lo que se desprende de esta ley de la física es que, hasta donde se puede observar, la cantidad de energía real en el cosmos permanece constante. Pero esta primera ley no dice absolutamente nada acerca del origen de dicha energía, de dónde surgió o cuánto tiempo lleva ahí. Por lo tanto, esta ley física no contradice la doctrina bíblica de la creación.

Además, la segunda ley de la termodinámica afirma que la cantidad de energía utilizable en el universo está disminuyendo (que aumenta el desorden o grado de "entropía"). Esto significa que el mundo se está agotando, que su energía se va convirtiendo poco a poco en calor inutilizable. Semejante observación implica lógicamente que el cosmos no puede ser eterno pues, si lo fuera, se habría quedado sin energía útil hace ya mucho tiempo.

No hay contradicción entre las leyes físicas y la declaración del Génesis porque el universo tuvo un principio en el tiempo y el espacio.

¿Existió siempre el universo o fue creado por Dios?

A. Cruz

La Biblia empieza diciendo que en el principio Dios creó los cielos y la tierra. Aparte de lo que afirma claramente la Escritura por medio de su doctrina de la creación, la mayoría de los astrónomos y cosmólogos actuales han llegado también a aceptar, desde el punto de vista científico, la hipótesis de que hubo una creación del universo. Esto se refleja bien en comentarios como el que realizó el astrofísico norteamericano, Robert Jastrow:

> Vemos ahora que la evidencia astronómica lleva a una visión bíblica del mundo. Los detalles difieren, pero lo esencial de las exposiciones de la Biblia y la astronomía coinciden. [...] Para el científico que ha vivido según su fe ante el poder de la razón, la historia acaba como un mal sueño. Ha escalado la montaña de la ignorancia; está a punto de conquistar el pico más alto; y cuando supera la roca final, es recibido por un grupo de teólogos que estaban allí sentados desde siglos.[210]

La principal razón para esta conclusión es de carácter físico y viene de la mano de la segunda ley de la termodinámica que afirma el aumento del desorden en el universo. Ante la realidad de un mundo que envejece lentamente, en el que los soles se apagan, las montañas se erosionan, los cauces de los ríos pierden su pendiente, los acantilados rocosos se convierten en

---

210 Jastrow, R. 1978, *God and the astronomers* (Norton, New York), p. 14.

playas arenosas y las casas se agrietan hasta derrumbarse, resulta imposible mantener la idea de un cosmos que haya existido eternamente. Hay que admitir, por tanto, la creación como un principio necesario e irrefutable. Por mucho que esta conclusión pueda desagradar a algunos, lo cierto es que la ciencia actual asume que el universo no ha existido siempre, sino que apareció de repente de la nada.

Tal como escribe el físico, Alan H. Guth: "el universo ha evolucionado desde exactamente nada".[211] Sin embargo, inmediatamente después de realizar esta afirmación la ciencia no tiene más alternativa que detenerse y enmudecer porque no es posible probar racionalmente la creación a partir de la nada. Aunque se posean sofisticados aparatos, la nada en que se gestó todo el cosmos jamás podrá ser observada. He ahí la frontera donde la física tiene que ceder el lugar a la teología, pues solo esta es capaz de profundizar en los misterios de la fe y la revelación.

A pesar de todo, ciertos investigadores pretenden de manera decidida y presuntuosa, aventurar conjeturas acerca de lo que podría haber ocurrido antes. ¿Qué había antes del Big Bang? ¿Existe algo más allá de los confines del universo? ¿Hubo antes de la Gran Explosión una Gran Contracción que permitiera volver a creer en la eternidad del mundo? Se empieza a hablar así de universos paralelos, universos bebé, multiverso, superespacio de infinitas dimensiones y agujeros de gusano o tubos finos de espacio-tiempo que conectarían regiones distantes del universo y supuestamente permitirían viajar en el tiempo. Algunos científicos penetran en el ámbito de las hipótesis especulativas que resultan imposibles de comprobar en la realidad. ¿Hasta qué punto puede afirmarse que estas ideas, tan abstractas y alejadas de cualquier posible experimentación, sean propiamente ciencia? Resulta curiosa la arrogancia con la que algunos asumen, como si lo comprendieran, el más grande de todos los misterios, la creación del universo a partir de la nada.

La creación *ex nihilo,* o creación a partir de la nada, es una doctrina absolutamente única de la revelación bíblica. Frente a las diversas teorías e interpretaciones cosmológicas actuales sobre el origen del mundo, la Biblia empieza con estas simples palabras: *En el principio creó Dios los cielos y la tierra.* Algunos pensaban que el cosmos era eterno, como ciertos filósofos griegos; otros creían que Dios lo hizo a partir de materia preexistente, como Platón; los gnósticos sirios estaban convencidos de que se produjo por emanación de la sustancia divina y, en fin, los panteístas creen hasta el día de hoy que la creación sería la apariencia que adopta Dios, porque están convencidos de que el mundo es Dios.

211 Guth, A. H. 1984, El universo inflacionario, en Mas, L. (ed.) *Cosmología* (Libros de Investigación y Ciencia, Barcelona), p. 25.

Ante tanta especulación humana, la Escritura dice en el A. T.: *Por la palabra de* Dios *(Jehováh) fueron hechos los cielos, y todo el ejército de ellos por el aliento de su boca. (…) Porque él dijo, y fue hecho; Él mandó, y existió* (Sal 33: 6, 9). Y en el N. T.: *Por la fe entendemos haber sido constituido el universo por la palabra de Dios, de modo que lo que se ve fue hecho de lo que no se veía.* (Hb 11:3). Aunque la frase: "crear de la nada" (*creatio ex nihilo*) no se encuentra en la Escritura, tanto el judaísmo como las iglesias cristianas enseñaron esta doctrina desde el principio, como un acto libre de Dios que debía asumirse por fe. La aceptaron también los padres de la Iglesia, como Justino Mártir, Ireneo, Tertuliano, Clemente de Alejandría, Orígenes y otros. Ellos creyeron que Dios hace surgir todas las cosas por la palabra, por medio de un sencillo y divino "fiat" (= hágase, sea): *Sea la luz, y fue la luz* (Gn 1:3). De manera que, según el relato de Génesis, las cosas visibles de este mundo no fueron hechas a partir de otras cosas visibles o palpables por nuestros sentidos.

Otro pasaje significativo es Romanos 4:17: *Dios, … el cual da vida a los muertos, y llama las cosas que no son, como si fuesen.* Dios da existencia a lo que no existe, llama a la existencia lo inexistente para darle el ser. Y esto viene corroborado, en el primer libro de la Biblia, por el empleo del verbo hebreo: *"bara"* (= crear) que se usa exclusivamente para las producciones divinas y nunca para las humanas.

¿Qué dice hoy la cosmología moderna sobre el origen del mundo? En la actualidad, hay pocas dudas, entre los investigadores, de que el universo se está expandiendo. Se considera que la llamada "radiación cósmica de fondo" es una especie de "luz fría" residual que evidencia que, en un remoto pasado, hubo una Gran Explosión y que actualmente el universo sigue expandiéndose, cada vez a mayor velocidad. Incluso, algunos científicos creen que la pregunta de cómo empezó el universo, o qué había antes, es ya una cuestión propiamente científica. Sin embargo, lo cierto es que la mayoría de los físicos no piensan así y se refieren al Big Bang como una "singularidad". Es decir, como una "frontera primordial", un "estado de infinita densidad", más allá del cual no podemos conocer nada desde las ciencias naturales.

A pesar de todo, durante los últimos 25 años, han proliferado las especulaciones cosmológicas y los modelos matemáticos teóricos acerca de cómo se podría haber producido esta Gran Explosión a partir de una fluctuación de un vacío primordial. Algunos creen que, de la misma manera que las partículas subatómicas emergen espontáneamente en los vacíos del laboratorio, también el universo podría haber surgido de la nada como resultado de un proceso parecido. Pero, si esto fuera así, ¿podrá la ciencia dar una explicación del origen del universo, sin necesidad de Dios? Muchos cosmólogos y pensadores creen hoy que las solas leyes de la física bastan para explicar el origen y la existencia del cosmos. ¿Estarán en lo cierto? Analicemos algunas creencias actuales que van en este sentido.

1. El universo empezó a existir sin causa:

El físico ruso, Alexander Vilenkin, director del *Instituto de Cosmología* en la Universidad estadounidense de Tufts (Massachusetts), propuso un modelo muy especulativo que "explica" el nacimiento del universo por efecto túnel cuántico desde la nada. El efecto túnel es un fenómeno cuántico por el que una partícula subatómica (como un electrón) viola los principios de la mecánica clásica, penetrando o atravesando una barrera de potencial mayor que la energía cinética de la propia partícula. Él cree que algo parecido a lo que ocurre con estas partículas subatómicas podría haber ocurrido con el universo al principio. Esta "nada", a que se refiere Vilenkin, sería un estado sin espacio, ni tiempo, ni energía, ni entropía o desorden. Si esto fuera así, implicaría que el universo habría comenzado a existir sin causa, ni explicación, ni razón alguna. El mundo se habría creado a sí mismo sin un Creador. ¿Es razonable esta hipótesis teórica?

2. El universo no tuvo comienzo:

Stephen Hawking presenta en su libro *Historia del Tiempo* (1988) otra especulación diferente. Niega que exista la singularidad inicial, (el momento de la creación) o cualquier otra frontera para la ciencia, simplemente porque, según su opinión, nada puede caer fuera del dominio de la investigación científica. Apelar a una singularidad inicial (a un momento de creación) sería para Hawking como reconocer una derrota: *Si las leyes de la física pudieran fracasar en el comienzo del universo, ¿por qué no podrían fracasar por doquier?* (Soler, F. J., 2014, *Dios y las cosmologías modernas*, BAC, p. 6).

Hawking no se resigna a aceptar un comienzo del mundo y propone una conclusión, que es más teológica o metafísica que científica. Es decir, que el universo no tuvo un comienzo. El capítulo octavo de su libro *Historia del tiempo*, termina con estas palabras: *En tanto en cuanto el universo tuviera principio, podríamos suponer que tuvo un creador. Pero si el universo es realmente autocontenido, si no tiene ninguna frontera o borde, no tendría ni principio ni final: simplemente sería. ¿Qué lugar queda, entonces, para un creador?* (Stephen W. Hawking, *Historia del tiempo*, Crítica, 1988, p. 187). ¿Es semejante planteamiento algo más que un puro anhelo del Sr. Hawking?

3. El universo es eterno:

Andrei Linde, un cosmólogo de la Universidad de Stanford (California), especulando acerca de lo que pudo haber antes de la Gran Explosión (*Big Bang*), ha desarrollado una teoría según la cual este acontecimiento no sería más que uno de tantos en una cadena de grandes explosiones mediante las cuales "el universo eternamente se reproduce y se reinventa a sí mismo". El actual universo no sería más que una especie de burbuja que se hinchó separándose de otro universo preexistente y así sucesivamente. Según Linde, un universo eterno no necesitaría a Dios. Pero si ni siquiera conocemos por completo el universo que podemos observar, ¿cómo saber si existen o no esos hipotéticos universos 'burbuja' imposibles de detectar en la práctica?

4. Teoría de la selección natural de universos:

Otro físico teórico, Lee Smolin, se imagina también una cadena completa de universos que evoluciona conforme a la teoría de la selección natural cosmológica. Nuestro universo actual formaría parte de una serie infinita de universos autorreproductores, cuyas leyes físicas evolucionarían al ser transferidas. Los universos que no generaran agujeros negros serían eliminados por esta especie de evolución darwiniana, ya que no tendrían descendencia. Los agujeros negros serían como los hijos de estos hipotéticos universos. O sea, unas regiones del espacio en cuyo interior existe una concentración de masa muy elevada que genera un campo gravitatorio tan potente que ninguna partícula material, ni siquiera la luz, puede escapar de ellos. En definitiva, lo que dice Smolin es que no existe ningún Dios creador, sino que los universos se construyen a sí mismos mediante evolución. ¿Acaso no suena todo esto a sustitución de la causa divina original por la eternidad de los universos materiales?

5. Teoría de supercuerdas o de los universos en colisión:

Neil Turok, de la Universidad de Cambridge (Inglaterra), afirma que el nacimiento del universo presente es el resultado de una colisión entre enormes membranas de cuatro dimensiones. Turok cree que tanto el tiempo como el espacio son infinitos y siempre han estado ahí. El mundo sería eterno tal como proponía la antigua teoría del estado estacionario, por lo que un Creador resultaría superfluo. Y, de nuevo, estamos ante lo mismo: el antiguo dilema entre un principio de todas las cosas o bien la eternidad de la materia, el tiempo, el espacio y la energía. ¿Cuál es la verdadera respuesta?

6. Por último, tenemos la famosa teoría del multiverso:

Sir Martin Rees señala que la solución para el llamado "ajuste fino" del universo (la existencia de esos parámetros iniciales tan precisos que se requieren para que se dé la vida) es precisamente la teoría de los múltiples universos o del multiverso. Si existieran infinitos mundos, sería lógico pensar que en alguno de ellos se dieran las leyes necesarias para la vida y el desarrollo de la conciencia humana. Y este sería precisamente el caso del nuestro. ¡Misterio resuelto! ¡Ya no hay necesidad de Dios porque los universos se crearían a sí mismos!

Todos estos planteamientos cosmológicos intentan explicar desde la razón humana cómo se pudo haber generado el mundo sin la intervención de un Dios creador. No obstante, para algunos pensadores y cosmólogos actuales la respuesta al problema del "ajuste fino" es claramente la providencia y no la coincidencia o el multiverso. De hecho, la mayoría de los teístas (judíos, cristianos y musulmanes) estamos inclinados a pensar así. Por ejemplo, el filósofo y teólogo cristiano estadounidense, William Lane Craig, se adhiere a la cosmología de la Gran Explosión porque la ve como una confirmación científica de la historia de la creación del Génesis. Si el universo comenzó a existir, entonces tiene que tener una causa exterior a él mismo, que debe ser el Creador. Y, desde luego, hasta ahora, los datos de la teoría del Big Bang le dan la razón.

No obstante, al analizar las diversas posturas cosmológicas actuales, uno descubre que existe detrás de ellas tanto una "teofilia" como una "teofobia". Quienes creemos en Dios nos sentimos más cómodos con la Gran Explosión porque parece implicar un principio, una creación; mientras que los escépticos prefieren un universo eterno, sin singularidades, y buscan constantemente modelos que así lo confirmen. Hay toda una carga ideológica detrás de cada modelo cosmológico. Sin embargo, emplear las teorías cosmológicas tanto para afirmar como para negar la creación, ¿no será quizás un camino equivocado y peligroso? ¿No estaremos malinterpretando tanto la cosmología como la doctrina bíblica de la creación? Al pretender "casarse" con un determinado planteamiento temporal de la ciencia humana (tan cambiante o variable), ¿no se estará corriendo el riesgo de tener que "divorciarse" en el futuro?

Veamos qué opinaba al respecto el famoso filósofo y teólogo medieval, Tomás de Aquino, quien ya en su época desarrolló unas ideas muy interesantes.

La creación desde la nada (*creatio ex nihilo*), en el pensamiento de Tomás de Aquino:

Desde la antigüedad clásica (cuyo mayor representante fuera quizás Aristóteles, que vivió unos 300 años a. C.) hasta los pensadores de la Edad Media, se creía que el universo eterno de la ciencia griega era incompatible con un universo creado de la nada. La física antigua decía que nada puede provenir de la nada absoluta, por lo que la afirmación de la fe cristiana de que Dios creó todo de la nada, no podía ser cierta. Los antiguos pensaban que como "algo" debe proceder de "algo", ha de haber siempre "algo" y, por lo tanto, el universo debe ser eterno. De ahí que la Iglesia católica prohibiera algunos libros de Aristóteles que trataban de tales asuntos, entre otras cosas, porque se creía que cuestionaban la doctrina de la creación.

Hagamos un paréntesis con la siguiente cuestión: ¿Es la "nada" de la física igual que la "nada" de la teología y la filosofía? Hay actualmente una confusión persistente en la concepción del término: "nada". El "vacío" de la física de partículas, a que se refieren los cosmólogos modernos, cuya "fluctuación" trae supuestamente nuestro universo a la existencia, no es la "nada absoluta" de la teología.

En este sentido, el cosmólogo Andrei Linde, dijo que en algún momento, hace miles de millones de años, *una minúscula mota de nada primordial estaba de algún modo llena con intensa energía con extrañas partículas.* (The New York Times, 06.02.2001, citado en Soler Gil, *Dios y las cosmologías modernas,* 10). Pero, ¡si una mota de "nada primordial" estaba llena de energía y de partículas, es que en realidad era "algo"! Puede que no sea algo como el universo actual, pero es todavía "algo". ¿Cómo, si no, podría fluctuar o cambiar para convertirse en otra cosa? La "nada" de las teorías cosmológicas actuales resulta, en el fondo, ser "algo". Tal como reconoce el astrofísico británico, John Gribbin: *el vacío cuántico es un hervidero espumeante de partículas, constantemente apareciendo y desapareciendo, y proporcionando a la "nada en absoluto" una rica estructura cuántica. Las partículas que aparecen y desaparecen rápidamente son conocidas como partículas virtuales, y se dice que son producidas por fluctuaciones del vacío.* (John Gribbin, *In the Beginning,* Little Brown & Co,1995, p. 246-247).

Sin embargo, el concepto de "nada", que es fundamental en la doctrina de la creación a partir de la nada, es radicalmente diferente de lo que entienden por "nada" los cosmólogos. Hablar de "creación a partir de la nada" es, precisamente, negar que existiera alguna materia o algo preexistente que cambiara y se convirtiera en algo distinto. No hay causas materiales en el acto de la creación. Por lo tanto, dicho acto pertenece al ámbito de la metafísica y la teología, no al de las ciencias naturales.

La creación tampoco es un cambio. Tomás de Aquino, en el siglo XIII, logró elaborar una concepción robusta de la creación a partir de la nada, que hizo honor tanto a los requerimientos de la revelación bíblica como a una explicación científica de la naturaleza. Tomás distingue entre el "acto de creación" y el "cambio" mediante su famosa frase: *creatio non est mutatio* (la creación no es un cambio). La ciencia humana solo tiene acceso al mundo de las cosas cambiantes: desde las partículas subatómicas, a las células, las manzanas, los caballos y las galaxias. Siempre que ocurra un cambio, debe haber algo que cambia. Todo cambio requiere una realidad material previa o subyacente.

Sin embargo, "crear" es otra cosa; crear es causar la realidad completa de lo existente. Y causar completamente la existencia de algo no es producir un cambio en algo. Crear no es operar sobre algún material ya existente. Crear es dar la existencia total desde la nada total. La teología afirma que todas las cosas dependen de Dios por el hecho de ser. Dios no es como un arquitecto que construye una casa y se marcha, y dicha vivienda deja de tener para siempre cualquier relación de dependencia con su constructor; el arquitecto podría morir, y la casa seguiría en pie. La acción de Dios en su creación es muy diferente. Todas las cosas caerían en el no ser, si la omnipotencia divina no las sostuviera continuamente (esto es lo que se conoce en teología como providencia divina).

No es lo mismo "comienzo" del universo que "origen" del mismo. Tomás distinguió también entre el comienzo del universo y el origen del universo. El "comienzo" se refiere a un suceso temporal, y un comienzo absoluto del cosmos sería un suceso que coincidiría con el comienzo del tiempo. La "creación", en cambio, es una explicación del origen del universo, o de la fuente de la existencia del mismo, que solo puede ser algo externo al cosmos, como Dios mismo. De manera que, según esta distinción entre origen y comienzo, Tomás de Aquino, a diferencia de sus correligionarios católicos, no veía ninguna contradicción en la noción de un universo "eternamente creado". Porque, incluso si el universo no tuviera un comienzo temporal –como decían los pensadores antiguos y algunos actuales– seguiría dependiendo de Dios para su mera existencia. Lo que quiere decir "creación" es la radical dependencia de Dios como causa del ser. El Creador es anterior a lo creado, pero desde el punto de vista metafísico, no necesariamente desde la perspectiva temporal.

Lo que decía Tomás de Aquino es que, incluso aunque el universo fuera infinito en el espacio y el tiempo, y compartiera con Dios el atributo de la eternidad, continuaría dependiendo del 'Sumo Hacedor' para su existencia. Dios lo habría creado desde la eternidad. Incluso aunque el universo no tuviera "comienzo" en el tiempo, por ser eterno, seguiría teniendo un "origen", una causa, que es Dios. Aunque el universo fuera eterno, todavía sería contingente, necesitaría una causa. Y dado que el tiempo es creado, Dios podría crear un tiempo finito lineal o de cualquier otro tipo. Por tanto, decir que el universo no tiene un comienzo (porque es eterno, como pensaba Aristóteles; o como piensan hoy Stephen Hawking y otros), no pone en cuestión la verdad metafísica fundamental de que el universo tiene un origen, esto es, de que el universo es creado.

Si fuera cierto que hubo una "inflación eterna", como piensa Andrei Linde (cosmólogo de la Universidad de Stanford), o quizás una serie infinita de universos dentro de universos, todos esos universos continuarían necesitando el acto creativo de Dios para poder existir. Tal como escribe el historiador de la ciencia, William E. Carroll: *No hay ningún conflicto necesario entre la doctrina de la creación y ninguna teoría física. Las teorías en las ciencias dan cuenta del cambio. Sean los cambios descritos biológicos o cosmológicos, inacabables o finitos temporalmente, siguen siendo en todo caso procesos. La creación da cuenta de la existencia de las cosas, no de los cambios en las cosas.* (William Carroll, "Tomás de Aquino, creación y cosmología contemporánea", en *Dios y las cosmologías modernas*, p. 14).

A pesar de todo, Tomás de Aquino creía que la Biblia revelaba que el universo no es eterno y que, por tanto, Aristóteles se equivocaba razonando que el universo era eterno. En su opinión, uno no puede saber si el universo es eterno o no, en base a la sola razón. Solo desde la fe se puede afirmar que el cosmos tuvo un comienzo temporal. Y esto no puede entrar en conflicto con lo que la cosmología puede proclamar legítimamente.

Sentidos filosófico y teológico de la creación:

Por último, para Tomás de Aquino hay también dos sentidos de creación a partir de la nada, uno filosófico y otro teológico. El sentido filosófico significa que Dios, sin causa material, hace existir todas las cosas como entidades que son realmente diferentes de él, aunque completamente dependientes de él. Mientras que el sentido teológico de creación, además de asumir lo anterior, añade la noción de que el universo creado es finito temporalmente. De manera que, en la concepción de Tomás de Aquino, la creación se realiza a partir de la nada, porque nada increado preexiste a la creación; no es eterna, sino que el acto creador tuvo lugar en el tiempo y es permanentemente dependiente de Dios. Además, creer que el universo tuvo un comienzo temporal, nunca será contradictorio con lo que las ciencias naturales pueden comprobar legítimamente. Una cosa es empeñarse en elaborar marcos teóricos para apoyar la eternidad del cosmos –como hacen algunos científicos ateos– y otra muy diferente demostrarlos en la realidad.

Veamos ahora algunos errores y malinterpretaciones cosmológicas. La Gran Explosión descrita por los cosmólogos actuales no es la creación del Génesis. Esto ya se ha dicho muchas veces. Ni la cosmología, ni cualquier otra disciplina científica, son capaces de proporcionar la explicación última de la existencia de todas las cosas. Pero esto no significa que la razón humana tenga que permanecer en silencio respecto al tema del origen del universo. Que la ciencia sea incapaz de ofrecer la explicación última del cosmos, no quiere decir que tal explicación no pueda alcanzarse por otro camino. Según Tomás de Aquino, ese camino es el de la metafísica. Teniendo en cuenta su distinción entre "comienzo", desde el punto de vista temporal, y "origen" desde el creacional, Tomás de Aquino pensaba que la sola razón humana es incapaz de determinar si el mundo tuvo un comienzo temporal. Sin embargo, creía que la sola razón sí podía demostrar que el universo había sido creado porque una cosa es –tal como se ha indicado– el "comienzo" del mundo y otra diferente su "creación".

Por tanto, podemos concluir resaltando los tres siguientes aspectos:

a) **Aunque el universo fuera el resultado de una fluctuación de un vacío primordial** –como piensan hoy muchos físicos y cosmólogos– **esto no significa que se haya creado a sí mismo**.

Tampoco es ese vacío primordial la nada de la "creación a partir de la nada" y, cuando algunos científicos dicen que "nunca hubo un Dios", se salen de lo estrictamente científico y malinterpretan tanto a "Dios" como lo que significa "crear". Porque, si no hubiera un Creador causándolo todo, no se habría hecho nada, en absoluto. Stephen Hawking, y todos los colegas que piensan como él, se equivocan porque cometen el mismo antiguo error que denunció Tomás de Aquino: confunden *ex nihilo* (de la nada) con *post nihilum* (después de la nada). Creen que al negar que la creación ocurriera "*después* de la nada", están negando también que ocurriera "*a partir* de la nada". Y no tiene absolutamente nada que ver una cosa con la otra. Un universo que fuera el resultado de una fluctuación de un hipotético vacío primordial, no es un universo autocreado. Y nada impide pensar que no pueda haber sido hecho por algo que existe fuera de él.

b) **Otro error que se comete es pensar que "crear" significa lo mismo que "cambiar" o ser una causa del cambio.**

Al negar que hubiera un "cambio inicial", dicen que Dios ya no tiene razón de ser. Esto es lo que afirma Hawking: Si el universo no tiene "frontera inicial" o comienzo, ¿qué papel le queda a Dios? Pero, puesto que la creación no es ningún cambio, estas especulaciones cosmológicas, no pueden rechazar nunca realmente la actuación creativa de Dios. De la misma manera, el multiverso, o los universos autorreproductores de algunos cosmólogos, tampoco son universos que se hubieran podido crear a sí mismos.

c) De todo esto, se puede concluir que **la causa de la existencia del universo no es una cuestión adecuada para un cosmólogo**, ni para la ciencia en general, sino para la filosofía y la teología.

Usar las hipótesis cosmológicas para negar la creación es tan inadecuado como lo contrario, decir que la Gran Explosión (teoría del Big Bang) es una demostración científica de la creación. Es poco sensato usar malos argumentos para apoyar materias de fe. Además, por mucho que varíen los planteamientos de la cosmología, nunca podrán eliminar la necesidad del acto creador de Dios.

Las explicaciones científicas que se proponen para dar razón de los diversos cambios que ocurren en el cosmos y en la naturaleza, son y serán siempre incapaces de explicar también la propia existencia de las cosas. ¿Cómo llegaron a ser desde la nada? ¿Por qué existe algo en vez de nada? Todas estas variaciones y proposiciones cosmológicas, a las que nos hemos referido, no son más que especulaciones teóricas. Tal como escribe, con cierta ironía, el divulgador británico, Bill Bryson: *El resumen de lo que dice la cosmología contemporánea es que vivimos en un universo cuya edad no podemos calcular con seguridad, rodeados de estrellas cuyas distancias no conocemos, llenas de materia que no podemos identificar, y operando conforme a leyes físicas que no comprendemos verdaderamente.* (B. Bryson, *A short history of the nearly everything*, o.c. en *Nature* 424 (2003) 725.)

Sin embargo, ante tantas incertidumbres, los creyentes asumimos lo que afirma la Escritura, que Dios hizo todo lo que se ve, a partir de lo que no se veía. Desde luego, es un acto de fe creer que Dios existe y creó el universo. Pero este acto de fe puede condicionar toda nuestra existencia. Si Dios creó el cosmos, este mundo le pertenece y él sigue estando en el control de todo. Esto significa que debemos tratar la naturaleza con respeto. Cada criatura sigue estando en las manos de Dios. No somos producto del azar ciego, sino que nuestra vida fue diseñada inteligentemente con un propósito y, por tanto, cada existencia tiene un profundo sentido. Esto, qué duda cabe, condiciona de forma absoluta nuestra actitud ante el mundo, así como nuestro comportamiento moral y espiritual.

¿Qué evidencias hay de que el Dios de la Biblia sea el creador del universo?

J. Valdés

El "argumento cosmológico" y el "argumento teleológico" (el argumento a partir del diseño) establecen que Dios es un ser necesario.[212] Sin embargo, estos argumentos no pretenden identificar quién es el Dios creador. Para determinar quién es dicho creador es necesario considerar otro argumento. Se trata del "argumento cualitativo"[213], que es un argumento de carácter abductivo, a menudo usado por detectives forenses, cuyo propósito es identificar al creador. Veámoslo en forma de silogismo.

Premisa 1: El agente causal del universo ha de poseer todas las cualidades mínimas requeridas para crear el universo.

Premisa 2: El Dios del cristianismo es el único agente causal conocido que posee todas las cualidades mínimas requeridas para crear el universo.

Conclusión: El Dios del cristianismo es el agente causal del universo.

El argumento se desarrolla en tres pasos. Primero debemos observar el universo en que vivimos. Luego tenemos que elaborar argumentos abductivos a favor de la mejor explicación (causa) posible para explicar los efectos que observamos. Este segundo paso trae a la luz una serie de

212 Vea las *Preguntas 55 y 72*.
213 Este es un argumento propio que vengo desarrollando desde hace más de una década, basado en la lógica abductiva, que busca la mejor explicación para lo que observamos en el universo.

cualidades mínimas requeridas de quién sea el agente causal. El paso final es comparar los posibles agentes causales propuestos por las diversas religiones para determinar si algún candidato posee todas las cualidades mínimas requeridas. El proceso parece indicar que el Dios del cristianismo es el único, entre las principales religiones del mundo, que posee todas y cada una de las cualidades necesarias para ser el agente creador del universo. Veamos en qué consiste.

La primera observación que podemos hacer es que *el universo comenzó a existir*. Dada la teoría de la relatividad de Einstein, las observaciones de radiación de fondo captadas por el telescopio Hubble, la expansión del universo, etc., la ciencia contemporánea afirma que el universo comenzó a existir. Entendemos que algo que comienza a existir no existe necesariamente. Es decir, algo que comienza a existir también pudo no existir. ¿Qué sugiere entonces esta observación? Si el universo comenzó a existir es porque algún agente causal decidió crearlo. Esto nos provee la primera cualidad necesaria para quien haya creado el universo: tiene que ser un agente **personal** ya que solo un ser personal puede escoger hacer o no hacer algo.

La segunda observación que puede hacerse es que *el tiempo comenzó a existir*. La ciencia también confirma esta premisa. ¿Qué sugiere tal observación? Si el agente causal es quien crea el tiempo, él ha de existir independientemente del tiempo y antes de él. Por tanto, el agente causal ha de ser **supra-temporal**.[214] Es decir, no está sujeto a las limitaciones del tiempo.

La tercera observación es que *el espacio comenzó a existir*. Esta observación, al igual que las previas, es aceptada por la ciencia contemporánea. Si el agente causal es el creador del espacio, ha de existir independientemente del mismo. Es decir, el agente causal ha de ser **supra-espacial**.[215] No está sujeto a las limitaciones del espacio.

La cuarta observación es que *la materia comenzó a existir*. Gozando de fuerte apoyo científico, esta observación sugiere que el agente causal ha de existir independientemente de la materia. Si el agente causal existe antes de la existencia de la materia, dicho agente no puede ser material. Es decir, el agente causal ha de ser **inmaterial** ya que no está sujeto a las limitaciones de la materia.

La quinta observación es que *el universo contiene cantidades masivas de energía*. Los astrónomos han descubierto astros que hacen parecer a nuestro

---

214 En la búsqueda de cualidades para un ser único y completamente sobrenatural, nuestro vocabulario carece de palabras precisas para describir lo que intentamos describir. Por tanto, nos vemos obligados a "inventar" palabras que se acerquen lo más posible a lo observado. La palabra "supra" se entiende como *más allá de,* o *que trasciende* algo.
215 *Ibid.*

sol como un bebé en pañales. *Betelgeuse*, el supergigante tiene el tamaño de 370 soles. Las estrellas gigantes rojas pueden llegar al tamaño de 1 000 soles. El supergigante *VY Canis Majoris* es del tamaño de más de 2 100 soles. Esto es relevante porque la ley de la causalidad establece que el efecto no puede ser mayor que la causa. ¿Qué sugiere esta observación? El agente causal ha de poseer cantidades de energía o potencia igual o mayor que toda la que existe en el universo. Tendríamos que concluir que el agente causal es **súper-poderoso,** un término que parece quedar extremadamente corto de definir el poder del agente causal.

La sexta observación es que *el universo es gobernado por leyes naturales constantes y precisas*. Las ciencias han avanzado mucho, especialmente la física, en identificar las leyes que rigen el mundo natural, leyes que mantienen un orden extraordinario. ¿Qué sugiere esta observación? Esto parece indicar que el agente causal del universo favorece el orden y es quien estableció estas leyes. Es decir, el agente causal es **ordenado** y un **diseñador/ingeniero** brillante.

La séptima observación es que *el universo manifiesta un ajuste fino sorprendente para el sostén de la vida biológica en la tierra*. Para la ciencia esto es un misterio innegable ya que todas las leyes del universo parecen haberse calibrado con un alto nivel de precisión para que sea posible la vida biológica en nuestro planeta. Este ajuste tan preciso sugiere intenciones muy específicas. El agente causal ha de haber tenido la intención de causar un universo con el propósito especifico de sostener la vida biológica en nuestro planeta. Es decir, el agente causal **actuó con propósito**.[216]

La octava observación es que *la vida es totalmente dependiente de la información contenida en el ADN*. Algunos de los más grandes avances de la ciencia contemporánea se encuentran en los campos de la biología molecular, la bioquímica y la genética. Estas tres disciplinas están explotando los descubrimientos –cada vez más detallados– de la información que contiene el ADN. ¿Qué sugiere esta observación? El hecho de poder "escribir" las instrucciones de la vida a una escala tan pequeña y compacta como observamos en la molécula de ADN sugiere que el agente causal ha de ser **superinteligente**.[217]

La novena observación es que *el mundo natural manifiesta increíble belleza y diversidad*. La ciencia ha logrado descubrir miles de especies en el reino animal y en el reino de las plantas. Estos descubrimientos nos dejan maravillados. La diversidad de colores, texturas, olores y sabores que

---

216 Esta observación también apoya la conclusión de que el agente causal es un agente personal, ya que solo los seres personales son capaces de actuar con propósito.

217 De nuevo, nos parece quedarnos infinitamente cortos con la palabra superinteligente, pero no se me ocurre una palabra mejor.

observamos en el mundo de los vegetales es casi infinita. Lo mismo vemos en las plantas y las flores. ¿Qué diremos de la diversidad en el reino animal? Animales peludos, con escamas, con plumas, con espinas, en toda la gama de colores sin mencionar las infinitas peculiaridades de cada uno. ¿Qué sugiere esta observación? El agente causal ha de ser sumamente **creativo** ya que valora la belleza y la diversidad.

La décima y última observación es que *la información es fundamental en el universo*. Todas las leyes del universo pueden ser reducidas a fórmulas matemáticas elegantísimas. Sin embargo, lo curioso es que la información no se puede reducir a materia ni a energía. ¿Qué sugiere esta observación? La información requiere una causa inteligente y el agente causal ha de ser **el informador máximo del universo**.

Hasta aquí el proceso nos ha revelado una lista de algunas de las cualidades mínimas para cualificar como agente causal del universo. El agente causal ha de ser personal, supra-temporal, supra-espacial, inmaterial, súper-poderoso, ordenado, diseñador inteligente, debe actuar con propósito, ser superinteligente, creativo y el informador máximo del universo. Un análisis detallado, comparando las escrituras sagradas de las diversas religiones, parece indicar que el único ser divino que reúne todas las cualidades necesarias es el Dios del cristianismo.

Consideremos algunos de los puntos sobresalientes de este análisis comparativo.[218] Al analizar la literatura budista nos damos cuenta de que el budismo es en su mayor expresión una religión atea. El budismo no propone candidato alguno para la creación del universo, ya que consideran que este es eterno.

Por su parte, el hinduismo sufre al menos de tres graves problemas a la hora de considerar un candidato como creador del universo. El primer problema y el más difícil es que el hinduismo en su mayor expresión considera que la materia es eterna, por lo que el acto de "creación" que se le atribuye a Brahman es realmente un acto de remodelación que ocurre cada cierta cantidad de tiempo. Por tanto, la postura hindú contradice lo que la ciencia considera cierto, que el universo (materia, espacio, tiempo, y energía) comenzó a existir. Es decir, no son eternos. Esto termina descalificando a Brahman como un candidato adecuado para ser el agente causal del universo. Segundo, el hinduismo no presenta una revelación clara y coherente de Brahman. En la literatura primaria del hinduismo encontramos serias contradicciones con relación a Brahman y las cualidades mínimas requeridas. Por ejemplo, en algunas Vedas se describe a Brahman como total y únicamente impersonal, enfatizando que un dios personal sería inferior a

---

218 Dicho análisis es extenso y aquí solo podemos tocar algunos de los puntos sobresalientes y éstos de forma muy breve.

Brahman. En contraste, en otras Vedas se nos presenta a Brahman como un ser personal.[219] Esta ambigüedad es común en la literatura primaria del hinduismo y resulta en enseñanzas lógicamente incoherentes. El tercer problema es que, en su mayor expresión, el hinduismo es una religión panteísta. Es decir, gran parte de la literatura primaria presenta a Brahman como uno con el universo, Brahman es todo y todo es Brahman.[220]

El islam presenta al menos dos graves problemas. Primero, Alá no se revela a sí mismo como el informador máximo del universo, el concepto de un *Logos* no existe en el islam. Segundo, el islam argumenta que el Dios de Génesis 1-2 es el creador del universo, pero argumentan que este es el mismo Dios del Corán.[221] Aquí surge un problema serio. Las descripciones de Alá en el Corán son contradictorias a las descripciones de Dios en la Biblia.[222]

El judaísmo, en su literatura primaria (el Antiguo Testamento) presenta un agente causal muy cerca del que propone el cristianismo. Sin embargo, esta deidad también carece de algunas de las cualidades mínimas necesarias, ya que estas cualidades se encuentran reveladas solo en el Nuevo Testamento. Una de las diferencias más importantes es que el agente causal del judaísmo tampoco se revela a sí mismo como el informador máximo del universo, un concepto que en el Dios del cristianismo se conoce como el *Logos*.

Por tanto, el Dios del cristianismo es el único agente causal que se describe como poseedor de todas y cada una de las cualidades mínimas necesarias, aunque los autores bíblicos también sufrían de un vocabulario limitado carente de las palabras precisas necesarias. No obstante, al usar términos como "omnisciente", "omnipotente", "omnipresente", "eterno", "espíritu", "Logos", etc., lograron describir las cualidades precisas que el agente causal requería. Parece pues haber una fuerte consonancia entre la revelación y la observación. Hay una tremenda armonía entre la Biblia y el 'Libro de la Naturaleza'. Podemos concluir, con un alto nivel de certeza, que el candidato más plausible para ser el agente causal del universo es el Dios de la fe cristiana.

---

219 Estas contradicciones enfatizan que realmente no sabemos cómo es Brahman. Puede que tuviera las cualidades necesarias o puede que quizás no, pero es imposible determinarlo a partir de la literatura primaria del hinduismo.

220 Para una consideración más a fondo de Brahman en comparación con el Dios de la Biblia, vea la *Pregunta 44*.

221 Para los musulmanes, el Antiguo Testamento es fidedigno hasta el capítulo 11 de Génesis y luego se corrompe por culpa de los judíos que sustituyen a Ismael, el verdadero hijo de la promesa, por el fraudulento Isaac.

222 Para un estudio más a fondo vea la *Pregunta 43*.

Si Dios es el creador del mundo, ¿por qué hay tanta evidencia en favor de la evolución?

A. Cruz

Famoso esqueleto fósil del ave *Archaeopteryx* (American Museum of Natural History, New York).

La palabra "evolución" tiene varios significados. Uno de ellos es el cambio evidente que experimentan todas las especies biológicas de este planeta, y que se pone de manifiesto por la increíble diversidad de razas, variedades e incluso especies similares dentro de determinados grupos. Algo real que nadie pone en duda y que se debe a la *microevolución* generada por la rica información que contiene el ADN y por las mutaciones que pueden ser seleccionadas de forma natural por el medio ambiente. Otro significado diferente sería el de la *macroevolución*, es decir, el de los grandes cambios supuestamente producidos a lo largo de las eras que propone el darwinismo entre un hipotético antepasado común, una microscópica célula primitiva, y todas las demás especies actuales, incluido el ser humano.

La microevolución es un hecho, mientras que la macroevolución entre los grandes grupos de organización de los seres vivos sigue siendo un planteamiento indemostrado. No existe demostración científica de que los mecanismos que actúan en la primera hayan sido los responsables también de la segunda. Extrapolar la selección gradual de pequeñas diferencias, (debidas como decimos a la riqueza del ADN y a las mutaciones puntuales que ocurren dentro de los grupos biológicos, como por ejemplo los cambios de color en las alas de las mariposas o las variaciones en el tamaño del pico de los pájaros), a las enormes divergencias que requiere el origen de los artrópodos, los peces, los reptiles, las aves o los mamíferos es un gran acto de fe evolucionista. Al confundir estos dos significados distintos del término evolución, se generan numerosos malentendidos ya que en la naturaleza existen muchas evidencias de microevolución, pero muy pocas que sugieran macroevolución. Cuando se afirma que hay mucha evidencia en favor de la evolución, se está hablando generalmente de ejemplos de microevolución, no de macroevolución.

En favor de esta última, según la cual todos los seres vivos proceden de un antepasado común, estaría la presencia casi universal de la molécula de ADN en las células de los organismos y del mismo o similar código genético. Desde el evolucionismo, este hecho se interpreta como una evidencia de que todas las especies derivan de una primitiva célula ancestral que ya poseía dicho ácido desoxirribonucleico, así como el código necesario para traducir su información y formar las proteínas. Aunque se podría pensar también que Dios empleó el mismo diseño de la molécula de ADN para constituir a casi todos los seres vivos, no cabe duda de que la universalidad de la misma apoya la idea macroevolutiva del antepasado común.

No obstante, uno de los principales inconvenientes para la macroevolución gradualista lo plantea la paleontología. Las lagunas sistemáticas que evidencia el registro fósil no se pueden llenar con retórica. Faltan los fósiles que serían cruciales para demostrar que los organismos evolucionaron gradualmente. Se han descubierto cientos de miles de animales petrificados pertenecientes a las clases de peces, anfibios, reptiles, aves y mamíferos, pero muy pocos que pudieran ser considerados como intermedios entre ellas. Tal como señala el biólogo y médico australiano, Michael Denton: "en los últimos años, varios biólogos y estudiantes de la teoría de la evolución han comenzado a plantear serias dudas sobre la validez del gradualismo darwiniano ortodoxo".[223] Es verdad, que existen algunas formas que pudieran ser consideradas de transición, como el *Ichthyostega*, el *Seymouria* o el *Archaeopteryx*, pero se trata de un pequeño puñado de fósiles, cuando debería haber miles en los estratos rocosos de todo el mundo, si es que el gradualismo realmente se hubiera dado.

Ante semejante dificultad para el darwinismo, de tantos huecos o brechas como pone de manifiesto la ciencia de los fósiles, algunos paleontólogos evolucionistas, como Steven Jay Gould y Niles Eldredge, propusieron en 1972 la *teoría saltacionista* o de los *equilibrios puntuados*. Según tal teoría, durante la mayor parte del tiempo las especies no cambian, sino que

223 Denton, M. 1986, *Evolution: a theory in crisis* (Adler & Adler, Chevy Chase, MD), p. 228.

permanecen estables (viven en un periodo de *estasis*) y solo en breves momentos determinados (en tiempos geológicos) experimentan una revolución genética originando de repente especies nuevas. Para los gradualistas, la macroevolución actúa lenta y gradualmente en el tiempo como si fuera un patrón lineal o filogenético (anagénesis o gradualismo filético), mientras que para los saltacionistas o puntuacionistas, los cambios se producen por medio de acontecimientos rápidos de evolución con ramificaciones (cladogénesis), en los que una sola especie podría dar lugar a muchas especies descendientes.

Por supuesto, Darwin era gradualista y creía que la aparición repentina de una nueva estructura, órgano o especie biológica sería un milagro y, por tanto, la rechazaba por considerarla contraria a su teoría. En este mismo sentido de negar a tales "monstruos esperanzados" se manifestaba en el siglo XX el gran biólogo neodarwinista, Erns Mayr:

> La aparición de monstruosidades genéticas por mutación (…) está bien fundamentada, pero evidentemente se trata de fenómenos que dan lugar a monstruos que solo pueden designarse como "desesperados". Estarían tan completamente desequilibrados que no tendrían la menor posibilidad de escapar a la eliminación mediante la selección. Darle a un tordo las alas de un halcón no lo convierte en mejor volador. De hecho, teniendo todos los demás equipamientos de un tordo, probablemente difícilmente podría volar. (...) Creer que un cambio tan drástico produciría un nuevo tipo viable, capaz de ocupar una nueva zona adaptativa, equivale a creer en milagros.[224]

El saltacionismo apela a acontecimientos casi milagrosos que no pueden comprobarse en la realidad. Creer que el azar de las mutaciones acumulara los genes necesarios para formar las adaptaciones repentinas y sistemáticas capaces de hacer una pluma de ave, un pelo de mamífero, la respiración aerobia, el esqueleto interno, una placenta o un huevo amniótico, por ejemplo, es algo que supera con creces las posibilidades estadísticas. No se conocen mecanismos que pudieran producir semejante complejidad biológica a partir de una simple bacteria primitiva y en el tiempo de que se dispone para ello. Como comentaron John D. Barrow y Frank J. Tipler, proponentes del principio cosmológico antrópico en 1986, "todo esto sería tan improbable que antes de que pudiera ocurrir, el Sol habría dejado de ser una estrella de primera magnitud y habría incinerado la Tierra".[225]

---

224 Mayr, E. 1970, *Populations, Species and Evolution* (Harvard University Press, Cambridge, Mass), p. 253.
225 Barrow y Tipler, 1986, *The Anthropic Cosmological Principle*, pp. 561-565.

De la misma manera, el famoso motor de la evolución, constituido básicamente por las mutaciones aleatorias y la selección natural, que hasta ahora se consideraba como la causa de la lenta transformación de unas especies en otras diferentes, resulta que más bien contribuye a la estabilidad de las especies, pero, al no aportar información genética nueva, es incapaz de crear nuevos organismos. El biólogo norteamericano de la Universidad de Lehigh, Michael Behe, niega que la selección natural de las mutaciones al azar pueda haber dado lugar a tantos órganos y funciones "irreductiblemente complejas" como hay en todos los seres vivos.[226] Las múltiples máquinas moleculares microscópicas que existen en el interior de las células no podrían haber empezado a funcionar por primera vez a menos que todas sus piezas hubieran estado operativas y en su lugar adecuado desde el principio. Una lenta evolución gradual de tales máquinas no habría sido viable ya que la propia selección natural las habría eliminado prematuramente.

En resumen, no existen tantas evidencias de la evolución como la gente suele creer. Desde luego, la Biblia tampoco explica claramente cómo creó Dios el mundo, la vida y los seres biológicamente complejos, puesto que no es un libro de ciencia, ni ese es su propósito. El creador podría haberlo hecho todo a partir de la nada repentinamente, o bien por medio de la creación de tipos básicos de organismos que poco a poco se diversificaran por microevolución en especies parecidas, o incluso como dice el filósofo cristiano William Lane Craig: "podría haberse valido de etapas más primitivas de organismos vivos como materia prima para la creación de formas superiores, mediante cambios sistémicos que serían altamente improbables de acuerdo a cualquier explicación naturalista".[227] Por supuesto, tales orígenes serían difíciles de entender desde el naturalismo ya que la ciencia no tiene acceso al milagro. Sin embargo, lo que resulta cada vez más evidente es que la ciencia no es enemiga de la fe y que la información del ADN y la alta complejidad biológica requieren una inteligencia cósmica tal como la que se describe en la Escritura.

226 Behe, J. M. 1999, *La caja negra de Darwin* (Andrés Bello, Barcelona).
227 Craig, W. L., 2007, "¿Es verdadera la teoría neo-darwiniana de la evolución?" en Zacharias, R. y Geisler, N. 2007, *¿Quién creó a Dios?* (Vida, Miami), p. 87-88.

Si Dios creó mediante evolución, ¿por qué hay tantas pruebas en contra?

A. Cruz

La teoría de la evolución de las especies, cuyo origen se debe a Charles Darwin, ha arraigado plenamente en la sociedad occidental. Es una teoría que ha logrado fundamentar gran parte de las ideologías actuales y que se ha venido enseñado durante muchos años en las universidades y centros de educación secundaria e incluso en la escuela elemental. Sin embargo, a finales del año 2016 se celebró en Londres, en la *Royal Society*, un encuentro mundial de biólogos evolutivos con el fin de tratar acerca de los importantes problemas científicos que todavía sigue planteando dicha teoría. En dicho encuentro participaron investigadores de primera línea como: James Saphiro, Gerarg Muller, Elis Nobel y Eva Jablonka, a quienes se les pidió que tratasen acerca de las principales lagunas de conocimiento que tiene actualmente el neodarwinismo.

Se debatieron diversos aspectos y se puso de manifiesto, en primer lugar, la gran distancia que existe entre las opiniones de los eruditos y las del resto de la sociedad. Es decir, los divulgadores y la gente común continúan creyendo y enseñando principios, por medio de los libros de texto, que fueron descartados hace ya tiempo por los expertos en evolución. En resumen, se concluyó que la teoría de la evolución se enfrenta hoy a los siguientes cinco problemas fundamentales que aún no han sido convenientemente explicados por el evolucionismo.

1. El mecanismo de mutación y selección natural es incapaz de generar la complejidad biológica existente en la naturaleza.

La genética ha puesto de manifiesto que la selección natural no es una fuerza creadora sino únicamente estabilizadora y preservadora de las especies biológicas. La selección natural existe en la naturaleza pero no crea información nueva sino que actúa manteniendo en perfectas condiciones a las especies existentes. Es capaz de eliminar a los individuos deficientes, enfermos o portadores de anomalías incompatibles con un determinado ambiente, protegiendo y depurando así el patrimonio genético existente de esa especie. Pero no aparecen genes nuevos capaces de generar órganos o funciones distintas que añadan más información gracias a la selección natural. Esta era una suposición fundamental del darwinismo que no se ha visto corroborada en el mundo natural. De ahí que muchos biólogos evolutivos estén buscando algún otro mecanismo que sea capaz de dar cuenta de la gran diversidad existente en la biosfera.

Más bien, lo que puede observarse hoy es que las mutaciones o errores en el ADN se acumulan en el genoma y son fuente de desorden, disfunción y muerte. El genoma humano ha estado degenerando durante la mayor parte de la historia registrada. Mutaciones perjudiciales que en el pasado no existían, se han ido produciendo solo en el período de la historia humana. El genetista norteamericano, John Sanford, ha estudiado este concepto de "entropía genética" y ha llegado a la conclusión de que, de la misma manera que según la segunda ley física de la termodinámica, el grado de entropía o desorden aumenta en los ecosistemas físicos cerrados, también en las células de los seres vivos (que son sistemas biológicos) se producen mutaciones degenerativas y desorganización.[228]

El grado de desorden se va acumulando lentamente en el ADN humano y la selección natural sería incapaz de eliminarlo. Se ha comprobado que más del 90% de las mutaciones perjudiciales no pueden ser eliminadas por la selección natural. Existen desde luego mecanismos biológicos para solucionar el problema de las mutaciones, es decir, cuando se producen esos errores de copia, automáticamente hay una maquinaria en el ADN que repara tales errores, pero a pesar de la rapidez con que opera esa maquinaria bioquímica, los errores aumentan a mayor velocidad de lo que pueden ser eliminados.

En un conocido experimento evolucionista llevado a cabo a lo largo de varias décadas, en el que fueron cultivadas unas treinta mil generaciones de bacterias (*Escherichia coli*) bajo condiciones artificiales, sus autores concluyeron que habían demostrado la evolución en acción en el laboratorio.

228 Sanford, J. C. 2014, *Genetic Entropy* (FMS Publications).

Sin embargo, cuando estos resultados se analizaron detenidamente lo que se comprobó fue precisamente todo lo contrario. No había habido evolución progresiva sino degeneración. Es cierto que algunas de las bacterias que mutaban crecían más rápidamente en el medio artificial del laboratorio, pero lo hacían solo porque estaban perdiendo los mecanismos que habitualmente utilizan en plena naturaleza, pero no ganaban nada nuevo.[229]

El biólogo Michael J. Behe, un evolucionista proponente del diseño inteligente, escribió al respecto lo siguiente: "Las bacterias de Lenski y sus colegas, cultivadas en condiciones de laboratorio, no tenían que competir con otras especies distintas como ocurre en la naturaleza. Vivían en un ambiente estable, con abundantes nutrientes diarios, temperatura adecuada y sin depredadores que las eliminasen. Pero, ¿acaso los organismos no necesitan para evolucionar cambios en el ambiente y competencia por los recursos?"[230] La selección natural de las mutaciones al azar no puede ser la causa de la enorme biodiversidad que existe en el planeta. Este es el principal problema que tiene planteado actualmente el evolucionismo.

2. Las abruptas discontinuidades del registro fósil

Actualmente se conocen más de 300 000 especies distintas en estado fósil; sin embargo, las formas de transición que requiere el darwinismo no se han encontrado. Las principales clases de plantas y animales fósiles aparecen de golpe y ya perfectamente formados. No hay estadios intermedios ni se observan cambios evolutivos graduales en el mundo de los fósiles. Se han descubierto, por ejemplo, muchas clases de protistas fosilizados (organismos unicelulares o pluricelulares muy sencillos sin tejidos diferenciados) desde el Precámbrico inferior, muchos otros invertebrados desde el Precámbrico superior, peces en el Cámbrico, anfibios en el Devónico, reptiles en el Carbonífero, aves en el Jurásico, etc. y así hasta llegar al propio ser humano en el Paleolítico; pero a pesar de tal abundancia de fósiles, apenas hay algunos que puedan considerarse como auténticos fósiles de transición. Si la hipótesis del gradualismo darwinista fuera cierta, debería haber miles y miles de estas formas intermedias. Pero lo cierto es que no existen tales fósiles a medio camino entre los grupos bien establecidos.

Hubo una época, en la que se decía que el registro fósil era pobre porque todavía no se había buscado bastante, pero que cuando se rastrearan mejor los estratos de rocas sedimentarias, se encontrarían muchos eslabones

---

229 Paul D. Sniegowski, Philip J. Gerrish & Richard E. Lenski, 1997, "Evolution of High Mutation Rates in Experimental Populations of E. coli", *Nature,* 387 (June 12): 703-704.

230 Behe, M. J., 2008, *The Edge of Evolution* (Free Press, New York), p. 141.

perdidos. Sin embargo, actualmente puede afirmarse que se ha encontrado más bien todo lo contrario. Por ejemplo, ahí tenemos la famosa explosión del Cámbrico. En un breve período de tiempo, aparecieron de golpe todos los tipos básicos de organización que conocemos hoy y algunos más que se extinguieron después. Este hecho comprobable le da por completo la vuelta al famoso árbol de la evolución darwinista. El propio Carlos Darwin decía que el árbol de la evolución quizás debió originarse a partir de una sola célula que apareció en el mar primitivo y, a partir de ahí, se fue diversificando dando lugar a todos los seres vivos actuales. Sin embargo, lo que tantos fósiles demuestran es que en el pasado existieron muchos más tipos básicos de organismos que en la actualidad y que, a pesar de eso, no se ha encontrado ninguna forma que sea significativamente intermedia entre los distintos tipos fundamentales.

Este problema del registro fósil llegó a ser tan grave que algunos científicos evolucionistas, como el famoso paleontólogo, Stephen Jay Gould, llegaron a perder la fe en la selección natural darwinista. Las evidentes lagunas que mostraban los fósiles y el hecho de que la mayoría de las especies aparecieran ya perfectamente formadas en los estratos, le hicieron dudar de que el gradualismo y la selección natural de Darwin fuera la causa de la evolución. De ahí que Gould propusiera su nueva "teoría de los equilibrios puntuados", en la que supuestamente la evolución no avanzaría gradualmente, como sugirió Darwin, sino mediante saltos mutacionales bruscos seguidos por largos períodos de estasis en los que no habría cambio biológico o evolución.

De manera que quizás la evolución de las especies pudiera parecerse a la vida de un soldado, "largos períodos de aburrimiento seguidos por breves instantes de terror". Pero ¿dónde podrían ocurrir tales macromutaciones bruscas? Gould dijo que quizás podrían haberse producido en los embriones, por lo que sería muy difícil detectarlas en los ejemplares fósiles. En otras palabras, la antigua teoría ya abandonada de que "algún día un reptil puso un huevo y lo que salió del huevo fue un pollito" volvía a contemplarse como posibilidad real. Ciertas macromutaciones embrionarias podrían haber contribuido a que nacieran ejemplares significativamente diferentes a sus progenitores.

El problema es que no habría manera de verificar semejante hipótesis ya que apenas hay fósiles de embriones tan bien conservados como para estudiar tales divergencias. De ahí que actualmente los autores más eclécticos digan que quizás el cambio evolutivo se haya producido unas veces de forma gradual y otras según el equilibrio puntuado. Aunque, lo cierto es que ni el gradualismo de Darwin ni el equilibrio puntuado de Gould y Eldredge pueden explicar las muchas lagunas que muestra el registro fósil. Y esto no lo dicen los creacionistas, ni los partidarios del Diseño inteligente, sino los propios biólogos evolutivos.

3. El origen de la información biológica

¿Cómo se han podido formar las estructuras primaria, secundaria y terciaria que evidencian los ácidos nucleicos (el ácido desoxirribonucleico o ADN y el ácido ribonucleico o ARN? El secreto de tales ácidos nucleicos son las cuatro bases nitrogenadas y lo que se ha observado es que aquello que cambia en las distintas especies es precisamente la proporción entre enlaces adenina-timina (A-T) y citosina-guanina (C-G). Tal divergencia de enlaces sería lo que define las características distintivas de las especies biológicas.

Esto es algo muy interesante porque cuando se compara el ADN de una especie con el de otra se observa que existen muchos parecidos. A veces se dice, por ejemplo, que los chimpancés y los humanos tenemos un 98% de ADN común, y esto se interpreta en el sentido de que ambas especies descenderíamos de un antepasado común que supuestamente habría vivido hace unos seis millones de años. El problema es que por mucho que nos parezcamos genéticamente, semejate parecido se desvanece cuando se analizan las proteínas de ambos grupos biológicos. En efecto, las semejanzas del genoma no se dan también en el proteoma (o conjunto de proteínas de una especie). Resulta que ese gran parecido del 98% del ADN entre simios y personas disminuye notablemente a tan solo un 20% de parecido proteico. Conviene recordar que las proteínas son en realidad las moléculas encargadas de realizar casi todas las funciones biológicas celulares. Esto significa que la información del ADN se expresa de distinta manera según la especie que la posea y el ambiente en que esta viva (epigenética). Hoy por hoy, el evolucionismo carece de una explicación adecuada para semejante cuestión.

El ADN haploide contiene entre 3 000 y 3 200 millones de pares de bases nitrogenadas. Lo cual representa una información similar a la que podrían contener 860 libros distintos del tamaño de la Biblia. Tal información es capaz de hacer especies tan diferentes como una bacteria microscópica o una enorme ballena azul. Una sola copia de ADN en el núcleo de la célula actúa como plantilla para crear muchas copias de ácido ribonucleico mensajero (ARNm), que saldrán del núcleo por los poros de su doble membrana y formarán numerosas proteínas en el citoplasma.

¿Qué tamaño tiene una molécula de ADN? Veamos la siguiente analogía. Si pudiésemos realizar una maqueta a escala de tal molécula, en la que cada peldaño formado por las bases (A-T y G-C) estuviese separado del siguiente por unos 25 cm, la maqueta de la molécula de ADN que resultaría sería como una escalera de caracol de 75 millones de kilómetros de longitud. Aproximadamente la distancia que separa la Tierra de Marte. En realidad, el tamaño real del ADN es de un metro y medio de longitud. Pero lo verdaderamente misterioso no es solo su longitud sino cómo se repliega y organiza para caber en el reducido espacio del núcleo microscópico de una célula. Todavía no se comprende muy bien la biología de dicho super-enrollamiento. ¿Pudo originarse esta estructura, así como la información que contiene el ADN por puro azar? Esta es la cuestión que sigue preocupando hoy a muchos científicos y que está en el fondo del debate entre el evolucionismo y el Diseño Inteligente.

A lo largo de la historia se han dado diversas explicaciones a esta cuestión. El premio Nobel, Jacques Monod, decía a principios de los 70 que: "nuestro número salió en el juego de Montecarlo"[231]. Con esto quería decir que tuvimos mucha suerte ya que la vida en la Tierra apareció por casualidad con la molécula de ADN. No obstante, cuando se hacen los cálculos pertinentes, la probabilidad de que apareciera por azar una única proteína funcional pequeña de tan solo unos 100 aminoácidos es de 10^{130}. Lo cual es imposible de imaginar ya que el número total de átomos que posee nuestra galaxia, la Vía Láctea, es aproximadamente la mitad de esta cantidad, es decir de 10^{65}. De manera que la posibilidad de que se formara dicha proteína al azar equivale a cero. Los estudios estadísticos han contribuido a que se abandone la idea de que la vida surgió por casualidad.

El código genético traduce un lenguaje de cuatro letras a otro de veinte. Una diferencia entre el ADN y el ARN es que el primero es bicatenario, en cambio el ARN tiene una sola cadena. La información que contiene el ADN se transcribe al ARN y este la traduce al lenguaje de las proteínas, que está constituido por 20 aminoácidos diferentes. ¿Cómo se realiza esta traducción? La maquinaria celular que constituye el código genético traductor está compuesta por más de 50 moléculas proteicas que están ellas mismas codificadas en el ADN. Es decir que la molécula de ADN, con toda la información que contiene, requiere de esta cinquentena de proteínas para traducirse al lenguaje de las proteínas, pero resulta que esta máquina traductora necesaria está a su vez codificada en la información que contiene el propio ADN. Esto plantea la siguiente cuestión: ¿qué fue primero el ADN o las proteínas? Los procesos ciegos del darwinismo no pueden explicar cómo la complejidad e información del ADN habrían podido surgir de la materia inerte. En realidad, lo que dice la teoría de la evolución es que a partir de la materia muerta (o inorgánica), después de muchos millones de años, fue creciendo la complejidad y aparecieron cosas tan sofisticadas

231 Monod, J., 1977, *El azar y la necesidad* (Barral, Barcelona), p. 160.

como el cerebro humano o la conciencia. Esto es lo que la actualmente cree la ciencia sin haberlo demostrado convenientemente. Sin embargo, ¿acaso no se parece esto a un gran acto de fe?

4. El origen de la información epigenética

La epigenética es el conjunto de reacciones químicas y demás procesos que modifican la actividad del ADN, pero sin alterar su secuencia. Ciertos cambios del medioambiente pueden alterar la biología de los seres vivos y transmitirla a las generaciones siguientes sin cambiar la información del propio ADN. Aquí Lamarck hubiera dado saltos de alegría ya que sus teorías, que eran opuestas a las de Darwin, decían que el ambiente podía modificar el aspecto de los seres vivos. Según él, los esfuerzos de las jirafas por alcanzar las hojas más tiernas y elevadas de las acacias hacían que sus hijos nacieran con el cuello un poco más alargado y esto se transmitía a los descendientes. De esa forma, un animal con el cuello corto como el de un caballo podría evolucionar hasta originar a las jirafas. Darwin, por su parte, decía que esto no podía ser así porque lo que se transmitía de generación en generación eran los genes y no las modificaciones fisiológicas adquiridas por los individuos en una generación. De padres musculosos, por haber practicado ejercicios culturistas, no nacen bebés musculosos. Por mucho que se les corte la cola a los ratones, durante varias generaciones sucesivas, nunca parirán ratones sin cola. Hasta ahora, los argumentos darwinistas imperaban sobre los lamarckistas. Sin embargo, la epigenética vuelve a darle parcialmente la razón al señor Lamarck.

El genoma podría compararse a una partitura musical que, en función del ambiente, puede dar lugar a versiones diferentes. Según sea el director, la orquesta, la calidad de los instrumentos, la habilidad de los músicos, la acústica del local, etc., una misma partitura puede sonar de una manera o de otra. Tomemos un ejemplo más dramático sacado del hambre y las calamidades sufridas en los campos nazis. Se han hecho estudios con los descendientes de las personas que sobrevivieron a los campos nazis y se ha podido comprobar que los nietos de estos hombres y mujeres que pasaron hambre y muchas más penalidades, cuando nacieron tenían un peso inferior al de los demás niños, cuyos abuelos no estuvieron en dichos campos. ¿Cómo es posible esto? La única explicación lógica es que las condiciones de vida influyen en la expresión de los genes, permitiendo que unos se manifiesten y silenciando la información de otros.

Otro ejemplo podría ser el de los gemelos univitelinos. Si a uno de estos hermanos gemelos se le lleva a vivir a un país nórdico y toda su vida transcurre en unas condiciones ambientales determinadas, nutriéndose de un cierto tipo de alimento, respirando un aire más o menos contaminado, con un grado de estrés laboral o sin él, practicando o no ejercicio físico, etc., mientras que el otro hermano se cría en un país tropical con una características ambientales totalmente diferentes, es muy posible que, a pesar de poseer el mismo ADN, uno desarrolle un tipo de enfermedad genética predeterminada en su genoma, mientras que el otro no. ¿Por qué? Pues porque las múltiples influencias del ambiente han encendido o apagado genes específicos y han provocado que se expresen unos o que se silencien otros. Aunque ambos tengan la misma información hereditaria, la epigenética hace que la expresión génica sea diferente en cada caso.

La ciencia de la epigenética está revolucionando las ideas que se tenían acerca de la evolución porque resulta que tal influencia del ambiente sobre el ADN de los seres vivos depende de ciertas maquinarias moleculares muy sofisticadas que ya existían en estos. Se ha comprobado que la llamada metilación puede modificar la disposición de las histonas del ADN. Si estas proteínas histonas son marcadas por el ambiente con muchos radicales metilo, se agrupan entre sí (formando grumos de *heterocromatina*) y no permiten que la información de los genes pueda ser leída (estado apagado), mientras que si ocurre lo contrario y existen poco grupos metilo (*eucromatina*), la información del ADN puede leerse y se estaría en el estado encendido. Esa metilación la coloca en el genoma el medio ambiente, la alimentación, el estilo de vida que se lleva, etc. Por tanto, la acción de la epigenética podría compararse a un sistema de interruptores genéticos que encienden o apagan los interruptores los genes.

La epigenética contradice al darwinismo porque los cambios en los seres vivos no son el producto de errores aleatorios sino de mecanismos biológicos complejos y exquisitamente programados para que los seres vivos se adapten a sus ambientes y sobrevivan. No es el azar o las mutaciones erróneas en el ADN sino que existe toda una maquinaria bioquímica que lo selecciona todo y que requiere de una inteligencia diseñadora. ¿Cómo es posible que surgieran por casualidad y se conservaran tales mecanismos epigenéticos, teniendo en cuenta que solo iban a ser de utilidad en algún tiempo desconocido del futuro, cuando las condiciones del medio lo requirieran? ¿Cómo la selección natural podría anticiparse al futuro? ¿Por qué iba a conservar unos mecanismos inútiles durante millones de años?

5. La intuición de diseño universal

Es fácil darse cuenta de que los animales y las plantas están perfectamente diseñados para hacer las cosas que hacen. El pico del colibrí está exquisitamente hecho para tomar el néctar de determinadas flores y no de otras.

Pero ¿cómo saber si algo ha sido diseñado o es producto de la naturaleza? Se han propuesto dos métodos para detectar el diseño: la complejidad específica y la complejidad irreductible.

¿Qué es la complejidad específica? Se trata de un concepto desarrollado por el matemático, William Dembski. Pensemos, por ejemplo, en una montaña determinada, como puede ser Monserrat, ubicada en Cataluña. Se trata de un macizo montañoso complejo, del que no puede haber otro igual en toda la Tierra. Ha sido modelada así por la erosión y los agentes meteorológicos. Nadie cree que sea el producto de un diseño inteligente sino de las solas fuerzas de la naturaleza. Sin embargo, el monte Rushmore de Keystone, en Dakota del Sur (USA), además de complejidad natural posee diseño inteligente porque representa de forma específica los rostros de los primeros cuatro presidentes de los Estados Unidos. De la misma manera, cuando se observa el universo y los seres vivos, se descubren innumerables ejemplos de complejidad específica que solo pueden explicarse apelando a un diseño inteligente previo. Las mutaciones al azar y la selección natural, que propone el darwinismo, son incapaces por sí solas de crear dicha complejidad específica.

En segundo lugar está la complejidad irreductible, concepto que fue desarrollado por el bioquímico estadounidense, Michael J. Behe, quien recuerda la famosa frase de Darwin: "Si pudiera demostrarse que existió algún órgano complejo que tal vez no pudo formarse mediante numerosas y sucesivas modificaciones ligeras, mi teoría se vendría abajo por completo"[232], para afirmar que esos órganos a que se refería Darwin ya han sido encontrados por la bioquímica moderna. ¿Qué es un órgano o una función irredutiblemente compleja? Un sistema compuesto de varias partes interrelacionadas, cada una de las cuales requiere de las otras para su función. Si se quita una parte, el sistema deja de funcionar.

La complejidad irreductible es fácil de entender comparándola con una trampa para ratones. Las trampas comunes están compuestas de varias piezas: una base de madera, un trozo de alambre donde se inserta el queso, un muelle, una traba y un cepo o martillo. Para que la trampa funcione, es necesario que todas estas piezas estén presentes. Además, para atrapar ratones, todas las piezas tienen que estar dispuestas de una determinada manera. Si falla una de ellas, la trampa pierde su utilidad. Es improbable que un sistema irreductiblemente complejo así surja instantáneamente porque, como dijo Darwin, la evolución es un proceso gradual. La selección natural nunca puede realizar un salto súbito y grande, sino que debe

---

232 Charles Darwin, 1859, *El origen de las especies* (Ediciones del Serbal, Barcelona), p. 141.

avanzar mediante pasos cortos y seguros, aunque lentos. Un sistema irreductiblemente complejo no puede empezar a existir de pronto porque eso implicaría que la selección natural no es suficiente. Pero tampoco dicho sistema podría haber evolucionado mediante "numerosas y sucesivas modificaciones ligeras" porque cualquier sistema más simple no tendría todas las partes requeridas para funcionar bien y, por tanto, no serviría para nada y no tendría razón de ser.

El planteamiento de Behe es que los sistemas biológicos irreductiblemente complejos existen en la naturaleza y refutan al darwinismo. Su ejemplo más famoso es el flagelo bacteriano, aunque existen muchos más. Se trata de una cola muy alargada que permite a algunas bacterias desplazarse velozmente en el medio acuoso. Ha sido llamado el motor más eficiente del universo ya que es capaz de girar a 100 000 rpm y cambiar de dirección en cuartos de vuelta. Como la trampa para ratones, el flagelo tiene varias partes que necesariamente se complementan para funcionar de manera coordinada. No hay explicaciones darwinistas detalladas ni graduales que den cuenta del surgimiento del flagelo de las bacterias ni de otros sistemas biológicos irreductiblemente complejos que se encuentran en la naturaleza. Sin embargo, sabemos que los seres inteligentes pueden producir tales sistemas. Una explicación más coherente de los mecanismos moleculares, como el flagelo bacteriano, es entenderlos como productos del diseño inteligente. Las múltiples evidencias de diseño inteligente en la naturaleza son un grave inconveniente para el evolucionismo porque la realidad del diseño indica la existencia de un diseñador que no creó mediante la macroevolución ciega.

¿Hizo Dios al ser humano un 98% chimpancé?

A. Cruz

Cuando la revista *Nature*[233] publicó en 2005 el primer borrador de la secuencia del genoma del chimpancé, los medios de comunicación dijeron, de manera sensacionalista, que los seres humanos y estos simpáticos simios éramos idénticos en un 99% de nuestro ADN. Y, aunque posteriormente esta cifra se fue rebajando ligeramente, lo cierto es que tal idea ha quedado impresa en la mentalidad del público en general, como si realmente se tratara de un hecho confirmado por la genética. Sin embargo, no es así.

¿Cómo es posible que seamos genéticamente tan similares a los chimpancés cuando solamente somos idénticos en un 50% a cada uno de nuestros propios padres biológicos, que son de nuestra misma especie? La respuesta está en una simple frase que las revistas divulgativas no supieron (o no quisieron) ver. La nota de prensa que difundieron en su momento los Institutos Nacionales de la Salud de Estados Unidos, en relación a la publicación del genoma del chimpancé, decía: "La secuencia de ADN *que puede compararse directamente entre los dos genomas* es casi idéntica en un 99%".[234] Es decir, que las secuencias de ADN de humanos y chimpancés son idénticas en un 99%, ¡en aquellas regiones en que son idénticas en un 99%! ¿Y en las demás regiones?

---

233 https://www.nature.com/articles/nature04072
234 https://www.genome.gov/15515096/2005-release-new-genome-comparison-finds-chimps-humans-very-similar-at-dna-level (itálicas añadidas).

Si se compara el texto completo del ADN humano con el del simio, los parecidos son notablemente inferiores. De entrada, ni siquiera tenemos el mismo número de cromosomas. Nosotros poseemos 23 pares en cada núcleo celular y ellos 24. Las diferencias son enormes cuando se analiza toda la longitud de nuestras secuencias de ADN. Hay fragmentos que no existen, otros han sido introducidos, copiados, rotos o cambiados de lugar. Pero para comparar genomas, ¿no habría que tener en cuenta toda la información de tales fragmentos diferentes? ¿Por qué se consideran poco relevantes las diferencias y, en cambio, se valoran tanto los parecidos? Lo que hicieron los genetistas fue centrarse exclusivamente en las secuencias que se parecían y podían alinearse, con el fin de buscar similitudes, y despreciaron las demás que no era posible alinear. Y, claro, encontraron hasta un 99% de similitudes. Sin embargo, al hacer esto, dejaron fuera del estudio unos 1 300 millones de bases nitrogenadas de ADN. Es decir, el 18% del genoma del chimpancé y el 25% del genoma humano.

Un dato significativo mencionado en el estudio en cuestión es que el 29% de las proteínas humanas también se dan en el chimpancé. O, dicho de otro modo, el 71% de las proteínas humanas no están presentes en los chimpancés. ¿Cómo es posible que si nuestro ADN es un 99% idéntico al de estos simios, las proteínas que origina dicho ADN sean por el contrario tan diferentes? ¿No será que no nos parecemos tanto como se dice? En resumen, afirmar que somos casi idénticos a los chimpancés desde el punto de vista genético es una gran simplificación que no corresponde a la realidad.

¿Es contraria la ingeniería genética a la voluntad de Dios?

A. Cruz

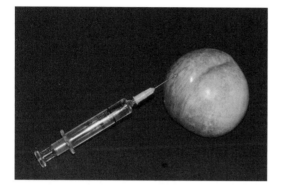

Desde que en el año 1970 la biología empezó a emplear todo el conjunto de técnicas capaces de aislar genes y estudiarlos para después modificarlos y transferirlos de un ser vivo a otro, en el seno de la comunidad científica comenzó a despertarse una gran inquietud moral, ¿serían peligrosos tales experimentos de ingeniería genética? ¿Podría ocurrir que cualquiera de estos microbios a los que se les introduce el gen de alguna enfermedad grave, como el cáncer, se escapara de los laboratorios y provocara una terrible epidemia? ¿Acaso no existe la posibilidad de que algún "científico loco", o subvencionado por cualquier organización terrorista, diseminara entre la población bacterias cargadas con genes que produjeran venenos mortales?

Actualmente, después de casi cincuenta años de manipulación genética, parece que el riesgo no es tan grande como antes se pensaba. Se han realizado ya miles de liberaciones controladas de microorganismos manipulados al medio ambiente y, lo cierto es que no existen noticias de que se hayan producido desastres ecológicos importantes. En principio, cabe pensar que las medidas de control utilizadas son suficientes para garantizar la seguridad de estas prácticas. Lo cual no implica que no se deba continuar investigando el problema de liberar organismos modificados al ambiente, sino que es menester proseguir perfeccionando tales conocimientos. Pero, en contraste con lo que se pensaba durante los primeros años, hoy se cree que los beneficios de la ingeniería genética superan con creces a los riesgos y que gracias a ella la humanidad podrá solventar los principales problemas que tiene planteados.

No hay que cerrar la puerta al estudio científico de la vida en base a ciertas sacralizaciones falsas del mundo natural o del propio ser humano. La enseñanza que se desprende de la doctrina bíblica de la creación muestra que la criatura humana tiene la obligación de conocer y descubrir científicamente la naturaleza en la que ha sido colocada como imagen de Dios. Y, más aún, debe procurar con todas sus fuerzas humanizar esa creación. Frente a cualquier amenaza tecnológica el creyente debe intentar siempre servirse de la técnica y nunca convertirse en servidor de ella. Pero también es verdad que cuando la manipulación genética se vuelve arbitraria y reduce la vida humana a un simple objeto, entra en el terreno de la degradación y puede despojar al hombre de su libertad y autonomía. Como afirma Hans Jonas: "los actos cometidos sobre otros por los que no hay que rendirles cuentas son injustos".[235] Toda manipulación genética del hombre que traspase la frontera de la libertad del prójimo y pretenda programarle o diseñarle según criterios ajenos a él, será opuesta a la ética cristiana. Contra esto último siempre habrá que seguir luchando.

Algunos autores alemanes se han referido de manera ingeniosa a las cuestiones éticas relacionadas con la biología, realizando un juego de palabras y empleando el término "gen-ética" para indicar la "ética del gen" o la reflexión en torno a las consecuencias humanas, ecológicas, económicas, políticas y sociales que pueden derivarse de la manipulación genética.[236] Es obvio que las investigaciones para descubrir los misterios de la creación, siempre que se realicen responsablemente, están respaldadas por las enseñanzas bíblicas. El Dios creador que se revela en el Génesis no es, ni mucho menos, una divinidad celosa en el sentido de que pretenda esconder para sí parcelas privadas de la creación, en las que el hombre no pueda penetrar. Descubrir los secretos más íntimos de la materia o de la vida no es profanar algún santuario especial o prohibido de Dios. La ciencia humana no comete ningún tipo de sacrilegio cuando descifra o manipula el ADN.

La orden primigenia dada a la primera criatura humana: "...llenad la tierra, y sojuzgadla, y señoread en los peces del mar, en las aves de los cielos, y en todas las bestias que se mueven sobre la tierra" (Gn 1:28), autoriza e invita al hombre para que colabore y actúe sabiamente en el mundo. Dominar, someter, labrar y cuidar la tierra y a los seres vivos que la habitan son los verbos que reflejan el eterno deseo de Dios para el ser humano. Cuando todo esto se hace de manera equilibrada y teniendo en cuenta las posibles consecuencias para el presente y para el futuro de la humanidad,

235 Jonas, H. 1996, *Técnica, medicina y ética* (Paidós, Barcelona), p. 133.
236 Gafo, J. 1994, *10 palabras clave en bioética* (Verbo Divino, Estella, Navarra), p. 220.

se está cumpliendo con la voluntad del Creador. Hoy no sería sabio pretender limitar el progreso o intentar volver a los tiempos pasados y querer vivir de espaldas a los avances biotecnológicos del mundo de hoy. La Palabra de Dios permite aquellas investigaciones en la naturaleza que respetan la vida humana y contribuyen a eliminar el sufrimiento y el hambre en el mundo.

La biología moderna ha descubierto que la estructura molecular básica del cuerpo humano es muy similar a la del resto de las criaturas vivas que habitan el planeta. Las sustancias bioquímicas que constituyen a los organismos son notablemente parecidas. Nuestros ácidos nucleicos comparten un elevado tanto por ciento de su secuencia nucleotídica con la de bastantes animales. Dios nos diseñó en su infinita sabiduría para que todas las criaturas fuesen similares en lo más íntimo de su organización interna. Por medio de los mismos materiales construyó el complejo entramado de la vida. ¿Qué mensaje puede tener esto para el hombre del tercer milenio? El hecho de que nuestras bases genéticas tengan tanto en común con los demás seres vivos, incluso con organismos tan distintos como pueden ser las bacterias, ¿no nos sugiere acaso la solidaridad y responsabilidad que debemos tener hacia el resto de la biosfera? No solo formamos parte de ella, sino que también estamos constituidos físicamente por las mismas sustancias que ella.

Quizá hoy debamos darle más importancia al verbo "guardar" que al "dominar". Es posible que en la actualidad, más que pretender dominar una naturaleza salvaje que se muestra hostil y contraria frente a un hombre insignificante, tengamos la responsabilidad de guardar y conservar la tierra (Gn 2:15) porque el desarrollo tecnológico humano la ha puesto en peligro, volviéndola frágil y débil. El hombre se ha tornado de repente poderoso, mientras que el planeta y la vida están amenazados de muerte. Por tanto, la única solución solo puede venir de una actitud de amor y respeto hacia lo creado y de la convicción de que el ser humano debe volver a ser como aquel primer guardián protector del huerto del edén. Un nuevo Adán.

¿Reveló Dios verdades científicas en el Antiguo Testamento?

A. Cruz

A mediados de los años 50 del pasado siglo, el periodista alemán, Werner Keller, publicó un libro titulado *Y la Biblia tenía razón,*[237] del que se hicieron muchas ediciones, se tradujo a una veintena de idiomas y se vendieron alrededor de 20 millones de copias. En esta obra, Keller, trataba determinados aspectos de arqueología bíblica que confirmaban lo que dice la Biblia. Asuntos referentes a la época de los patriarcas, los faraones en Egipto, la peregrinación de los hebreos por el desierto, la conquista de Canaán, etc. Así como también otros detalles del Nuevo Testamento que tenían que ver con la vida de Jesús, Pablo y Pedro. Pues bien, en este mismo sentido que usó Keller, veamos algunos detalles científicos sorprendentes que evidencian el gran misterio y la sabiduría que guardan algunos textos del Antiguo Testamento.

¿Cómo pudieron saber los autores bíblicos detalles del mundo natural que no fueron descubiertos por la ciencia hasta cientos o miles de años después? ¿Cómo es posible que la Biblia estuviera adelantada a su tiempo durante milenios y que defendiera ideas científicas contrarias a las creencias de la época? ¿Es por casualidad o quizá porque se trata de un libro revelado por Dios a los hombres? La probabilidad de que tales nociones científicas ocurrieran por casualidad es tan insignificante que caen fuera de

---

237 Keller, W. 1977, *Y la Biblia tenía razón* (Omega, Barcelona).

la razón humana. Repasemos, pues, algunas de tales cuestiones que tienen que ver con descubrimientos posteriores de disciplinas científicas como cosmología, física, geología, biología y medicina.

1. COSMOLOGÍA

1.1 El universo tuvo principio

La Biblia empieza diciendo que *en el principio creó Dios los cielos y la tierra*. Es decir, que hubo un inicio temporal del mundo a partir de la nada. El verbo hebreo "crear" (= *bara*) se refiere siempre a "algo radicalmente nuevo" que antes no existía. Según la Escritura, el universo fue creado de la nada por el Dios trascendente y único que preexistía antes, fuera y sobre todas las cosas. Los seres creados no emanan de la divinidad, como decían otras religiones de la época, sino que son expresión de la voluntad de Dios manifestada en su palabra (*dixit, et facta sunt* = dijo y fue hecho).

Sin embargo, esta concepción bíblica de la creación temporal a partir de la nada contrastaba notablemente con las demás religiones que rodeaban al pueblo elegido por Dios. Para estas otras tradiciones, el mundo era eterno y se habría originado a partir de un caos preexistente que no tuvo principio. Por ejemplo, en los textos mesopotámicos del *Poema de la creación*, llamado también *Enuma elish* (que significa, "Cuando en lo alto", las dos primeras palabras del *Poema*), el mundo se forma a partir de dos principios eternos coexistentes: las aguas dulces de los ríos (*apsû*) y las aguas saladas marinas (*tiamât*). De la unión de estas dos clases de aguas surgen los tres primeros dioses: *Anu*, dios del cielo; *Enlil*, dios de la tierra y *Ea*, dios del mar.

Los hijos de estos dioses lucharán entre ellos porque anhelan vivir en libertad y finalmente *Marduk* (dios de Babilonia) vence y mata al dios *Tiamat*, lo parte en dos mitades, como si fuera un pescado; de una parte hace el cielo y de la otra la tierra. Algunos autores creen que el relato bíblico de la creación sería una copia de este poema mesopotámico. Sin embargo, esta opinión carece de fundamento sólido ya que las diferencias entre ambos son abrumadoras. La Biblia presenta a un único Dios, frente al politeísmo primitivo mesopotámico, y afirma que el mundo tuvo un principio, en contra de la idea de eternidad de la materia acuosa que tenía esta religión.

Otro ejemplo de la creencia en la eternidad de la materia, que imperaba en el mundo antiguo, es el que aporta la religión egipcia. La cosmología de Egipto suponía también la preexistencia de una masa acuosa eterna, el agua tenebrosa y abismal, llamada *Nou*, en la que existían los gérmenes de todas las cosas. Los egipcios creían que de esa masa acuosa salió el *huevo cósmico*, que dio origen al dios solar *Ra* (según la escuela de Heliópolis) o al dios *Toth* (según la escuela de Hermópolis). Luego, esta divinidad formó a otros dioses que unidos crearon, a su vez, todo el universo. De manera que, tanto los babilonios como los sumerios y los egipcios creían en la eternidad de la materia, mientras que los hebreos por el contrario aceptaban, tal como afirma la Biblia, que hubo un principio de todas las cosas materiales. Según la Escritura Dios es eterno, pero la materia es finita porque fue creada por él junto con el tiempo y el espacio.

También los filósofos griegos como Aristóteles (384-322 a. C.) y Platón (427-347 a. C.) creían que la materia, el movimiento y el tiempo habían existido eternamente. Estas ideas opuestas a la Biblia, acerca de la eternidad del universo, se mantuvieron durante milenios y fueron asumidas por la ciencia hasta bien entrado el siglo XX. Durante la época moderna, la creación a partir de la nada se consideraba como una idea religiosa contraria a la ciencia. Los científicos creían que la energía (que después de Einstein sabemos que energía y masa o materia son equivalentes) ni se crea ni se destruye solo se transforma. Por tanto, el mundo material tenía que ser eterno.

Sin embargo, en 1946, el astrónomo y sacerdote belga Georges Lemaître (1894-1966) y posteriormente el físico George Gamow (1904-1968) propusieron la famosa teoría del Big Bang, aceptada generalmente en la actualidad, que afirma que el universo tuvo un principio a partir de la nada. Y esta teoría cuadra perfectamente bien con la creación *ex nihilo* que plantea la teología bíblica. En la actualidad, hay pocas dudas, entre los investigadores, de que el universo se está expandiendo. Se considera que la llamada "radiación cósmica de fondo" es una especie de "luz fría" residual que evidencia que, en un remoto pasado, hubo una Gran Explosión y que actualmente el universo sigue expandiéndose, cada vez más rápido. La mayoría de los cosmólogos creen que la creación fue una "singularidad" (una frontera primordial) más allá del cual no podemos conocer nada desde las ciencias naturales.

Pues bien, aunque la Escritura no es un libro de física, esto que hoy afirma la cosmología es precisamente lo que dice la Biblia en su primera página: *En el principio creó Dios los cielos y la tierra*. ¡Otra cosa es que esta conclusión le guste a todo el mundo! Por supuesto, a quienes no creen en Dios, no les gusta y siguen proponiendo teorías enrevesadas para respaldar la idea de eternidad, tales como el multiverso, el efecto túnel cuántico, el universo autocontenido, la selección natural de universos, las supercuerdas o los universos en colisión, entre otras. Pero todo esto no son más que intentos desesperados para eludir la realidad de los hechos observados en la naturaleza. Humo matemático que se evapora a la hora de la demostración experimental.

Ahora bien, la cuestión es: ¿Cómo pudo saber el autor de Génesis que el mundo tuvo un principio, que no era eterno, si la gente de su tiempo creía en la eternidad de la materia? ¿De dónde sacó esta idea? ¿Quién se la inspiró miles de años antes de que la ciencia lo descubriera?

1.2 Del caos a la luz

Y la tierra estaba desordenada y vacía, y las tinieblas estaban sobre la faz del abismo (masa caótica y oscura), *y el Espíritu de Dios se movía sobre la faz de las aguas. Y dijo Dios: Sea la luz; y fue la luz. Y vio Dios que la luz era buena; y separó Dios la luz de las tinieblas* (Gn 1:2-4). ¿Cuál era la naturaleza de esta masa caótica y oscura? ¿Cómo podía haber luz el primer día, antes de la creación del Sol, la Luna y las estrellas, que supuestamente no ocurre hasta el cuarto día? ¿Cómo separar la luz de las tinieblas? ¿Acaso las tinieblas no son la ausencia de luz? ¿Qué dice la cosmología actual (la ciencia que estudia el origen y desarrollo del universo) acerca de todo esto?

Hoy se cree que el universo pasó por una fase oscura en sus orígenes, sin estrellas ni galaxias, cuando una niebla de átomos de hidrógeno y helio llenaba todo el espacio sin emitir luz. Estos átomos se agruparon en algunas regiones del universo, atraídos por la fuerza de la gravedad, y alcanzaron una presión y temperatura suficientes para entrar en combustión. Así es como nacieron las primeras estrellas gigantescas, supuestamente 180 millones de años después del Big Bang, que iluminaron por primera vez el cosmos. Recientemente los astrónomos han logrado captar las señales de esas primeras estrellas que trajeron la luz al universo. De manera que, según la ciencia actual, el universo empezó como un estado oscuro y caótico.

La cosmología dice que hace, entre 4 600 y 4 250 millones de años, la atmósfera terrestre era también completamente opaca debido a la gran cantidad de gases densos, polvo en suspensión y otras sustancias interplanetarias que contenía. Esto haría que un hipotético observador situado en la superficie terrestre la viera siempre oscura como en una noche sin Luna ni estrellas. De manera que, en esta remota etapa del planeta, su superficie no podía recibir todavía la luz solar y no poseía ningún tipo de vida. ¿Cómo podía saber el escritor del Génesis que, en el principio, "la tierra estaba desordenada y vacía, y las tinieblas estaban sobre la faz del abismo"? (Gn 1:2) ¿Quién le pudo revelar cosas que no fueron descubiertas hasta el siglo XX?

Veamos ahora cómo se explica el origen de la luz: *Y dijo Dios: Sea la luz; y fue la luz. Y vio Dios que la luz era buena; y separó Dios la luz de las tinieblas. Y llamó Dios a la luz Día, y a las tinieblas llamó Noche. Y fue la tarde y la mañana un día* (Gn 1:3-5). La palabra "sea" (*hayah*, en hebreo) significa "aparecer". Por tanto, "sea la luz" debe entenderse como "que aparezca la luz". No se emplea aquí el mismo verbo para "crear" (*bara*) que se ha usado a propósito de la creación de los cielos y la tierra. ¿Por qué? ¿Es posible que el autor del relato entendiera que la luz ya existía desde la creación de cielos y tierra, pero que por culpa de las tinieblas terrestres no podía verse todavía? Si esto fue así, la acción divina habría sido como correr las cortinas de la oscuridad terrestre para que entrara la brillante luz del Sol durante el día y la de la Luna y las estrellas, en la noche, que ya habían sido creados anteriormente con el resto de los cielos y la tierra.

Cuando se dice más delante que "haya lumbreras en la expansión de los cielos para separar el día de la noche" (versículos 14 al 19), se vuelve a emplear el verbo *hayah* (aparecer) y no *bara* (crear). La idea vuelve a ser la misma. El Sol, la Luna y las estrellas del firmamento no se habrían creado el cuarto día –como tradicionalmente se entiende–, sino que ya existían desde el principio. Tan solo "aparecieron" en ese período cuando la oscura atmósfera terrestre se tornó transparente. Por tanto, la idea principal aquí es que al eliminarse las tinieblas resplandeció la luz. Tal como dice Pablo: *Porque Dios, que mandó que de las tinieblas resplandeciese la luz, es el que resplandeció en nuestros corazones, para iluminación del conocimiento de la gloria de Dios en la faz de Jesucristo* (2 Cor 4:6). ¿Qué afirma la ciencia?

Se cree que hace entre 3 800 y 3 500 millones de años, el bombardeo cósmico de meteoritos empezó a disminuir y el agua de la Tierra se enfrió lo suficiente como para empezar a condensarse originando unos océanos poco profundos. La espesa atmósfera terrestre se comenzó a tornar translúcida a la luz solar, aunque no completamente transparente como es en la actualidad. Puede que el Sol no se pudiera apreciar todavía con la nitidez de hoy, no obstante, "fue la luz" (se hizo la luz) y gracias a ello empezaron los días y las noches apreciables en el planeta. De manera que estaríamos ante otra coincidencia notable entre la Biblia y la ciencia: *la luz fue el primero de los ingredientes necesarios para la vida que apareció en el gran escenario del mundo.*

1.3 La Tierra es esférica y está suspendida en el espacio

La Biblia indica que la Tierra es redonda. En Isaías 40:22 leemos: *Él está sentado sobre el círculo de la tierra, cuyos moradores son como langostas; él extiende los cielos como una cortina, los despliega como una tienda para morar.*

El autor de Proverbios (8:27) habla de la Sabiduría y escribe también: *Cuando formaba los cielos, allí estaba yo; cuando trazaba el círculo sobre la faz del abismo.* La palabra hebrea *kug* suele traducirse por "círculo", aunque algunos eruditos piensan que "esfera" es otra posible traducción. Desde el espacio, la Tierra aparece como un círculo ya que es esférica. Además, hoy sabemos que el universo se expande, se extiende o se despliega (*él extiende los cielos como una cortina, los despliega…*). En Job 26:7 se dice que Dios: *extiende el norte sobre vacío, cuelga la tierra sobre nada.* Esto parece sugerir que la Tierra flota en el espacio. ¿Cómo podían saber los autores del A. T. estas cosas que no fueron descubiertas hasta miles de años después?

La mayor parte de las culturas antiguas desconocían la idea de que la Tierra era una esfera que flotaba en el espacio. Pensaban que era plana (incluso hasta en el tiempo de Cristóbal Colón en el siglo XV) y que se apoyaba sobre cosas tan extrañas como: cuatro elefantes gigantes (hindúes), cuatro pilares situados en las esquinas (chinos y egipcios), doce pilares enormes (sacerdotes Vedas), tres grandes peces (el pueblo altaico del norte de Siberia), un gran toro (los tártaros y otras tribus de Eurasia), etc. ¡Es fascinante que la Biblia registre la idea de un universo en expansión y de una tierra redonda que flota en el espacio, miles de años antes de que la ciencia humana lo descubriera! Esto indica que la Palabra de Dios es verdad y que se adelanta al conocimiento humano.

1.4 La cantidad de estrellas del universo es incontable, pero finita

En Génesis 22:17, se puede leer cómo Dios le dice a Abraham: *de cierto te bendeciré, y multiplicaré tu descendencia como las estrellas del cielo y como la arena que está a la orilla del mar.* A primera vista, esto parece una exageración, pero la astronomía ha demostrado que se trata de una realidad. Durante mucho tiempo, se criticó a la Biblia porque en el cielo nocturno solo se podían contar a simple vista unas 5 000 estrellas. Este número no encajaba con los más de 500 millones de personas que existían en la Tierra, ya en el siglo XVII. Sin embargo, cuando se inventó el telescopio se descubrió que había miles de millones de estrellas. Lo cual concuerda con los 7 700 millones de personas que viven hoy en el planeta.

Hoy se cree que en el cosmos existen unos cien mil millones de galaxias.

Si este número se multiplica por el número promedio de estrellas de una galaxia como la nuestra (Vía Láctea), que es también de cien mil millones, nos da una cifra aproximada de 10^{22} estrellas. *Como no puede ser contado el ejército del cielo, ni la arena del mar se puede medir, así multiplicaré la descendencia de David mi siervo* (Jr 33:22).

2. FÍSICA

2.1 El aire pesa

Desde los días del pensador griego Aristóteles, pasando por el Renacimiento y hasta tiempos modernos relativamente recientes, se pensaba que el aire no tenía peso. La física no reconoció que el aire pesaba hasta que el físico y matemático italiano Evangelista Torricelli inventó el barómetro de mercurio en 1643. Torricelli introdujo mercurio en un tubo cerrado en el que se había hecho el vacío en su parte superior, y vio cómo el mercurio ascendía al ser empujado por el peso del aire atmosférico. Pronto dedujo que el aire tenía peso.

Curiosamente, en el libro más antiguo de la Biblia (Job 28:20-26), escrito unos 2 000 años a. C., podemos leer:

¿De dónde, pues, vendrá la sabiduría? ¿Y dónde está el lugar de la inteligencia? … Dios entiende el camino de ella, y conoce su lugar. Porque él mira hasta los fines de la tierra, y ve cuanto hay bajo los cielos. Al dar peso al viento, y poner las aguas por medida. ¿Es que Job era también físico y matemático como Torricelli o es que Dios se lo manifestó de alguna manera?

2.2 La Tierra envejece y aumenta el desorden

La segunda ley de la termodinámica fue definida por primera vez en el año 1859 por el físico y matemático alemán, Rudolf Clausius. En síntesis, esta ley física dice que "todas las cosas tienden a desordenarse con el tiempo" (a aumentar su *entropía* o grado de desorden). Las estrellas se apagan, el calor se disipa, los materiales se mezclan y amalgaman. Solo cuando se añade más energía se puede ganar de nuevo más orden.

Pues bien, la Biblia tiene varias referencias directas e indirectas a la entropía: *Desde el principio tú fundaste la tierra, y los cielos son obra de tus manos. Ellos perecerán, mas tú permanecerás; y todos ellos como una vestidura se envejecerán; como un vestido los mudarás, y serán mudados* (Sal 102:25-26); *Alzad a los cielos vuestros ojos, y mirad abajo a la tierra; porque los cielos serán deshechos como humo, y la tierra se envejecerá como ropa de vestir, y de la misma manera perecerán sus moradores; pero mi salvación será para siempre, mi justicia no perecerá* (Is 51:6). En estos versículos está ya implícita la idea física del grado de desorden o entropía, miles de años antes de ser descubierta por la ciencia moderna.

3. GEOLOGÍA

3.1 El ciclo hidrológico

El agua cae sobre la tierra en forma de lluvia, nieve o granizo, resbala por las laderas de las montañas hacia los ríos que van a parar al mar. Desde los mares y océanos se evapora por el calor del Sol para formar otra vez las nubes y volver a caer como lluvia. A pesar de que se trata de un ciclo sencillo de entender, la ciencia no fue capaz de explicarlo completamente hasta el siglo XVIII. Esta idea del ciclo hidrológico en la naturaleza, que hoy nos parece tan intuitiva, durante siglos se entendió al revés. Se pensaba que el agua penetraba en la corteza desde el fondo de los océanos, se almacenaba en profundidad, probablemente en grandes cavernas subterráneas, y ascendía después por el calor de la Tierra hasta las partes altas de las montañas, surgiendo en las zonas de nacimiento de los ríos. No se creía posible que el caudal de un gran río fuera producido solo por el agua de la lluvia y les maravillaba la existencia de manantiales en lugares muy elevados y con caudales relativamente constantes.

No fue hasta el año 1674 (de siglo XVII) que el hidrólogo francés, Pierre Perrault, en su libro: *De l'origine des fontaines* (Sobre el origen de las fuentes), explicó por primera vez el ciclo del agua en la naturaleza.

Sin embargo, en Eclesiastés (1:7) leemos: *Los ríos todos van al mar, y el mar no se llena; al lugar de donde los ríos vinieron, allí vuelven para correr de nuevo.* Y el libro de Job (36:27) se decía, miles de años antes: *Él atrae las gotas de las aguas, al transformarse el vapor en lluvia. La cual destilan las nubes, goteando en abundancia sobre los hombres.* Estos textos ya relacionaban el origen de las fuentes con la lluvia.

3.2 Las corrientes oceánicas

El fundador de la ciencia oceanográfica, el marino estadounidense, Matthew Fontaine Maury (1806-1873), fijándose en algunos textos bíblicos, dedujo la existencia de las corrientes marinas y esto mejoró notablemente la navegación alrededor del mundo. La travesía en barco desde New York a California (que duraba unos 180 días), la redujo a 100 días, aprovechando las corrientes naturales del mar. Le inspiraron en su descubrimiento estos dos versículos:

Así dice Jehová, el que abre camino en el mar, y senda en las aguas impetuosas (Is 43:16-17); *Las aves de los cielos y los peces del mar; todo cuanto pasa por los senderos del mar* (Sal 8:8).

4. BIOLOGÍA

4.1 Definición de especie

Muchos se sorprenden cuando se enteran de que los animales y las plantas no se empezaron a clasificar científicamente en especies, géneros, familias, órdenes, clases, etc., hasta el siglo XVIII. Fue el naturalista sueco, Carlos Linneo, quien en 1725 empezó a clasificar los seres vivos, mediante su famosa *nomenclatura binomial* (el género y la especie) que todavía hoy está vigente. Por ejemplo, como es sabido, al ser humano se le denomina, *Homo sapien;* al toro, *Bos taurus;* a la paloma, *Columba livia;* a los cerdos, *Sus scrofa;* los pinos piñoneros, *Pinus pinaster;* las encinas, *Quercus ilex,* etc.

Sin embargo, la Biblia ya definía la clasificación biológica en géneros y especies, mucho antes de que Linneo la inventara. En el libro de Génesis (1:21) leemos: *Y creó Dios los grandes monstruos marinos, y todo ser viviente que se mueve, que las aguas produjeron según su género, y toda ave alada según su especie. Y vio Dios que era bueno.* Evidentemente, las palabras hebreas traducidas por género y especie no corresponden a las que se inventó Linneo en el siglo XVII. No obstante, denotan ya la idea de tipos diferenciados, así como la posible clasificación de los mismos.

4.2 El vuelo de las aves

En Isaías 40:31 se puede leer: *pero los que esperan a Jehová tendrán nuevas fuerzas; levantarán alas como las águilas; correrán, y no se cansarán; caminarán, y no se fatigarán.* Algunos se burlaron de este versículo en el pasado porque creían que las águilas gastaban mucha energía durante el vuelo. Sin embargo, en una investigación realizada en 1971, en los túneles de viento de la Universidad de Oklahoma, se descubrieron unas ranuras en los extremos de las alas de las águilas, que permitían que las seis plumas terminales se doblaran hacia arriba mientras planeaban. Esto reducía el tamaño de los vórtices (remolinos de aire) en la punta de cada una de estas seis plumas y facilitaba el vuelo. Con esta acción, se reduce la fricción del aire permitiendo que las águilas y otras aves rapaces, puedan desplazarse durante muchos kilómetros sin necesidad de mover las alas.

En la actualidad, muchas compañías aéreas han doblado hacia arriba los extremos de las alas de sus aeronaves comerciales. La aerodinámica descubrió esta verdad casi 3 000 años después de que lo hiciera el profeta Isaías.

5. MEDICINA

5.1 Los elementos químicos del cuerpo humano presentes en el polvo de la tierra

La Biblia dice que Dios creó al hombre del polvo de la tierra: *Entonces Jehová Dios formó al hombre del polvo de la tierra, y sopló en su nariz aliento de vida, y fue el hombre un ser viviente* (Gn 2:7). Hoy la ciencia ha comprobado que, efectivamente, todos los elementos químicos que componen el cuerpo humano, tales como carbono, oxígeno, hidrógeno, nitrógeno, calcio, potasio, fósforo, sodio, magnesio, cloro, azufre, etc., se encuentran también en la tierra.

5.2 La sangre como fuente de vida

nLas ciencias médicas tardaron bastante en reconocer que la sangre era, en efecto, la fuente de la vida, ya que oxigena y purifica a todas las demás células del cuerpo. No fue hasta el siglo XIII, que el médico árabe, Ibn an-Nafis (1205-1288), descubrió intuitivamente (pues las disecciones estaban prohibidas) que la sangre que bombea el ventrículo derecho del corazón es la que llega también a los pulmones y de ahí pasa al ventrículo izquierdo, desde donde es enviada al resto del cuerpo. Pero nadie se lo creyó en su época.

Más tarde, en el siglo XVI, el médico y teólogo español, Miguel Servet, que tuvo acceso a una traducción de este médico árabe, volvió a decir que la sangre circulaba. Por desgracia, negó también el misterio de la Trinidad y, por esto último, acabó mal. Fue condenado a la hoguera por Calvino.

Sin embargo, 1 500 años a. C. se había escrito en Levítico 17:11: *Porque la vida de la carne en la sangre está.* A pesar de esto, durante siglos, muchos médicos sacaban sangre a sus pacientes creyendo que así eliminaban los venenos del cuerpo. Se cree que George Washington, el primer presidente de los EE. UU., murió a consecuencia de las sangrías que se le practicaron.

En la Biblia encontramos muchas más medidas sanitarias, adelantadas a su tiempo, como la cuarentena y la eliminación de los desperdicios (Lv 13:45-46; Nm 19); la esterilización (Lv 6, 11, 12, 13, 15); la circuncisión (Gn 17:12); el lavarse en aguas corrientes (Lv 15:13); etc. También se habla de plantas medicinales (Ez 47:12); el estrés y la moderación: "por nada estéis afanosos"; el vino como terapia; los alimentos peligrosos, etc.

La Palabra de Dios es verdad y revela grandes verdades al ser humano. Tal como escribe el evangelista Juan: *tu palabra es verdad* (Jn 17:17). Pero, ¿qué es la Verdad? La Verdad de Dios hacia la que apunta toda la Escritura es Jesucristo. En el Cristo-Verdad es donde se ha dado a conocer el Padre, el Dios creador. Y es también en él, en Jesús, donde se nos ha abierto la posibilidad de vivir plenamente como hijos de Dios.

¿Contiene la Biblia información médica?

A. Cruz

Las Sagradas Escrituras están siendo menospreciadas e injuriadas en la actualidad por parte del llamado Nuevo ateísmo. Se dice que solo se trata de una colección de mitos y leyendas antiguas inventadas por los hebreos y los primeros cristianos, pero sin relevancia para el presente. Por desgracia, también algunos cristianos han empezado a dudar de la veracidad del Antiguo Testamento y solo reconocen la revelación del Nuevo Testamento. Sin embargo, tales críticas no hacen justicia a la originalidad y singularidad de la Palabra de Dios. La Biblia es un libro misterioso y único que, además de la revelación o el plan de Dios para el ser humano, contiene verdades que no fueron descubiertas por la ciencia hasta miles de años después de ser escritas.

Vamos a centrar este capítulo en algunas de tales evidencias biológicas y sanitarias, propuestas en la Biblia, que ponen de manifiesto la inteligencia sobrenatural que hay detrás de ellas.

1. La vida viene de Dios

El apóstol Pedro, después de la curación de un cojo, dijo a los judíos en el pórtico de Salomón: *Mas vosotros negasteis al Santo y al Justo, y pedisteis que se os diese un homicida, y matasteis al Autor de la vida, a quien Dios ha resucitado de los muertos, de lo cual nosotros somos testigos* (Hch 3:14-17). Más tarde, el apóstol Pablo les dio a entender también a los atenienses que Dios es el autor de la vida y que, por tanto, toda vida viene de él. En Hechos 17:24-25, el apóstol Pablo declaró a los griegos en el Areópago: *El Dios que hizo el mundo y todas las cosas que en él hay, siendo Señor del cielo y de la tierra, no habita en templos hechos por manos humanas, ni es honrado por manos de hombres, como si necesitase de algo; pues él es quien da a todos vida y aliento y todas las cosas.* De manera que, según la Escritura, toda vida viene de Dios ya que él es la fuente de la vida. ¿Qué dice la ciencia hoy al respecto?

A lo largo de la historia, el ser humano ha intentado crear vida en el laboratorio, pero hasta el día de hoy nadie ha sido capaz de hacerlo. Cuando se habla, en ocasiones, de vida artificial (o de vida sintética), se está pensando en realidad en vida bacteriana, o incluso en formas más simples aún que las células, que no se pueden considerar vivas, como son los virus. Hasta ahora lo que se ha logrado es imitar partes de las células que ya existen en la naturaleza e introducirlas en otras células vivas, pero no crear células artificiales nuevas. Se han hecho cosas como, por ejemplo, construir una nueva ruta metabólica en la levadura de la cerveza, *Saccharomyces cerevisae*, uniendo diez genes de tres organismos distintos para producir un fármaco contra la malaria (el llamado *artemisinina*). Aunque este fármaco ya existía en la naturaleza y se extraía de una planta (*Artemisia annua*). Lo que pasa es que con la nueva ruta en la levadura de cerveza el proceso resulta más rápido y barato.

Hoy es posible cortar genes de algunas células vivas e introducirlos en otras para que fabriquen lo que nos interesa: hormonas, proteínas, fármacos, etc. La ingeniería genética ha logrado modificar embriones humanos mediante la técnica CRISPR (eliminar una mutación génica que producía una afección cardíaca hereditaria y mortal).[238] También es posible modificar el genoma de los cerdos para poder usarlos como fuente de órganos en trasplantes a las personas. Pero, aparte de esto, lo cierto es que han pasado ya más de cien años desde el primer intento de sintetizar vida en el laboratorio, (cuando el francés, Stéphane Leduc, publicó en 1912 su libro: *La biología sintética*), y todavía no sabemos cómo escribir el genoma completo de una bacteria artificial o crear de nuevo algo tan supuestamente simple como el genoma de un virus.

Inventarse la sofisticada información que contiene el ADN o el ARN de un simple microbio como es una bacteria es algo tan complejo y difícil que, hasta ahora, la ciencia no ha conseguido hacerlo. Copiar y modificar partes de las células es algo relativamente fácil, pero crear o diseñar la vida *de novo* es otra cosa diferente. Ahora bien, ¿se logrará algún día? Es posible,

---

238 Científicos chinos aseguran haber creado los primeros bebés humanos modificados genéticamente (https://elpais.com/elpais/2018/11/26/ciencia/1543224768_174686.html).

pero para ello se requerirá mucho diseño inteligente de muchos científicos en diferentes laboratorios por todo el mundo. La cuestión es: ¿cómo pudo originarse la vida al principio sin un diseño inteligente previo? Pedro y Pablo estaban seguro de que solo Dios pudo crear la vida y, lo cierto es que, hasta el día de hoy, los hechos les siguen dando la razón.

2. Tanto el hombre como la mujer poseen la "simiente de la vida" humana

Hoy puede parecernos normal que hasta los niños sean capaces de explicar cómo funciona la reproducción humana. Una célula masculina (espermatozoide) se une a otra femenina (óvulo) y se forma el embrión humano. El padre y la madre contribuyen así equitativamente al origen de una nueva vida.

Sin embargo, durante miles de años estas cosas no estuvieron tan claras como lo están actualmente. Hubo una época en la que se pensaba que el vapor emitido por el semen de alguna manera estimulaba a las mujeres a hacer bebés. Otros creían que eran los varones quienes fabricaban a los niños y los transferían después a las hembras para su incubación.

Cuando el naturalista holandés Anton van Leeuwenhoek (1632-1723) observó por primera vez espermatozoides mediante el microscopio que él mismo inventó, muchos creyeron que cada espermatozoide tenía dentro un diminuto ser humano completamente preformado (un niño o una niña). Y esto se aceptó durante mucho tiempo. Se creía que solo los varones poseían la "simiente de la vida", mientras que las mujeres eran solamente incubadoras pasivas. Hasta un filósofo griego como Demócrito llegó a sugerir que si el semen del varón se depositaba en barro tibio, de este podrían surgir también bebés.

Sin embargo, ¿qué decía la Biblia? En Gn 3:15 podemos leer: *Y pondré enemistad entre ti y la mujer, y entre tu simiente y la simiente suya.* Hoy sabemos que la simiente de la mujer son sus óvulos que llevan, en el ADN de sus núcleos, toda la información genética de ella que se transmite a los hijos. ¿Cómo pudo conocer Moisés que también la mujer, y no solo el varón, transmite su simiente? ¿Quién se lo manifestó en aquella época precientífica?

3. La vida está en la sangre

Moisés dijo a los hebreos (Lv 17:11-14) que … *la vida de la carne en la sangre está.* Y hoy sabemos que, en efecto, estaba en lo cierto. La vida del hombre y de la mayoría de los animales depende de que los glóbulos rojos de la sangre (eritrocitos o hematíes) puedan transportar oxígeno a todas las células del cuerpo. De manera que los glóbulos rojos se encargan de llevar el oxígeno (O_2) desde los pulmones a las células y de retirar el dióxido de carbono (CO_2) para que sea eliminado del cuerpo. Dicho transporte se realiza gracias a la hemoglobina que existe en estos glóbulos. El grupo *hemo* de cada molécula de hemoglobina contiene un mineral, el hierro, que es capaz de unirse al oxígeno y transportarlo por la sangre.

Existen aproximadamente unos 250 millones de moléculas de hemoglobina en cada glóbulo rojo humano. Como cada molécula de hemoglobina se puede unir con cuatro moléculas de oxígeno, un solo glóbulo rojo puede llegar a transportar hasta 1 000 millones de moléculas de oxígeno. Y esto permite que todas las células de nuestro cuerpo puedan respirar continuamente haciendo así posible la vida. De manera que *"la vida de la carne en la sangre está"*, tal como escribió Moisés. Pero ¿cómo pudo saber esto el gran profeta hebreo, si no se descubrió hasta el siglo XIX d. C.?

4. La circuncisión al octavo día del nacimiento

En Gn 17:10-12, Dios le dijo a Abraham: *Este es mi pacto: (…) Será circuncidado todo varón de entre vosotros. Circuncidaréis, pues, la carne de vuestro prepucio, y será por señal del pacto entre mí y vosotros. Y de edad de ocho días será circuncidado todo varón entre vosotros por vuestras generaciones.* ¿Por qué debía practicarse la circuncisión precisamente al octavo día del nacimiento de todo bebé varón? Se podría pensar, quizás, que cuando la circuncisión se practicaba antes o después del día octavo, la mayoría de los bebés morían y que solo sobrevivían los operados precisamente el día octavo. Y que así, poco a poco, se iría descubriendo por casualidad tal fecha.

Sin embargo, los pueblos primitivos anteriores a Israel que practicaban la circuncisión lo hacían durante la adolescencia o de adultos y siempre como un rito de iniciación al matrimonio.[239] Estos pueblos no tenían la costumbre de extirpar el prepucio a los recién nacidos. Se sabe incluso que, al principio, se usaban cuchillos de sílex para tal intervención, lo cual indica la antigüedad de la misma, aunque luego fueron sustituidos por instrumentos de metal. De manera que fue el pueblo hebreo quien empezó a practicarla a los bebés, por orden de Dios a Abraham, el octavo día después del parto, y sin tener ningún tipo de experiencia previa. ¿Por qué precisamente el día ocho?

La respuesta científica no se supo hasta la década de los 30 del pasado siglo XX. En 1935, el Premio Nobel de Química, el Dr. Henrik Dam, descubrió que la *vitamina K* ayudaba a prevenir las hemorragias en los niños.

---

239 De Vaux, R. 1985, *Instituciones del Antiguo Testamento*, Herder, Barcelona, p. 85.

Esta vitamina K (*Koagulation*) produce protrombina en el hígado, que es un factor coagulante.

La protrombina produce los coágulos de fibrina que tapan las heridas e impiden las hemorragias. Pues bien, se comprobó que los bebés suelen nacer con deficiencia de vitamina K y que esta solamente se empieza a producir del quinto al séptimo día después del nacimiento, gracias a la acción de unas bacterias beneficiosas que hay en el intestino de los lactantes. Y lo curioso es que precisamente al octavo día es cuando el porcentaje de protrombina alcanza su máximo nivel, el 100%. Dicho de otra manera: el único día en la vida de los varones en que la protrombina está al 100% es el octavo día después del parto.

Y, por tanto, ese día es el más adecuado para extirpar el prepucio porque la sangre coagula pronto y la hemorragia no es tan peligrosa.

¿Cómo pudieron saber Abraham y Moisés tales misterios de la bioquímica humana que no se descubrieron hasta el siglo XX?

5. Medidas sanitarias de protección

5.1 *La cuarentena después del parto*

Actualmente se conoce como "cuarentena" al periodo de aislamiento preventivo al que se somete a una persona por razones sanitarias. Todavía hoy se le llama así porque en sus orígenes bíblicos ese período de tiempo correspondía a 40 días. Por ejemplo, en Lv 12:1-4, a propósito de la purificación de la mujer judía después del parto, se dice:

Habló Jehová a Moisés, diciendo: Habla a los hijos de Israel y diles: La mujer cuando conciba y dé a luz varón, será inmunda siete días; conforme a los días de su menstruación será inmunda. Y al octavo día se circuncidará al niño. Mas ella permanecerá treinta y tres días purificándose de su sangre; ninguna cosa santa tocará, ni vendrá al santuario, hasta cuando sean cumplidos los días de su purificación.

En total, los días de su purificación eran 7, por dar a luz, más 33, por la purificación de su sangre, lo que sumaba 40 días (una cuarentena). Actualmente, a la cuarentena se le llama médicamente "puerperio" y es el tiempo que pasa desde el parto hasta que el aparato genital femenino vuelve al estado anterior al embarazo. Suele durar entre seis y ocho semanas, es decir, alrededor de 40 días, tal como dice la Biblia.

La cuarentena es un período duro para la madre por el trasiego hormonal que esta sufre y por la influencia que esto tiene sobre su estado de ánimo. El útero empieza a reducirse y los pechos a segregar leche. Por un lado, se reducen unas hormonas (como los estrógenos y la progesterona), mientras que por otro sube la prolactina (hormona encargada de la producción láctea) así como la oxitocina (hormona que contrae el útero). Así pues, la cuarentena postparto es un periodo delicado en la vida de la mujer, que la medicina moderna ha reconocido como tal y ha corroborado por completo.

Una vez más, resulta sorprendente cómo los hebreos de la antigüedad pudieron tener tal conocimiento de la fisiología femenina, a no ser por supuesto que les fuera revelado.

5.2 Prevención de infecciones bacterianas

En la Biblia aparecen ciertas disposiciones concretas, dentro de las reglamentaciones de impureza religiosa ritual, que también tuvieron aplicaciones sanitarias muy beneficiosas para el pueblo hebreo. En una época en la que se desconocían los microbios patógenos (bacterias, hongos, protozoos, etc.) o los virus y priones (proteínas priónicas), que podían causar enfermedades mortales, las Escrituras previenen determinados comportamientos y ponen de manifiesto así la sabiduría infinita que subyace detrás de sus páginas.

Por ejemplo, en Lv 13:45-46, se legisla contra la lepra:

Y el leproso en quien hubiere llaga llevará vestidos rasgados y su cabeza descubierta, y embozado pregonará: ¡Inmundo! ¡Inmundo! Todo el tiempo que la llaga estuviere en él, será inmundo; estará impuro, y habitará solo; fuera del campamento será su morada.

La lepra es una enfermedad infecciosa causada por una bacteria (*Mycobacterium leprae*) que se caracteriza por provocar lesiones y heridas en la piel, las mucosas y el sistema nervioso periférico. Aunque es difícil, el contagio se puede producir de persona a persona a través de gotitas nasales y orales. Hoy es posible curarla y la Organización Mundial de la Salud (OMS) facilita un tratamiento multimedicamentoso (TMM) gratuitamente a todos los enfermos de lepra. Sin embargo, en la época bíblica, el hecho de hablar con un leproso o estar junto a él era peligroso, de ahí que la única medida efectiva para evitar los contagios fuera la segregación o separación de tales enfermos del resto de la sociedad. ¿Cómo sabía el autor del Pentateuco la causa del contagio de la lepra si aún no se conocían las bacterias?

De la misma manera, en Nm 19:11 se dice: *El que tocare cadáver de cualquier persona será inmundo siete días.* ¿Hay algún problema sanitario, aparte de las prescripciones de impureza religiosa, en el hecho de tocar los cadáveres? Si la persona fallecida presenta alguna enfermedad infecciosa, los microbios causantes de la misma pueden sobrevivir en el cadáver durante dos o más días. Enfermedades como la tuberculosis, la hepatitis B y C, ciertas afecciones diarreicas y otras muchas dolencias son susceptibles de contagio. El virus de VIH (SIDA), por ejemplo, puede sobrevivir hasta seis días en un cadáver.

De ahí que exista cierto riesgo de contagio al manipular cadáveres infectados y que, quienes se ven obligados a hacerlo, deban usar guantes y lavarse frecuentemente las manos. Por tanto, la Biblia es coherente con las enseñanzas que transmite al ser humano y su sabiduría es anterior a los descubrimientos científicos recientes.

En la misma línea está:

5.3 La esterilización y los lavamientos frecuentes

La costumbre hebrea de lavarse el cuerpo, las manos y los pies frecuentemente en agua limpia o corriente (Lv 15) se fundamenta también en la Biblia. Los judíos tenían dos tipos de lavamiento: uno para propósitos religiosos de purificación, que incluía todo el cuerpo, y otro, que era el lavado ordinario de manos y pies, que se practicaba a diario y se aplicaba también a vasos o recipientes utilizados en las comidas (Mt 15:2; Mc 7:3-4). Las seis tinajas de agua mencionadas en la boda de Caná servían precisamente para dicho propósito (Jn 2:6). Sin embargo, los fariseos multiplicaron innecesariamente los actos por los que uno podía quedar contaminado, lo que requería frecuentes lavamientos ceremoniales, que Jesús criticó acusándoles de hipocresía (Mc 7:2-3).

No cabe duda de que tales medidas higiénicas –tanto por motivos religiosos como sanitarios– contribuyeron a proteger la salud de los hebreos, en una época en la que no se sabía nada acerca de los microbios perjudiciales. Es, por tanto, razonable creer que la sabiduría divina estaba detrás de tales medidas sanitarias que se transmitieron de generación en generación.

6. Alimentos naturales beneficiosos y perjudiciales

6.1 Plantas medicinales

En Ezequiel (47:12) se hace alusión –dentro del marco general de la visión del profeta acerca del río que nace del templo de Jerusalén– a los frondosos árboles de sus riberas de frutos comestibles y de cuyas hojas podían obtenerse medicinas. Esto demuestra que los hebreos –como otros pueblos– conocían y usaban las plantas medicinales.

6.2 El N. T. se refiere también al vino como terapia

En la parábola del buen samaritano (Lc 10:34), Jesús explica que a las heridas se les echaba "aceite y vino" antes de vendarlas. En mi libro: *Parábolas de Jesús en el mundo postmoderno*, puede leerse:

El aceite es conocido ya en el Antiguo Testamento como un líquido capaz de disminuir el dolor de las heridas (Is 1:5-6); mientras que la acidez del vino, con sus efectos antisépticos, sustituía a nuestro actual alcohol. La farmacia ha aprovechado el aceite desde siempre para disolver en él principios activos de la más diversa condición. Se ha utilizado como disolvente de otras grasas, ceras, colofonia, etc., para preparar numerosos ungüentos y pomadas. El famoso farmacéutico español, Font Quer, escribe en su Dioscórides: "Para otras heridas y llagas, se agitan asimismo en una botella, a partes iguales, aceite y vino tinto. Dícese que esta mezcla es un cicatrizante maravilloso" (Font Quer, 1976: 744). De manera que el vino desinfectaba y el aceite calmaba.[240]

De la misma manera, el apóstol Pablo recomienda a Timoteo (1 Tm 5:23) que no beba agua, sino que la sustituya por *un poco de vino por causa de tu estómago y de tus frecuentes enfermedades.* El agua en aquella época podía contaminarse fácilmente y contener microbios peligrosos, mientras que el vino no, ya que el alcohol del vino era un buen desinfectante. Hoy se habla de *vinoterapia* para referirse al uso terapéutico del vino con el fin de mejorar la salud de las personas. Sabemos que el vino contiene alcoholes como los polifenoles (*resveratrol* y *flavonoides*) y que tiene capacidad antioxidante. En pequeñas cantidades, mejora el sistema cardiovascular, la circulación sanguínea y retrasa el envejecimiento de la piel al neutralizar los radicales libres.

La sabiduría que hay detrás de estos remedios domésticos de los hebreos y de otros pueblos de la antigüedad ha sido corroborada por la ciencia moderna.

6.3 Alimentos peligrosos

El libro de Levítico (11:30) se refiere a los cocodrilos y los incluye en la lista de animales impuros que los hebreos no podían consumir. Es sabido que algunos de estos animales eran divinizados por las culturas periféricas al pueblo hebreo y que dicho rechazo seguramente tenía motivaciones religiosas. No obstante, además de esto, hoy sabemos que también eran importantes los motivos puramente sanitarios. En aquella época, no se podía saber por qué era peligroso comer la carne de los reptiles; sin embargo, actualmente conocemos bien su posible toxicidad.

El consumo de la carne de los reptiles –como cocodrilos, tortugas, lagartos o serpientes– puede causar diversas enfermedades y problemas de salud (triquinosis, pentastomiasis, gnatostomiasis, esparganosis, etc.) por la presencia de bacterias patógenas en ella, especialmente bacterias de los

---

240 Cruz, A. 1998, *Parábolas de Jesús en el mundo postmoderno*, (Clie, Terrassa), p. 333.

géneros *Salmonella, Shigella, Yersinia, Campylobacter, Clostridium* y *Staphylococcus*. De ahí que las autoridades sanitarias recomienden hoy congelar la carne de estos animales antes del consumo humano y no comerla nunca cruda, con el fin de evitar los posibles riesgos para la salud.

Las Sagradas Escrituras reflejan una sabiduría que supera con creces los conocimientos humanos de la época en que fueron escritas.

6.3.1 No comer animales que han fallecido de muerte natural

Cuando Moisés enseñó en Levítico 17:15 que un animal mortecino, o que murió de forma natural, o que fue medio devorado por las fieras, no debe ser consumido por ningún israelita, proporcionó a los hebreos, además de unas prácticas de pureza religiosa, unas avanzadas normas de higiene y salud pública. Actualmente, por ejemplo, ningún matadero acepta animales para el consumo humano, que ya han muerto de muerte natural. Esto es algo que prohíben las leyes sanitarias porque si el animal ha muerto debido a alguna infección contagiosa, como rabia, ántrax o cualquiera de las numerosas enfermedades de la llamada *zoonosis* (enfermedades que las personas pueden contraer de los animales), no es aconsejable consumir estas carnes por el peligro de infecciones.

Pero, de nuevo, la cuestión es, ¿cómo pudo Moisés saber tales cosas en su día, mucho antes de que se descubrieran y diagnosticaran tales enfermedades transmisibles?

6.3.2 No comer cerdo

Tal como se ha señalado, Moisés transmitió a los hebreos unas leyes sanitarias bastante estrictas como, entre otras cosas, por ejemplo, no comer carne de cerdo. ¿Por qué se daría esta prohibición? Hoy se consume carne o derivados del cerdo y la gente normalmente no contrae ninguna enfermedad al respecto. Sin embargo, en la antigüedad no existían las actuales medidas sanitarias en torno a la crianza y alimentación de estos animales. Los cerdos vagaban más o menos libres y se alimentaban frecuentemente de carroña y basura, lo cual les hacía propensos a las infecciones bacterianas y a los parásitos. Una de las enfermedades más famosas que puede transmitir el cerdo a los humanos es la triquinosis.

Se trata de un pequeño gusano parásito de ratas y otros roedores (*Trichinella spiralis*) que pasa de las ratas al cerdo y de este al ser humano. Es una enfermedad dolorosa que puede ser fatal y que está causada por comer cerdo poco cocinado y contaminado con el parásito. De manera que la prohibición dada a Moisés era científicamente correcta. Pero ¿cómo pudo él, en sus días, saber estas cosas? ¿Fue un golpe de suerte o alguien se lo manifestó?

7. Medidas de salud psíquica

También encontramos en la Escritura medidas para la salud de la mente. Por ejemplo, en Filipenses 4:6, el apóstol Pablo escribe: *por nada estéis afanosos.* Hoy se sabe que el estrés crónico obliga al cuerpo a liberar más hormonas que hacen que el cerebro esté más alerta de lo normal, que los músculos se pongan en tensión y aumente el pulso. Esto pone en riesgo la salud porque eleva la presión de la sangre, puede generar insuficiencia cardíaca, diabetes, obesidad, depresión, problemas en la piel y alterar los ritmos biológicos femeninos.

De ahí que, en el libro de Proverbios (17:22) se diga: *El corazón alegre es buena medicina.* Hoy sabemos que la alegría alarga la vida porque contribuye a aumentar los linfocitos T del sistema inmunitario, que son los que nos defienden de los agentes patógenos. La alegría, la risa y el humor mejoran las defensas de nuestro cuerpo y hacen que el cerebro fabrique más endorfinas (hormonas que generan bienestar), mientras que la agresividad, el estrés y los problemas disminuyen la producción de endorfinas y el bienestar de las personas. La risa puede contribuir a curar diversas dolencias físicas. Por eso, se llevan payasos a los hospitales (sobre todo a las plantas de oncología) para que provoquen la risa de niños y adultos.

¿Cómo pudo saber el autor de Proverbios que el corazón alegre era buena medicina? ¿Acaso algún neurólogo le explicó que la alegría modifica nuestra bioquímica y puede curarnos? Nada de todo esto lo podemos atribuir a la mera casualidad. En la Biblia hay mucha sabiduría, mucha más de lo que normalmente pensamos, y esto es evidencia de su origen divino. El apóstol Santiago (1:5) dice que la sabiduría viene de Dios: *Y si alguno de vosotros tiene falta de sabiduría, pídala a Dios, el cual da a todos abundantemente y sin reproche, y le será dada.*

¿La conciencia humana surgió por evolución o por creación divina?

A. Cruz

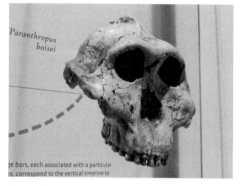

Paranthropus boisei

ge bars, each associated with a particular
s, correspond to the vertical timeline to

Paranthropus boisei es el nombre científico de una especie fósil de primate, comparable a los actuales gorilas, que habitó en África durante el Pleistoceno inferior (*American Museum of Natural History* de Nueva York).

El doctor Thomas Nagel, filósofo agnóstico y profesor en la Universidad de Nueva York, dice que nuestra comprensión actual del universo no puede ser explicada en términos puramente naturalistas.[241] Según su opinión, no tendría sentido creer que los seres humanos son capaces de entender el cosmos, si su conciencia solo fuera el producto de procesos evolutivos ciegos desde la materia inanimada, como los que propone el darwinismo. Semejante naturalismo ateo, no puede explicar adecuadamente por qué las personas son seres racionales y por qué sus razonamientos son veraces, certeros o dignos de confianza. Sería necesario –asegura Nagel– buscar otras alternativas más coherentes e imaginativas.

Lo que quiere decir este prestigioso filósofo neoyorquino es que si el ser humano hubiera evolucionado de los simios y de otros animales inferiores, como generalmente se acepta hoy, su capacidad para pensar y entender científicamente la realidad del mundo, sería también el producto de las leyes de la evolución y el azar. La singular conciencia del hombre se habría

241 Nagel, Th., 2012, *Mind & Cosmos, Why the Materialist Neo-Darwinian Conception of Nature Is Almost Certainly False* (Oxford University Press, New York).

originado solo gracias a las mutaciones en el ADN y la selección natural de las mismas. Pero entonces, ¿se podría confiar en la veracidad de los razonamientos humanos? ¿No serían estos también el producto de la casualidad? Si todo evoluciona sin ningún tipo de intencionalidad, ¿cómo podemos estar seguros de que nuestras conclusiones "racionales" sean verdaderas y no el mero producto del azar? ¿Podríamos fiarnos de los descubrimientos, las teorías y las afirmaciones hechas por el hombre?

El Dr. Nagel, al reflexionar acerca de todo esto, en medio del actual clima del naturalismo científico dominante, aporta un toque de originalidad al debate entre el teísmo y el ateísmo, desde su posición agnóstica. Asegura que es necesario seguir buscando respuestas a esta cuestión porque las explicaciones darwinistas son muy especulativas y, al querer explicarlo todo, resulta que no son satisfactorias. Pretenden ser científicas cuando, en realidad, son explicaciones puramente metafísicas y, por tanto, no demostrables. De manera que sería un gran avance para nuestra cultura contemporánea el que pudiera despojarse del materialismo y del "darwinismo de las brechas" que, cual "dios tapagujeros", pretende explicar todos los fenómenos de la naturaleza.

En la conclusión de su libro escribe: "He tratado de mostrar que este enfoque (naturalismo darwinista) es incapaz de proporcionar una explicación adecuada, ya sea constitutiva o histórica, de nuestro universo. Sin embargo, estoy seguro de que mi propio intento de explorar alternativas es demasiado carente de imaginación".[242] Nagel confiesa que no tiene respuestas naturales para explicar racionalmente el origen espontáneo de la vida y de la conciencia humana en el universo. Y añade: "Es perfectamente posible que la verdad esté fuera de nuestro alcance, en virtud de nuestras limitaciones cognitivas intrínsecas, y no simplemente fuera de nuestro alcance en la etapa actual de desarrollo intelectual de la humanidad". Finalmente augura que el consenso actual del pensamiento darwinista llegará a parecer ridículo en una o dos generaciones.

Ahora bien, cuando todas las interpretaciones naturalistas fracasan, a la hora de explicar realidades como la conciencia humana, ¿no será razonable buscar otro tipo de argumentos no naturales? ¿No es lógico pensar que nuestras mentes finitas evidencian la existencia de una mente superior que las creó? Después de comprobar que la conciencia humana no puede ser solamente el resultado del reordenamiento de los átomos, ¿acaso no es legítimo creer que un ser consciente la haya generado? Y, si somos el producto de una mente infinitamente superior, ¿no estamos justificados para pensar que existe la verdad y la mentira o que nuestras percepciones del mundo real son ciertas y no el mero producto de una evolución ciega?

242 *Ibid.*, p. 127.

El sentido común nos dice que nuestros estados conscientes como las sensaciones, emociones, pensamientos, creencias, deseos y decisiones no pertenecen exclusivamente al ámbito de lo físico porque no se pueden medir, pesar u observar. Son algo interno, íntimo, exclusivamente percibido por el propio individuo que los experimenta. Carecen de los rasgos característicos típicos de los objetos materiales como ubicación y extensión, por lo que no resulta posible su análisis científico y por tanto no pueden tener una explicación natural. ¿Cómo es posible que las partículas materiales o las ondas que se mueven en los campos de fuerza generaran el estado consciente? ¿De qué modo las causas físicas similares lograron producir efectos radicalmente distintos a ellas? ¿No estamos, una vez más, ante algo que aparece de la nada?

El surgimiento de la mente constituye una discontinuidad inexplicable de la naturaleza y aunque se la denomine "emergencia", dicho término es tan solo una etiqueta naturalista que no explica en absoluto el fenómeno. Sin embargo, la Biblia afirma que la mente del ser humano tuvo su origen en Dios. El profeta Jeremías pone en boca del Creador estas palabras: "Daré mi ley en su mente, y la escribiré en su corazón; y yo seré a ellos por Dios, y ellos me serán por pueblo" (Jr 31:33). Nuestra mente trasciende lo puramente material porque hunde sus raíces en el Creador sobrenatural.

¿El argumento cosmológico demuestra a Dios?

A. Cruz

Costa próxima a la playa de Gulpiyuri (LLanes, Asturias, España).

La palabra árabe "kalam" significa "discurso" y se refiere a la tradición islámica de buscar principios teológicos por medio de la dialéctica. Adaptando dicho término a la mentalidad occidental, quizás se podría decir que el "kalam", entre otras cosas, es una especie de teología natural que procura deducir la existencia de Dios a partir del cosmos natural.

El argumento cosmológico "kalam" hunde sus raíces en las obras del teólogo bizantino cristiano, Juan Filópono (490-566 d. C.), y en las del teólogo sunita, al-Ghazali (1058-1111 d. C.). Recientemente, el filósofo norteamericano y teólogo cristiano, William Lane Craig, especializado en metafísica y filosofía de la religión, ha realizado un importante trabajo al adecuar dicho argumento antiguo a la filosofía contemporánea.[243] Desgraciadamente no todas sus obras han sido, todavía, traducidas al español, como muchas otras de autores teístas que escriben en inglés. Sin embargo, Craig ha hecho importantes contribuciones al tema de la racionalidad de la existencia divina.

La cuestión fundamental que se plantea en dicho argumento es: ¿por qué existe algo en vez de nada? Es evidente que esta pregunta no puede responderse desde la ciencia, pero ¿puede hacerse desde la filosofía? El Dr. Craig cree que sí y para responderla emplea el siguiente razonamiento. Su

243 Craig & Moreland, 2009.

primera premisa afirma que "todo lo que comienza a existir requiere una causa". La segunda, confirma que "el universo comenzó a existir", mientras que la conclusión lógica es que "el universo requiere una causa" para su existencia.

Es cierto que en el universo todo aquello que empieza a existir necesita alguna causa que lo haya hecho. Los niños requieren de sus progenitores; los leones solo pueden ser engendrados por otros leones; las bananas, naranjas o piñas tropicales únicamente se producen por filiación vegetal a partir de otras plantas de su misma especie; las rocas y cristales minerales han sido el producto de una mineralización en condiciones ambientales determinadas. Y así, llegaríamos a los planetas, estrellas, galaxias y al propio universo completo. Todo lo que comienza necesita una causa capaz de originarlo. Sin embargo, Dios no entra en esta categoría. Suponiendo que existiera, él sería por definición eterno ya que jamás habría empezado a existir y, por supuesto, nunca morirá. Tal es la idea que intenta expresar el salmista al decir: "desde el siglo y hasta el siglo, tú eres Dios" (Sal 90:2). La pregunta acerca de quién creó a Dios es absurda porque si es Dios, ya no puede haber sido creado. Pero, aparte del ser supremo, nada que forme parte de este mundo se ha formado a partir de la nada absoluta sin una causa productora. No tenemos evidencia de que algo haya surgido alguna vez de la nada. Cualquier cosa que empiece a existir o haya tenido un principio es porque "algo" tuvo que traerla a la existencia.

Cuando se afirma que el universo surgió de la nada, o de una singularidad espaciotemporal, ¿qué se quiere decir? En cosmología, la nada original puede contener energía y partículas cuánticas; sin embargo, en la nada absoluta no hay energía, ni materia, ni espacio, ni tiempo. Tal como decían los antiguos filósofos griegos, "de la nada viene nada". Pues bien, todo esto significa que resulta más razonable pensar que las cosas requieren unas causas concretas, que creer que algo que comience a existir no requiere una causa.

La segunda premisa del argumento "kalam" acerca de que el universo comenzó a existir en un tiempo determinado goza hoy de un apoyo científico mayoritario. La teoría de Big Bang es generalmente aceptada porque se basa en evidencias que pueden ser contrastadas en la naturaleza. Hacia ella apuntan la teoría de la relatividad general de Einstein, la radiación de microondas procedentes del cosmos, el corrimiento hacia el rojo de la luz que nos llega de las galaxias que se alejan de la Tierra, las predicciones radioactivas sobre la abundancia de elementos, la coincidencia con el modelo de la abundancia del hidrógeno y el helio, la segunda ley de la termodinámica en relación a la fusión nuclear en el núcleo de las estrellas, etc. De manera que la afirmación de que el cosmos empezó a existir es, hoy por hoy, una premisa fundamental de la ciencia. El Big Bang afirma que el espacio, la materia o la energía y el tiempo fueron creados en un instante. Y esto significa que antes de dicho momento no existía ninguna de tales realidades, sino que comenzaron a existir.

Actualmente, gracias a los avances de la tecnología usada en física cuántica, resulta posible crear materia en los laboratorios y almacenarla en botellas magnéticas. Tanto partículas subatómicas como sus correspondientes antipartículas. Materia y antimateria como electrones y antielectrones, pero también antiprotones y antineutrones. Cada tipo de partícula material posee su antipartícula correspondiente. Esto ha permitido elucubrar a quienes se empeñan en no aceptar la realidad de un Creador sabio, que si hoy es posible para el hombre crear materia de forma natural en el laboratorio, ¿por qué no pudo originarse también así al principio, por medios exclusivamente naturales y sin la intervención de ningún agente sobrenatural? Sin embargo, la refutación de esta posibilidad viene de la mano de la propia física cuántica.

Resulta que cuando la materia y la antimateria se hallan juntas, se destruyen mutuamente liberando una enorme cantidad de energía. Se trata de un fenómeno natural opuesto al de la creación de materia. De modo que es como un pez que se muerde la cola. Cuando en el laboratorio se concentra artificialmente la suficiente energía se obtiene la misma cantidad de materia que de antimateria. Pero si estas entran en contacto, se eliminan recíprocamente en una explosión que libera toda la energía que contienen. ¿Cómo pudo entonces al principio crearse toda la materia del cosmos sin ser contaminada y destruida por su correspondiente antimateria? ¿Dónde está hoy en el universo toda la antimateria que debió originarse durante la creación? Si tal formación de materia ocurrió solo mediante procesos naturales, como algunos creen, ¿no se debería hallar una proporción equilibrada al cincuenta por ciento de materia y antimateria? Sin embargo, las investigaciones cosmológicas muestran que la cantidad máxima de antimateria existente en nuestra galaxia es prácticamente despreciable.

A pesar de los intentos de algunos astrofísicos por dar solución a este dilema, lo cierto es que no se ha propuesto ninguna explicación satisfactoria capaz de argumentar la necesaria separación entre materia y antimateria. Se dice que aunque en los laboratorios actuales se obtiene siempre materia y su correspondiente antimateria simétrica, al principio pudo no ser así ya que las condiciones de elevada temperatura que debieron imperar entonces quizás hubieran permitido un ligero exceso de materia. El famoso físico Paul Davies lo explica así: "a una temperatura de mil millones de billones de grados, temperatura que únicamente se podría haber alcanzado durante la primera millonésima de segundo, *por cada mil millones de antiprotones se habrían creado mil millones de protones más uno.* [...] Este exceso, aunque ínfimo, podría haber sido crucialmente importante. [...] Estas partículas sobrantes (casi un capricho de la naturaleza) se convirtieron en el material que, con el tiempo, formaría todas las galaxias, todas las estrellas y los planetas y, por supuesto, a nosotros mismos".[244] Pero ¿no es esto también un acto de fe que no se puede comprobar satisfactoriamente?

La idea de un universo simétrico en el que existiría la misma cantidad de materia que de antimateria, fue abandonada ante la realidad de las observaciones. El cosmos actual es profundamente asimétrico y esto constituye un serio inconveniente para explicar su origen mediante mecanismos exclusivamente naturales. "Algo" o "alguien" tuvieron que intervenir de manera inteligente al principio para separar la materia de la antimateria. En realidad, se trata de un problema de creencia personal: fe naturalista en los "mil millones de protones más uno", algo absolutamente indetectable, o fe en el Creador sobrenatural que dijo: "sea la luz; y fue la luz".

En el vacío cuántico pueden surgir partículas virtuales de materia que subsisten durante un período muy breve de tiempo que suele ser inversamente proporcional a su masa. Es decir, cuanto mayor masa poseen, menos tiempo existen. No obstante, el universo posee demasiada masa como para haber durado los catorce mil millones de años que se le suponen, si hubiera surgido como partícula virtual. Además, dicho vacío cuántico es creado artificialmente por los científicos en los laboratorios. Sin embargo, antes del Big Bang no había vacío cuántico, ni científicos que crearan las condiciones adecuadas, solo la nada más absoluta.

La creación natural de materia a partir de energía, o del movimiento de partículas subatómicas, que provoca hoy el ser humano por medio de sofisticados aparatos, no es comparable a la creación divina del universo a partir de la nada absoluta. Existe un abismo entre ambas acciones. Donde no hay energía, ni movimiento, ni espacio, ni materia preexistente, ni tiempo, ni nada de nada, no es posible que surja algo de forma espontánea. Cada acontecimiento debe tener una causa previa y no es posible obviar que el universo tiene una causa. Desde el naturalismo científico, que descarta cualquier agente sobrenatural, es imposible comprender cómo la creación a partir de la nada pudo suceder de manera natural. ¿Cuál pudo ser entonces la verdadera causa del universo?

Si el espacio se creó al principio, aquello que lo creó no debía estar contenido en dicho espacio físico. Esto significa que lo que causó el universo no podía ser una causa física porque todas las causas físicas pertenecen

---

244 Davies, P. 1988, *Dios y la nueva física* (Salvat, Barcelona), p. 36.

al mismo universo y existen dentro del espacio. Y lo mismo se puede argumentar desde la perspectiva del tiempo. La causa del cosmos tampoco puede estar limitada por el tiempo. Es decir, nunca comenzó a existir ya que necesariamente tenía que ser eterna. De la misma manera, si toda la materia del mundo surgió en el primer momento, como afirma el Big Bang, lo que sea que causara el comienzo del universo debió ser algo inmaterial puesto que nada físico podía existir antes de dicho evento.

¿Existe alguna entidad que responda a tales características? El Dr. Craig dice que el ser humano suele estar familiarizado con dos realidades que pueden ser consideradas como no espaciales, inmateriales e intemporales. La primera viene constituida por ciertos objetos abstractos tales como los números, los conjuntos y las relaciones matemáticas. Mientras que la segunda es la mente humana. Ahora bien, es sabido que los objetos abstractos son incapaces de causar efectos en la naturaleza. Ni los números ni las relaciones entre ellos crean realidades materiales partiendo de la nada. Por el contrario, somos perfectamente conscientes de los efectos que pueden tener nuestras mentes sobre el mundo que nos rodea. La mente humana puede hacer que el brazo y la mano se extiendan para saludar a alguien, que manos y pies se coordinen para conducir un automóvil o el A380 de Emirates, que es actualmente el avión de pasajeros más grande del mundo. Por lo tanto, si se eliminan las matemáticas y su simbología abstracta, nos queda la mente como posible causa del universo. Cuando se anula lo que resulta imposible, aquello que queda –por muy improbable que pueda parecer– tiene que ser la verdad.

El razonamiento lógico nos permite concluir que el universo físico tuvo que ser originado por una mente sobrenatural poderosa y sabia que no formaba parte de la naturaleza, ni estaba sometida al tiempo o al espacio. Por lo tanto, como únicamente Dios puede poseer semejantes atributos, solo él puede ser la verdadera causa del universo.

Puede que algunos creyentes piensen que para semejante camino no hacían falta tantas alforjas y que esta misma conclusión ya la ofrece la Biblia desde su primera página. Sí, es cierto. Pero una cosa es deducir la necesidad de Dios desde la pura razón, y mediante los medios que hoy nos brinda el conocimiento humano, y otra muy distinta descubrirle desde la experiencia personal e íntima de la fe. Una cosa no quita la otra.

¿La antigüedad del universo que propone la ciencia constituye una evidencia de que la Biblia es falsa?

A. Cruz

Diente fósil de tiburón procedente de Marruecos al que, según la cronología evolucionista, se le calcula una antigüedad de 50 a 60 millones de años.

El relato bíblico de la creación afirma que Dios formó, ordenó y pobló la Tierra de seres vivos en seis días por medio de su palabra. Esto se entendió literalmente a lo largo de la historia y, en general, nadie puso en duda que los días a que se refiere el texto eran de veinticuatro horas. Si el mundo había sido creado en una semana, resultaba fácil deducir que la antigüedad de la Tierra pudiera calcularse en unos pocos miles de años. Tal convicción permaneció hasta que algunos estudiosos empezaron a postular una mayor edad para las rocas del planeta.

En el siglo XVIII, concretamente en el año 1774, el conde de Buffon, propuso en su *Introducción a la historia de los minerales* que la edad de la Tierra rondaba los 180 000 años. En aquella época esto se consideraba mucho tiempo ya que se alejaba bastante de los cálculos realizados a partir de la Biblia. Un año después, el filósofo Immanuel Kant, hablaba en su *Cosmogonía* de centenares de millones de años para la formación del planeta azul. En 1862, casi noventa años más tarde, el físico irlandés, Lord Kelvin, suponiendo que la Tierra se había originado a partir de una bola magmática incandescente, calculó el tiempo que tardaría en enfriarse y dedujo que su antigüedad debía estar entre 24 y 400 millones de años. Un margen muy amplio, pero que, desde luego, se distanciaba considerablemente de los pocos miles de años tradicionales. Estas cifras fueron aumentando, sobre todo gracias a los requerimientos de las teorías evolucionistas, hasta llegar al presente. La mayor parte de los geofísicos contemporáneos considera que la edad de la Tierra es de unos 4 470 millones de años, según métodos de datación radiométrica de rocas basados en el decaimiento del elemento químico hafnio 182 en tungsteno 182, ya que al primero de estos isótopos le lleva entre 50 y 60 millones de años convertirse en el segundo.[245] ¿Cómo explicar semejante discrepancia cronológica entre el relato de Génesis y la geofísica actual?

Hay, por lo menos, cuatro posturas diferentes dentro del teísmo ante esta cuestión que analizaremos brevemente. La primera es la interpretación literal defendida por el *Creacionismo de la Tierra joven* al aceptar que los seis días fueron realmente días de veinticuatro horas. Se afirma que Dios pudo crear el mundo en millones de años, en una semana o instantáneamente. Sin embargo, el texto revelado habla claramente de seis días y así es como debiéramos entenderlo. Se defiende que los once primeros capítulos de Génesis deben ser interpretados literalmente, por lo que la Tierra no podría tener más de diez mil o, como mucho, quince mil años de antigüedad. Lo que ocurre es que presentaría "apariencia de edad". Es decir, parece ser más vieja de lo que es en realidad porque ya habría sido creada madura.

Aquí resulta oportuna la vieja y algo cómica crítica acerca del ombligo de Adán.[246] ¿Poseía el primer hombre esta singular cicatriz abdominal que nos queda a los humanos tras la rotura del cordón umbilical? Lógicamente, si Dios creó en estado adulto y con ombligo al primer ser humano, este mostraría la apariencia de una historia que, en realidad, no había ocurrido. Parecería que alguna vez hubiera tenido cordón umbilical y estado, por tanto, en el vientre de su madre. Cosa que nunca aconteció. Pues bien, algo similar a lo del ombligo de Adán ocurre con la luz de las estrellas y el tamaño del universo. Se necesitan millones de años para que la luz procedente de las estrellas llegue a la Tierra y podamos verla. Pero si el cosmos solo tiene unos pocos miles de años, esa luz no debería haber llegado todavía. ¿Cómo responde la interpretación literal?

Pues, de la misma manera que Dios pudo haber dotado de ombligo a Adán, a pesar de no haber pasado nunca por la etapa de embrión en el útero materno, también pudo crear la luz de las estrellas arribando ya a nuestro planeta, sin que tuviera que viajar millones de años luz. Es fácil entender por qué esta respuesta no satisface a muchos críticos ya que hace

---

245 http://mttmllr.com/geoTS_files/Broad_bounds_on_Earths_accretion_and_core_formation_constrained_by_geochemical_models.pdf.

246 Gosse, Ph. H., 1857, *Omphalos: An Attempt to Untie the Geological Knot* (John Van Voorst, Londres).

de la historia del cosmos algo aparente y no real. Tampoco el Dios creador sale bien parado, pues se le convierte en alguien engañoso que oculta de alguna manera la realidad. Las discusiones sobre tales asuntos no parecen terminar nunca.

En cuanto al registro geológico, que muestra organismos simples en los estratos más profundos y otros cada vez más complejos en los superficiales, no se interpreta como el producto de una lenta evolución biológica, sino como el resultado rápido de una catástrofe universal como el diluvio de Noé descrito posteriormente en Génesis. Más que transformación gradual de unas especies en otras durante millones de años, los fósiles reflejarían una "zonación ecológica" repentina. Habrían muerto y petrificado con rapidez aproximadamente en el mismo lugar en que vivían. Y, en cuanto a la cuestión de los días, la palabra hebrea *yom* (día), siempre que va precedida en la Biblia por algún número (primer día), debe entenderse como día de veinticuatro horas. Además, la semana laboral humana sigue el modelo dado por Dios en la creación (Éx 20:8-11). Así pues, la respuesta de la interpretación literal al problema cronológico es que los días fueron reales y el universo parece antiguo, pero no lo es.

Veamos la segunda postura, el llamado *Creacionismo progresivo o de la Tierra antigua*. Esta visión interpreta los días del relato como grandes períodos de tiempo. El planeta sería tan antiguo como afirma la teoría geológica contemporánea y el término "día" se podría entender en el sentido que expresan ciertos versículos bíblicos (Sal 90:4; Job 14:5-6). "Porque mil años delante de tus ojos son como el día de ayer, que pasó, y como una de las vigilias de la noche". Jugando a las matemáticas con dicha imagen literaria, se podría decir que si un día de Dios equivale a mil años humanos, ¿cuántos años del hombre son mil divinos? Si se hacen bien los cálculos, resulta que un milenio de Dios equivaldría a 365 millones de años humanos. Bromas numéricas aparte, lo que se defiende es que todos los seres vivos creados son el resultado milagroso del mandato divino expresado en determinados momentos a lo largo de la historia geológica de la Tierra. Se rechaza la evolución general de las especies, o macroevolución darwinista, pero se considera que dentro de los parámetros de cada especie bíblica, género o tipo básico especialmente creado, pudo darse posteriormente una microevolución o diversificación evolutiva a pequeña escala a lo largo del tiempo.

El ser humano habría sido creado, tal como dice la Biblia, directa y especialmente por Dios. Sería posible detectar similitudes cronológicas entre el relato genesíaco y la geología histórica. El libro de Génesis se interpreta literalmente en cuanto a su significado general, pero no por lo que respecta al uso del término "día". El hecho de que la frase: "y fue la tarde y fue la mañana" no aparezca en el séptimo día del descanso divino supone que nos encontramos todavía en ese último período de tiempo y que, por tanto, los días no deben interpretarse literalmente (véase Hb 4:1-10). De manera que, según el creacionismo progresivo de la Tierra antigua, no existen discrepancias significativas entre la explicación bíblica de los orígenes y los descubrimientos de las diversas disciplinas científicas. Una variante de esta segunda postura sería la hipótesis del intervalo (*Gap Theory*) que se refiere a los millones de años de las eras geológicas que supuestamente habrían transcurrido entre los versículos uno y dos de Génesis.[247]

El *Evolucionismo teísta* constituye la tercera perspectiva al afirmar que el relato de Génesis es como una parábola teológica que nada tiene que ver con los descubrimientos científicos. Un mito religioso sin ninguna correspondencia con la realidad. Dios habría formado el universo y la vida por medio de una lenta transformación a lo largo de millones de años, no de días, y este sería un proceso gradual y azaroso que dejó constancia en los diferentes estratos rocosos que estudia la geología. Desde los organismos unicelulares hasta el ser humano, todas las especies biológicas estarían filogenéticamente relacionadas entre sí, al descender de un primitivo antecesor común. Incluso el ser humano provendría de primates anteriores que habrían evolucionado a su vez de otros mamíferos primitivos. Adán y Eva no serían personajes históricos porque el genoma actual de la especie humana supuestamente demostraría que provenimos de un mínimo de unos diez mil individuos.

Se supone también que el Creador hizo todo esto sirviéndose de las leyes de la naturaleza, pero, sobre todo, de las mutaciones al azar y la selección natural. Dios actuaría sutilmente mediante las fuerzas que interactúan en el núcleo de los átomos y en el cosmos, produciendo una misteriosa auto-organización evolutiva desde la materia inerte hacia la vida y la conciencia humana. Nunca habría tenido necesidad de intervenir directamente en dicho proceso. A excepción, quizá, de la infusión de conciencia y capacidad para la espiritualidad concedida al ser humano. Por tanto, no habría que extraer ninguna enseñanza científica acerca del mundo físico, a partir de un relato bíblico que es eminentemente religioso o teológico.

Por último, la cuarta postura se podría denominar de las *cosmogonías religiosas antiguas* ya que interpreta el primer capítulo de Génesis a la luz de lo que creían los antiguos pueblos del Próximo Oriente. Si tales culturas entendían que el mundo era el resultado de una lucha cósmica entre varias divinidades, el texto bíblico muestra en cambio que solo hay un Dios creador que lo hizo todo bien por medio de su palabra. La superioridad teológica, moral y racional de la explicación de los orígenes que ofrece la Escritura resulta evidente cuando se compara con las concepciones que tenían los pueblos periféricos a Israel. Si las cosmogonías paganas adoraban

---

247 Biblia Anotada de Scofield, 1973, p. 1.

al Sol y la Luna por considerarlos dioses con poder sobre los humanos, la Biblia dirá que solo son lumbreras poco importantes, y que no hay que venerarlas, ya que Dios las creó tardíamente el cuarto día, como simples objetos naturales. El temor de los pueblos paganos a los abismos del mar repletos de monstruos y divinidades maléficas, contrasta con la confianza de los hebreos en el Dios que había creado todos los seres marinos con sabiduría. No es que los judíos no temieran también al mar sino que creían que, a pesar de todo, había sido hecho por el Dios creador.

Y, en fin, si en tales mitologías el hombre fue formado para ser esclavo de los dioses, la Escritura afirmará todo lo contrario, es decir, que es imagen del único Dios verdadero. Ni más ni menos que el mayordomo de toda la creación. No obstante, el mito bíblico recogería dos de los relatos que circulaban en la antigüedad, hasta cierto punto contradictorios entre sí, sobre la formación del ser humano. Se podría pensar que tales planteamientos son, de hecho, creacionistas ya que se refieren a actos creativos especiales de Dios. Sin embargo, se trata de una teoría que asume que Génesis solo transmite verdades religiosas y que nada tiene que ver con la auténtica antigüedad de la Tierra. De alguna manera, esta interpretación puede ser complementaria de las anteriores ya que las verdades expresadas en el relato bíblico de la creación pudieron tener varias implicaciones en su tiempo y también en el nuestro.

Es posible que ninguna de estas cuatro explicaciones, hechas desde la fe en un Dios creador, satisfaga universalmente. Por supuesto, tampoco se contempla la postura del *evolucionismo materialista* que descarta la existencia de un agente sobrenatural y concluye que toda la realidad puede ser explicada en términos de física y química. La conciencia humana, el pensamiento simbólico y la espiritualidad se podrían reducir en definitiva a procesos materiales azarosos e irracionales. Pero, si esto hubiera sido así, ¿por qué deberíamos creer en algo? ¿Por qué suponer que un ser surgido por casualidad, como el propio Charles Darwin, tuviera razón al explicar los orígenes y la evolución de las especies?

En mi opinión, tampoco el evolucionismo teísta resulta muy convincente. Es verdad que acepta la existencia de Dios, pero su compromiso a priori con el naturalismo metodológico le lleva a asumir que el Creador no tuvo nada que ver con su creación durante miles de millones de años. De la misma manera que el evolucionismo ateo, el teísta supone fervientemente que las mutaciones accidentales al ser filtradas por la selección natural circunstancial serían capaces de crear la vasta complejidad biológica existente en la Tierra. Para mí, eso es un acto de fe tan grande como el que requiere la creación. Además, los últimos descubrimientos realizados en diversas disciplinas científicas desmienten claramente esta creencia. No se trata de usar las lagunas de la ciencia para introducir a Dios, sino simplemente reconocer que la investigación científica evidencia una inteligencia detrás de la naturaleza.

El creacionismo de la Tierra joven muestra, a mi modo de ver, un exagerado respeto por la literalidad de la Escritura. Al entender que la muerte entró en el mundo como consecuencia del pecado humano, tal como dice la Biblia, rechaza que antes de dicho acto de desobediencia hubiera podido darse cualquier fallecimiento natural o la extinción de especies que muestran tantos estratos rocosos. De ahí que se asigne todo esto al diluvio universal. El problema es que una Tierra joven debe enfrentar hoy numerosos argumentos científicos contrarios. El universo observable evidencia una enorme antigüedad. No soy experto en técnicas de fechado radiométrico, pero me parece que el consenso casi general de los especialistas es suficientemente significativo.

Aunque me siento próximo al creacionismo de la Tierra vieja, reconozco también que asumir intervenciones divinas intermitentes a lo largo de las eras geológicas para introducir nueva información genética en los seres vivos, no parece una explicación muy elegante. A pesar de todo, creo que sigue siendo la mejor solución, en tanto en cuanto no surja otra más convincente. Después de mucho tiempo interesándome por estos temas, pienso que es bueno alejarse de dogmatismos, seguir investigando y estar abiertos a nuevos matices e interpretaciones bíblicas. Creer que uno tiene la verdad absoluta en estos resbaladizos asuntos es, cuando menos, una pretensión poco humilde.

Desde esta perspectiva, me parece interesante la siguiente interpretación teológica. ¿Cómo se puede entender la muerte antes de la caída? El pecado de la primera pareja pudo tener también efecto retroactivo, como sugiere William Dembski: "Dios no solo permitió que el mal personal (el desorden en nuestra alma y los pecados que cometemos en consecuencia) siguiera su curso con posterioridad a la caída sino que, además, permitió que el mal natural (la muerte, la depredación, el parasitismo, las enfermedades, las sequías, las inundaciones, las hambrunas, los terremotos y los huracanes) siguiera su curso con anterioridad a la caída. Así, Dios mismo dispuso el trastrocamiento de la creación no solo por una cuestión de justicia (castigar el pecado humano como lo exige la santidad de Dios) sino, más importante aún, por una cuestión de redención (para hacer que la humanidad recupere la cordura y reconozca la gravedad del pecado).[248]

Necesitamos más pensadores cristianos, teólogos, filósofos y científicos que traten estos temas en profundidad. Quizás en el futuro encontremos nuevas respuestas a tales preguntas. Lo que no se requiere tanto es que los

---

248 Dembski, W., 2010, *El fin del cristianismo* (B&H Publishing Group, Nashville, Tennesse), p. 182.

creyentes sigamos discutiendo acaloradamente a favor o en contra de estas posturas clásicas, sino que aportemos ideas nuevas y perspectivas diferentes que, siendo respetuosas con el mensaje revelado, sirvan también para estimular la razón del hombre de hoy y le motiven a descubrir el verdadero mensaje de Jesús. No obstante, lo que está claro es que la antigüedad del universo que propone la ciencia no está en contradicción con el mensaje bíblico.

¿Es la arqueología enemiga de la revelación escritural?

A. Cruz

Inscripción hallada en la excavación arqueológica del teatro romano en Cesarea del Mar (Israel), en la que aparece el nombre de Poncio Pilato, quien gobernó Judea del 26 al 36 d. C.

Una importante evidencia externa, capaz de apoyar la precisión histórica de la Biblia, es la que proviene de la arqueología. Por ejemplo, el evangelista Lucas, en el libro de los *Hechos de los Apóstoles*, cita 54 ciudades, 31 países, y 9 islas diferentes. Aunque en algunos casos han cambiado los nombres, todos estos lugares han sido hallados por los arqueólogos. Lo cual constituye una evidencia importante de la precisión histórica y geográfica con la que escribió el evangelista.

Sin embargo, la auténtica misión de la arqueología bíblica no es "demostrar" la veracidad de la Biblia. Este tipo de demostraciones solo pueden darse en el campo de las matemáticas o de la lógica, pero no en el de las ciencias históricas. Conviene tener en cuenta que la arqueología aporta materiales culturales elaborados por el ser humano de la antigüedad, como inscripciones, utensilios, edificaciones, etc., que proveen o pueden proveer un marco adecuado para interpretar la Biblia con precisión. De la misma manera, como en el caso anterior del evangelista Lucas, la arqueología permite vincular determinados acontecimientos bíblicos con lugares geográficos concretos e inscribirlos así en ciertos momentos históricos.

En ocasiones, se ha dicho que la Biblia estaba equivocada, hasta que se descubrió que no era así. Por ejemplo, durante bastante tiempo los especialistas dudaron de la historicidad de Salomón y de que era imposible que tuviera caballos –tal como dice la Biblia– ya que en aquella época supuestamente solo se usaban camellos (es decir, dromedarios). Hasta que en Meguido (en un montículo situado al norte de Samaria) se descubrió una ciudad en la que habitó Salomón, (965-928 a. C., siglo X a. C.) así como restos de los muros de establos para caballos. El arqueólogo G. E. Wright, escribe al respecto: "Los arqueólogos que han trabajado en Meguido nos dicen que la ciudad del siglo X poseía en sus costados este y sur unos establos para albergar caballos en número de unos cuatrocientos cincuenta. Ciertamente, de acuerdo con 1 Reyes 9:15-19, era de esperar encontrarse con tales construcciones, puesto que Meguido era una de las ciudades dedicadas por Salomón al acuartelamiento de carros".[249]

Otro tanto ocurrió a propósito de los hititas. Del Imperio hitita se habla en la Biblia (en los libros de Génesis, Éxodo y Números). Sin embargo, como la arqueología no había encontrado restos de dicha civilización, muchos escépticos creían que se trataba de una leyenda sin fundamento. Hasta que en 1900 un profesor llamado, Hugo Winkler, descubrió, en una expedición a Bogazkoy (en la provincia turca de Çorum), las ruinas de Hattusa y más de diez mil tablillas de lo que había sido el archivo nacional de los hititas. Actualmente, hasta la Wikipedia posee importante información acerca de la civilización hitita mencionada en las Escrituras.

Existen muchas evidencias arqueológicas que han esclarecido y corroborado la veracidad de la Biblia. Ahora bien, ¿qué ocurriría si la arqueología aportara testimonios contrarios a los relatos bíblicos? ¿Se debería pensar entonces que la Biblia miente o está equivocada? En una hipotética confrontación entre los resultados arqueológicos humanos y el texto bíblico inspirado, ¿cuál poseería mayor autoridad y tendría la última palabra? El Dr. Wright escribe: "el estudio de la arqueología pone al teólogo ante un grave e inevitable riesgo. ¿Qué pasaría si descubriéramos que el relato bíblico no responde a los hechos? No tenemos más remedio que afrontar tal eventualidad, ya que no es posible comprender bien la naturaleza de la Biblia, si no conocemos su ambiente y trasfondo. De hecho, la arqueología ha concretado e iluminado el relato bíblico en tantos puntos cruciales que sería ingenuo definirlo como un 'cúmulo de mitos y leyendas'".[250] Pues bien, durante el último siglo, la arqueología no ha desmentido al texto bíblico sino todo lo contrario, ha venido añadiendo más y más de estos "puntos cruciales" a la fiabilidad de la Biblia. Es posible que existan algunos

249 Wright, G. E. 1975, *Arqueología bíblica* (Cristiandad, Madrid), p. 189.
250 *Ibid.*, p. 26.

puntos conflictivos, sobre todo, acerca de fechas y dataciones concretas; sin embargo, la Biblia ha demostrado sobradamente su fidelidad histórica.

Un ejemplo significativo tuvo que ver con el rey de Asiria, Sargón II. El texto bíblico se refiere claramente a él (Is 20:1), pero como los arqueólogos no habían encontrado ningún rey con ese nombre en las listas de los reyes de las excavaciones realizadas en Asiria, supusieron que la Biblia debía estar equivocada. No obstante, el arqueólogo italiano, Paul Emile Botta, en 1843, encontró un lugar al noreste de Nínive con los restos de una importante ciudad, construida por Sargón II en el año 717 a. C. Se trataba de Khorsabad, la capital de Asiria durante la época de este rey, que fue abandonada posteriormente por su sucesor en el 705 a. C., despoblándose poco a poco hasta convertirse finalmente en ruinas. Actualmente, muchos objetos del arte asirio descubiertos en ese sitio arqueológico se encuentran en el museo del Louvre en París y Sargón II es uno de los reyes asirios mejor conocidos. Una evidencia más de que la Biblia no es un invento humano sino la Palabra de Dios.

Asimismo, un pueblo misterioso que los arqueólogos pusieron en duda fueron los horeos o hurritas. La Biblia se refiere a ellos como descendientes de Esaú de Edom (Gn 36:20; Dt 2:12, 22), pero no se aceptó su existencia real hasta que, en 1995, el filólogo y arqueólogo, Giorgio Buccellati, encontró la capital hurrita bajo la ciudad siria moderna de Tell Mozan. Hoy se sabe que el pueblo hurrita (*horeos* en el Antiguo Testamento y *surabitas* en los documentos de Babilonia) habitó en la antigüedad al norte de Mesopotamia, cerca del río Khabur, en una región comprendida entre el sudeste de Turquía, el norte de Siria e Irak y el noroeste de Irán. Algunos historiadores creen que los hurritas fueron los antecesores de los actuales kurdos. De manera que, una vez más, la Biblia tenía razón.

Como, actualmente, muchos suelen concederle mayor crédito a la ciencia humana que a la revelación bíblica y colocan la arqueología por encima de Biblia, algo similar ocurrió con Poncio Pilato. Algunos arqueólogos pusieron en duda su historicidad, a pesar de ser mencionado claramente en el Nuevo Testamento (Mateo, Marcos y Lucas) en relación con la muerte de Jesús y de aparecer en los escritos de autores judíos como Filón de Alejandría, Flavio Josefo y romanos, como Tácito. Sin embargo, no se aceptó su existencia histórica hasta que su nombre apareció escrito junto al de Tiberio sobre una roca de la época romana, conocida como la "piedra de Pilato". A los turistas que visitan hoy el teatro romano de Cesarea del Mar, se les muestra una copia de dicha roca donde puede leerse claramente la inscripción: "Poncio Pilato, el prefecto de Judea al emperador Tiberio". Y así sucesivamente, podríamos extendernos con este tipo de evidencias arqueológicas que han esclarecido y corroborado la veracidad de la Biblia.

Pero ¿qué ocurre con aquellos otros personajes o lugares bíblicos que no son hallados por los arqueólogos? ¿Debemos pensar, por ello, que la Biblia está equivocada? Existen demasiadas evidencias que demuestran la autenticidad de las Escrituras como para dudar de ella porque la arqueología no haya encontrado momentáneamente pruebas externas. Se puede concluir, por tanto, diciendo que la arqueología bíblica no es enemiga de la Escritura sino una muy buena amiga.

El argumento del Diseño inteligente, ¿confirma a Dios?

J. Valdés

El *Cyclamen persicum* es una planta muy abundante en Israel que el ser humano ha extendido por todo el mundo.

Es innegable que observamos diseño por todo nuestro alrededor. Desde el átomo que es prácticamente invisible hasta los límites incalculables del universo, vemos diseño sobre diseño. Como ya hemos visto, la presencia de diseño implica la intervención de un diseñador.[251] Es tan obvio el diseño que algunos de los detractores del Diseño inteligente terminan reconociendo su presencia como algo inevitable desde la óptica del observador. Richard Dawkins, biólogo ateo de la Universidad de Oxford, propone que "la biología es el estudio de las cosas complejas que *dan la impresión* de haber sido diseñadas con un fin".[252] Francisco Ayala, expresidente de la *Asociación Americana para el Avance de la Ciencia*, afirma que "el diseño funcional de organismos y sus características *parecerían* argumentar por la existencia de un diseñador".[253] Durante mucho tiempo se ha argumentado que lo que observamos es solamente la apariencia de diseño –realmente no existiría un diseño intencional– y por tanto, no es necesario apelar a un diseñador. Según Ayala, Darwin nos mostró que la apariencia de diseño se puede

---

251 Vea las *Preguntas 55 y 64*.
252 Richard Dawkins, *El Relojero Ciego* (Barcelona: Tusquets Editores S.A., 2015), p. 17.
253 https://counterbalance.org/evolution/nodesign-frame.html (Traducción del autor).

explicar apelando solo a procesos naturales.[254] Sin embargo, esto presenta graves problemas a la hora de explicar el elevado nivel de comunicación informática que posee cada célula viva.

Uno de los argumentos más poderosos del movimiento del Diseño inteligente es precisamente que observamos información compleja y altamente especificada en el genoma de la vida biológica. No basta decir que la información es compleja, ya que complejo simplemente quiere decir *improbable*. No es así lo que encontramos en el ADN.[255] La siguiente serie de símbolos escrita aleatoriamente en mi teclado es altamente compleja: *j-=;klajpijup89ju=4=5r34;miou95* ya que producir esta combinación específica aleatoriamente es altamente improbable. Sin embargo, este no es el tipo de información que encontramos en el ADN. En el ADN hay información compleja, pero a la vez sumamente especificada. Es decir, encontramos información que comunica instrucciones para el cumplimiento de funciones concretas. Analógicamente, la información en el ADN es más como *"Saca la basura, apaga la luz y cierra la puerta"*. El ADN contiene información diseñada con la intención de ser comunicada. ¿Qué información funcional encontramos en el ADN? Entre otras, encontramos instrucciones de cómo arreglar las distintas secuencias de aminoácidos para ensamblar las diversas proteínas necesarias para la vida. No obstante, tener las instrucciones no es suficiente para "fabricar" nada. ¿Cuántos proyectos hemos conocido donde el fabricante es el libro mismo de instrucciones?

Aquí nos encontramos confrontados con múltiples niveles absolutamente espectaculares de diseño e ingeniería y a una escala inconcebible. Stephen Larson, neurocientífico ateo de la Universidad de California en San Diego, quien es además ingeniero y biólogo, explica el asombro que experimenta al observar lo que sucede a nivel molecular,

> ...cuando observo una humilde bacteria bajo el microscopio... Me pregunto cómo funciona. Porque el reloj mecánico que es la vida no es como ningún reloj que jamás hayamos construido. Son engranajes y resortes biológicos, pero llenan cuartos y edificios y ciudades de un vasto paisaje microscópico que está repleto de actividad... En parte, está extremadamente bien organizado, pero por otra parte la mera escala de todas estas cosas desconocidas y bien organizadas que suceden ahí me hacen sentir que he tropezado con un paisaje

254 National Academy of Sciences 2007. *In the Light of Evolution: Volume I: Adaptation and Complex Design* (Washington, DC: The National Academies Press), p. 3 https://doi.org/10.17226/11790 (Traducción del autor).

255 Cada molécula de ADN humano contiene 3 000 millones de caracteres en un abecedario que consiste en cuatro letras químicas organizadas de forma que comunican información especificada.

alternativo de tecnología que fue construido por un ingeniero, un millón de veces más inteligente que yo.[256]

Las instrucciones complejas y altamente especificadas aparecen en el núcleo de una "ciudad" microscópica conocida como la célula. La célula consiste en fábricas, empleados, importación de materiales, control de calidad, sistemas de transporte, sistemas para el manejo del desperdicio, etc., diseñados para llevar a cabo las instrucciones del ADN. La síntesis de proteínas (el proceso de crear proteínas dentro de la célula) es uno de los procesos más sofisticados de fabricación que existe en el universo. De forma simplificada, una enzima llamada *ARN polimerasa* es enviada a una sección específica de la doble hélice del ADN. Allí procede a desenrollar la doble hélice y a producir una copia de las instrucciones particulares para la fabricación de una proteína específica.[257] Al terminar la copia, la doble hélice del ADN se cierra y la copia de instrucciones, conocida como una molécula de ARN mensajero (ARNm), es transportada fuera del núcleo hacia una fábrica conocida como el ribosoma.

Aquí vemos un mecanismo súper sofisticado que lee las instrucciones y ensambla una cadena de aminoácidos en la secuencia perfecta para crear la proteína particular que se desea. De ahí la cadena de aminoácidos es transportada por proteínas chaperonas (para que no se doble antes de tiempo) a otra máquina molecular que dobla la cadena en una forma muy específica hasta finalizar el proceso de crear la proteína. Dada la cantidad de aminoácidos y otros factores importantes, se ha calculado que las probabilidades de que se construya una proteína funcional modesta por casualidad es de $1/10^{164}$. Esta probabilidad es tan baja que es considerada prácticamente imposible. ¿Hemos de creer que todo este proceso apareció por casualidad, sin que nadie lo hubiese diseñado? La tesis de que esto solo es "apariencia de diseño" parece cada vez más absurda. Pero aún no hemos terminado.

Añadámosle aún otro nivel de complejidad al diseño. Con una sola proteína no se fabrica nada. Se calcula que esto tiene que suceder entre 250 y 400 veces para fabricar las distintas proteínas funcionales necesarias para construir un organismo celular simple. Eso no incluye el ADN, ni ninguno de los funcionamientos y componentes de la célula. Colectivamente, otro grupo de proteínas catalizan y controlan esencialmente todos los procesos de la célula. Este conjunto de proteínas forma lo que conocemos como el *proteoma*. El proteoma de una diminuta célula de levadura, por ejemplo,

256 Vea Tedx Talk: "Life's Complex Interacting Molecular Machines Appear Built by an Engineer". Por Stephen Larson, PhD. (Traducción del autor).

257 Para encontrar el lugar específico en la larga cadena de instrucciones, se necesita la ayuda del bibliotecario del ADN – el epigenoma. Este le señala a la enzima de ARN polimerasa exactamente dónde comenzar a copiar y dónde terminar.

consiste en más de 60 millones de moléculas de proteínas.[258] No pensemos ya en las probabilidades de que más de 60 millones de proteínas sean formadas por casualidad para trabajar juntas en todo el funcionamiento de una simple célula de levadura. Tampoco hablemos de las células más grandes y complejas.

Los detalles mencionados, producto del avance de la genética y la biología molecular, han resultado en que algunos de los detractores del diseño inteligente comiencen a mostrar cierta apertura a la idea de un diseñador, aunque en su mayoría niegan que sea el Dios de la Biblia. En una famosa entrevista, mucho más reciente, Dawkins sugiere que, si estudiamos los detalles de la biología molecular y la bioquímica, "quizás encuentres la firma de algún tipo de diseñador".[259] Su problema, y de otros de sus colegas, es que prefieren optar por la absurda conclusión de que alguna raza avanzada de extraterrestres es responsable por el maravilloso diseño que vemos en la vida biológica y luego lo "sembraron" en nuestro planeta de alguna forma desconocida. Es la misma conclusión a la que llega el ateo Stephen Larson, mencionado arriba, después de expresar la maravilla que es una simple bacteria. El asunto ya no parece ser tanto la negación de un diseñador inteligente, sino el rechazo de ciertos tipos de diseñadores, aquellos que son sobrenaturales.

Sin embargo, el sentido común ha de señalar a Dios y no a los extraterrestres. No solo carecemos de evidencia alguna de inteligencia extraterrestre, sino que, aunque existieran dichos seres, también serían el producto de un diseño inteligente. No solo podemos concluir que el argumento del Diseño inteligente confirma la existencia de Dios, sino que la extraordinaria complejidad y la magnífica elegancia del diseño distinguen a Dios como un extraordinario y magnífico diseñador.

---

258 Aebersold, R., Mann, M. Mass-spectrometric exploration of proteome structure and function. *Nature* **537**, 347–355 (2016). https://doi.org/10.1038/nature19949
259 Vea el documental en inglés, *Expelled*, dirigido por Ben Stein.

¿Puede la ciencia explicar la resurrección de Jesús?

A. Cruz

"Tumba del jardín" (Jerusalén).

No, absolutamente no. La ciencia de la biología sabe perfectamente que cuando sobreviene la muerte patológica celular (o necrosis) se producen cambios irreversibles en los tejidos y órganos del cuerpo humano. La membrana plasmática que envuelve a las células se rompe, los numerosos elementos del citoplasma se escapan, las proteínas se desnaturalizan, dejan de funcionar y todas las vías metabólicas se interrumpen. Cuando esto ocurre en los distintos tejidos después de cierto tiempo ya no es posible dar marcha atrás ni volver a la vida. Todo el mundo sabe que los muertos no resucitan, la ciencia humana corrobora que esto es así y por tanto es incapaz de explicar la resurrección de Jesús o siquiera la revivificación de su amigo Lázaro. Tal como escribe el médico español Enrique Salgado, en relación a la resurrección: "Creer en ella es un estricto problema de la fe. Nada de lo considerado como divino puede verificarse".[260]

Siendo esto así, ¿se podría explicar la resurrección de Cristo por medio de teorías naturalistas? ¿Puede haber alguna clase de respuesta lógica que haga innecesario apelar al milagro divino? El propio Evangelio documenta que esta fue también la reacción de muchas personas contemporáneas con la muerte de Jesús. Las autoridades religiosas del pueblo hebreo difundieron la mentira de que la tumba estaba vacía porque sus discípulos habían robado el cuerpo (Mt 28:12-15). María Magdalena confundió a Jesús con el hortelano (Jn 20:11-15). Los discípulos creyeron ver un fantasma (Lc

---

260 Salgado, E. 1975, *Radiografía de Cristo* (Sedmay, Madrid), p. 210.

24:36-43). De la misma manera, a lo largo de la historia se ha sugerido que el Maestro no murió en la cruz, aun cuando toda la evidencia médica moderna contradice esta explicación. Otros afirman que su cadáver quedó colgando del madero y fue devorado por las aves carroñeras, o que fue arrojado a una fosa común, aunque la sepultura de Jesús sea uno de los acontecimientos históricos mejor probados. Incluso los hay que apelan a una alucinación colectiva de los discípulos que creyeron ver a su rabí vivo cuando en realidad estaba muerto. Pero, si esto hubiera sido así, ¿cómo explicar la tumba vacía? ¿Por qué ningún testigo ocular de Jerusalén desmintió la predicación apostólica sobre la resurrección? ¿Cómo es que la gente se convertía a Cristo?

Las principales evidencias bíblicas de la resurrección de Jesús demuestran la falsedad de todas las teorías naturalistas inventadas por los escépticos a lo largo de la historia. La evidencia histórica y la pura lógica indican que el rabino galileo fue quien dijo ser, que murió en la cruz, fue sepultado y la tumba quedó vacía. Estos hechos son incontrovertibles por mucho que no se quieran aceptar. Repasemos pues lo que dice la Escritura:

Testigos de un acontecimiento singular

Las versiones de la resurrección que ofrece el Nuevo Testamento ya circulaban cuando todavía vivían los contemporáneos de Jesús. Estas personas pudieron confirmar o negar la veracidad de lo que predicaban los apóstoles. Los evangelistas fueron testigos directos de la resurrección, o bien relataron aquello que testigos oculares les habían contado. Los apóstoles defendieron el evangelio apelando al común conocimiento del hecho de la resurrección de su Maestro. Y gozaban de gran simpatía entre el pueblo (Hch 4:33). ¿Cómo podían gozar de gran simpatía entre el pueblo si la resurrección no hubiera sido un suceso verdadero? Si mintieron deliberadamente, ¿acaso la gente, que conocía la verdad, lo habría tolerado?

Un sello romano roto

Cuando el gobierno romano ponía un sello en cualquier lugar para evitar que se manipulase algo, la pena por violarlo era la crucifixión cabeza abajo. ¿Quién se hubiera atrevido, en esos momentos, a arrancar el sello de arcilla que Roma había colocado en la tumba de Cristo? Recuérdese que los discípulos estaban asustados y desorientados.

Una tumba vacía

Este es el detalle más importante de todos, ya que la mayoría de las religiones se basan en tumbas llenas con los restos de sus líderes, a las que los fieles acuden en peregrinación para venerarles. Sin embargo, la tumba de Jesús quedó vacía por los siglos de los siglos. Los discípulos, gracias la fuerza emocional que les produjo ver a su Maestro resucitado, no empezaron a predicar en Atenas o en Roma, donde nadie hubiera podido contradecirles, sino que valientemente se dirigieron a Jerusalén y allí hablaron de Cristo resucitado. Si la tumba no hubiera estado realmente vacía, o si el cuerpo de Jesús hubiera sido arrojado a una fosa común, como algunos pretenden, la predicación de los apóstoles habría sido denunciada rápidamente por muchos de sus adversarios.

No obstante, la explicación oficial que se dio, acerca de que los discípulos habían robado el cuerpo, demuestra que la tumba estaba realmente vacía. Recordemos Mateo 28:11-15. ¿Cómo iban a robar el cuerpo unos discípulos que habían huido presa del pánico? Además, muchos de ellos fueron perseguidos, puestos en la cárcel, torturados e incluso martirizados por predicar la resurrección. ¿Hubieran soportado todo esto por una mentira? Hay tradiciones, tanto romanas como judías, que reconocen que la tumba estaba vacía. Esta es una evidencia muy fuerte porque se basa en fuentes hostiles al cristianismo como Josefo, que era un historiador judío, y así lo reconoce.

La gran piedra circular quitada

La guardia romana, formada por un grupo de 4 a 16 soldados, estaba ausente de su puesto. Dormirse era castigado con la pena de muerte en la hoguera. ¿Qué les ocurrió? La realidad es que la piedra circular que cerraba la tumba, de unas dos toneladas de peso, apareció quitada de su lugar.

Una mortaja intacta

Cuando entraron en la tumba, descubrieron que la mortaja aún estaba allí, intacta y bien colocada. Dicha mortaja pesaba unos cuarenta kilos y estaba constituida por tela y ungüentos aromáticos. Es como si el cuerpo de Cristo se hubiera evaporado a través de los lienzos, ya que estos conservaban todavía la hechura del cadáver.

Apariciones del resucitado

Los textos de Mateo 28:8-10 y 1 Corintios 15:3-8, indican que más de quinientas personas vieron a Cristo resucitado. Esto implica que cuando se escribieron tales relatos, la mayoría de los individuos que presenciaron el acontecimiento de la resurrección, aún estarían vivos y podían testificar la veracidad o falsedad de los hechos. Sin embargo, no se sabe de ningún testigo que intentara desmentir la predicación apostólica acerca de la resurrección de Jesús.

Por otro lado, no se deben confundir las apariciones con alucinaciones. Según la psicología, las personas que sufren alucinaciones poseen normalmente un carácter paranoico o esquizofrénico, estas se refieren siempre a experiencias pasadas, e igualmente suele darse una actitud de expectativa en el individuo que las sufre. No obstante, ninguna de las personas que aparecen en el texto bíblico reúne estas condiciones anormales. Por el contrario, las apariciones se produjeron en horas, situaciones y con personas diferentes, que poseían temperamentos distintos y que también tuvieron reacciones diferentes. Por ejemplo, María se emocionó, los discípulos se asustaron, Tomás mostró incredulidad. Las apariciones no corresponden a un modelo estándar, fijo, establecido y estereotipado. Cada una es bien distinta de las demás. El prestigioso teólogo alemán de la Universidad de Frankfurt, Hans Kessler, escribe: "No hay ningún indicio de que el cristianismo primitivo redujera la fe pascual a procesos psíquicos internos. Y una explicación puramente psicológica es incompatible con la seriedad y el alcance religioso de los textos".[261]

Tal como se señaló anteriormente, las mujeres fueron las primeras en ver a Jesús resucitado. Esto era un hecho poco convencional ya que, según los principios judíos, las mujeres no eran testigos válidos como evidencia legal. No servían como primeros testigos, sin embargo, lo fueron, ya que el Maestro las eligió a ellas. Si el relato hubiera sido manipulado para mayor credibilidad, ¿no se hubiera aparecido primero a los discípulos varones? También se manifestó a personas que, al principio, le eran hostiles, como el propio Saulo de Tarso. Él fue quien años después escribiría estas palabras: "Y cuando esto corruptible se haya vestido de incorrupción, y esto mortal se haya vestido de inmortalidad, entonces se cumplirá la palabra que está escrita: Sorbida es la muerte en victoria. ¿Dónde está, oh muerte, tu aguijón? ¿Dónde, oh sepulcro, tu victoria?". Lo que Pablo quería decir es que la muerte, lo mismo que un escorpión privado de su aguijón venenoso, no puede dañar a los que están en Cristo. Y estar en Cristo significa dejarse vivificar por el poder de su resurrección. *Porque así como en Adán todos mueren, también en Cristo todos serán vivificados* (1 Cor 15:22).

La fe de los cristianos

También la fe de los creyentes a través de la historia es un claro testimonio de la resurrección de Jesús. La fe que nos hace disimular el dolor, la que nos permite sonreír en medio del sufrimiento, la que nos da fuerza para vivir los problemas y la adversidad. Desde esta perspectiva, el creyente está

---

261 Kessler, H. 1989, *La resurrección de Jesús* (Sígueme, Salamanca), p. 180.

inmunizado frente a la muerte, pues ha aprendido a paladear con tranquilidad el sabor de la resurrección.

A veces, los cristianos pensamos en la existencia después de la muerte como en algo lejano que ocurrirá en el futuro, en el día postrero, cuando Dios resucite a su pueblo. Y es verdad, pero en este mundo hay personas que viven ya disfrutando de la resurrección. Se puede experimentar cada día sin necesidad de esperar la muerte, porque la resurrección es vivir más y mejor la vida, disfrutando plenamente de ella. Cuando nos alegramos con los amigos y hermanos, al fomentar el afecto fraternal, mientras comemos juntos, hacemos planes y compartimos ilusiones para que la iglesia se desarrolle, estamos saboreando la resurrección. Pero también cuando compartimos los problemas, nos consolamos y nos ayudamos mutuamente.

La resurrección que logró Cristo, al vencer definitivamente la muerte, es como un fuego que corre por la sangre de la humanidad, un fuego que nada ni nadie puede apagar. Nada ni nadie, salvo nuestro propio egoísmo, nuestras rivalidades, los celos o el desamor. El individualismo egoísta es como un cubo de agua fría capaz de apagar el fuego gozoso de la resurrección. Los vivificados, a que se refiere el apóstol Pablo, son los que tienen un plus de vida, y este plus, les sale por los ojos brillantes, se detecta en esa mirada comprensiva, en esa madurez humana, en esa resignación ante lo inevitable, en la capacidad para perdonar, en su altruismo y solidaridad hacia el prójimo. Este plus se convierte en seguida en algo contagioso, algo que demuestra que toda persona que ha descubierto a Cristo es capaz de sobrepasar a la persona que es, y no por sus propios méritos u obras personales sino por la incomparable gracia de Dios.

Lo más extraordinario de la resurrección de Jesús es que puede hacer de cada uno de nosotros, una persona vivificada. Es cierto que la realidad de la muerte nos va cortando ramas todas las noches. Es verdad que cuando empezamos a vivir, empezamos también a morir, pero, como la vida es más fuerte, también podemos hacer reverdecer cada mañana esas ilusiones y esperanzas que nos fueron podadas por la noche. El apóstol Pablo escribe a los cristianos de Roma y les dice: "La noche está avanzada, y se acerca el día. Desechemos pues las obras de las tinieblas, y vistámonos las armas de la luz. Andemos como de día, honestamente; no en glotonerías y borracheras, no en lujurias y lascivias, no en contiendas y envidia, sino vestíos del Señor Jesucristo (Rm 13:12-14). Vestirse del Señor Jesucristo es levantarse cada mañana dispuesto a vivir y no a vegetar. Mirarse en el espejo y preguntarse: ¿qué voy a hacer hoy? ¿En qué invertiré mi tiempo? ¿Cuál es el verdadero sentido de mi vida en este mundo? ¿A quién haré feliz hoy?

Cuando Jesús resucitó no lo hizo para lucir su cuerpo, o presumir de lo que podía hacer con su nueva corporeidad inmaterial, sino para ayudar a los suyos que lo estaban pasando mal atrapados por el miedo a la muerte, anunciarles la vida y, a la vez, dar vida a la humanidad. De la misma manera, para ingresar en esta singular asociación de vivificados, solo hay que sumergirse en el río de la esperanza cristiana y como consecuencia de ello, salir de él empapados de amor hacia los demás. Pablo resume así la esperanza del cristiano: "Y si morimos con Cristo, creemos que también viviremos con él; sabiendo que Cristo, habiendo resucitado de los muertos, ya no muere; la muerte no se enseñorea más de él... Así también vosotros consideraos muertos al pecado, pero vivos para Dios en Cristo Jesús, Señor nuestro" (Rm 6:8-11).

¿Es Dios el origen de la información?

A. Cruz

Uno de los grandes problemas que tiene planteados actualmente la ciencia es el del origen de la información contenida en las moléculas de ácido desoxirribonucleico (ADN), ácido ribonucleico (ARN) y en las proteínas. ¿De dónde provienen todas esas instrucciones integradas en el minúsculo espacio de tales macromoléculas que son capaces de derramar la diversidad de la vida sobre este planeta? De hecho, se podría decir que la cuestión fundamental acerca de los orígenes de la vida equivale a este problema sobre el origen de la información biológica. Hoy por hoy, no existe ninguna explicación científica satisfactoria que sea capaz de resolver tal enigma. ¿Puede el azar generar este tipo de información o esto solo puede hacerlo la inteligencia?

Hay una diferencia importante entre la información biológica y la información semántica. La primera es aquella que se transmite mediante la secuencia de bases nitrogenadas del ADN o la secuencia de aminoácidos de las proteínas. Esta información, aunque sea específica, no puede calificarse de semántica ya que, a diferencia del lenguaje escrito o hablado, el ADN no transmite su significado a un agente consciente, como lo hace un libro o una canción de los Beatles, sino a otras moléculas químicas. De manera que la transmisión de información mediante la duplicación, transcripción y traducción del ADN se parece mucho a la forma en que lo hacen los ordenadores o las computadoras. Tal como señaló el famoso diseñador de software, Bill Gates: "el ADN es como un programa de computadora, pero mucho, mucho más avanzado que ningún otro que hayamos creado".[262] Igual que con solo dos símbolos (el cero y el uno) un programa de ordenador puede realizar determinadas funciones en el entorno de la máquina, también la secuencia formada por las cuatro bases del ADN es capaz de realizar múltiples funciones dentro de las células vivas.

No obstante, el concepto de información biológica recoge dos aspectos que lo caracterizan: el de *complejidad*, o improbabilidad de que ocurra por azar, y el de *especificidad* en la función precisa que se realiza. Ambos aspectos deben ser explicados por cualquier modelo que pretenda solucionar el problema del origen de la vida. La cuestión es que, hasta el presente, no existe ninguna solución satisfactoria proveniente de las concepciones naturalistas que resuelva el enigma de la evolución química. Aquel optimismo transformista, que caracterizó la segunda mitad del siglo XX y que asumía que la selección natural era la causa de la aparición de la vida, ha disminuido notablemente hoy ante la dificultad de explicar el origen de la información biológica.

Tengo en mi biblioteca un libro de bolsillo que compré cuando era estudiante de biología en la Universidad de Barcelona. De eso hace ya más de cuarenta años. Pues bien, al leer la contraportada del mismo, se aprecia dicho optimismo evolucionista. Dice así: "Las investigaciones acerca de LOS ORÍGENES DE LA VIDA han avanzado hasta un punto tal que resulta ya posible formular un conjunto coherente de hipótesis plausibles –apoyadas en experimentos de laboratorio y en las exploraciones de la radioastronomía– sobre los pasos a través de los cuales los constituyentes inorgánicos de la Tierra llegaron a estructurarse en seres vivos". Este libro que rezuma tanta euforia darwinista fue escrito por el químico británico, Leslie E. Orgel, precisamente el creador del concepto de "complejidad especificada". Casi al final de su obra, dice: "es posible hacer una distinción más fundamental entre seres vivos y no vivos examinando su estructura y comportamiento *moleculares*. Para ser breves, los organismos se distinguen por su complejidad *especificada*".[263] Es curioso que este mismo concepto, que actualmente utiliza tanto el movimiento del Diseño inteligente, fuera definido hace más de cuarenta años por un químico evolucionista.

Orgel explica que los cristales minerales no pueden considerarse seres vivos porque carecen de complejidad. Están formados por un gran número de moléculas simples que se repiten de forma idéntica. De otra parte, una roca como el granito o una mezcla de polímeros artificiales (como el nailon, la baquelita o el polietileno) sí que serían estructuras complejas, pero, al contener muy poca información, tampoco son especificadas (o específicas).

262 Gates, B., *The Road Ahead* (Boulder, Colorado: Blue Penguin, 1996), p. 228.
263 Orgel, L. E., 1975, *Los orígenes de la vida* (Alianza Universidad, Madrid), p. 195.

Únicamente los ácidos nucleicos y las proteínas de los seres vivos poseen ambas propiedades. No solo son moléculas complejas sino también especificadas ya que se requiere mucha información que aporte las instrucciones necesarias para hacerlos tal como son y para que funcionen como lo hacen.

Las estructuras moleculares de los cristales, las rocas o los polímeros requieren muy pocas instrucciones para ser sintetizadas. No obstante, si se deseara fabricar la secuencia del ADN de una simple bacteria se necesitarían aproximadamente unos cuatro millones de órdenes concretas. El bioquímico que quisiera hacerlo requeriría de todo un libro de instrucciones, en vez de unas cuantas frases cortas. En las moléculas complejas de los polímeros las secuencias no son específicas sino aleatorias. En cambio, en el ADN y las proteínas la especificidad es determinante para asegurar su buen funcionamiento. De manera que el contenido en información es un criterio fundamental para distinguir bien las células vivas de la materia inerte.

A pesar de este acertado criterio de la información para distinguir lo vivo de lo inerte, Orgel seguía confiando en el naturalismo y en el poder de la selección natural para crear dicha característica propia de la vida. En este sentido escribió: "Ya que, como científicos, no debemos postular milagros, debemos suponer que la aparición de la vida está precedida necesariamente por un período de evolución. En primer lugar, se forman estructuras duplicativas que tienen un contenido de información bajo, pero no nulo. La selección natural conduce luego al desarrollo de una serie de estructuras de complejidad y contenido de información crecientes hasta que se forma una a la que estamos dispuestos a llamar 'viviente'".[264] ¿Han confirmado los hechos aquella fe de Orgel y tantos otros colegas, en el poder de la selección natural para generar información biológica? Después de seis décadas de propuestas naturalistas, se puede decir que la ciencia no ha encontrado la solución, a pesar de buscarla con ahínco.

Nuestra experiencia humana nos sugiere que la creación de información está siempre relacionada con la actividad de la conciencia inteligente. La música que hace vibrar nuestros sentimientos nace de la sensibilidad consciente del músico. Todas las obras de arte de la literatura universal se gestaron en la mente de sus escritores. De la misma manera, las múltiples habilidades de las computadoras fueron previamente planificadas por los ingenieros informáticos que realizaron los diversos programas. La información, o complejidad específica, hunde habitualmente sus raíces en agentes inteligentes humanos. Al constatar el fracaso de las investigaciones científicas por explicar, desde las solas leyes naturales, el origen de la información que evidencia la vida, ¿por qué no contemplar la posibilidad

---

264 *Ibid.*, p. 198.

de que esta se originara a partir de una mente inteligente? Esto es, precisamente, lo que proponen autores como William A. Dembski,[265] al afirmar que siempre que concurren propiedades como la complejidad y la especificidad en un determinado sistema, resulta posible deducir que su origen se debe a un diseño inteligente previo. Incluso aunque dicha actividad mental no pueda ser observada directamente.

¿No es esto lo que hacen también los arqueólogos al inferir, por ejemplo, que los minúsculos triángulos de la escritura cuneiforme fueron grabados en las tabletas de arcilla por seres inteligentes? ¿O los antropólogos cuando detectan inteligencia artesanal partiendo de la observación de ciertas flechas de sílex? Incluso los radioastrónomos, que buscan inteligencia extraterrestre –por cierto, aún no detectada en ningún rincón del universo–, están preparados para distinguir entre mensajes procedentes de una fuente inteligente y aquellos otros que solo son ruido cósmico. Pues bien, de la misma manera, la biología molecular indica hoy que la información contenida en el ADN y las demás moléculas de los seres vivos solamente puede proceder de una fuente inteligente.

Decir que tal conclusión no es científica sino metafísica, porque no se puede demostrar la existencia de tal inteligencia original, no invalida ni refuta el hecho de que siga siendo la mejor explicación. En efecto, frente al fracaso de todas las interpretaciones naturalistas, la hipótesis del diseño es la más adecuada para dar cuenta del origen de la información biológica. Cuando se ha intentado responder al enigma de la vida desde todas las vías materialistas y se ha comprobado que conducen a callejones sin salida, ¿por qué no admitir que el origen de la misma se debió a la planificación de un agente inteligente anterior al ser humano? Quizás el naturalismo metodológico no sea un buen método científico para encarar adecuadamente el problema de lo que verdaderamente ocurrió al principio.

265 Dembski, W. A., 2005, *Diseño inteligente* (Vida, Miami, Florida).

¿Podrán tener conciencia las computadoras y llegar a ser también imagen de Dios?

A. Cruz

Esta pregunta se empezó a tomar en serio a principios de la década de los 50 del pasado siglo XX. El matemático inglés, Alan Turing, manifestó su convencimiento de que algún día las máquinas llegarían a tener un comportamiento inteligente como las personas. Años después, Marvin Minsky, uno de los fundadores de la llamada inteligencia artificial, dijo que los seres humanos llegarían a crear computadoras mucho más inteligentes que ellos mismos. Ordenadores que seguirían inventado cosas, haciendo ciencia, hablando como seres humanos, poseyendo incluso una personalidad propia y una conciencia moral como el mismo hombre. A tales máquinas inteligentes, según Minsky, habría que considerarlas desde todos los sentidos como auténticas personas. Finalmente, Frank J. Tipler, en *La física de la inmortalidad* escribe la misma idea mediante las siguientes palabras:

> Por consiguiente, es abrumadora la evidencia a favor de que dentro de unos treinta años se podrá construir una máquina tan inteligente o más que un ser humano. ¿Se debería permitir esto? Mi opinión es que es una actitud poco meditada, producida por el miedo y la ignorancia, la de no dejar que aquellos hombres y mujeres capacitados para ello construyan un robot inteligente. [...] Pero la razón básica para permitir la creación de máquinas inteligentes es que sin su ayuda la especie humana está condenada a desaparecer. Con

su auxilio podremos sobrevivir para siempre, y desde luego que lo haremos.[266]

Según estos autores, el cerebro humano sería solo una computadora hecha de carne y la diferencia existente entre ambos tendría carácter cuantitativo, no cualitativo. Es decir, que aunque nuestro cerebro es hoy mucho más complejo que cualquier ordenador conocido, en el futuro será posible fabricar uno que sea más inteligente incluso que nosotros. Esta afirmación constituye la llamada *hipótesis fuerte de la inteligencia artificial*. Un punto de vista profundamente reduccionista ya que reduce la mente (ese sistema capaz de sentir el propio yo, de tener ideas, sentimientos, deseos y recuerdos), así como el cerebro (órgano formado por tejido nervioso con volumen y peso) a los simples átomos materiales que lo integran. La mente sería así como un exudado del cerebro. La conciencia, pura sudoración cerebral.

Entendida de esta manera, la comparación entre cerebro y computadora genera otras analogías. El cerebro equivaldría al *hardware*, la base material, y la mente al *software*, la base lógica o conjunto de programas que pueden ser ejecutados. El problema de la dualidad mente-cerebro se soluciona así de un plumazo y todo parece entenderse a la perfección.

Sin embargo, este problema no es tan sencillo. En principio, no todos los científicos se han dejado convencer tan fácilmente por el optimismo de estos autores. Por ejemplo, J. R. Lucas se opuso desde el principio a Turing, defendiendo precisamente la postura contraria con argumentos basados en el teorema de Gödel. Más tarde, el físico de Oxford, Roger Penrose, famoso por su contribución al tema de los agujeros negros, escribió el libro *La nueva mente del emperador* (1996) con el fin principal de refutar la pretensión de los defensores de la inteligencia artificial, en el sentido de que los ordenadores podrían algún día replicar todos los atributos de los seres humanos, incluida la conciencia. El fundamento de su argumento se basa también en el teorema de la incompletitud de Gödel.

Este teorema dice que más allá de cierto nivel de complejidad, todo sistema de axiomas consistentes genera afirmaciones que no pueden ni probarse ni desmentirse con tales axiomas. De ahí que el sistema sea siempre incompleto. En opinión de Penrose, esto significa que ningún modelo "computable" podrá jamás imitar los poderes creativos de la mente humana. Ni la física, ni la informática, ni la neurociencia serán capaces de fabricar una máquina capaz de igualar la conciencia del hombre porque las computadoras trabajan siguiendo algoritmos, pero la mente humana no.

Un algoritmo es una sucesión de operaciones elementales, ordenadas y especificadas para hacer algo concreto. Por ejemplo, si se quisiera

266 Tipler, F. J. 1996, *La física de la inmortalidad* (Alianza, Madrid), p. 84.

programar un robot para freír un huevo, habría que darle el siguiente algoritmo: 1. pon la sartén con aceite sobre el fuego; 2. toma un huevo del frigorífico; 3. rómpelo con suavidad; 4. colócalo dentro de la sartén; 5. espera durante un minuto; 6. recógelo con la espumadera; 7. apaga el fuego. El algoritmo es una especie de receta. El robot que lo recibe puede realizar tareas como pintar un auto, enroscar tornillos, inflar ruedas o freír huevos. Esto es todo lo que puede hacer una computadora, a la que se le dan ciertos algoritmos, pero si ocurre algo imprevisto, pronto se pone de manifiesto su incapacidad para dar una respuesta. Si el huevo no está en la nevera, en vez de pintura hay agua, el tornillo está demasiado oxidado o la rueda se pinchó, las máquinas no saben cómo reaccionar porque carecen de sentido común. Todos los intentos de programar el sentido común, el humor, la intuición y las analogías han fracasado.

Según Penrose, el misterio de la conciencia no puede ser explicado por medio de las leyes corrientes de la física actual. La mente tiene que extraer su poder de algún fenómeno más sutil, probablemente relacionado con la mecánica cuántica, que todavía no ha sido descubierto. Una computadora capaz de pensamiento tendría que basarse en mecanismos relacionados, no con la mecánica cuántica que se conoce hoy, sino con una teoría más profunda aún no conocida. Por lo tanto, sugiere que los efectos cuánticos observados en los microtúbulos de las neuronas podrían ser el lugar donde se crea la conciencia a nivel celular.

Sin embargo, esta última sugerencia es una mera conjetura, pues lo cierto es que Penrose no ha construido una auténtica teoría sobre la manera como todo esto debería funcionar. Simplemente se ha limitado a decir que tal vez su hipótesis podría ser un elemento a tomar en consideración. Pero la mayoría de sus colegas piensan que se trata de un planteamiento bastante débil. El filósofo de la ciencia, Karl R. Popper, manifestó también lo siguiente:

> Hasta ahora no he dicho nada de un problema que ha sido objeto de un amplio debate, el de si llegará el día en que construyamos una máquina que pueda pensar. Es algo que se ha discutido mucho bajo el título: «¿Pueden pensar las computadoras?». Diría sin dudarlo un momento que no, a pesar de mi ilimitado respeto hacia A. M. Turing, quien pensaba lo contrario. Quizá *podamos* enseñar a hablar a un chimpancé (de manera muy rudimentaria). Y si la humanidad sobrevive lo suficiente, incluso podemos llegar a acelerar la selección natural y criar por selección artificial algunas especies que pueden competir con nosotros. Quizá también podamos, andando el tiempo, crear un microorganismo artificial, capaz de reproducirse en un medio adecuado de enzimas. Han ocurrido ya tantas cosas increíbles,

que sería burdo afirmar que esto es imposible. Pero predigo que no podremos construir computadoras electrónicas con experiencia subjetiva consciente.[267]

¿Qué podemos decir ante esta polémica que mantiene divididos a los especialistas y estudiosos del cerebro humano? ¿Llegarán las máquinas a pensar? Quizás el secreto esté en definir correctamente lo que significa pensar. Darle forma en la mente a las ideas, es una manera de definir el pensamiento. Pero pensar es también tener intuición, sentido común, sentido del humor y saber comparar o realizar analogías. Y aquí es donde fracasan estrepitosamente las computadoras electrónicas. Contar, pesar, medir, realizar tareas que exijan mucha rapidez, almacenar datos, hacer análisis, operar aritmética y geométricamente, aplicar reglas, etc., son actividades que las computadoras hacen muy bien. Y, probablemente, cada vez harán con mayor velocidad. Pero no pidamos peras al olmo. Hay cosas que nunca podrán hacer. El pensamiento humano es mucho más que aplicar reglas.

Una computadora no es más que un lápiz sofisticado que puede escribir con miles de letras distintas, jugar bien al ajedrez o analizar líquidos orgánicos, pero que carece de sentido común. No sabe hacer chistes, ni los entiende. No puede intuir cualquier solución que previamente no le haya sido codificada. Es incapaz de improvisar o de hacer comparaciones entre cosas muy diferentes. No acierta a crear obras de arte. Cuando no tiene un marco de referencia adecuado, se queda muda. No posee la suficiente creatividad para solucionar situaciones inesperadas. A pesar de tantas novelas y películas de ciencia ficción en las que las computadoras se rebelan contra sus creadores y se convierten así en una amenaza para el ser humano, lo cierto es que la máquina no sabe ni puede liberarse de las normas que le han sido impuestas. Los ordenadores no piensan, únicamente potencian el pensamiento de sus creadores.

Es imposible que surja la libertad de un montón de circuitos electrónicos. Quien cree en la libertad humana no puede aceptar las pretensiones de la inteligencia artificial. El sentido común es un ejercicio de esa libertad, mediante el cual el hombre puede liberarse de la norma, reinterpretar cualquier situación inesperada y decidir qué hacer por sí mismo. Incluso es capaz de crear información nueva a partir de las circunstancias. De ahí que, si existe la libertad, nunca podrá haber computadoras verdaderamente inteligentes.

Y, sobre todo, la diferencia fundamental entre cualquier máquina cibernética que se pueda crear y un ser humano es de naturaleza espiritual. Cada parte de un ordenador puede ser medida, pesada, observada,

267 Popper, K. R. & Eccles, J. C. 1993, *El yo y su cerebro* (Labor, Barcelona), p. 232.

fotografiada, etc., sin embargo, el ser humano no puede reducirse solo a la materia de que está hecho. El hombre es más que lo que se ve. Posee conciencia de sí mismo, capacidad de abstracción y espiritualidad. La neurofisiología actual no sabe cómo reducir la conciencia humana a las simples causas naturales. Y este es el verdadero problema.

Tanto los investigadores que creen que algún día el hombre será capaz de crear máquinas más inteligentes que él mismo, como Turing, Minsky o Tipler, como aquellos otros que niegan tal posibilidad, a no ser que se descubran otras leyes de la física cuántica, como postula Penrose, Lucas y Popper, se basan en un error fundamental propio del naturalismo. Dicho error consiste en creer que la mente humana, y en general el hombre, no es más que un montón de neuronas conectadas entre sí. Algo que puede ser observado y medido a la perfección. Y nada más que eso. Esta manera de razonar es típica del reduccionismo naturalista.

Pero, lo cierto es que la actividad inteligente del ser humano no puede ser reducida a la actividad de ninguna computadora. Decir que el hombre no es más que el producto de las entradas de estímulos sensoriales y las salidas de comportamientos que responden a ellos, es un acto de fe imposible de demostrar en la realidad. La reducción de la mente a la máquina no es, ni mucho menos, la conclusión de un argumento evidente basado en alguna experiencia científica, sino solo la consecuencia de un acto de fe en el naturalismo. Este cree que el hombre es solamente una máquina pensante, pero no es capaz de demostrar semejante afirmación. Sin embargo, recientes desarrollos de la teoría del diseño inteligente están confirmando que la acción inteligente no puede ser reducida a las solas causas naturales. En contra de lo que habitualmente se afirma, las causas naturales son demasiado estúpidas como para originar aquello que solo pueden crear las causas inteligentes.

La robótica que pretende imitar a los seres vivos, y por supuesto al ser humano, se encuentra hoy ante un auténtico callejón sin salida. Rodney Brooks, que es director del laboratorio de inteligencia artificial del Massachussets Institute of Technology (MIT), ha manifestado que:

> [...] es preciso reconocer que los artefactos producidos por la robótica comportamental y la imitación biológica no están tan "vivos" como cabría esperar. La modelización en biología no da ni de lejos los mismos resultados que en física. Sabemos simular muy bien la dinámica de fluidos, la trayectoria de los planetas o las explosiones nucleares. Pero en biología no obtenemos unos resultados tan concluyentes. Algo va mal. Pero ¿qué? Hay muchas respuestas posibles. Tal vez todo se reduce a que nuestros parámetros son erróneos. O a que nuestros modelos no han alcanzado el nivel de complejidad

necesaria. O a que no disponemos de suficiente potencia informática. Pero podría ser también que nos faltara algún concepto fundamental que todavía no hemos imaginado en los modelos biológicos.[268]

La inteligencia artificial y la vida artificial son dos disciplinas modernas que están a medio camino entre la ciencia y la tecnología. Ambas persiguen un mismo fin: estudiar los seres vivos para construir sistemas artificiales que los imiten, con el propósito de que sean útiles para el ser humano. Los investigadores de la inteligencia artificial se esfuerzan por comprender mejor la mente humana simulándola en una computadora, mientras que los defensores de la vida artificial esperar comprender los entresijos de los seres vivos por medio también de simulaciones informáticas. Pues bien, ninguna de estas dos disciplinas ha conseguido su objetivo. Solo se ha generado retórica ceremoniosa en vez de resultados tangibles. Y los investigadores no se explican por qué. ¿No será, sencillamente, porque los objetivos que se buscan son imposibles de alcanzar?

La ciencia actual es incapaz de demostrar que la mente pueda reducirse al cerebro. Ni la inteligencia, ni la conciencia humana, pueden simularse adecuadamente por medio de algoritmos. La facultad de distinguir entre verdad y falsedad, bondad y maldad, belleza y fealdad, etc., es algo característico del hombre que no se puede transmitir a las computadoras. Como tampoco el propósito, la motivación, la intuición moral o la fe en el Creador. La Biblia y el cristianismo colisionan forzosamente contra las pretensiones de la inteligencia artificial, por la sencilla razón de que ninguna máquina llegará jamás a ser imagen de Dios.

268 Brooks, R. 2002, Robots: simular organismos vivos, *Mundo Científico*, Barcelona, 233: 52.

¿El descubrimiento de vida extraterrestre inteligente desacreditaría el plan de Dios?

A. Cruz

La creencia de que debe haber vida natural, incluso inteligente, fuera de la Tierra hunde profundamente sus raíces en la teoría de la evolución. Según esta, las células que constituyen a todos los organismos de la biosfera derivarían de otra muy primitiva que apareció por transformación química a partir de la materia inorgánica. Esto es algo que, a pesar de los numerosos intentos, jamás se ha demostrado en ningún laboratorio del mundo pero que se sigue aceptando por fe como un axioma fundamental del darwinismo. Si realmente la vida hubiera surgido así en nuestro planeta, mediante lentos, azarosos y progresivos cambios naturales desde los elementos químicos a la primera célula viva, ¿por qué no habría podido ocurrir lo mismo en otros mundos, de los miles de millones que existen tan solo en nuestra propia galaxia? La aparición de la vida sería, desde esta perspectiva, algo tan frecuente y ubicuo en el cosmos como la de la maleza en los jardines abandonados. La existencia de vida extraterrestre es pues una necesidad inherente al pensamiento evolucionista. De ahí la creación de la llamada *exobiología* o disciplina científica que estudia las posibilidades de vida en el universo, fuera de la Tierra.

Sin embargo, hasta el presente, no se ha descubierto vida en ningún planeta ni tampoco se ha conseguido detectar señales de radio procedentes de supuestas civilizaciones extraterrestres. En este sentido, recientemente, la weblog de tecnología, *Gizmodo*,[269] así como otros muchos medios de comunicación por todo el mundo, han venido informando acerca de un equipo de astrónomos australianos que trabajaba con el radiotelescopio Murchison Widefield Array (MWA), y que después de estudiar más de 10 millones de sistemas estelares en la constelación de Vela, no ha podido detectar ninguna señal de inteligencia extraterrestre. Y así lo publicaron los autores del estudio, Chenoa Tremblay y Steven Tingay, en la revista especializada *Publications of the Astronomical Society of Australia*. El profesor Tingay manifestó posteriormente que no había que sorprenderse de tales resultados porque lo que se había hecho era como buscar algo en los océanos de la Tierra, pero solo investigar en un volumen de agua equivalente a una gran piscina.[270] Quizás tenga razón, pero lo cierto es que las piscinas se van acumulando y no aparece la vida ni la inteligencia extraterrestre por ninguna parte. ¡Diez millones de estrellas observadas y ni rastro de alienígenas!

Semejante esterilidad cósmica reactualiza la famosa "paradoja de Fermi" de los años 50, en la que el físico Enrico Fermi manifestaba la contradicción que hay entre las estimaciones evolucionistas, que suponen una alta probabilidad de que existan muchas civilizaciones inteligentes en el universo observable, y la falta total de evidencia de las mismas. Si existen, se preguntaba, ¿dónde están? ¿Por qué no las encontramos? ¿Acaso nuestros métodos de búsqueda son defectuosos o es que quizás estamos realmente solos en el Universo? Fermi abrigó la posibilidad de que tales civilizaciones extraterrestres se hubieran autodestruido y quizás en esta conclusión influyera el Proyecto Manhattan en el que estaba trabajando, cuyo fin fue el desarrollo de la bomba atómica.

No obstante, hay otra manera de ver las cosas. Si la vida no es el producto de la evolución ciega, sino del diseño de una mente inteligente, entonces lo lógico sería que existiera solo donde dicha mente la hubiera creado. No tendría por qué aparecer de manera aleatoria en cualquier rincón del cosmos como la mala hierba, sino únicamente en el lugar elegido por su diseñador. Si esto hubiera sido así, tal como creemos, es muy probable que los seres vivos fueran una característica exclusiva de nuestro planeta. Cabría esperar, por tanto, que aun cuando en algún otro pudieran existir moléculas parecidas a las orgánicas o ambientes apropiados para la vida, esta como tal fuera privilegio y monopolio de la Tierra. De hecho, todo lo que se conoce del cosmos hasta el presente, viene a confirmar esta otra opción.

---

269 https://gizmodo.com/another-sweeping-search-for-aliens-comes-up-short-1844983788.

270 https://www.notimerica.com/ciencia-tecnologia/noticia-no-hay-rastro-civilizaciones-tecnologicas-constelacion-vela-20200908172003.html.

Si la vida inteligente es tan infrecuente como para pensar que somos los únicos habitantes del universo, entonces cuesta creer que se haya desarrollado siquiera una vez por medios exclusivamente naturales. Y esto nos conduce directamente a la necesidad de un Creador inteligente que sea, a su vez, la causa de toda inteligencia. Esto es lo que afirma la Biblia. El ser humano vuelve a ser el centro del universo, precisamente porque Dios quiso colocarlo en ese lugar especial, para que como imagen suya actuara de mayordomo y cuidara de su maravillosa creación. Después de todo, no estamos tan solos en el cosmos porque Dios está a nuestro lado. Y mucho más cercano de lo que algunos piensan.

El físico Paul Davies, con su tradicional tono provocativo, escribía a principios de los 80, acerca de los problemas que supondría para la teología cristiana el descubrimiento de individuos inteligentes de otros mundos:

La existencia de inteligencias extraterrestres tendría un impacto profundo sobre la religión, en cuanto destruiría por completo la perspectiva tradicional de un Dios que tiene una especial relación con el hombre. Las dificultades son particularmente agudas para la cristiandad, que postula que Jesucristo es Dios encarnado con la misión de salvar al hombre en la Tierra. La idea de una legión de Cristos que visitan sistemáticamente cada planeta habitado y que toman la forma física de las criaturas locales tiene un aspecto un tanto absurdo. Sin embargo, ¿de qué otro modo podrían salvarse los extraterrestres?[271]

La Biblia no dice nada respecto a la salvación de hipotéticos extraterrestres, pero es evidente que si existieran seres con conciencia semejantes a nosotros en algún remoto lugar del universo, serían también criaturas de Dios y, con toda seguridad, él habría diseñado un plan específico para responder a sus propias características y necesidades espirituales. Nada sabemos de semejante *exoteología*. Sin embargo, desde que Davies manifestó estas ideas, han pasado ya casi cuarenta años y las esperanzas de encontrar extraterrestres son cada vez menores. El escepticismo se ha empezado a apoderar de los astrónomos y muchos se atreven a confesar, como hemos indicado, que quizás estemos solos en el universo. Si esto es así, Dios no tendría por qué haber adoptado la forma de ningún extraterrestre, como irónicamente indica Davies, sino solo encarnarse en un ser humano de carne y hueso.

La fe cristiana acepta que Cristo murió en la Tierra para poner al hombre en paz con su Creador. Esto es lo que afirma la Escritura y lo que, hasta

---

271 Davies, P. 1988, *Dios y la nueva física* (Salvat, Barcelona), p. 84.

el día de hoy, permite creer también la ciencia. No estamos solos en el cosmos porque está también Dios, quien nos hizo para que tuviéramos comunión con él. Por eso el ser humano experimenta una necesidad innata de trascendencia, que algunos equivocadamente intentan satisfacer mediante el naturalismo y los extraterrestres (Rm 1:18-25).

¿Por qué creó Dios un cosmos tan grande si solo necesitaba un pequeño planeta como la Tierra?

A. Cruz

Cuando se piensa en la inmensidad del Universo, en el incontable número de estrellas, galaxias y astros que lo conforman, así como en las violentas explosiones de supernovas, choques de enanas blancas, con el enorme derroche de materia y energía que esto supone, ¿no parece incompatible semejante despilfarro de espacio, materia y energía, tan poco eficiente, con la idea de un Dios al que le interesa sobre todo un minúsculo planeta, la Tierra, porque allí hay una criatura llamada ser humano? ¿Por qué un Dios sabio iba a permitir que la mayor parte del universo no fuera apta para la vida basada en el carbono, tal como ha descubierto la cosmología?

En primer lugar, todo depende de qué concepto se tiene de Dios, de cómo se concibe al Creador del cosmos y, en segundo lugar, de aquello que se necesita en el universo para que sea posible la vida en la Tierra. Si pensamos en Dios como si fuera un artista clásico, de aquellos que en la época grecorromana esculpían estatuas realistas en mármol blanco, en las que cada cosa estaba en su sitio, todo guardaba unas proporciones adecuadas a determinados patrones, había eficiencia, simetría, orden, equilibrio y parecido con la realidad. Tal como reflejan obras clásicas como, por ejemplo, el Discóbolo de Mirón o la Victoria de Samotracia. Todo esto nos habla de unos artistas ordenados, preocupados por la eficiencia, las medidas exactas, la proporción y la economía de medios. Pero, ¿por qué tendría Dios que ajustarse a estos ideales humanos? El Creador de todo

349

lo que existe no tiene escasez de recursos como los artistas clásicos. La eficiencia o el rendimiento energético son importantes para nosotros que somos criaturas finitas, materiales y limitadas, pero no para él. Si eres un ser limitado, tienes que ser eficiente para lograr todo lo que sea posible con tus reducidos recursos. Pero si eres omnipotente, ¿qué importancia puede tener la eficiencia?

Quizás Dios se parece más, en algunos aspectos, a un artista romántico, extremadamente creativo, que se deleita en la diversidad, en hacer cosas tan diferentes entre sí como sea posible. La pintura y escultura romántica de los siglos XVIII y XIX se caracterizó por el exotismo, la diversidad de colores y formas, la exuberancia, la búsqueda de lo sublime, paisajes complejos y difíciles de representar como iglesias en ruinas, movimientos sociales, naufragios, masacres, etc. Cuando se mira el mundo natural y los seres vivos, es fácil llegar a la conclusión de que al Creador debe gustarle la variedad, la inmensidad, el espacio ilimitado, la multiplicidad de formas, la exageración de recursos. En el mundo existen actualmente unos 7 700 millones de personas y, aunque algunas de sus caras puedan parecerse, no hay dos absolutamente idénticas. ¡Es evidente que a Dios le gusta la diversidad!

Por otro lado, todos estos argumentos presuponen lo que Dios debería haber hecho, o aquello que debería pensar o ser, pero la realidad es que no hay razón para creer que podemos saber estas cosas. Que exista esta increíble inmensidad cósmica o la enorme diversidad biológica no es un argumento contra la existencia de Dios. A nosotros puede parecernos que el Universo presenta una gran ineficiencia energética y espacio-temporal, pero el Creador puede haber tenido sus gustos, preferencias o sus buenas razones para hacerlo así, aunque no podamos entenderlo desde nuestra finitud humana.

No obstante, algunos científicos como el catedrático de física de la Universidad Autónoma de Barcelona, el Dr. David Jou, creen que el cosmos tiene que ser así de inmenso para que pueda darse la vida en la Tierra.[272] Los átomos que conforman nuestro cuerpo y el del resto de los seres vivos se formaron en los núcleos de las estrellas, que son auténticos hornos nucleares. Cuando las estrellas estallaron, como en las explosiones de supernovas, dichos átomos viajaron por el espacio hasta agregarse y formar los planetas. La Biblia dice que Dios formó al hombre del polvo de la Tierra. Todos los elementos químicos de nuestro cuerpo están presentes también en las rocas de la corteza terrestre. Por eso se requiere un universo tan enorme y probablemente mucho tiempo para que todas estas cosas pudieran

272 Jou, D., 2008, *Déu, Cosmos, Caos* (Viena Edicions, Barcelona), p. 113.

ocurrir. La inmensidad del mismo, dada por el producto de su antigüedad y la velocidad de expansión de la frontera observable –la velocidad de la luz– es una condición necesaria para nuestra propia existencia. De manera que sólo podemos existir en un cosmos tan grande como el que habitamos. No hay derroche de energía sino de sabiduría y planificación.

Bioética

¿Odia Dios a los homosexuales?

J. Valdés

No, Dios no odia a los homosexuales. Aunque el homosexualismo es un pecado delante de Dios, la realidad es que solo es uno entre muchos otros pecados con los que TODOS luchamos. Los seres humanos estamos rotos moralmente por causa de la 'Caída'. Todos luchamos contra el pecado en nuestras vidas. La única diferencia entre el cristiano y el no-creyente es nuestra relación con Jesús y la salvación que él trae a nuestras vidas. Hemos encontrado el camino, la verdad y la vida porque hemos encontrado a Jesús. Hemos encontrado perdón y sanidad para nuestra condición de quebrantados. Deseamos agradar a Dios y eso nos motiva a luchar por dejar de hacer aquello que no le agrada, es decir nuestro pecado. Para esto hemos encontrado una fuente de poder que nos permite superar nuestras debilidades diariamente. Hemos hallado la única forma de estar en paz con Dios, Jesús. Por lo tanto, la única forma de abordar esta pregunta es desde un campo de juego equilibrado: *todos* hemos pecado y *todos* necesitamos a Jesús para dejar de pecar. Sin embargo, desde la óptica homosexual, la condenación del homosexualismo parece injusta, pues ¿no es Dios quien les hizo así? Analicemos esta idea considerando tres preguntas importantes e interrelacionadas. Primero, ¿creó Dios individuos rotos moralmente? Segundo, ¿nace una persona siendo homosexual? Y tercero, ¿cómo es esto de la condenación?

¿Nos creó Dios como personas rotas moralmente?

No, Dios no nos creó quebrantados. La humanidad hoy no refleja el diseño original de Dios. Cuando Dios creó al hombre, lo creó como un ser moralmente perfecto que reflejaba la imagen de Dios. Antes de la caída, Adán y Eva no luchaban con el quebranto moral. No estaban inclinados hacia ningún tipo de comportamiento ni actitud que desagradara a Dios. Eran perfectos y esa era la intención de Dios para la humanidad. Por lo tanto, Dios no creó homosexuales, como tampoco creo ladrones, mentirosos, alcohólicos, drogadictos, adúlteros, etc. Entonces, ¿qué pasó? ¿Cómo es que nos encontramos tan quebrantados moralmente? ¿Por qué nacemos con la fuerte tendencia al pecado? ¿Por qué luchamos con el quebranto moral?

La respuesta se encuentra en Génesis 3: la Caída del hombre. Dios creó al ser humano como un ser perfecto. La libertad de voluntad era parte de la perfección del hombre. Dios creó a Adán y Eva como seres libres. Eran libres aun para escoger si obedecerían a Dios o no. Todos sabemos el resto de la historia, ellos ejercieron su libertad para escoger desobedecer a Dios. Al hacerlo, ellos introdujeron el quebranto moral en una creación perfecta. Pero ¿qué tiene que ver eso con todos nosotros? ¿Por qué es que todos nacemos inclinados hacia el pecado?

Mucho se puede decir en respuesta a esta pregunta, pero mantengámoslo de manera simple. Primero, consideremos una analogía. Si una semilla perfecta es contaminada con una imperfección, al sembrarla producirá un árbol con la misma imperfección. Además, todos los árboles que desciendan de esa semilla continuarán llevando dicha imperfección. Adán y Eva, al ser contaminados, pasaron su contaminación a sus hijos y a través de ellos a todas las generaciones futuras. También podemos abordar este tema desde la óptica de la genética. El genoma de Adán y Eva era perfecto. Es decir, su ADN era perfecto. Sin embargo, el acto de desobediencia incluyó la introducción del fruto prohibido a sus cuerpos. Podemos asumir confiadamente que de esta forma fue introducida la imperfección en sus cuerpos. Dios les había advertido que no comiesen del fruto prohibido porque esto los llevaría a la muerte, no solo una muerte espiritual, sino una muerte física también.

Podemos asumir que algo en el fruto prohibido estaba diseñado para atacar el genoma perfecto e introducir la imperfección. Al introducir el fruto prohibido en sus cuerpos, su metabolismo perfecto dejó de ser perfecto. Su genoma perfecto dejó de ser perfecto ya que se había quebrantado. Estaban rotos y la muerte física sería inevitable. Es más, la imperfección en el ADN se aumentaría de generación en generación. Esto es exactamente lo que observamos en el mundo de la genética. Cada generación tiene numerosas mutaciones significativas que la previa generación no tenía. Es por lo que vemos los defectos de nacimiento; la razón por la que nacen bebés con leucemia o con síndrome de Down. Pero ¿qué tiene que ver esto con el quebranto moral?

Si nuestro genoma se está deteriorando, también lo están nuestras funciones y habilidades naturales. Por ejemplo, una mente perfecta tiende a tomar buenas decisiones, pero cuanto más se deteriora nuestro ADN más se deteriora nuestra mente. Esto nos hace propensos a tomar malas decisiones más frecuentemente. Por tanto, entendemos que existe una conexión entre nuestro quebranto físico y nuestro quebranto moral. La genética también ha descubierto que ciertos comportamientos y tendencias pueden ser transmitidas de una generación a otra. Por ejemplo, sabemos que cerca del 50% de la susceptibilidad que una persona tiene a las adicciones de droga y alcohol se puede achacar a la genética.[273] Sabemos que las adicciones afectan al cerebro, producen un recableado de los circuitos cerebrales directamente asociados con la gratificación. Este recableado es fortalecido a través de la repetición. Se piensa que este recableado también afecta nuestro genoma. Quizás sea esta la razón por la que tales susceptibilidades se transfieren a la siguiente generación. Existe todavía mucho misterio en cuanto la conexión entre la genética y lo que heredamos de nuestros padres, pero sabemos lo suficiente para ver que el quebranto se transfiere genéticamente a futuras generaciones. Debemos aclarar que lo que heredamos es una inclinación y esta no garantiza el comportamiento, aún existe el factor de elección. Aunque es obvio que nacemos con la inclinación al pecado, aún nos toca escoger si pecamos o no. Pero qué hay del homosexualismo, ¿nace una persona gay?

¿Nace una persona siendo homosexual?

No, una persona no nace homosexual. Sin embargo, el asunto es un poco más complejo. Hasta el momento no hemos encontrado un "gen gay" que de alguna forma predetermine la homosexualidad. Como tampoco hemos hallado un gen del adulterio, ni un gen de la mentira.[274] No obstante, existe algo misterioso cuya procedencia sigue siendo un misterio para la ciencia. Los seres humanos manifestamos atracciones diversas desde muy

273 Tatiana Foroud, et al, "Genetic research: who is at risk for alcoholism". *Alcohol research & health: the journal of the National Institute on Alcohol Abuse and Alcoholism* vol.33,1-2 (2010): 64-75.

274 Aunque si algún día se descubre un gen gay, no cambiaría nada. Solo serviría para identificar dónde ocurre la rotura a nivel genético. Esto no justificaría el comportamiento, como un gen de asesino no justificaría el asesinato, ni un gen de ladrón justificaría el robo. Pero hasta el momento no existe razón para afirmar que una persona nace gay.

temprana edad. No parece que seamos nosotros los que escogemos por quién debemos ser atraídos sexualmente. Hay personas que nos atraen, mientras que otras pasan por nuestra vida sin atraernos los más mínimo. Algunos hombres son atraídos sexualmente por mujeres de piel oscura, mientras otros son atraídos por mujeres de piel clara, flacas o gorditas, rubias o trigueñas, etc. Lo mismo les sucede a las mujeres. Hallamos que ciertas personas son atractivas y otras no y no parece que existe alguna razón definitiva para estas diferencias de atracción.

De la misma manera, algunos hombres son atraídos sexualmente por otros hombres y algunas mujeres se sienten atraídas sexualmente por otras mujeres. Esto es un misterio, porque muchas de las personas que sienten estas atracciones hacia su propio género no desean sentirlo. Es más, muchos luchan fuertemente contra estas atracciones y las rechazan. No podemos decir que ellos escogen estas atracciones porque no es cierto. Me duele profundamente cuando trato con jóvenes que están peleando esta batalla contra sí mismos. Ellos no desean estas atracciones, pero parecen ser incapaces de evitarlas.

¿Es un pecado sentir estas atracciones? No creo que podamos decir que estos son deseos pecaminosos porque muchos no lo desean. Tendríamos que distinguir entre deseos e inclinaciones pecaminosas. No creo que la inclinación al pecado sea un pecado. Todos tenemos inclinaciones hacia el pecado. Además, tenemos que insistir en que nuestros deseos no nos definen. Gracias a Dios por eso, o tendría que definirme a mí mismo como un asesino, especialmente cuando alguien se me atraviesa en la autopista. Por un breve instante, se apodera de mi un fuerte deseo de… bueno dejémoslo ahí. No son nuestros deseos los que nos definen, sino nuestro comportamiento, es decir, lo que elegimos hacer. Esto nos introduce a la última pregunta.

¿Cómo es esto de la condenación?

Somos condenados por lo que decidimos hacer, no por nuestras inclinaciones. Nuestras elecciones, sean buenas o malas, tienen consecuencias. La Biblia es explícita en definir que la consecuencia del pecado es la muerte. Por cuanto todos hemos pecado, todos estamos bajo condenación. El homosexualismo no es el único pecado que es condenado, todo pecado es condenado. Cuando el hombre escoge deliberadamente desobedecer a Dios, tiene que atenerse a las consecuencias. ¿Será esto injusto?

La pregunta que muchos se hacen es: ¿cómo puede Dios juzgar y condenar a alguien por algo que ellos no pueden controlar? El problema con la pregunta es que nosotros SÍ podemos controlar nuestro comportamiento.

El hombre nunca ha perdido su libre albedrío. Existe una gran diferencia entre sentir atracciones hacia nuestro propio género y escoger actuar en base a esas atracciones, de la misma forma que existe una gran diferencia entre el deseo de robar y el acto de robar. Todo pecado comienza como un deseo. Lo que hacemos con ese deseo es lo que marca la diferencia. Pero ¿es realista esperar que alguien viva una vida célibe para no pecar contra Dios? SÍ. De la misma manera que es realista esperar que un hombre casado se abstenga totalmente de sus deseos de adulterar. Muchos hombres y mujeres que luchan con atracciones hacia su propio género escogen diariamente negarse a sí mismos, tomar su cruz y seguir a Cristo. Todos tenemos batallas similares. Los adictos tienen que escoger diariamente no actuar sobre sus deseos. Aquellos inclinados hacia el adulterio tienen que escoger diariamente no satisfacer sus deseos. ¿Es difícil? Por supuesto que sí. ¿Vale la pena? Absolutamente. Pero ¿qué de aquellos que ya han pecado?

Conclusión

¡Bienvenidos al club de pecadores, donde a nadie se le niega la membresía! Dios sabe que todos hemos pecado. Dios sabe que todos luchamos con deseos que no le agradan a él. Dios sabe que todos somos débiles y estamos quebrantados moralmente; Dios sabe que a veces caemos. Precisamente ahí es donde las buenas nuevas entran a la conversación. Dios ha provisto un camino para escapar de la condenación, a pesar de nuestra naturaleza pecaminosa. No tenemos que pagar el precio final por nuestros pecados –la muerte– porque Jesús pagó nuestra deuda en la cruz. Lo único que tenemos que hacer es depositar nuestra confianza en Jesús para nuestra salvación y rendirnos a su señorío. Considere estas palabras maravillosas de Jesús en el Evangelio de Juan:

> *Porque de tal manera amó Dios al mundo, que ha dado a su Hijo unigénito, para que todo aquel que en él cree, no se pierda, mas tenga vida eterna. Porque no envió Dios a su Hijo al mundo para condenar al mundo, sino para que el mundo sea salvo por él. El que en él cree, no es condenado; pero el que no cree, ya ha sido condenado, porque no ha creído en el nombre del unigénito Hijo de Dios* (Juan 3:16-18).

El apóstol Pablo también expresó el sentido de alivio maravilloso que él experimentó al saber que sus luchas con el pecado no le privarían de la vida eterna, con tal que estuviera "en Jesús". Después de compartir acerca de sus propias batallas con el pecado y la frustración de querer deshacerse de los deseos pecaminosos (Romanos 6-7) él comienza el octavo capítulo de Romanos con buenísimas noticias, "ahora, pues, ninguna condenación hay para los que están en Cristo Jesús" (Romanos 8:1). El contexto mismo de este capítulo nos da el secreto para vencer los deseos pecaminosos del pecado y vivir una vida agradable. El secreto es hacer morir lo terrenal en nosotros y vivir en el Espíritu. Es decir, no vivir en la carne (para satisfacer los deseos que a Dios no le agradan) sino en el Espíritu (para vivir la vida agradable a Dios).

¿Discrimina Dios a las mujeres?

A. Cruz

Es cierto que la Biblia se refiere siempre a Dios por medio de imágenes masculinas. Aparece como padre y nunca como madre (aunque Jesús se compare con la imagen maternal de una gallina que "junta sus polluelos debajo de las alas" en Mt 23:37 y Lc 13:34-35). Dios se revela habitualmente como "rey de reyes", no como reina de reyes. Es "Señor de señores", no Señora de señores. Lo define continuamente el pronombre masculino y nunca el femenino. Así mismo, Israel aparece con la imagen de la amada de Dios que le es infiel en ocasiones (Os 1-3), mientras que la iglesia también viene a ser la novia o esposa de Cristo (2 Cor 11:2). Es evidente que la Escritura refleja una imagen patriarcal de la divinidad. Ahora bien, ¿significa esto que Dios discrimina o menosprecia a la mujer en relación al hombre? De ninguna manera.

La gran mayoría de las religiones que profesaban los pueblos vecinos a Israel adoraban tanto a dioses como a diosas. Los sumerios, por ejemplo, veneraban a *Nammu*, la diosa-madre y a *Inanna*, la diosa del amor y de la guerra. Para los egipcios era *Anat*, esposa de Ra, la diosa de la guerra, la fertilidad y el amor. Los griegos tenían a *Hera*, diosa de la maternidad y la familia; a *Atenea*, de la guerra y la sabiduría; la famosa *Afrodita*, del amor y la belleza; *Artemisa*, diosa de la caza, etc. Mientras que los romanos rendían culto a *Diana*, la diosa de la virginidad; así como a *Minerva, Vesta, Felicitas, Venus, Victoria, Fortuna*, etc. No obstante, los escritores bíblicos rechazaron todas estas divinidades femeninas paganas por considerarlas pura idolatría perversa y contraria a la realidad del único Dios verdadero.

A pesar de poseer tantas diosas, la mujer estaba muy discriminada en todas estas culturas politeístas. En la sociedad griega, las mujeres eran consideradas durante toda su vida como "menores de edad". En Egipto se consideraban seres frívolos, caprichosos y poco fiables. El adulterio de la esposa se castigaba con la pena de muerte en Mesopotamia, mientras que la relación del esposo con otras mujeres no casadas estaba permitida. En la Antigua Roma, la mujer no podía votar ni ocupar cargos públicos y debía estar siempre bajo la supervisión de un tutor masculino. Frente a todo esto, la Biblia, a pesar de haber sido escrita en una cultura patriarcal, eleva el rol de la mujer y en el Nuevo Testamento el apóstol Pablo escribirá que para quienes están revestidos de Cristo "ya no hay judío ni griego; no hay esclavo ni libre; no hay varón ni mujer; porque todos vosotros sois uno en Cristo Jesús" (Gá 3:28).

No obstante, la mentalidad antisexista moderna, en su afán por lograr que nadie se supedite a nadie por razón de su sexo, rechaza y malinterpreta pasajes bíblicos que definen a la mujer como compañera y "ayuda idónea" del hombre (Gn 2:18); o que este sea "la cabeza de la mujer" (1 Cor 11:3); y que, por tanto, "las casadas estén sujetas a sus propios maridos, como al Señor" (Ef 5:22) o que, en fin, a las féminas Pablo no les permita "enseñar, ni ejercer dominio sobre el hombre, sino estar en silencio" en la iglesia (1 Tm 2:12).

Sin embargo, una lectura atenta de tales textos y del mensaje general de toda la Escritura pone de manifiesto que esta entiende que la mujer posee la imagen de Dios, de la misma manera que el hombre. Ser ayuda idónea o ayudante del varón no contiene en hebreo ningún rasgo de inferioridad en relación a la persona a la que se ayuda, sino que más bien debe entenderse como colaborador o asistente.[275] Tampoco se considera al hombre como cabeza de la mujer en el sentido de mandamás, sino que, desde el punto de vista de la creación, Adán fue el origen de Eva puesto que esta fue creada a partir de aquel.[276] Ser "cabeza" es por tanto ser su "origen". Y, desde luego, no debiera emplearse este texto para sugerir que la mujer es inferior al hombre en ningún sentido.

Si la mujer cristiana debe ser sumisa o "estar sujeta" a su esposo, este también tiene que amar a su esposa como "Cristo amó a la iglesia y se entregó a sí mismo por ella" (Ef 5:25). En realidad, se trata también de un amor sumiso hacia la esposa ya que Jesucristo se negó a sí mismo y se sometió voluntariamente al sacrificio de la cruz para redimir a la iglesia. En

---

275 Erickson, M. 2008, *Teología Sistemática* (Clie, Viladecavalls, Barcelona), p. 560.

276 Fricke, R. 2003, *Comentario Bíblico Mundo Hispano, T. 20, 1 y 2 Corintios* (El Paso, Texas), p. 132.

cuanto a los pasajes que se refieren a la negativa de Pablo de que las mujeres enseñen a los varones en las asambleas (1 Cor 14:33-36; 1 Tm 2:11-12), posiblemente se deberían entender en el contexto de situaciones locales particulares. Conviene recordar que en otros pasajes el apóstol habla positivamente de mujeres que ejercían liderazgo (Rm 16:1-4; 16:6, 12, 13; 1 Cor 11:5; Hch 2:17; Hch 21:9). De la misma manera, en el Antiguo Testamento había mujeres que ejercían el don de la profecía (Is 8:3; Jl 2:28).

¿Qué dice la Biblia acerca del origen y propósito del sexo y la sexualidad humana? El texto inspirado no es sexista ni tampoco antisexista ya que Dios diseñó los sexos, al crear varones y hembras (Gn 1:27), con la finalidad primordial de la comunión o comunicación complementaria entre ambos (Gn 2:18) y posteriormente para la reproducción de la especie. Hombre y mujer son, por tanto, imagen de Dios, iguales en dignidad y complementarios, pero no idénticos o intercambiables.

Lamentablemente, según la Biblia, la Caída vino a trastocar la relación sexual establecida por el Creador, haciendo que la mujer experimentara la maternidad con sufrimiento (Gn 3:16a); empezara la competencia entre sexos (Gn 3:16b); apareciera la violencia en las relaciones de pareja, así como el machismo y conflictos de todo tipo: infertilidad (Gn 16:1), poligamia (Gn 16:3, 6), incesto (Gn 19:35), violación (Gn 34:2), adulterio (Gn 39:9), etc. A lo largo de la historia, los varones han usado su mayor fortaleza física para abusar de las mujeres incluso dentro de las propias iglesias llamadas cristianas. Sin embargo, esta no es la voluntad de Dios que se refleja en Jesucristo. La Escritura indica que el Creador diseñó perfectamente al sexo femenino, física, emocional y psicológicamente para transmitir la vida en este mundo. Solo la mujer puede engendrar, dar a luz y hacer que la vida humana diseñada a imagen de Dios pueda surgir en cada generación.

Sin embargo, tener hijos no es la finalidad exclusiva del sexo femenino. El Nuevo Testamento se refiere, en varias ocasiones, a mujeres que desarrollaron un ministerio importante en la iglesia primitiva. Por ejemplo, María Magdalena, Juana (mujer de Chuza que era intendente de Herodes) y Susana solían viajar con el Señor Jesús y los apóstoles, colaborando materialmente en la labor evangelizadora (Lc 8:1-3). Resulta curioso que cuando todos los discípulos de Jesús se escondieron después de la crucifixión, por miedo a ser apresados por los romanos, fueron las mujeres quienes permanecieron junto a la cruz y dieron la cara para amortajarle según la costumbre judía (Mt 27:55). Ellas fueron también los primeros testigos de la resurrección del Maestro (Mt 28:1-7), precisamente en una cultura que consideraba que la mujer no podía ser testigo ante ningún tribunal.

La incipiente iglesia cristiana de Jerusalén solía congregarse en casa de una mujer acomodada: María, la madre de Juan Marcos (Hch 12:12). El propio apóstol Pablo recomendó a Febe, diaconisa de la iglesia en Cencrea, así como a otras mujeres que fueron útiles y necesarias en el crecimiento de la iglesia (Rm 16). Asimismo se refiere a dos mujeres, Evodia y Síntique, como combatientes junto a Pablo por la causa del Evangelio (Flp 4:1-3). Ya desde los inicios del cristianismo, la mujer se consideró apta para predicar el evangelio y enseñar las verdades de Cristo. Otra mujer, Priscila junto a su esposo Aquila, corrigieron doctrinalmente en Éfeso al elocuente predicador Apolos (Hch 18:26). Las mujeres no solo oraban, sino que también profetizaban en la iglesia de Corinto (1 Cor 11:5). De todo esto se puede deducir que la Biblia no discrimina ni menosprecia a la mujer, sino que la honra y aprecia igual que al hombre.

En ocasiones se confunde la igualdad con la uniformidad y se considera erróneamente que desempeñar un rol diferente es algo discriminatorio. Sin embargo, la Escritura define a Dios mediante las tres personas de la Trinidad, cada una de las cuales tiene roles o funciones diferentes y sin embargo entre ellas no se da ningún tipo de discriminación. El Señor Jesús no trató a las mujeres como mujeres sino como personas. Siempre las tomó en serio, entabló conversaciones teológicas con ellas, les hizo preguntas importantes para que pudieran sacar lo mejor de ellas mismas y reflexionar acerca de sus vidas, las tuvo entre sus mejores amistades y, en el caso concreto de María Magdalena, la encomendó para que anunciase su resurrección a los demás discípulos. En resumen, Dios nunca discriminó a las mujeres, sino que las consideró con el mismo nivel de dignidad que los hombres.

¿Aprueba Dios la esclavitud?

A. Cruz

La esclavitud se daba en casi todas las culturas de la antigüedad y en to-dos los continentes. El Código de Hammurabi, del segundo milenio antes de Cristo en Mesopotamia, ya contiene referencias a la institución de la esclavitud. Las distintas civilizaciones, egipcia, persa, griega, romana, is-raelita, china, maya, azteca, india, etc., poseían esclavos que generalmente eran apresados en las guerras. Algunos filósofos clásicos, como Aristóteles y otros, veían la esclavitud como algo natural ya que el desarrollo de la democracia requería de mano de obra para la construcción, la agricultura y los diferentes oficios.

Por tanto, la esclavitud tenía una función eminentemente económica y no se entendía tanto como una cuestión de discriminación racial. Se cree que en la Grecia clásica casi las tres cuartas partes de la población eran esclavos. Mientras que el resto, los hombres libres, ejercían la política o la filosofía. Había esclavos domésticos que vivían en los hogares de sus amos y se dedicaban a las tareas del hogar o del campo; esclavos públicos que podían ejercer de policías, conserjes o barrenderos y esclavos de guerra que ocupaban los peores puestos, como mineros o remeros en los barcos.

Sin embargo, la práctica de la esclavitud adquirió connotaciones cla-ramente racistas a partir del siglo XVI d. C. ya que, durante los tres siglos siguientes, doce millones de africanos fueron apresados por negreros sin es-crúpulos, encadenados y enviados en barcos a América para trabajar como mano de obra barata. Las malas condiciones en que viajaban provocaron que muchos perecieran en la travesía. Algunos esclavistas creían que los negros no eran verdaderos seres humanos sino una especie diferente que carecía de alma y, por tanto, de espiritualidad. A pesar de las leyes promulgadas en años posteriores para la abolición de la esclavitud en el mundo, todavía hoy en el siglo XXI sigue habiendo esclavos en algunos países.

La Biblia posee muchas referencias a la esclavitud en el mundo antiguo y, aunque no la condena abiertamente, procura regular su práctica para hacerla más humana tanto en el Antiguo como en el Nuevo Testamento. El hebreo arruinado podía venderse a sí mismo como esclavo a otro hebreo durante un máximo de seis años para luego recuperar su libertad (Dt 15:12-15). Sin embargo, la esclavitud en la Biblia no estaba basada en la raza, el color de la piel o la nacionalidad sino más bien en la economía o el estatus social. Cuando alguien contraía deudas que no podía pagar, decidía hacerse esclavo para que el amo cubriera todas sus necesidades. No resultaba infrecuente ver a personas con estudios, como médicos, abogados o políticos, que eran esclavos.

Sin embargo, las Escrituras condenan la esclavitud basada en la supuesta inferioridad de una etnia o raza sobre otra ya que entiende que todas las personas fueron creadas a imagen y semejanza de Dios (Gn 1:27). El Creador "de una sangre ha hecho todo el linaje de los hombres" (Hch 17:26) por lo que en el Antiguo Testamento se condena la práctica del robo de seres humanos para esclavizarlos e incluso tal acción se llega a castigar con la pena de muerte (Éx 21:16). Igualmente, en el Nuevo Testamento, se coloca en la lista de los impíos y pecadores a quienes trafican con personas y las esclavizan (1 Tm 1:8-10). Dios rechaza la esclavitud y su propósito fundamental no es tanto reformar las prácticas sociales de una determinada época sino mostrar su plan general de salvación, que es capaz de cambiar el corazón de las personas en todas las épocas.

Algunos autores han censurado el comportamiento del apóstol Pablo ante este problema social, en el sentido de que no realizó ninguna condena formal de la esclavitud, ni se opuso a ella o fundó ningún movimiento que militara a favor de su abolición. Sin embargo, lo que sí afirmó Pablo fue que todos aquellos que se bautizaban en Cristo se convertían en hijos de Dios por la fe en Jesucristo y que, a partir de ese instante, *ya no hay judío ni griego, no hay esclavo ni libre, no hay varón ni mujer, porque todos vosotros sois uno en Cristo Jesús y… herederos de Abraham conforme a la promesa* (Gá 3:28-29). Es decir, Pablo reconoce que la esclavitud, así como el racismo o la discriminación sexual carecen de toda justificación en el ámbito de la fe cristiana. A quienes se convirtieron a Cristo siendo esclavos les dice: *¿Fuiste llamado siendo esclavo? No te preocupes; pero si puedes hacerte libre, por supuesto procúralo. Porque el que en el Señor es llamado siendo esclavo, es hombre libre en* *el Señor. De igual manera, también el que es llamado siendo libre, es esclavo del Señor* (1 Cor 7:21-22).

Es cierto que Pablo no se enfrentó a los poderes políticos de su tiempo reclamando la abolición de aquella lacra social que tanto nos repugna desde la mentalidad de hoy. Quizás si lo hubiera hecho, su carrera como apóstol de los gentiles se habría visto truncada prematuramente, ya que semejante reivindicación se pagaba con la vida. No debe olvidarse que Roma basaba la economía de su imperio en la mano de obra barata que suponían los esclavos. Piénsese por ejemplo en la rebelión de los mismos que se refleja en la famosa película *Espartaco* y las importantes consecuencias sociales que supuso para el Imperio romano. La causa de la abolición de la esclavitud no era la causa de Pablo.

Cuando el ser humano experimenta la gracia de Dios y se transforma por medio de la renovación de su entendimiento, llega a comprender la maldad inherente que hay en esclavizar a otro ser humano. De ahí que los cristianos debamos estar siempre contra toda esclavitud del hombre por el hombre.

¿Es Dios el mayor abortista?
A. Cruz

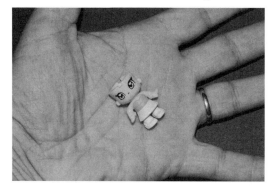

El biólogo español afincado en los Estados Unidos, Francisco J. Ayala, en un intento por defender el darwinismo frente al diseño inteligente, dice que el evolucionismo es perfectamente compatible con el cristianismo, mientras que el diseño inteligente no lo es. En su opinión, las múltiples imperfecciones que muestra el mundo, así como el sufrimiento y la crueldad, serían incompatibles con un Dios de amor, misericordia y sabiduría. Sin embargo, la teoría de la evolución explicaría mejor el mal del mundo ya que este se debería al torpe y azaroso proceso de la selección natural. El responsable del mal no sería Dios sino la evolución. "Consideremos un ejemplo –escribe–, el veinte por ciento de todos los embarazos abortan espontáneamente durante los dos primeros meses de la preñez. Me aterra pensar que hay creyentes que implícitamente atribuyen este desastre al diseño (incompetente) del Creador, con lo que le convierten en un abortista de magnitud gigantesca. (…) Por eso arguyo que la teoría de la evolución es compatible con la fe, mientras que el diseño inteligente no lo es".[277] Veamos por qué creo que se equivoca el Dr. Ayala.

No dudo que las propuestas evolucionistas puedan ser compatibles con la fe cristiana. De hecho, hay millones de creyentes que se identifican con el

---

277 Ayala, F. J., 2007, *Darwin y el Diseño Inteligente* (Alianza Editorial, Madrid), p. 17.

evolucionismo teísta, sobre todo en el mundo católico.[278] Pero afirmar que el diseño inteligente es incompatible con la fe en un Dios creador porque le haría culpable de las imperfecciones y el mal natural, implica pasar por alto algunos inconvenientes importantes. El primero es de naturaleza teológica. ¿Es Dios el responsable del mal en el mundo, como dicen algunos ateos? ¿Fue diseñado el universo tal como es ahora o acaso las actuales imperfecciones se deben a la rebeldía humana contra su Creador? Mientras que el segundo problema tiene un carácter de pura lógica. Si el cosmos fue creado mediante la evolución, el causante sigue siendo Dios. Pero Ayala parece sugerir que la divinidad no es responsable de los mecanismos evolutivos que habrían originado a todos los seres vivos de este mundo, incluidas las personas.

Según el biólogo de la universidad de California, es como si tal Creador hubiera estado mirando durante millones de años hacia otro lado, cuando los animales se devoraban unos a otros y las distintas especies biológicas se extinguían en su lucha incesante por la existencia. Resulta innegable que en el guion darwinista la supervivencia de los más aptos es una historia de sangre y muerte. Aunque el Creador no dirigiera directamente los cambios evolutivos y estos fueran del todo casuales debidos a las leyes naturales, resulta evidente que los habría tolerado. Sin embargo, Ayala sugiere que Dios se lavaría las manos como Pilato delegando responsabilidades en la diosa Selección Natural, que se convertiría así en la verdadera culpable del mal en el mundo. ¡Toda una teodicea evolucionista alternativa que ignora la doctrina bíblica de la Caída con la intención de exculpar del mal al dios darwinista y al ser humano!

Decir que, si se acepta el diseño inteligente, hay que suponer también que Dios sería "un abortista de magnitud gigantesca" –como afirma Ayala– porque mata cada año unos veinte millones de embriones humanos –ya que es sabido que el veinte por ciento de todos los embarazos abortan espontáneamente durante los dos primeros meses de gestación–, es tan incoherente como afirmar que el Creador sería el mayor asesino en serie al permitir la desaparición de 56 millones de personas adultas cada año en el mundo por fallecimiento natural. Ayala no quiere aceptar que vivimos en un cosmos degenerado por el pecado humano, ni que la muerte entró en el mundo por la maldad del hombre, no por culpa de Dios. Sin embargo, aunque se hayan hecho muchos intentos por erradicarla, esta doctrina de la Caída se desprende claramente de la Escritura.

Como escribe el apóstol Pablo: "Por tanto, como el pecado entró en el mundo por un hombre, y por el pecado la muerte, así la muerte pasó a

278 Véase la obra del agnóstico Michael Ruse, 2009, *¿Puede un darwinista ser cristiano?* (Siglo XXI, Madrid).

todos los hombres, por cuanto todos pecaron" (Rm 5:12). Dios no es ningún abortista sádico que se complace con el sufrimiento y la muerte del ser humano. Es el hombre quien continúa matando cada día criaturas inocentes nacidas o por nacer. Sin embargo, el Creador que nos presenta la Escritura no desea que ninguno perezca, sino que todos procedan al arrepentimiento (2 P 3:9) y se vuelvan de sus malos caminos

¿Justifica Dios el racismo?

A. Cruz

La rodilla blanca del policía estadounidense Derek Chauvin se dobló con fuerza sobre el cuello oscuro de George Floyd y así estuvo durante más de ocho minutos hasta acabar con la vida de aquel hombre negro de 46 años. Miles de otras rodillas de diversas etnias se doblaron también días después por todo el mundo, en señal de protesta por el lamentable caso de brutalidad policial impregnada de racismo. ¿De dónde surge tanta violencia xenófoba contra los negros? ¿Por qué el odio a lo diferente está tan arraigado en el alma humana y reaparece eventualmente de forma trágica?

Algunos dicen que la culpable es la Biblia de judíos y cristianos porque en ella se afirma que Noé, al maldecir a su descendiente Canaán (hijo de Cam, del que supuestamente descenderían los negros) y condenarle a ser "siervo de siervos de sus hermanos", dio pie al desprecio universal por la raza negra (Gn 9:18-29). Si a esto se añaden ideas como las de ciertos grupos supremacistas blancos, que afirman que Adán y Eva fueron los primeros caucásicos blancos, mientras que Caín habría sido el antepasado de la etnia negroide, resultaría que el Dios de la Escritura sería el responsable último del racismo en el mundo, que se habría ido difundiendo e inculcando a través del colonialismo y las misiones cristianas, tanto católicas como protestantes. Los malos y torpes serían siempre las personas de piel oscura. De ahí su infravaloración por parte de los blancos, el desprecio histórico, la raíz del esclavismo y hasta la actual violencia policial en los Estados Unidos y otros países. ¿Qué hay de cierto en tales interpretaciones? ¿Será verdad que la Biblia es racista, tal como aseguran ciertas ideologías?

La mayoría de los antropólogos del mundo están hoy de acuerdo en que, a pesar de las evidentes diferencias existentes en el aspecto físico de los distintos grupos humanos (fenotipos), las razas no existen. Los genetistas consideran que es más adecuado hablar de *etnias* o *poblaciones* ya que las variaciones fenotípicas que se pueden constatar no son el resultado de genes significativamente diferentes. El ADN no permite realizar una clasificación racial (mucho menos racista) de los hombres y mujeres contemporáneos. El color de la piel, la estatura, la forma de los ojos, la cara o el cabello dependen de un insignificante puñado de genes que no justifica en absoluto el concepto decimonónico de raza. Además, a lo largo de la historia de la humanidad, los que han contribuido a crear una determinada cultura no siempre han sido de una misma etnia y, al revés, no todos los de una misma etnia han participado de una cultura concreta. Por tanto, los casi 7 700 millones de personas que hoy habitamos en el mundo, a pesar de nuestro diverso aspecto y cultura, pertenecemos todos a la misma y única especie biológica humana. Tal como predicó el apóstol Pablo, el Dios que hizo el mundo "de una sangre ha hecho todo el linaje de los hombres, para que habiten sobre toda la faz de la tierra; y les ha prefijado el orden de los tiempos, y los límites de su habitación" (Hch 17:26).

El tema de la "raza" no se desarrolla exhaustivamente en la Biblia, aunque algunos pretendan usarla para promover cierta ideología o prejuicio racial. Esto significa que no se puede emplear para justificar la esclavitud histórica de los negros por parte de los blancos, ni su menosprecio por creer que son una etnia maldita, inferior y menos inteligente. Las ideas racistas que insisten en ello suelen fundamentarse en la creencia, surgida en el siglo XVII d. C., de que el nombre "Cam" (uno de los hijos de Noé) significa "negro" o "quemado" y estaría relacionado con una palabra egipcia que indica "sirviente". Sin embargo, la mayoría de los especialistas considera que el nombre bíblico de Cam es en realidad de etimología desconocida y no tiene ninguna relación con la etnia negra. Es más, la maldición de Noé no se dirige contra su hijo Cam sino contra el hijo de este, Canaán, y es generalmente sabido que los pueblos conocidos bíblicamente como los "cananeos" (descendientes de Canaán) eran de etnia blanca o caucásicos, no negros.[279] Por otro lado, no hay nada en el relato del capítulo 9 de Génesis que indique que aquella maldición hecha a Canaán tuviera que ser duradera en el tiempo y pasar indefinidamente durante miles de años a todas las futuras generaciones. Tampoco conocemos el color de la piel de Adán, Eva,

279 Youngblood, R. F. 1995, *Nelson's New Ilustrated Bible Dictionary* (Nelson, Atlanta), p. 1062.

Caín o Abel, la primera familia de la humanidad, por lo que solamente se puede especular al respecto sin demasiado fundamento.

La predicción de Noé, acerca de que la descendencia de Canaán estaría algún día supeditada a los hijos de Sem y Jafet, no debe entenderse como una condena racial o una discriminación étnica general sino como la consecuencia lógica de un sistema concreto de valores que despreciaba la dignidad generacional, no concedía honra a los padres o abuelos e institucionalizaba la inmoralidad sexual. Efectivamente, con el transcurso del tiempo, los cananeos desarrollaron una religión que rendía culto a la fertilidad, sacrificaba niños a las divinidades paganas, abandonaba los ancianos a su suerte por ser improductivos y practicaba la prostitución sagrada o el desenfreno sexual en sus rituales de adoración. Noé predijo lo que ocurriría muchos años después, tal como corrobora el capítulo 9 de Josué, a propósito de los astutos moradores de Gabaón. De manera que, como señaló el teólogo alemán, Gerhard von Rad, "entre Sem y Jafet por una parte y Canaán por la otra se establece una relación amos-esclavo".[280] Pero esto tuvo su contexto histórico concreto, no constituye ninguna maldición definitiva para los pueblos africanos y, por supuesto, no justifica en absoluto el racismo posterior desarrollado por el ser humano.

En cuanto al origen de las distintas etnias, la Biblia dice que todos los seres humanos descienden de Adán y Eva, pasando por Noé y su familia, quienes sobrevivieron a la gran inundación que acabó con las demás personas y animales (Gn 7:21). De manera que los actuales grupos étnicos se habrían desarrollado a partir de los descendientes de Noé y como consecuencia de tres factores fundamentales: la diversificación de las culturas (origen de los diferentes idiomas); la división de grupos humanos que esto produjo; las migraciones geográficas posteriores y el entorno o medio ambiente en que tales grupos se instalaron. Al principio, el ser humano se resistió a semejante dispersión y al mandamiento divino de "llenar la tierra" (Gn 9:1, 19) e intentó crear una concentración urbana masiva, tal como evidencia el episodio de la torre de Babel (Gn 11:1-4). Sin embargo, Dios intervino originando una multiplicidad de idiomas que les obligó a diseminarse por toda la Tierra, tal como se les había ordenado (Gn 11: 5-9). La Palabra creadora de Dios creó las palabras de todas las lenguas babélicas, dividiendo así a la raza humana en culturas diferenciadas. No se nos dice cómo ocurrió esto sino solo que aconteció por voluntad divina.

En cada etnia actual se dan diversos grados de pigmentación de la piel. Hay blancos muy blancos, como los escandinavos, y blancos más morenos

---

280 Von Rad, G. 1988, *El libro del Génesis* (Sígueme, Salamanca), p. 165.

como los mediterráneos. Esta variabilidad en la concentración de melanina existe en todas las etnias actuales y es de suponer que también se daba en la humanidad prediluviana, así como en la familia de Noé. En aquella primera cultura, cualquier variación fenotípica y genotípica tendería a reducirse al mínimo ya que la mezcla entre individuos contribuiría a la uniformidad. Sin embargo, con los nuevos idiomas y la dispersión de los distintos grupos culturales, todo cambiaría para siempre. Es posible deducir de la Escritura que cada población se subdividió en grupos más pequeños que ya no poseían todas las variables genéticas y fenotípicas originales (pigmentación de la piel, tipo de cabello, forma de los ojos, estatura, etc.). Además, el clima, los ecosistemas y las dietas eran diferentes a los que existían antes del diluvio. Todo esto contribuyó a generar las particularidades de las etnias actuales y, a la vez, sugiere que todas estas diferencias podrían llegar a desaparecer si la endogamia total o los cruces interétnicos se llegaran a practicar de nuevo en la actualidad. Por tanto, desde la perspectiva bíblica, las actuales poblaciones humanas representan recombinaciones de genes originalmente creados, que han sufrido mutaciones degenerativas. Por supuesto, esto contradice claramente el modelo evolucionista que supone transformaciones graduales positivas, o generadoras de nueva información biológica.

Algunos críticos del Nuevo Testamento, acusan también de racista al propio Jesús, a propósito de la curación de la hija de la mujer cananea (Mt 15:21-28). El motivo de tal acusación es la respuesta, aparentemente poco respetuosa según la mentalidad moderna, que el Maestro le dio. El texto dice: "Respondiendo él, dijo: No está bien tomar el pan de los hijos, y echarlo a los perrillos. Y ella dijo: Sí, Señor; pero aun los perrillos comen de las migajas que caen de la mesa de sus amos". Llamar "perro" a alguien puede parecer, a primera vista, cruel y humillante, aunque en realidad era así como los judíos se referían habitualmente a los gentiles, ya que los consideraban impuros o inmundos como estos animales. Pero Jesús no usa la palabra "perros", referida a los animales callejeros, sino su diminutivo "perrillos", que se empleaba para los domésticos que vivían con las familias, recibiendo sus cuidados. Es probable que el Señor quisiera provocar a aquella mujer con el fin de evidenciar su fe decidida, algo que siempre contribuye a fortalecer la de los demás. Quizás pretendía también enseñar a sus discípulos a compadecerse de los demás y no considerar a nadie como una molestia que había que despachar pronto. En fin, puede que incluso deseara mostrar que, a pesar de dirigir primero su ministerio público a los judíos (Rm 1:16), estaba dispuesto a ayudar asimismo a los gentiles. De cualquier manera, toda duda o acusación de racismo que se pudiera tener, se disipa inmediatamente ante el resultado final de la historia. Jesús sanó a la hija de esta mujer sirofenicia, concediendo así lo que se le pedía y demostrado que no era racista, sino que deseaba la salvación de todo el mundo.

El término "raza" es de origen árabe y fue introducido en Europa con la invasión de España en el siglo XV.[281] Por desgracia, estas ideas discriminatorias fueron recogidas por el racismo colonial europeo y están en la base de la dominación, así como del exterminio de pueblos africanos y amerindios. Se consideraba que la raza superior era la "caucásica", término propuesto por el científico alemán Johan Blumembach en 1781 para referirse a la raza blanca, supuestamente originaria del Cáucaso. En el siglo XIX, la ideología racista recibió el espaldarazo de los científicos darwinistas. La teoría de la evolución planteaba una clara jerarquía racial ya que concebía toda vida como una marcha gradual desde los seres simples o inferiores a los complejos y superiores. Quienes estaban en la base de la evolución humana eran los africanos, según afirmaba Darwin en su obra *The Descent of Man*. Esto se inculcó durante generaciones a los niños en las escuelas públicas de muchos países, especialmente en los Estados Unidos de América. Semejante pseudociencia afirmaba que la raza caucásica era la más avanzada de todas y esto aparecía en los libros de texto de biología, reforzando así las ideas racistas de la época. Hoy nos avergonzamos de ello, pero, en su momento, tales ocurrencias sirvieron para fundamentar la eugenesia, el darwinismo social y el nacionalsocialismo de personajes como Adolf Hitler.

No obstante, tanto la perspectiva bíblica general como el mensaje concreto de Jesucristo en el Nuevo Testamento son radicales en su rechazo del racismo. Ninguna ideología que señale diferencias raciales para justificar una pretendida superioridad de unas poblaciones sobre otras puede fundamentarse en la Biblia. Esta no enfatiza la uniformidad de los pueblos, pero sí la unidad y solidaridad entre todos los grupos humanos. La Escritura enseña que la imagen de Dios en la creación fue dada a toda la humanidad (Gn 1:26-27) y que ni siquiera la Caída fue capaz de borrarla (Gn 9:6). Los hombres y mujeres de todas las etnias de la tierra, representados en Adán y Eva, fueron creados para gozar de mutua complementariedad. Esta unidad de la raza humana en el acto creador se refleja también en su unidad en el pecado (Rm 3:23). La fe cristiana es universal porque, tanto en el Antiguo Testamento como en el Nuevo, Dios es el Señor de todas las naciones de la tierra (Is 49:6). El pueblo de Israel fue elegido, no de manera arbitraria o egocéntrica, sino como medio para la redención universal (Is 66:18) y para servir a toda la humanidad. Jesús se muestra antirracista en

---

281 Gonzáles, J. R. 2003, «Las "razas" biogenéticamente, no existen, pero el racismo sí, como ideología», *Revista Diálogo Educacional*, Pontifícia Universidade Católica do Paraná, Paraná, Brasil, v. 4, n.9, p.107-113.

el Nuevo Testamento al criticar a los antisamaritanos (Lc 9:54-55; 10:33). Mediante la visión de Pedro, se revela el propósito divino de salvación universal (Hch 10:9-48) ya que Dios no hace acepción de personas (Gá 3:26-28; Col 3:11).

Por lo tanto, nada hay más absurdo o sin sentido que calificar a la Biblia de racista.

¿Apoya la Escritura el maltrato animal?

A. Cruz

La grave crisis ecológica que sufrimos actualmente y que pone de manifiesto la irresponsabilidad de una visión económico-utilitarista del mundo, así como la manera injusta de explotar los recursos naturales, evidencia que la relación entre el ser humano y las demás especies de este planeta no ha sido siempre de cuidado inteligente y "mayordomía", tal como propone el texto bíblico, sino de opresión y maltrato continuado. Creemos que, ante la sensibilidad ecológica contemporánea que se preocupa por los derechos de los animales, métodos de crianza en cautividad, regímenes alimentarios, técnicas de producción, así como por el riesgo de extinción de muchas especies y la consiguiente disminución de la biodiversidad, debemos volver a la Escritura para recordar la perspectiva que ofrece de la creación. Máxime cuando la ciencia viene anunciando insistentemente los peligros que amenazan a la humanidad, como las epidemias y pandemias de origen vírico, por culpa de los desequilibrios ecológicos provocados por el ser humano.

Según la Biblia, Dios quiere que el hombre use la naturaleza pero que no abuse de la misma. Ejercer dominio sobre el mundo natural, sojuzgarlo y señorearse de él (Gn 1:20-31) implica alimentarse de las plantas y animales que lo constituyen (Gn 1:29-30; 9:1-3). No obstante, aunque después del diluvio, Dios permitió al ser humano nutrirse también de animales, esto fue algo que se concedió a la humanidad a causa de su pecaminosidad. Tal como escribe el teólogo bautista, Steve W. Lemke, "el vegetarianismo que se practicaba en el huerto del edén (Gn 1:29-30; 2:16) y la profecía de que, en el futuro, los depredadores naturales vivirán juntos y en paz (Is 11:6-8) sugieren que la condición de carnívoro no es el ideal divino".[282]

La naturaleza no es propiedad de los seres humanos sino de Dios (Lv 25:23; Sal 24:1; 50:10-11). Por tanto, se trata de administrar algo que no nos pertenece y de hacerlo respetando el orden con que todas las cosas fueron creadas. Cuando se viola dicha estructura ordenada divinamente sobrevienen graves calamidades. De ahí que el maltrato animal o de los ecosistemas naturales sea rechazado por el Creador que lo hizo todo con sabiduría. La Escritura afirma que los seres humanos tenemos la obligación moral de tratar también con sabiduría y bondad a los demás seres vivos de la creación. Las leyes dadas por Dios a Moisés prohibían la crueldad hacia los animales (Dt 22:1-10; 25:4) y se consideraba justa a la persona que no los maltrataba: *El justo cuida de la vida de su bestia. Mas el corazón de los impíos es cruel* (Prov 12:10). De manera que la Biblia no apoya el maltrato animal.

282 Lemke, S. W. 2011, "¿Declara la Biblia que los animales tienen derechos?", en *Biblia de Estudio de Apologética* (Holman, Nashville, Tennessee), p. 283.

¿Quiere Dios la eutanasia?

A. Cruz

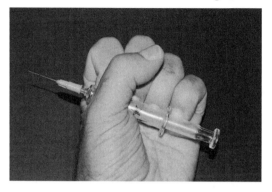

Hoy casi todo el mundo está de acuerdo en que el encarnizamiento tera-péutico es algo inhumano y éticamente inaceptable. Prolongar la agonía del moribundo solo sirve para hacerle sufrir más. Pero, por otro lado, tam-bién resulta evidente que el personal sanitario debe procurar la salud de todos sus pacientes, así como intentar que vivan el mayor tiempo posible. ¿Cómo pueden conjugarse adecuadamente estas dos tendencias? La res-puesta que debería asumir la medicina actual tiene que venir de la mano de un tratamiento más humano a los enfermos que están próximos a morir. No es posible seguir cometiendo el error de idolatrar la vida. Creer que la existencia humana es el bien absoluto y supremo frente a la muerte, que se-ría por oposición el mal absoluto, es una de las grandes equivocaciones de la cultura en la que vivimos. Hay que superar la idea que anida en tantos profesionales de la medicina moderna de que la muerte es el gran fracaso del médico.

Esto lleva en muchos casos a intentar prolongar la vida de manera casi irracional. Morir no es fracasar, sino que constituye el destino del hombre desde que viene a este mundo. Conviene, por tanto, aprender a convivir con la idea de la muerte como aquella "vieja amiga" que nos espera detrás de la última esquina de la vida. Ante esta evidentísima realidad es menes-ter educar a las personas para que sepan cómo afrontar su trance final. La decisión sobre los diferentes aspectos de la dolencia debe ser tomada siem-pre que sea posible por el propio enfermo. En muchos casos será preferible decantarse por una mayor calidad de vida que por el impulso casi visceral de querer más cantidad de vida. El médico y la propia familia tienen que saber aceptar la voluntad del paciente. Hay situaciones en las que quizás sea mejor no realizar una determinada intervención quirúrgica que puede alargar la vida, pero a costa de hacerle perder al enfermo importantes propiedades vitales.

¿Qué pensar de aquellas situaciones, que ya se están produciendo en muchos hospitales por todo el mundo, en las que se impone legal o ilegalmente la eutanasia al paciente terminal que se encuentra en estado de coma? En el caso del enfermo inconsciente que no ha manifestado su expreso deseo que se le aplique o no la eutanasia, nos parece que no resulta ético quitarle la vida aunque esta esté notablemente empobrecida. La vida es un valor tan básico y personal que nadie posee atribuciones suficientes para arrebatarla a ningún otro ser humano. No obstante, conviene tener presente como señala el filósofo judío, Hans Jonas, que "hay una diferencia entre matar y permitir morir"[283]. No es lo mismo dejar morir que quitar la vida. Los familiares y el médico pueden decidir que no se prolongue artificialmente el proceso terminal del enfermo y que se le deje morir en paz. Esto es moralmente aceptable, pero, por el contrario, decidir acabar con su vida mediante la eutanasia activa sería disponer de una vida ajena de forma completamente injustificada.

¿Y en el caso de que el enfermo pida expresamente que se le practique la eutanasia o lo haya dejado claramente especificado en un testamento vital? ¿Sería éticamente aceptable cumplir con su voluntad? En alguna de las fases por las que pasa un enfermo terminal, este puede ser capaz de tomar una decisión drástica sobre su existencia que, en realidad, no refleje lo que verdaderamente anhela su corazón. Hay etapas de pesimismo, frustración, rabia o incluso desesperación en la vida del paciente terminal que ha sido informado de su enfermedad. Es dudoso que la eutanasia solicitada en tales momentos responda a un deseo genuino y meditado de morir. Quizás lo que se está solicitando es una mayor atención, sinceras muestras de afecto o que el dolor físico desaparezca. Generalmente cuando se solucionan tales problemas suele extinguirse también el deseo de acabar con la propia vida.

No obstante, a pesar de todas estas consideraciones, hay pacientes terminales que están convencidos de lo que solicitan. Lo han meditado libre y sosegadamente sin coacciones de ningún tipo. Pero aun así continúan pidiendo la eutanasia. Puede tratarse de personas mayores que carecen de responsabilidades familiares o que son conscientes de constituir una pesada carga para sus seres queridos. Criaturas a quienes el sufrimiento físico y moral se les hace tan cuesta arriba que se sienten incapaces de superarlo ¿Qué hacer en tales casos? Aparte de lo que dispongan las leyes de

283 Jonas, H. 1997, *Técnica, medicina y ética*, (Paidós, Barcelona), p. 167.

los diferentes países, ¿existen auténticas objeciones éticas que deslegitimen una petición de tales características? Al ser humano que no cree en un Dios trascendente es muy difícil convencerle de que el suicidio no sea una opción correcta. Para la ética secular que no contempla la existencia del ser supremo solo hay un posible punto de referencia: la libertad y autonomía del propio hombre. Cuando se le da la espalda al Creador, la criatura humana se erige en medida de todas las cosas y desde este horizonte ético prácticamente no existen argumentos capaces de rechazar la eutanasia.

Si no hay una vida después de la muerte, si el hombre no es imagen de Dios y la existencia humana no es un don divino, ¿qué sentido puede tener el dolor, el sufrimiento y la propia muerte? Desde esta concepción no existen argumentos válidos que puedan negarle al ateo la capacidad de poner fin a su propia vida. Otra cosa será la disponibilidad del médico o las enfermeras que lo atiendan. Estos profesionales tienen todo el derecho de acogerse a la objeción de conciencia si así lo creen necesario y, desde luego, nadie puede obligarlos a practicar un acto que atente contra sus principios. Algunos médicos han diseñado sistemas para que sea personalmente el propio paciente quien se aplique la eutanasia.

Sin embargo, desde una concepción cristiana de la vida, la respuesta a la eutanasia es radicalmente diferente. El mal continúa siendo un mal aunque se realice queriendo hacer un bien. El que cree que Jesús de Nazaret es el Hijo de Dios y Señor de su vida, no es que se transforme de repente en un masoquista empedernido que busque siempre el dolor o el sufrimiento en esta vida, sino que entiende tales realidades como experiencias que pueden estar cargadas de sentido. La criatura que sufre y acepta de forma madura su pena puede llegar a ser más humana y a enriquecer su propia personalidad. Por el contrario, pretender huir siempre de todo sufrimiento es frustrarse constantemente ya que en esta vida tal pretensión resulta por lo general imposible.

La muerte desde la fe pierde, como decía el apóstol Pablo, "su aguijón". Aunque muchas veces no se comprenda la tragedia del dolor y los caminos que Dios utiliza para llevar a cabo sus propósitos, el creyente aspira a identificarse con el sufrimiento de Cristo en la cruz y a confiar plenamente en él. El cristiano acepta que la vida es un regalo del Creador y espera en que, de la misma forma en que el grano de trigo tiene que morir y descomponerse primero antes de germinar y dar fruto, también su existencia terrena debe apagarse de forma natural antes de resucitar a una nueva vida como aconteció con el propio Jesucristo. Cuando esta fe anida en el alma humana, la eutanasia suele dejarse en las manos de Dios. Él continúa siendo el principio y el fin.

El creyente debe ver su propia muerte como la veía Jesús, como el encuentro definitivo con la Vida. Fallecer no es el fin, sino el principio. El día de la muerte coincide con el día del nacimiento a la verdadera Vida. De ahí que mientras habitamos en este mundo debamos dar muestras de vida en medio de tantas huellas de muerte, odio, injusticia e insolidaridad como nos rodean por todas partes. Los cristianos tenemos que seguir llevando el mensaje de la resurrección y de la vida a aquellas víctimas de esta cultura de la muerte. Nuestro ejemplo y nuestra manera de comportarnos ante tal salida pueden suponer un convincente testimonio. El que cree en Jesucristo como su salvador personal tiene que aprender a mirar cara a cara a la muerte.

¿Le agrada a Dios la clonación humana?

A. Cruz

Es menester distinguir entre dos tipos de clonación humana: la terapéutica y la reproductiva. La primera consiste en la producción de células o tejidos humanos para posteriores trasplantes, mediante la clonación de células extraídas de los propios enfermos con la intención de curarles. Algo éticamente aceptable que se viene realizando en muchos hospitales por todo el mundo. Sin embargo, la segunda, la clonación reproductiva en seres humanos está prohibida en casi todos los países debido a sus numerosas dificultades éticas.

La Biblia no habla de clonación reproductiva pero sí se refiere, directa o indirectamente, a la igualdad humana y al respeto por la vida. El atormentado Job se cuestiona y grita desde las páginas del Antiguo Testamento: "el que en el vientre me hizo a mí, ¿no lo hizo a él? ¿Y no nos dispuso uno mismo en la matriz?". Job fundamenta los derechos de los seres humanos en el hecho de que todos han sido creados por Dios. Muchos años después, el apóstol Pablo expone lo mismo cuando escribe a los atenienses y les dice: "el Dios que hizo el mundo... de una sangre ha hecho todo el linaje de los hombres". Y este sigue siendo el principal argumento de peso para el creyente. El Dios creador de la Biblia es la única base sólida para edificar una bioética objetiva y auténticamente universal.

En la Escritura, la ética no procede de la naturaleza o de la lógica del ser humano, sino directamente del 'Supremo Hacedor' que se manifiesta a los hombres y les reta para que decidan cómo desean vivir. Una tal ética bíblica considera la vida humana no como "cosa"; no como objeto manipulable y material con el que se puede comerciar; sino como don divino de inestimable valor. De ahí que todo lo que atente contra la vida y la igualdad de los seres humanos vaya en contra de los principios bíblicos; toda metodología científica que manoseando la vida humana origine desigualdad o discriminación es contraria a la ética del Evangelio.

La posibilidad de la clonación humana coloca al hombre de hoy frente al eterno dilema, ¿qué es lo bueno y qué lo malo? ¿Qué porcentaje de maldad y qué de bondad puede haber en todo este asunto? La palabra "pecado" se ha convertido en el mundo contemporáneo en una antigua reliquia que casi carece de sentido. Sin embargo, este nuevo poder para crear clones genéticamente idénticos actualiza los perpetuos pecados que anidan desde siempre en el alma humana: el orgullo, la soberbia, la vanidad y el amor a uno mismo. ¿Acaso no es todo esto lo que significa el engendramiento solitario? ¿No se está prefiriendo al hijo que nacería "solo de mí" que al procreado con otra persona? Lo que se quiere del hijo así formado, ¿no es, en el fondo, a uno mismo? ¿No es la clonación la glorificación de la propia sangre? Las investigaciones en reproducción asistida deben tener un límite claro. La cordura y la bioética deben ayudarnos a comprender que ese límite se halla precisamente en la clonación de personas. No existe ninguna razón ni biológica ni social ni ética que legitime y haga aceptable la clonación de seres humanos.

Es menester aclarar, sin embargo, algo que a veces no se tiene en cuenta al hablar de estos temas. Cuando se dice que las personas no deben ser jamás duplicadas como si fueran "fotocopias vivientes", en ocasiones no se valora correctamente el hecho de que en el desarrollo de la persona humana no solo intervienen los factores genéticos heredados sino también, y de forma decisiva, todo el conjunto de circunstancias interhumanas y medioambientales que la van a rodear a lo largo de la vida. El clon no sería nunca una fotocopia de otra persona porque la condición moral, la voluntad y la libertad no vienen determinadas por los genes. No puede haber dos individuos que sean moralmente idénticos. El libre albedrío característico de cada ser humano no está ni en los genes ni tampoco en las experiencias que se han vivido. Conviene reconocer, por tanto, que la clonación no eliminaría la voluntad de alguien, en el sentido de obligarlo necesariamente a que actuara como su progenitor.

La Biblia enseña que el ser humano es materia y es espíritu y no podemos caer en el error de reducirlo todo a pura materia. En el supuesto de que alguna vez se llegara a clonar personas, cosa que no nos parece éticamente correcta, dos clones que fueran genéticamente idénticos y que hubieran sido educados por los mismos educadores y en el mismo ambiente, podrían ser muy diferentes en inteligencia, carácter, personalidad y también desde el punto de vista moral. Uno podría ser un santo y otro el mismísimo diablo porque la libertad no viene escrita en ningún gen. Jamás existirán las fotocopias humanas porque cada persona es única, irrepetible y responsable de sus propios actos.

No obstante, cada individuo sigue teniendo también necesidad de pertenencia, de filiación, de identidad, de confianza y de aceptación por parte de los demás. Todo esto podría desaparecer con la clonación. A veces se defiende esta señalando, como se ha visto, que de esta forma se mejoraría el patrimonio genético de la humanidad. Es cierto que las nuevas tecnologías contribuirán seguramente a mejorar la salud humana. Sin embargo, mejorar de verdad, lo que se dice mejorar, el hombre solo puede hacerlo de una manera. Relacionándose con Dios y respetando su voluntad. Cuando la criatura humana aprenda a mantener unas relaciones sanas con Dios, con sus semejantes y con la naturaleza, entonces y solo entonces se podrá afirmar, con propiedad, que la humanidad ha mejorado.

Entretanto, mientras se siga permitiendo que esa otra clonación cultural, la del consumo, la de la sumisión a las ideologías del pensamiento único, la del individualismo y conformismo, invada la conciencia humana, las personas seguirán siendo clones idénticos en ideas, en pensamiento y en actitud frente a la vida. Muchas criaturas rechazan la clonación genética, pero viven sin darse cuenta en otra auténtica clonación de comportamiento. Y esta crisis de reflexión personal produce sociedades homogéneas y grises, pobladas de seres idénticos entre sí que solo responden a los estímulos de esa religiosidad profana que es el deporte de masas, la moda o la publicidad. El Evangelio propone sin embargo otra actitud diferente. El inconformismo cotidiano, la búsqueda constante, la inquietud intelectual, la costumbre de escudriñarlo todo con el fin de retener aquello que sea bueno, el gusto por la variedad y la diversidad, la sensibilidad social y la solidaridad con el necesitado. También se debería rechazar este otro tipo de clonación.

¿Se opone Dios a la maternidad de alquiler?
A. Cruz

La Biblia no es un recetario moral de bioética que posea todas las respuestas a los múltiples problemas éticos planteados por la moderna biomedicina. No obstante, en el Antiguo Testamento se relatan algunas historias acerca de mujeres estériles que recuerdan bastante el actual problema de la maternidad de alquiler o subrogada. La esterilidad fue considerada siempre en Israel como una grave afrenta social, como una dura prueba o incluso un castigo divino. Los hijos se veían como recompensa y heredad de Dios, como "flechas en mano del valiente" (Sal 127:3-5), "retoños de olivo alrededor de la mesa" (Sal 128:3) o "corona de los ancianos" (Prov 17:6). De ahí que cuando una esposa no conseguía quedarse embarazada recurriera, por todos los medios, a la adopción.

Esto solía hacerse, en Mesopotamia y en el pueblo de Israel, por medio de la entrega de una concubina fértil al marido para que este tuviera relaciones sexuales con ella y así, el hijo de tal unión pudiera ser reconocido como hijo legítimo de la esposa oficial. Tal situación es la que se expresa en la petición de Sarai a su esposo Abram: "Dijo entonces Sarai a Abram: Ya ves que Jehová me ha hecho estéril; te ruego, pues, que te llegues a mi sierva; quizá tendré hijos de ella. Y atendió Abram al ruego de Sarai" (Gn

16:2). ¿Podría decirse que el hijo nacido de aquella unión, Ismael, fue hijo de una madre subrogada, Agar?

Tanto en los códigos de Mesopotamia como en la antigua época israelita, los hijos de las concubinas esclavas no tenían parte en la herencia, a no ser que fueran adoptados y se transformaran así en hijos de las esposas libres[284]. Otra situación similar es la ocurrida entre Jacob y Raquel. El texto bíblico lo relata así:

> Viendo Raquel que no daba hijos a Jacob, tuvo envidia de su hermana, y decía a Jacob: Dame hijos, o si no, me muero. Y Jacob se enojó contra Raquel, y dijo: ¿Soy yo acaso Dios, que te impidió el fruto de tu vientre? Y ella dijo: He aquí mi sierva Bilha; llégate a ella, y dará a luz sobre mis rodillas, y yo también tendré hijos de ella. Así le dio a Bilha su sierva por mujer; y Jacob se llegó a ella. Y concibió Bilha, y dio a luz un hijo a Jacob. Dijo entonces Raquel: Me juzgó Dios, y también oyó mi voz, y me dio un hijo. Por tanto llamó su nombre Dan ("Él juzgó") (Gn 30:1-6).

El concepto de "dar a luz sobre las rodillas" se refiere al rito de adopción. Lo que se hacía era colocar al bebé en el regazo de la mujer que deseaba adoptarlo para indicar que era como si legalmente ella lo hubiera dado a luz. A partir de ese momento es Raquel, la madre legal, quien le pone el nombre al niño, en vez de hacerlo Bilha, la madre biológica, y el pequeño pasa a ser legítimo heredero de su padre Jacob. De manera que, salvando las distancias, se podría decir que Raquel, la mujer de Jacob, "alquiló" a una sierva propia para que le diera el hijo que ella no podía tener. ¿Un caso bíblico de maternidad de alquiler?

Las diferencias entre estos acontecimientos del Antiguo Testamento y la práctica actual de la maternidad subrogada son obvias. En el pasado era el marido de la esposa estéril quien realizaba el acto sexual con la mujer sustituta. Hoy tal práctica se vería como una forma de fornicación o adulterio pactado y desde una perspectiva cristiana sería moralmente rechazable. Sin embargo, para la moral sexual de los hebreos, en aquel período antiguo de su historia, era aceptable y normal la poligamia o el concubinato con las siervas. Ninguna de las partes implicadas, ni el marido, ni la esposa infértil o la concubina, tenían intención de romper el vínculo del matrimonio. Nadie lo veía como una forma de fornicación o adulterio. Evidentemente estas costumbres sexuales fueron evolucionando poco a poco debido al influjo de Dios a través de sus mensajeros hacia un nuevo entendimiento del deber moral.

---

284 De Vaux, R. 1985, *Instituciones del Antiguo Testamento* (Herder, Barcelona), p. 92.

Hoy, sin embargo, la maternidad de alquiler se realiza mediante inseminación artificial o fecundación "in vitro" con transferencia del embrión. ¿Puede llamarse a esto adulterio o fornicación? ¿Atenta esta práctica contra la relación existente en el matrimonio? Si en aquella remota época veterotestamentaria hubiera existido la inseminación artificial o la fecundación in vitro, ¿acaso Sarai y Raquel no hubieran preferido tales métodos? Desde la ética evangélica del amor, del altruismo, de la entrega al que sufre, al enfermo o a quien no puede engendrar hijos, no parece que la maternidad de alquiler basada verdaderamente en el valor de crear vida por afecto, sea algo que categóricamente y siempre se deba rechazar.

¿Escribió Dios la ley moral en la conciencia humana?

A. Cruz

Los filósofos y teólogos se han venido refiriendo al sentido moral del ser humano como algo que hablaría a favor de la existencia de Dios. Si existen los valores morales objetivos, el autor de los mismos también debería existir. Como dichos valores existen, el Creador también. Ahora bien, ¿existe una ley moral universal escrita en toda conciencia humana o se trata solo de un instinto que depende de cada cultura? ¿Tiene nuestro sentido moral un origen exclusivamente darwinista y naturalista o se debe, más bien, al diseño divino con el que fuimos creados al principio? ¿Somos capaces de ser buenos sin Dios?

Estas cuestiones y otras similares, a pesar de ser tan antiguas como la propia humanidad, continúan debatiéndose hoy, sobre todo en ciertos ambientes universitarios, de ahí su importancia apologética y su relevancia para el diálogo entre la fe, la ciencia y el pensamiento en general. Son temas prioritarios porque plantean la moralidad humana como un importante argumento a favor de la existencia de Dios. La primera pregunta que debemos formularnos es: ¿hay realmente una ley moral universal o se trata, más bien, de algo instintivo, subjetivo, una simple convención social? ¿Qué dice la revelación bíblica al respecto?

Ya desde el primer libro de la Biblia se da a entender que el ser humano posee un conocimiento innato del bien y del mal. En Génesis 3:22 podemos leer: "Y dijo Jehová Dios: He aquí el hombre es como uno de nosotros, sabiendo el bien y el mal". Según la Escritura, la ley moral natural estaría escrita en nuestro corazón por el mero hecho de ser hombres y mujeres. También en Deuteronomio (30:11-14) se transmite esta misma idea: "Porque este mandamiento que yo te ordeno hoy no es demasiado difícil para ti, ni está lejos. No está en el cielo, para que digas: ¿Quién subirá por nosotros al cielo, y nos lo traerá y nos lo hará oír para que lo cumplamos? Ni está al otro lado del mar, para que digas: ¿Quién pasará por nosotros el mar, para que nos lo traiga y nos lo haga oír, a fin de que lo cumplamos? Porque muy cerca de ti está la palabra, en tu boca y en tu corazón, para que la cumplas".

En el Nuevo Testamento, el apóstol Pablo escribe: "Porque cuando los gentiles que no tienen ley, hacen por naturaleza lo que es de la ley, estos, aunque no tengan ley, son ley para sí mismos, mostrando la obra de la ley escrita en sus corazones, dando testimonio su conciencia, y acusándoles o defendiéndoles sus razonamientos" (Rm 2:14-15). Pablo habla aquí claramente acerca de una ley natural escrita en la conciencia de todo hombre y que puede ser conocida mediante la razón. Y, finalmente, el evangelista Mateo (7:12) recoge estas palabras de Jesús: "Así que, todas las cosas que queráis que los hombres hagan con vosotros, así también haced vosotros con ellos; porque esto es la ley y los profetas". Muchos principios morales del A. T. Y N. T. eran también conocidos fuera de la revelación bíblica, como esta "regla de oro (o áurea)" sobre la conducta con el prójimo, que se encuentra bajo distintas formulaciones en prácticamente todas las culturas, religiones y filosofías del mundo.

De la misma manera, los padres de la Iglesia seguirán exponiendo su convicción de que existe una ley moral natural que está escrita en el corazón de las personas (como Lactancio, Ambrosio, Jerónimo, etc.).[285] Agustín de Hipona trata también extensamente sobre "la ley que está escrita por mano del Creador en los corazones de los hombres".[286] Tomás de Aquino y los demás teólogos escolásticos se dedicarán a estructurar sistemáticamente esta doctrina sobre la ley moral natural. Pero también, fuera de la revelación bíblica, algunos filósofos griegos llegan mediante la razón a la misma conclusión de que debe existir una ley moral. Esta idea se encuentra desde Heráclito y Pitágoras hasta los estoicos. Sin embargo, ya en el mundo antiguo, no todo el mundo pensaba lo mismo. La creencia en la ley moral natural fue cuestionada por pensadores que creían que los principios morales solo tenían una aplicación subjetiva, relativa o local.

Es cierto que las personas poseemos también, como la mayoría de los animales, comportamientos instintivos. Todos sabemos lo que se siente

---

285 Hörmann, K. 1985, *Diccionario de moral cristiana* (Herder, Barcelona), p. 691.
286 *Ibid.*

hacia los hijos (el instinto maternal o paternal), lo que es el instinto sexual, o el instinto de buscar comida, o el instinto gregario de anhelar la compañía de otras personas y ayudarlas. Este último instinto puede hacernos sentir el deseo de ayudar a otras personas, pero sentir este deseo solidario es muy distinto de sentir que uno debería ayudar lo quiera o no. C. S. Lewis pone el siguiente ejemplo:

> Suponed que oís un grito de socorro de un hombre que se encuentra en peligro. Probablemente sentiréis dos deseos: el de prestar ayuda (debido a vuestro instinto gregario), y el de manteneros a salvo del peligro (debido al instinto de conservación). Pero sentiréis en vuestro interior, además de estos dos impulsos, una tercera cosa que os dice que deberíais seguir el impulso de prestar ayuda y reprimir el impulso de huir. Bien: esta cosa que juzga entre dos instintos, que decide cuál de ellos debe ser alentado, no puede ser ninguno de esos instintos.[287]

Esta cosa, a que se refiere Lewis, es la Ley Moral Universal. No se trata de ningún instinto o conjunto de instintos. Es algo que está por encima de nuestros instintos, que los dirige y controla, con el fin de que nuestra conducta sea moralmente adecuada o bondadosa. Por tanto, desde la perspectiva de C. S. Lewis, hay una moralidad universal objetiva que requiere la existencia de un legislador moral universal que, por su propia naturaleza, es absolutamente bueno. Y esto nos lleva, finalmente, al núcleo del argumento moral. Si Dios no existe, los valores y deberes morales objetivos tampoco existen. El ateísmo no ofrece un fundamento sólido para explicar la realidad moral que experimentamos en el mundo. Pero, tal como podemos experimentar a diario, los valores morales sí existen, por lo tanto, Dios también tiene que existir.

Podemos, por tanto, llegar a las siguientes conclusiones:

1. Existe una ley moral universal implantada en la conciencia humana. Tal como demuestran los estudios antropológicos actuales.

2. Esta ley moral no se ha podido producir por evolución darwinista porque los procesos naturales (mutaciones aleatorias más selección natural) son amorales y solo persiguen supuestamente la supervivencia de las especies.

3. Por tanto, la ley moral debió ser diseñada al principio por un ser moralmente bueno como el Dios que se revela en la Biblia. Esto significa que "sin Dios" no puede existir el bien. Ni tampoco podemos ser buenos.

287 Lewis, C. S., 1995, *Mero cristianismo* (Rialp, Madrid), p. 28.

Y la respuesta a aquella antigua cuestión, formulada por los filósofos griegos, llamada el "dilema de Eutrifón" (del Diálogo de Platón) que rezaba así: "¿Algo es bueno porque Dios lo desea, o Dios lo desea porque es bueno?", sería: "ninguna de las dos" ya que la respuesta correcta es, más bien, "Dios desea algo porque él es bueno". Tal como oró el profeta Ezequiel: *Jehová, que es bueno, sea propicio a todo aquel que ha preparado su corazón para buscar a Dios* (2 Cr 30:18).

¿Es compatible la soberanía divina con la libertad humana?

A. Cruz

Aunque puede ser difícil de entender desde la lógica humana, la Palabra de Dios enseña que la soberanía divina y la libertad del hombre son compatibles entre sí. Los versículos bíblicos en los que se pone de manifiesto la capacidad divina de hacer su voluntad son abundantes. En primer lugar, la soberanía de Dios se evidencia en la creación ya que su sola voluntad es la causante de todas las cosas. Tal como se puede leer en 1 de Crónicas 29:11-12:

> Tuya es, oh Jehová, la magnificencia y el poder, la gloria, la victoria y el honor; porque todas las cosas que están en los cielos y en la tierra son tuyas. Tuyo, oh Jehová, es el reino, y tú eres excelso sobre todos. Las riquezas y la gloria proceden de ti, y tú dominas sobre todo; en tu mano está la fuerza y el poder, y en tu mano el hacer grande y el dar poder a todos.

La teología cristiana reconoce también que el poder de Dios es la causa última de todas las cosas. Él determina voluntariamente qué creará y a quiénes creará, así como todas las circunstancias que concurrirán en nuestras existencias. Dios marca la senda de todas las criaturas y determina su destino, utilizando sus vidas para sus propósitos eternos. La Biblia da a entender que Dios controla las acciones humanas, aun cuando las personas siguen siendo libres para decidir por su cuenta. Por ejemplo, en el libro de

Proverbios, se afirma que "como los repartimientos de las aguas, así está el corazón del rey en la mano de Jehová; a todo lo que quiere lo inclina" (Prov 21:1). Es evidente que los reyes de la antigüedad podían tomar decisiones libres; sin embargo, Dios siempre pudo influir en ellos e inclinar sus resoluciones según sus divinos propósitos.

De la misma manera, el apóstol Pablo escribe en el Nuevo Testamento:

> Pues a Moisés dice: Tendré misericordia del que yo tenga misericordia, y me compadeceré del que yo me compadezca. Así que no depende del que quiere, ni del que corre, sino de Dios que tiene misericordia. Porque la Escritura dice a Faraón: Para esto mismo te he levantado, para mostrar en ti mi poder, y para que mi nombre sea anunciado por toda la tierra. De manera que de quien quiere, tiene misericordia, y al que quiere endurecer, endurece (Rm 9:15-18).

En segundo lugar, la Biblia indica también que el ser humano es libre para actuar en el mundo y, por tanto, responsable de sus acciones. En el N. T. se dice que Dios pagará a cada cual conforme a sus obras (Rm 2:6), en función de si se ha hecho el bien en la vida o se ha actuado injustamente, porque se considera a cada persona como libre y única responsable de sí misma. También Pedro escribe a los cristianos: "Porque esta es la voluntad de Dios: que haciendo bien, hagáis callar la ignorancia de los hombres insensatos; como libres, pero no como los que tienen la libertad como pretexto para hacer lo malo, sino como siervos de Dios" (1 P 2:15-16). Ser libres es motivo de regocijo, pero también de responsabilidad.

Ahora bien, ¿cómo pueden ser ciertas a la vez estas dos afirmaciones bíblicas? ¿Cómo es posible que se afirme la soberanía divina y también la libertad humana? Si Dios hace siempre su voluntad y sabe de antemano todo lo que va a ocurrir, ¿por qué permite que el hombre peque y tome decisiones malas? ¿Acaso no hace esto también responsable a Dios del mal humano? Por ejemplo, si Jesús conocía de antemano lo que iba a hacer Judas, puesto que su traición se contemplaba ya en los planes divinos, ¿cómo defender que no fue también culpable o corresponsable del pecado de Judas?

En el siglo XVI, el jesuita español Luis de Molina (1535-1600) intentó aportar una solución a este dilema, conocida como "molinismo" en honor a su apellido, y que posteriormente el filósofo y teólogo protestante, William Lane Craig, ha defendido en tiempos modernos.[288] Molina definió la providencia como el modo en que la divinidad ordena todas las cosas para

---

288 Craig, W. L. 2011, "¿Cómo es posible que la Biblia afirme tanto la soberanía divina como la libertad humana?" en *Biblia de Estudio de Apologética* (Holman, Nashville, Tennesse), p. 1698.

que se realicen por medio de causas secundarias que tienen libertad de acción. Es decir, además de conocer todo lo que va a pasar, Dios también sabe aquello que sus criaturas elegirían libremente en cualquier circunstancia que estuvieran. No solo conoce el futuro que acontecerá sino también todos los posibles futuribles o decisiones humanas libres que se podrían tomar. Por tanto, Dios dispone que las cosas ocurran, ya sea por decisión propia o simplemente permitiéndolas, pero preservando la libertad del ser humano.

La Biblia manifiesta claramente que Dios nunca es causante del pecado ni tienta a nadie. Tal como escribe Santiago: "Cuando alguno es tentado, no diga que es tentado de parte de Dios; porque Dios no puede ser tentado por el mal, ni él tienta a nadie; sino que cada uno es tentado, cuando de su propia concupiscencia es atraído y seducido" (St 1:13-14). Y Juan dice: "Porque todo lo que hay en el mundo, los deseos de la carne, los deseos de los ojos, y la vanagloria de la vida, no proviene del Padre, sino del mundo" (1 Jn 2:16). Luego, si Dios no es el responsable último de los errores y pecados cometidos por los humanos, ¿en qué consiste su actividad gobernadora del mundo o su soberanía?

Aunque Dios no causa el pecado del ser humano, se puede relacionar con él de varias maneras distintas.[289] Él puede impedir directamente que se peque (Gn 20:6; Sal 19:13). Sin embargo, en muchas ocasiones y aunque no sea de su agrado, no impide el pecado (Hch 14:16; Rm 1:24-28; Sal 81:12-13). Otras veces, Dios actúa sobre los errores de los hombres y los reorienta hacia el bien. Uno de los ejemplos bíblicos más significativos de esto es la historia de José (Gn 37). El pecado de sus hermanos, al querer deshacerse de él y finalmente venderlo como esclavo a los mercaderes madianitas, Dios lo reorientó hacia un buen fin o un final feliz. Y, por último, el Altísimo puede también restringir o limitar la malignidad o la extensión del mal y del pecado humano. Es lo que se aprecia, por ejemplo, en la conversación entre Dios y Satanás, a propósito de Job: "He aquí, todo lo que tiene está en tu mano; solamente no pongas tu mano sobre él" (Job 1:12). Como soberano absoluto y omnisciente, el Creador puede actuar o no, pero respetando la libertad y responsabilidad del hombre.

El hecho de que Dios conozca de antemano las decisiones que tomará cada persona, no elimina la libertad de esta al tomarlas. Dios conoce nuestro futuro, pero nosotros no lo conocemos. Por tanto, somos libres y responsables en nuestras determinaciones o decisiones personales.

---

289 Erickson, M. J. 2008, *Teología Sistemática* (Clie, Viladecavalls, Barcelona), pp. 420-422.

¿Es culpable la Biblia de la degradación del medio ambiente?

A. Cruz

Algunos autores responsabilizan a la Biblia y la teología bíblica de los problemas ecológicos que existen actualmente en el mundo. Según tales acusaciones el cristianismo habría adoptado del judaísmo la visión lineal de la historia frente a la idea griega del tiempo cíclico. El pensamiento bíblico acerca de una historia que tuvo un inicio, un punto alfa, y se va desarrollando hasta que sobrevenga el final, el punto omega, habría sido el más adecuado para dar lugar a la creencia en el progreso creciente y sin límites. El cristianismo sería, por tanto, la religión del crecimiento exponencial. La actual tragedia ecológica hundiría sus raíces en esta arrogancia cristiana de suponer el señorío ilimitado del hombre, en base al mandato divino de crecer y dominar la tierra.

Tales convicciones religiosas habrían dado lugar a la ética calvinista del rendimiento y a la moral productivista y consumista de nuestro tiempo que sería la principal responsable de la destrucción medioambiental. De ahí que muchos científicos y pensadores de Occidente no confíen ya en los argumentos del cristianismo y prefieran las visiones de la naturaleza que proporciona la religiosidad oriental. En este sentido se afirma que las religiones primitivas tendrían una visión más armónica del ser humano en relación con el ambiente que le rodea. La creencia animista de que cada ser natural –hombre, animal, planta o roca– es poseedor de un alma o fuerza vital, motivaría a los creyentes de tales religiones hacia un mayor respeto por la naturaleza. La llamada "madre tierra" no se entendería como materia inanimada sino como un organismo vivo y sensible, capaz de autorregular sus ciclos. Un ser que respira y tiene influencia sobre los humanos. Estas serían, por ejemplo, las religiosidades propias de muchos pueblos indios repartidos por todo el continente americano.

Asimismo, para el hinduismo la creencia en la reencarnación y en los diferentes estadios por los que pasan los seres vivientes, fomentaría una actitud de respeto hacia todos los organismos y el medio ambiente en general. Lo mismo ocurriría en el budismo ya que los animales se ven como hermanos del hombre y el no matar a los seres vivos sería una de las mayores virtudes. Por el contrario, el islamismo y las religiones judeocristianas que toman al pie de la letra el relato bíblico de la creación, colocarían al hombre en un pedestal inadecuado que le haría creerse icono de Dios. Los humanos habrían actuado siempre como tiranos explotadores de la creación porque a ello contribuiría la profunda fosa de separación que el propio texto bíblico sugiere entre el ser humano y el resto de los animales. ¿Qué hay de cierto en todas estas críticas? ¿Es en verdad culpable la Biblia y el cristianismo?

No es posible negar que la cultura occidental se ha forjado sobre la superioridad arrogante del hombre en el universo y en base a un dominio abusivo de la naturaleza. No obstante, lo primero que se debería admitir es que muchas de las actitudes que se han venido manteniendo a lo largo de la historia, por personas y comunidades que se llamaban cristianas, no han estado ni mucho menos a la altura de los valores propiamente cristianos, ni tampoco en consonancia con la auténtica enseñanza bíblica sobre la creación. La Biblia no se refiere a este tema solo en el libro del Génesis, también en los Salmos se habla del origen del mundo. En el Salmo 104, por ejemplo, la creación aparece como reflejo de la bondad del Creador y el creyente puede a través de ella experimentar el amor y la proximidad de Dios.

Esta concepción implica que la naturaleza no es únicamente para ser dominada por el hombre, sino que constituye a la vez un don divino capaz de provocar en el ser humano una actitud de respeto, admiración y amor. El creyente que no se maravilla ante la creación de Dios, ni sabe apreciar su poderosa mano detrás de los millones de galaxias o entre los delicados estambres de una flor, es que no ha entendido la Escritura bíblica. Quien destruye o contamina deliberadamente el mundo natural y al mismo tiempo confiesa su fe en Jesucristo, no está siendo coherente con su cristianismo.

Por el contrario, el mensaje del Nuevo Testamento que aparece en muchas parábolas contadas por el Señor Jesús, transmite para quien sabe leer entre líneas una clara actitud de conocimiento, respeto e identificación con la armonía y belleza de los procesos naturales. La semilla de mostaza que crece hasta transformarse en un árbol capaz de cobijar a las aves del cielo; la fermentación silenciosa de la levadura; la belleza de los lirios del campo o el propio Sol que derrama sus poderosos rayos sobre justos e injustos, constituyen ejemplos del prematuro y sano "ecologismo" que empapaba la predicación de Jesucristo. También en las cartas del apóstol Pablo se deja ver esta valoración por el mundo creado. El Hijo de Dios no solo aparece como la imagen del Dios invisible sino como "el primogénito de toda creación" (Cor 1:15). Si el propio Creador se humaniza y nace en el seno de su creación es porque esta vale la pena y merece consideración.

El centro del universo creado no es ya el hombre Adán sino el Hijo del Hombre, porque en él, por medio de él y para él fueron creadas todas cosas. De manera que, en la perspectiva cristiana, el dominio humano sobre la naturaleza debe someterse siempre al señorío de Cristo. Esto significa que es prioritario el amor y la deferencia a cualquier manipulación abusiva. En Romanos 8:19-23 se reconoce que la creación está actualmente "sujetada a vanidad", es decir, subsistiendo en el fracaso, llevando una existencia diferente a aquella para la que fue originalmente formada. Pero, a pesar de esta situación, llegará el momento en que se producirá la liberación definitiva de esta "esclavitud de corrupción".

No parece justo acusar a la Biblia o al mensaje cristiano de haber originado la crisis ecológica, precisamente cuando tanto el Antiguo como el Nuevo Testamento defienden la creación y consideran al Hijo de Dios como su especial primogénito. Es cierto que en determinados ambientes de tradición cristiana no se ha respetado el mensaje bíblico y se ha actuado de manera equivocada, frente a un mundo que se apreciaba como hostil y amenazante, pero la Palabra de Dios no es culpable de los errores que cometen las personas. También los hombres que desconocían el mensaje bíblico han dado muestras de destrucción salvaje del entorno natural. No se puede decir que los pueblos bárbaros europeos, por ejemplo, estuvieran influidos por la doctrina judeocristiana de la creación ya que todavía no habían sido evangelizados y, sin embargo, mantenían como es sabido una lucha abierta y destructiva contra la naturaleza. Por otra parte, también conviene reconocer que la industrialización y el desarrollo tecnológico que han provocado la actual crisis ecológica, surgieron en una época en la que florecía sobre todo el secularismo y la ciencia no estaba precisamente sometida a las iglesias cristianas.

La teología bíblica de la creación no sacraliza la naturaleza como hacen otras religiones de carácter panteísta, pero sí enseña que si somos criaturas debemos respetar el conjunto de la creación porque pertenecemos a ella. Lo contrario sería como arrojar piedras sobre nuestro propio techo. El hombre formado a imagen de Dios no se concibe, desde la Biblia, como un señor despótico y explotador sino como el intendente, el administrador o tutor del mundo natural. No puede por tanto vivir saqueando la creación y extenuando de forma irreversible los recursos que el Creador le ha confiado. Tiene, por el contrario, el deber de gestionar la tierra con sabiduría y sin avaricia porque, en definitiva, el único soberano de este mundo es y será siempre el Señor. Esto significa que los cristianos debemos asumir la responsabilidad que nos toca para solucionar aquellos problemas ecológicos que estén en nuestras manos. Dios espera precisamente esto de cada uno de sus hijos y la situación actual de la creación lo necesita urgentemente. Tal como escribió San Pablo: "Porque el anhelo ardiente de la creación es el aguardar la manifestación de los hijos de Dios" (Rm 8:19).

Conclusión

¿Qué evidencias hay de que Dios existe?

J. Valdés

Foto: Ana Romero

Por sencilla que parezca esta pregunta, realmente no lo es. Considerar la existencia de Dios es pararse en la intersección filosófica entre la metafísica y la epistemología. En la avenida de la metafísica se consideran la naturaleza de Dios y si la existencia de Dios corresponde con la realidad, mientras que en la calle de la epistemología cuestionamos la naturaleza del hombre y nuestra capacidad de saber si Dios existe o no. Por lo tanto, desempacar esta pregunta requiere que transitemos un poco por ambas.

Metafísicamente, la existencia de Dios no depende de la evidencia que seamos capaces de proveer a favor, como tampoco se puede inferir su inexistencia porque no seamos capaces de proveer suficiente evidencia. Dios existe o no existe independientemente de nuestra capacidad de percibirlo o no. Dios existe o no existe, aunque no exista un solo ser humano sobre la faz de la tierra para corroborarlo. Desde esta perspectiva, la pregunta de la existencia de Dios ha gozado de múltiples respuestas. En un extremo tenemos el NO rotundo del ateísmo que niega de forma absoluta la existencia de dios alguno. Al otro extremo tenemos el SÍ exagerado del panteísmo que afirma que todo es Dios.[290] Entre estos extremos nos encontramos con

---

290 Aunque no incluimos el politeísmo en esta respuesta, puede ver más detalles sobre este en la *Pregunta 45*. Para un trato más a fondo del panteísmo, vea la *Pregunta 46*.

el deísmo[291] que argumenta a favor de la existencia de un dios creador pero desconectado de su creación. Un dios que no interviene milagrosamente en los asuntos humanos. Simplemente creó el universo como un reloj al que le dio cuerda y lo dejó a su propio andar. Este es un dios con el que no podemos relacionarnos de forma alguna. Otra alternativa es el teísmo que afirma la existencia de un dios creador que es tanto transcendente como inmanente en su creación. Este es un dios que se interesa por los asuntos humanos e interviene cuantas veces sea necesario para que se cumpla su voluntad para su creación. Este es el Dios del cristianismo.

La razón nos obliga a escoger entre estas alternativas, ya que son mutuamente excluyentes. Es decir, todas no pueden ser ciertas dada la naturaleza contradictoria de ellas. O Dios existe, o no existe. O Dios interviene en los asuntos humanos o no lo hace. ¿Cuál de estas alternativas corresponde mejor con la realidad del universo en que vivimos? La inexistencia de dios alguno que propone el ateísmo parece ser la opción menos viable de todas. Todo lo que sabemos de nuestro mundo señala hacia una primera causa que es a la vez un diseñador maravilloso. La belleza y sofisticación que vemos no puede ser producto de la casualidad y la colocación aleatoria de átomos. El otro extremo parece caer en una laguna de incoherencia total, ya que niega una distinción entre el creador y su creación. Es como decir que el cuadro y el pintor es la misma cosa, algo totalmente irracional y absurdo. El deísmo se acerca más a la realidad dada su capacidad para explicar tanto la primera causa como el diseño que impregna todo el mundo natural.

Sin embargo, negar la intervención milagrosa de Dios en los asuntos humanos es negar verdades históricas fuertemente corroboradas. Entre ellas, la negación más significativa del deísmo es en relación con Jesús. El deísmo niega la naturaleza divina de Jesús y su resurrección. Sin embargo, la evidencia histórica sobre la resurrección de Jesús es exhaustiva.[292] El deísmo niega la deidad de Jesús y su resurrección porque niega que Dios haga milagros en la tierra. Esto también es problemático desde la óptica racional. Si atribuyen a Dios el milagro infinitamente más grande –la creación del universo– por qué negar que Dios intervenga milagrosamente a menor escala dentro del mundo que él ha creado. El dios del deísmo parece no corresponder con lo que sabemos del mundo en el que vivimos. Por tanto, desde la óptica de la metafísica, el teísmo parece ser la mejor opción en respuesta a la existencia de Dios.

---

291 Para un trato más a fondo del deísmo, vea la *Pregunta 42*.

292 Para un estudio a fondo de la evidencia a favor de la resurrección, vea *El Caso de la Resurrección* por Lee Strobel; o en inglés *The Case for the Resurrection of Jesus* por Gary Habermas y Michael Licona.

La calle de la epistemología tiene mucho más que ver con nosotros que con Dios. Sin embargo, no podemos abordar el tema de "la evidencia" para la existencia de Dios sin vernos sumergidos en la naturaleza del pensamiento humano y el cómo adquirimos conocimiento. Indiscutiblemente, el ser humano es capaz de procesar en su mente lo que sus sentidos perciben del mundo que le rodea. Llamamos a este "procesamiento de datos" nuestra capacidad de razonar. La razón nos permite darle sentido a lo que percibimos. Si vemos un niño, la mente razona que procede de una madre y un padre, aunque no los conozcamos. Si vemos un reloj, la mente razona que ha de haber un relojero, aunque no sepamos quién es, ni cómo lo hizo. Lo mismo sucede cuando el ser humano observa el mundo natural, su capacidad racional le lleva a concluir que tiene que existir un Dios creador. Esto no es religión, es el uso natural de la razón basado en lo que sabemos acerca de nuestro mundo.

Sabemos intuitivamente que todo lo que comienza a existir requiere una causa externa. Admitimos intuitivamente que un diseño maravilloso requiere de un diseñador maravilloso. No solo podemos saber esto porque es nuestra propia experiencia, sino que lo podemos observar en otros. Los antropólogos han documentado bien que cada vez que encuentran un grupo nuevo de personas, usualmente en las profundidades de la Amazonía u otras selvas, descubren una civilización que cree en algún dios creador. No sabrán quién es, pero tienen algún tipo de representación de esta deidad y le ofrecen algún tipo de culto. Lo peculiar de estos grupos es que llegan a esta conclusión sin ser influenciados por las opiniones del resto del mundo. La evidencia es abrumadora, estamos rodeados de ella, es el mundo natural en todo su esplendor. Me recuerda a las palabras del Apóstol Pablo a los Romanos cuando dice,

> ...*porque lo que de Dios se conoce les es manifiesto, pues Dios se lo manifestó. Porque las cosas invisibles de él, su eterno poder y deidad, se hacen claramente visibles desde la creación del mundo, siendo entendidas por medio de las cosas hechas, de modo que no tienen excusa* (Romanos 1:19-20).

Independientemente de la carretera que exploremos (sea la metafísica o la epistemología) llegamos a la misma conclusión. Dios existe y la evidencia para ello es abrumadora.

Si Dios es tan buen diseñador, ¿por qué creó virus, bacterias, hongos y otros organismos dañinos?

A. Cruz

La ciencia está descubriendo que los virus han existido siempre dentro y fuera de los seres vivos, cumpliendo funciones precisas en cada uno de los múltiples ecosistemas que conforman la biosfera. Los hay por todas partes, en el suelo, en las partículas en suspensión del aire, en el agua de los océanos, en los vegetales, en las paredes de nuestros hogares, sobre los muebles, en el cuerpo de los animales y dentro de nosotros mismos. La información que contienen algunos (como los *retrovirus* y *transposones*) se encuentra incluso en nuestro propio ADN. La inmensa mayoría son beneficiosos para los ecosistemas, pero un puñado de ellos, como ocurre también con las bacterias, pueden mutar, malignizarse, saltar de los animales a los humanos y provocar determinadas enfermedades en los organismos. Habitualmente nuestro sistema inmunológico es capaz de mantener a raya la mayor parte de tales virus peligrosos, aunque en ocasiones, como ocurre con el Covid-19 y otros muchos, sucumbe ante ellos.

Nadie conoce el número total de virus distintos que existe en la naturaleza, de ahí que se especule con tal cifra. Algunos hablan de unos pocos miles, otros se fijan en el número de especies bacterianas presentes en nuestro interior (unas 10 000 en el microbioma humano) y suponen que al menos debe haber dos virus distintos por bacteria (*virus bacteriófagos*), con lo cual, existirían unas 20 000 especies de virus. Y, en fin, los más optimistas creen que podría haber un número exponencial de millones de estos diminutos seres que, posiblemente, nunca llegaremos a conocer en su totalidad. Si esto fuera así, solo tendríamos constancia hoy del 1% de los existentes.

Pues bien, de tan enormes cantidades, solamente unos 200 virus animales pueden infectar al ser humano y lo hacen por un breve período de tiempo, hasta que el sistema inmunitario los elimina y adquiere resistencia contra ellos. Estamos diseñados para luchar contra la inmensa mayoría de los virus y poder vencerlos sin siquiera darnos cuenta. Un pequeño número (quizás menos de una decena) se aloja permanentemente en nuestro interior, como por ejemplo el virus del herpes, que nunca se manifiesta hasta que nuestras defensas disminuyen por culpa del estrés, la enfermedad o cualquier accidente inesperado. No obstante, la mayor parte de los virus son beneficiosos para la vida en la Tierra. Algunos de los que llevamos en nuestro ADN participan en el desarrollo del sistema nervioso, del intestino y de la placenta en el embrión. Se ha podido comprobar en ratones, que ciertos virus como el *calicivirus MNV-CR6* son capaces de restablecer la forma original de las células dañadas, mejorar la función glandular y actuar sobre el sistema inmunitario para que este aumente sus defensas.[293]

Los retrovirus de nuestro ADN pueden cambiar el comportamiento de los genes vecinos y regular así sus funciones. Los transposones son capaces de facilitar el embarazo y el parto, permitiendo a la progesterona controlar todo el concierto de genes de la manera más breve y eficaz. Algunos investigadores creen que ciertos virus bacteriófagos (literalmente, "comedores de bacterias") destruyen a las bacterias peligrosas y, a la vez, envuelven la pared celular de las beneficiosas para que el sistema inmunitario humano no las destruya también. De manera que aquellas bacterias que son buenas y necesarias para la vida podrían dejar de serlo, si los virus bacteriófagos no las controlasen adecuadamente. Por tanto, hay virus que trabajan conjuntamente para mantener nuestra integridad biológica y buen funcionamiento (*homeostasis*).

Hay otros virus que son muy abundantes y beneficiosos para el buen funcionamiento de la biosfera, como los *cianófagos* que contribuyen al 50% del reciclado del carbono en la Tierra. Son virus que infectan a las *cianobacterias* acuáticas (bacterias capaces de realizar la fotosíntesis), controlando su población, participando activamente en la regulación de la producción de materia orgánica en los océanos y, por tanto, en el ciclo del carbono en la naturaleza. Y, en fin, la bioingeniería está investigando cómo conseguir que algunos virus sean aliados en la lucha contra el cáncer. Los llamados *virus oncolíticos* se modificarían para que solo atacaran a las células tumorales y no como hace la quimioterapia que perjudica también a las células sanas.

---

293 https://www.ncbi.nlm.nih.gov/pmc/articles/PMC6779827/

Además, tales virus podrían replicarse (multiplicarse) mientras el tumor existe, aumentando así su potencial destructor sobre el mismo.

¿Qué pasa con los virus peligrosos como el coronavirus (COVID-19)? ¿Qué es la *zoonosis* de que tanto se habla hoy? Se entiende por zoonosis toda infección humana que tiene un origen animal y que puede transmitirse por medio de un patógeno, como puede ser un virus, un hongo, una bacteria, etc. Es lo que ocurrió en el mercado de mariscos de Wuhan (China), donde se produjo una mutación en un virus, probablemente de un murciélago estresado por causas humanas, que pasó al hombre, después de haber estado quizás en otros huéspedes intermedios, a los que no perjudicaba. Y, consiguientemente, los rápidos y numerosos transportes humanos de la globalización diseminaron el Covid-19 por todo el mundo.

El ARN de este coronavirus (formado por unas 30 000 letras o bases nitrogenadas) muta con relativa frecuencia, alrededor de dos mutaciones de una letra cada mes. Lo cual es poco si se compara con otros virus.[294] Una célula humana que ha sido infectada por un coronavirus libera millones de nuevos virus con réplicas del ARN original. A medida que en el interior de la célula se hacen copias de ese genoma del virus, a velocidad de vértigo, pueden cometerse ciertos errores, que habitualmente consisten en una sola letra equivocada. Esto es una mutación y, a medida que el virus se propaga de persona a persona, se van acumulando más mutaciones al azar. En las distintas cepas estudiadas del Covid-19 se han detectado entre una decena y una veintena de mutaciones. Las regiones del genoma del virus que acumulan más mutaciones suelen tolerar estos cambios sin perjuicio para el funcionamiento del virus, pero aquellas otras que tienen pocas mutaciones son más frágiles y un cambio en ellas puede destruir al virus ya que este se vuelve incapaz de formar las proteínas necesarias. Precisamente estas regiones frágiles son las que más interesan a los investigadores para intentar atacarlas con medicamentos antivirales y poder así destruir al virus.

¿Por qué hay actualmente más virus mortales que hace 30 o 40 años, generadores de epidemias o pandemias, como la del coronavirus, el SARS, el MERS, el Ébola, el Zika, etc.? Mi opinión, como biólogo, es que se debe fundamentalmente a la grave degradación que sufren los ecosistemas actuales, pero también a otros varios factores relacionados. Hemos perdido mucha biodiversidad en la biosfera. Recuerdo que cuando buceaba en la Costa Brava, hace 40 años, con mis compañeros del Museo de Zoología de Barcelona, con el fin de fotografiar y estudiar ciertas familias de peces del Mediterráneo, la lista de especies distintas que solíamos ver en una sola

---

294 https://www.nytimes.com/es/interactive/2020/04/30/science/coronavirus mutacion.html?fbclid=IwAR0ZT8GzgFNTGv7jzZWMSberT-YxfwWQE5xavLPP6ED hAVIeDIpqdAoeY6g

inmersión era casi tres veces superior a la que se puede observar hoy. Unas pocas especies, las oportunistas, se han adaptado bien y han proliferando, a pesar de la contaminación de los mares, pero otras muchas no lo han soportado y han desaparecido, disminuyendo así la biodiversidad marina. Y todo sin contar con la agresión indiscriminada de la pesca industrial que ha esquilmado también a las grandes especies pelágicas. Esto es solo un ejemplo de lo que ha ocurrido con el resto de la fauna y flora en casi todo el planeta. Al aumentar el tamaño de la población humana, ha disminuido la biodiversidad en el mundo.

¿Qué tiene que ver la biodiversidad con el coronavirus? A primera vista, puede resultar paradójico, pero cuantas más especies haya en el mundo, menos posibilidades hay de que estas nos pasen virus mortales. Como dice el científico español Fernando Valladares, del Consejo Superior de Investigaciones Científicas, "la biodiversidad nos protege, su degradación nos amenaza".[295] En efecto, las complejas relaciones ecológicas que se establecen en los ambientes naturales maduros entre microbios, virus, vegetales, animales herbívoros, carnívoros, superdepredadores, carroñeros, etc., hace posible que las especies se controlen unas a otras y se autorregulen las poblaciones. Es como un inmenso puzle en el que todas las piezas están presentes y encajan perfectamente. En un ecosistema equilibrado así, ninguna especie susceptible de portar un virus peligroso para los humanos puede sufrir una explosión demográfica porque otras varias especies biológicas controlan su población, evitando que se dispare. Ahora bien, si desaparecen especies por culpa de la acción humana, se desequilibra el ecosistema y, quizás, alguna especie portadora de un virus mortal puede proliferar más que las demás y volverse peligrosa. Por tanto, la elevada biodiversidad diluye la carga vírica y el riesgo de epidemias.

¿Cómo se originan los virus "malos" a partir de los "buenos"? Cada animal posee un sistema inmune que lo protege de los virus y otros microbios peligrosos, que puede llevar dentro de su propio cuerpo. Sin embargo, cuando dicho animal sufre estrés al ser capturado, enjaulado, transportado, mal alimentado, hacinado durante días hasta que, por último, se le sacrifica para comérselo, como ocurre habitualmente en los conocidos mercados chinos, sus defensas inmunológicas bajan y esto permite a ciertos virus de su propio cuerpo, que hasta entonces habían estado controlados, empezar a infectar células y aumentar la carga vírica del animal, convirtiéndolo en una bomba de relojería biológica.

Si el animal en cuestión es consumido por los humanos, los virus pasan a estos inmediatamente. Al parecer, esto es lo que ocurrió con los famosos murciélagos de Wuhan, pero también puede ocurrir en cualquier

295 https://www.valladares.info/la-web-del-cientifico/

explotación ganadera en la que por diversas razones los animales puedan sentirse estresados, como ocurrió con la gripe aviar o la fiebre porcina. El maltrato de los ecosistemas naturales y de los seres vivos que forman parte de ellos es el origen de los virus que pueden matarnos. Por desgracia, el Covid-19 puede ser el principio de toda una serie de epidemias víricas que se nos vendrán encima si no aprendemos a ser mucho más respetuosos con la creación.

A todo esto, hay que añadir que con el actual calentamiento global del planeta están apareciendo nuevos patógenos que, hasta ahora, habían estado congelados bajo los glaciares o en el suelo permanentemente helado de la tundra (permafrost) y que constituyen un peligro en potencia pues también son desconocidos para la ciencia. La desertificación implica asimismo un riesgo ya que en el polvo que se forma sobre los desiertos, así como en la contaminación de las grandes ciudades o en el humo de las fábricas, pueden viajar muchos virus patógenos a mayor distancia y sobrevivir más tiempo.

Probablemente los investigadores lograrán relativamente pronto una vacuna eficaz contra el coronavirus, pero esta solo servirá para prevenirnos del presente patógeno. No de los próximos que seguramente vendrán en el futuro, si es que no cambiamos nuestra relación con el mundo natural. Por tanto, yo creo que la mejor vacuna que nos puede ofrecer la ciencia contra el peligro de los virus que amenazan a la humanidad es el respeto al orden de la creación establecida por Dios. Hemos de trabajar por restablecer un mundo natural que funcione bien por medio de ecosistemas equilibrados y ricos en especies, tal como eran al principio. Habrá que modificar nuestras prioridades y esto supondrá un coste económico importante para la humanidad.

¿Es Dios responsable de tantas muertes, de tanto dolor y sufrimiento como causan tantos organismos patógenos? ¿No lo podría haber evitado? ¿Nos está castigando por medio de estos seres? Estas son las tradicionales cuestiones de la teodicea que han venido preocupado al ser humano desde siempre y que para aproximarse a ellas, en definitiva, se requiere más de la fe que de la razón humana. La Biblia indica que Dios constituyó a las personas con libre albedrío y con el fin de que pudieran tomar decisiones moralmente significativas. Las creó para la vida y no para la muerte, pero esto último cambió como consecuencia de la rebeldía, el mal uso de la libertad y la desobediencia humana (Gn 2:9; 3:22).

La creación fue sometida a corrupción y, en un mundo finito así, las enfermedades, las epidemias y la muerte se volvieron frecuentes e incluso necesarias para el buen funcionamiento de los ecosistemas naturales. ¿Cómo pudo ocurrir esto? ¿Cómo se pudo pasar de la eternidad a la finitud? ¿De qué manera la maldición sobre el pecado original hizo que las cosas buenas se tornaran malas? No lo sabemos. Algunos creen que el hecho de que se puedan obtener hoy sustancias para la lucha contra el cáncer a partir del mismísimo veneno de las serpientes sería un indicio de su origen benigno y que una leve relajación de la providencia divina pudo permitir el incremento de la corrupción material del mundo. Pero lo cierto es que desconocemos cómo pudo ocurrir esto.

Hoy vivimos en una biosfera en la que la muerte resulta imprescindible para que de nuevo surja la vida. La materia se recicla constantemente en el planeta y es siempre la misma ya que este no recibe aportaciones significativas de materia espacial. Lo único que llega a la Tierra es energía solar y radiaciones cósmicas. Pero ¿será siempre de esta manera? La esperanza del apóstol Pedro, reflejada en el Nuevo Testamento, era: "nosotros esperamos, según sus promesas, cielos nuevos y tierra nueva, en los cuales mora la justicia" (2 P 3:13). Y esta continúa siendo todavía la esperanza y la fe del creyente: una nueva creación no sometida al mal ni a las consecuencias corruptoras del pecado.

En un mundo como el presente, Dios no se dedica a castigar a la humanidad por medio de virus mutantes que matan sobre todo a los más ancianos, o a quienes tienen un sistema inmunitario débil, sean estos, creyentes o no. De ser así, el ser humano habría desaparecido de la faz de la Tierra con la primera peste de la antigüedad. Por el contrario, él prefiere que las personas se reconcilien por medio de Cristo para no tomarles en cuenta a los hombres sus pecados (2 Cor 5:19).

Creer que la actual pandemia es un castigo divino es equivocarse, como se equivocaron los amigos de Job cuando le dijeron que sus infortunios se debían a que Dios lo estaba castigando; o los discípulos de Jesús que pensaban que la ceguera del ciego de nacimiento era por sus propios pecados o por los de sus padres (Jn 9); o como erraban también quienes creían que Pilato había sido usado por Dios para castigar a los galileos, al asesinarlos en el templo junto a sus propios sacrificios (Lc 13:1-2); o, en fin, aquellos 18 que fueron aplastados accidentalmente por la torre de Siloé y de los que el propio Señor Jesús dijo: "¿pensáis que eran más culpables que todos los hombres que habitan en Jerusalén? Os digo: No; antes si no os arrepentís, todos pereceréis igualmente" (Lc 13:4-5). Desde luego que no, el Dios de la Biblia no es un verdugo arbitrario sino que desea el arrepentimiento y la salvación de las personas. Por eso, en el Nuevo Testamento se muestra paciente y "hace salir su sol sobre malos y buenos", de la misma manera que "hace llover sobre justos e injustos" (Mt 5:45).

Aquella antigua imagen borrosa y precristiana del Dios justiciero, Señor de los ejércitos, que castigaba a los hebreos con plagas y guerras, que endurecía el corazón de los hombres, enriquecía o empobrecía (1 S 2:8) y de cuya boca tanto podía salir lo malo como lo bueno (Lm 3:38), se perfilará definitivamente en el rostro amable y apesadumbrado de Jesucristo colgando del madero. El Maestro enseñará a sus discípulos a llamar a Dios "papá" (*Abba*), tal como hacían los niños con sus padres humanos. El Dios de dioses y Señor de señores, el poderoso y temible (Dt 10:17), mostrará a través de Jesús su dimensión más amable y humana. Finalmente, Juan escribirá que "el que no ama, no ha conocido a Dios; porque Dios es amor" (1 Jn 4:8). Y un Creador amoroso no se dedica a enviar virus mortales a los hombres como supuestamente hacían los dioses paganos de la antigüedad.

Desde luego, es imposible concebir la existencia de un mundo finito, poblado por seres finitos, que no estén sujetos a los zarpazos mortales del mal natural propio de un cosmos caído. Lo único que puede liberar de tal influencia negativa es la eternidad sobrenatural de unos cielos y una tierra nueva donde moren definitivamente la justicia. Esto, que es imposible para los humanos, Dios lo hizo posible, según la Escritura, por medio de Cristo Jesús, quien venció para siempre el aguijón de la muerte. Él dijo: "Yo soy la resurrección y la vida; el que cree en mí, aunque esté muerto, vivirá. Y todo aquel que vive y cree en mí, no morirá eternamente" (Jn 11:25-26). Tal es la única respuesta cristiana al mal: confiar en la palabra del Maestro y vivir con arreglo a su voluntad mientras estemos en este mundo. No se trata de una confianza ciega sino basada en su propia resurrección histórica. La mejor vacuna contra el coronavirus es Jesucristo, quien afirmó: "En el mundo tendréis aflicción; pero confiad, yo he vencido al mundo" (Jn 16:33).

¿Quiere Dios la apologética?

A. Cruz

No cabe duda de que el texto por excelencia de la apologética cristiana es el de 1 Pedro 3:14-15: *Por tanto, no os amedrentéis por temor de ellos, ni os conturbéis, sino santificad a Dios el Señor en vuestros corazones, y estad siempre preparados para presentar defensa con mansedumbre y reverencia ante todo el que os demande razón de la esperanza que hay en vosotros.* El apóstol Pedro escribió estas palabras en Roma, poco antes de morir durante la persecución de Nerón. No cabe la menor duda de que Dios quiere que sus hijos continúen haciendo apologética en la actualidad.

Esta carta de Pedro iba dirigida a los cristianos de origen pagano que habitaban la zona norte y este de Asia Menor (en el Ponto, Galacia, Capadocia, Asia y Bitinia) (1 P 1:1). Su finalidad era consolarlos y fortalecerlos ante la persecución, el sufrimiento y la calumnia que padecían por parte de sus vecinos paganos, simplemente por predicar el nombre de Cristo. Y Pedro les dice además: *Si sois vituperados* (es decir, difamados, afrentados, ofendidos, menospreciados, etc.) *por el nombre de Cristo, sois bienaventurados, porque el glorioso Espíritu de Dios reposa sobre vosotros.* (1 P 4:14).

Han transcurrido más de dos mil años desde que el apóstol escribiera estas palabras y todavía siguen siendo necesarias o pertinentes para nosotros hoy. Los paganos continúan estando a nuestro alrededor y se siguen burlando de Cristo y del Evangelio. Solo hay que leer obras como las del biólogo ateo Richard Dawkins, o ver películas como *El Código Da Vinci* y otras tantas. El inglés Dawkins ha publicado numerosos libros y ensayos cuyos títulos, en algunos casos, son suficientemente clarificadores sobre su pensamiento: *La improbabilidad de Dios, El espejismo de Dios, Por qué es prácticamente seguro que Dios no existe, Conozcan a mi primo el chimpancé*, etc. Mientras que la famosa novela de Dan Brown llevada al cine, *El Código Da Vinci*, se hizo popular sobre todo por sus afirmaciones indemostrables acerca de que Jesús tuvo relaciones maritales con María Magdalena, de la que tuvo una hija.

El secularismo avanza en Occidente y cada vez se hace más necesario presentar defensa y dar razones de la esperanza que hay en nosotros. El apóstol Pedro nos da una serie de pautas a seguir en cuanto a la actitud del apologista en su defensa del Evangelio de Jesucristo.

No debemos tener miedo

No os amedrentéis por temor de ellos, ni os conturbéis. El miedo en exceso es casi siempre un mal consejero y, a veces, genera comportamientos agresivos que pueden provocar en nosotros respuestas desproporcionadas, e incluso crueles. Tal como escribió Daniel Defoe en su famosa novela *Robinson Crusoe* (1719): "El miedo del peligro es diez mil veces más terrorífico que el peligro mismo". Si confiamos solamente en nosotros mismos y en nuestras posibilidades personales es fácil que nos acobardemos, pero si confiamos en que el Señor está siempre a nuestro lado y controla todo lo que nos ocurre, superaremos cualquier temor.

Debemos santificar a Dios

Según el apóstol Pedro, debemos santificar a Dios en nuestros corazones. Jesucristo se debe sentar en el trono de nuestra vida y cada uno de nuestros pensamientos debe estar sujeto a su autoridad. Como dice el evangelista Mateo: "Ninguno puede servir a dos señores; porque o aborrecerá al uno y amará al otro, o estimará al uno y menospreciará al otro" (Mt 6:24).

Según el apóstol Pedro, antes de dedicarnos a defender el Evangelio, debemos defender nuestra fidelidad al Evangelio. El apologista cristiano debe, ante todo, estar seguro de que toma su cruz cada día para seguir al Maestro.

Pablo nos aconseja también: "Examinaos a vosotros mismos si estáis en la fe; probaos a vosotros mismos. ¿O no os conocéis a vosotros mismos, que Jesucristo está en vosotros, a menos que estéis reprobados (es decir, que fracaséis en la prueba, que suspendáis)?" (2 Cor 13:5). Cuando el Señor asume el lugar legítimo que le corresponde en nuestros corazones (cuando es más respetado y honrado que cualquier otra cosa), entonces y solo entonces, estamos preparados para defender su causa. El único argumento realmente convincente es el de nuestra propia vida cristiana. Debemos oponer a las críticas una vida que no esté expuesta a ellas.

Si los enemigos de la fe descubren fisuras en nuestra vida, las aprovecharán para hundirnos y difamar el Evangelio. Solamente una conducta íntegra, sincera, coherente e irreprensible (inocente ante la Ley), prudente y con dominio propio, es capaz de hacer callar la calumnia y desarmar las críticas. El ejemplo de nuestra vida debe hacer más fácil a los demás creer en Dios.

Hay que estar siempre preparados para defender la fe

En tercer lugar, debemos estar siempre preparados para presentar defensa. Pero para defender la Palabra, hay que conocerla y estar bien preparado. Debemos estudiar la Palabra para presentarnos a Dios aprobados: "Procura con diligencia presentarte a Dios aprobado, como obrero que no tiene de qué avergonzarse, que usa bien la palabra de verdad" (2 Timoteo 2:15).

Si alguien cree que puede defender el cristianismo sin haber estudiado diligentemente sus principios fundamentales, está gravemente equivocado. Pero además, para defender bien algo, primero hay que reconocer la amenaza del atacante. ¿A quién le interesa más desacreditar a Cristo? ¿Quién es el principal enemigo que está detrás de la mentira contra la fe y la esperanza cristiana? El campo de batalla donde presentamos nuestra defensa no es un juego de niños con soldados de plástico. Hemos sido colocados en la trinchera más difícil que el mundo jamás haya conocido. Y nuestro adversario, el diablo, anda como león rugiente, buscando a quien devorar (1 P 5:8). Él fomenta en el mundo el ateísmo, el materialismo evolucionista, el naturalismo, el egoísmo y una gran variedad de ideologías peligrosas contrarias al plan de Dios y que atentan contra la extensión de su reino en la tierra.

Los cristianos debemos estar siempre a la defensiva contra esta amenaza suprema para la humanidad. Al defender de manera razonable e inteligente todo lo que es verdadero, justo y bueno, estamos hiriendo mortalmente aquello que es erróneo, injusto y malo. Para hacerlo tenemos que saber lo que creemos; tenemos que haberlo pensado a fondo; tenemos que ser capaces de exponerlo inteligente e inteligiblemente. Nuestra fe debe ser un descubrimiento de primera mano. Pero, si no sabemos lo que creemos, ni por qué lo creemos, no estaremos en condiciones de defender la fe. Tenemos que ejercitarnos en realizar la labor mental y espiritual de pensar a fondo nuestra fe para poder decir lo que creemos y por qué lo creemos.

Hacer apologética con mansedumbre y reverencia

Y en cuarto lugar, debemos presentar nuestra defensa con mansedumbre y reverencia. Actualmente, hay muchas personas en el mundo, desde políticos, pensadores, periodistas, ideólogos y hasta científicos divulgadores, que exponen sus ideas con una especie de beligerancia arrogante y agresiva. Consideran que, el que no está de acuerdo con ellos, o es poco inteligente o bien un canalla, y siempre tratan de imponer sus criterios a los demás. No obstante, la defensa del cristianismo debe presentarse con amor, con simpatía y con esa sabia tolerancia que reconoce que nadie posee la verdad absoluta. Cualquier argumento presentado por un cristiano debe estar hecho de manera que complazca a Dios.

No hay debates que puedan llegar a ser tan belicosos o agresivos como los debates teológicos o religiosos. No hay diferencias que causen tanta amargura como las diferencias religiosas ya que estas tienen que ver con los sentimientos más profundos y arraigados del ser humano. El talante agresivo y las palabras airadas no son propias del creyente sincero, sino del fanático, quien recurre a los gritos o los insultos personales cuando le faltan las razones o los argumentos. De ahí que en todo debate en defensa de la fe no deba faltar nunca el acento del amor y la actitud de saber escuchar al adversario.

No obstante, el espíritu afable y manso que expresan aquí las palabras "mansedumbre y reverencia" nada tienen que ver con el espíritu débil. Más bien se trata de la fortaleza bajo control, la fuerza, pero con dirección y sentido. De manera que, según el apóstol Pedro, el apologista cristiano debe ser sabio, conocedor de las Escrituras, y capaz en todo momento de presentar defensa de su esperanza. Nunca se desespera, grita o pierde los papeles; ni intimida a sus oponentes mediante su erudición o sabiduría presuntuosa (aunque esté capacitado para hacerlo). Controla su lengua y su temperamento, responde claramente y sin rodeos. Y, aunque conoce la veracidad de sus enunciados, no muestra arrogancia o altivez de espíritu, sino que se preocupa verdaderamente por las necesidades espirituales de su oponente. Al temer a Dios y no a los hombres, muestra su poder bajo control igual que hizo el "León de Judá" cuando fue guiado como cordero al matadero.

La mansedumbre y la reverencia, así como la moderación en la voz y el tono, son la mejor prueba de la solidez de la fe. Cuando estamos seguros del triunfo final de la verdad, no nos conturban los ataques del adversario. Guardémonos pues de insultar a quienes no poseen el don de la fe y todavía no han descubierto a Dios por medio de Jesucristo. No tenemos por qué enaltecernos, sino más bien humillarnos.

¿Le preocupa a Dios lo que me está pasando?

J. Valdés

¿Cuán importantes son para nosotros los sufrimientos y las luchas diarias de una hormiga particular? Si somos honestos, a la mayoría de las personas no les importa para nada la vida de una hormiga. Podemos estar rodeados de hormigas huérfanas, hambrientas, enfermas, discapacitadas o desamparadas y esto no nos produce ni frío ni calor. Es más, ni siquiera por la mente nos pasa la idea de preocuparnos por las dificultades que pudiera estar pasando la hormiga que vive detrás del refrigerador. ¿Será esta la misma actitud de Dios hacia nosotros? ¿Será que Dios nos ve como si fuéramos hormigas? ¿Por qué se preocuparía Dios por nosotros?

La idea de que un Dios tan inmenso y tan poderoso se preocupe por nosotros parece inconcebible. Estas preguntas son las que inspiraron al salmista para expresar lo que muchos han pensado:

> *Cuando miro el cielo de noche y veo la obra de tus dedos —la luna y las estrellas que pusiste en su lugar—, me pregunto: ¿qué son los simples mortales para que pienses en ellos, los seres humanos para que de ellos te ocupes?* (Sal 8:3-4, NTV).

Sin embargo, desde que Dios comienza a revelarse al hombre a través de las Escrituras, su interés por nosotros se hace patente. Dios nos creó a su imagen y semejanza. Se preocupó por diseñar un mundo donde tuviésemos todo lo que necesitáramos para vivir una vida abundante y placentera. Procuró que no estuviésemos solos. Nos dio la capacidad para amar profundamente. Puso en nosotros las facultades para disfrutar de la belleza del mundo natural. Abrió las líneas de comunicación con él para que tuviésemos acceso continuo a su majestuosa presencia. Pero algo trágico pasó, el ser humano se rebeló contra su amoroso creador. ¿Será que la caída del ser humano provocó el abandono de parte de Dios? ¿Seguiría Dios preocupándose por seres tan mal agradecidos como los seres humanos?

La rebelión del hombre no fue capaz de aminorar el amor de Dios por su creación ni en lo más mínimo. Obviamente, Dios tuvo que juzgar la rebeldía del ser humano, ya que su perfecta justicia así lo demanda. No obstante, la perfecta justicia de Dios es acompañada por una misericordia y un amor perfectos. Dios continuó preocupándose por los asuntos del hombre. A pesar de su condición caída, el ser humano continúa siendo portador de la imagen de Dios. Seguimos siendo importantes para Dios. También es necesario destacar el hecho de que Dios no fue sorprendido por la rebelión que se manifestó en el 'Jardín del edén'. Dios sabía que el ser humano le desobedecería. Sin embargo, Dios hizo provisión para nuestra reconciliación con él. Aun antes de crear el universo ya Dios había determinado que estaría dispuesto a entregar la vida de su Hijo para que fuese clavado en una cruz y de esa forma pagar las cuentas que el ser humano era incapaz de pagar. Bien lo dice el Apóstol Pablo en su carta a los cristianos en la ciudad de Roma: "Mas Dios muestra su amor para con nosotros, en que, siendo aún pecadores, Cristo murió por nosotros" (Romanos 5:8). ¿Qué más podemos decir sobre la preocupación de Dios por nosotros? Pero ¿será que Dios todavía se preocupa por nosotros? ¿Será que Dios está al tanto de lo que estoy sufriendo hoy?

Es difícil encontrar palabras más reconfortantes que las que nos dejó Jesús para expresarnos el cuidado que Dios tiene de nosotros. En su famoso sermón del monte nos conforta con estas palabras hermosas: "Mirad las aves del cielo, que no siembran, ni siegan, ni recogen en graneros; y vuestro Padre celestial las alimenta. *¿No valéis vosotros mucho más que ellas?*" (Mateo 6:26). La provisión de Dios para toda la humanidad es innegable, independientemente de que estemos bien con Dios o no. Jesús lo expresó poderosamente al declarar que Dios "hace salir su sol sobre malos y buenos, y que hace llover sobre justos e injustos" (Mateo 5:45).

Si Dios se preocupa aun por aquellos que lo rechazan y lo desprecian, ¿cuánto más no se preocupará Dios por los que hemos venido a ser hijos de él? Cuando el ser humano acepta la provisión de Dios en la cruz y es reconciliado con Dios, pasa de ser una creatura a ser un *hijo* de Dios. Como hijos de Dios, gozamos aun más de la protección, la provisión y el cuidado de Dios. Jesús se lo ilustró a los discípulos de manera poderosa:

¿Qué hombre hay de vosotros, que, si su hijo le pide pan, le dará una piedra? ¿O si le pide un pescado, le dará una serpiente? Pues si vosotros, siendo malos, sabéis dar buenas dádivas a vuestros hijos, ¿cuánto más vuestro Padre que está en los cielos dará buenas cosas a los que le pidan? (Mateo 7:9-11).

Aun cuando nos portamos mal, nuestro Padre nos sigue amando. Es cierto que como buen Padre nos tiene que disciplinar, pero su amor sigue siendo incondicional. Cuando entendemos, como creyentes, que nuestra relación con Dios es una relación de Padre e hijo, toda duda sobre el cuidado de Dios ha de disiparse. Como hijos de Dios, él sí se preocupa por lo que nos está pasando.

¿Hay vida después de la muerte?

A. Cruz

Muchas personas creen que con la muerte se acaba todo. De hecho, los filósofos naturalistas siempre han defendido esta idea acerca del fin radical de la existencia humana. Si solamente somos cuerpo y cerebro, y estos están constituidos solo por células, que en el fondo son átomos materiales, la materia vuelve a la materia y todo se recicla incesantemente. Como decía el famoso divulgador, Carl Sagan: *solo somos polvo de estrellas*, porque nuestros átomos se habrían gestado en el núcleo de tales astros. Ahora bien, frente a esta postura materialista, podríamos también preguntarnos: ¿hay alguna evidencia de vida después de la muerte humana? ¿Existe algo en nosotros que trascienda nuestra existencia física y terrenal?

Algo realmente misterioso, que ha venido preocupando desde siempre a científicos y pensadores, y que permite intuir ese "algo más", es la conciencia humana. El argumento que sostiene que la conciencia es inmaterial, posee verdaderamente mucho peso. La idea de que las sensaciones, las emociones, los pensamientos, las creencias, el yo humano, los valores que sustentamos, el sentido de la moral y de la justicia, la estética, la pasión por la belleza, etc., son características humanas que van más allá de lo puramente físico, es una idea realmente sólida. Todos estos estados conscientes se caracterizan por una percepción íntima y personal. Son algo que solo se puede conocer por medio de la introspección (de la observación íntima de uno mismo). En cambio, los estados físicos no tienen estas características.

Por lo tanto, la conciencia humana no puede ser algo meramente físico. Sí que depende de las neuronas del cerebro, pero no se reduce a ellas. Hay algo sospechoso en la conciencia del ser humano que permite pensar en que se trata de "alguna cosa más que física y química del cerebro".

Otra cuestión, relacionada con lo anterior, tiene que ver con el cambio constante que experimenta la materia de la que estamos hechos. Si dejamos aparte las células nerviosas, casi todos los demás tejidos de nuestro cuerpo se renuevan por completo aproximadamente cada siete años. Hoy no poseemos las mismas células vivas que teníamos hace una década. Esto podría tener incluso implicaciones legales. Si la persona solo fuera materia, algún delincuente podría decir que él no es el mismo que cometió aquel crimen del que se le acusa, porque su cuerpo es otro diferente. Su identidad física se habría ido modificando con el tiempo y ya no es la misma persona. ¡Es dudoso que con semejante argumento pudiera convencer a ningún juez, ni siquiera en una época tan materialista como la actual! Sin embargo, esta cuestión del cambio material de nuestro ser pone de manifiesto la continuidad inalterable del alma humana, que determina nuestra identidad personal a través del tiempo. Nuestro cuerpo cambia, pero nuestro yo sigue siendo el mismo.

En tercer lugar, está la cuestión del libre albedrío. La libertad humana presupone que no somos robots materiales. Algunos creen, por el contrario, que si solo somos materia, las decisiones supuestamente libres serían únicamente el producto de las partículas subatómicas, los genes y la química cerebral. Por tanto, no tendríamos libertad de elección, sino que todo estaría determinado de antemano por el destino. Pero, claro, en este determinismo fatalista, ¿hasta qué punto seríamos responsables de nuestros actos?

La responsabilidad personal solamente tiene sentido cuando hay libre albedrío, cuando la persona puede elegir entre cosas diferentes. Pero, si todo es solo pura materia, la razón se reduce a un simple reflejo condicionado. Más aún, el mero concepto de amor pierde todo su significado, y en lugar de ser un acto voluntario, se convierte en una actividad robótica determinada de manera fatalista solo por procesos físicos y químicos. Esta cosmovisión es profundamente pesimista y no puede satisfacer al ser humano.

También existe la opinión, bastante popular, de aquellas personas que murieron clínicamente, abandonaron sus cuerpos, tuvieron diversas experiencias y regresaron a la vida. Los intentos de catalogar dichas experiencias personales como fenómenos naturales, o simples jugarretas del cerebro que se apaga, fracasan en aquellos casos en los que la persona incorpórea toma conocimiento de cosas o situaciones que no podía saber de ninguna otra manera.

Hay que tener cuidado con las interpretaciones teológicas que se le dan a tales experiencias. Pero, lo cierto es que, su existencia se ha confirmado. Algunos dicen que, aunque tales experiencias fueran ciertas, solo demostrarían una supervivencia temporal después de la muerte. Esto es verdad, pero si la muerte biológica no es capaz de acabar con la conciencia humana, ¿qué otra cosa podría hacerlo?

Si bien todos estos argumentos racionales son interesantes, desde mi punto de vista, hay un razonamiento de más peso y mucho más persuasivo, que demuestra la realidad de la vida más allá de la tumba. Se trata de la resurrección de Jesucristo.

Los eruditos más destacados del mundo, tanto de las épocas antiguas como de las modernas, están de acuerdo, sin lugar a dudas, en que el trauma físico que sufrió Jesús en cruz fue mortal. La tumba vacía es también uno de los hechos mejor comprobados de la historia antigua. Los primeros seguidores de Cristo fueron en varias ocasiones testigos de apariciones posteriores a la resurrección de su Maestro. Pocas semanas después de dicha resurrección, un grupo de al menos tres mil judíos experimentó una transformación tan radical y extraordinaria, que les hizo abandonar voluntariamente sus tradiciones, cultura y religión (lo que les identificaba como pueblo) para convertirse en seguidores de Jesús. Algunos pagaron con sus vidas el haberse hecho cristianos. Por medio de la resurrección, Jesús no solo demostró que está por encima de Abraham, de Buda o de Confucio, sino que también brindó una prueba de que hay vida después de la muerte.

En general, toda la Biblia afirma que, después de la existencia terrena, hay algo más. Ya en el A. T. el salmista decía: *Pero Dios redimirá mi vida del poder del Seol* (= la muerte). *Porque él me tomará consigo* (Sal 49:15). Y en el N. T. el evangelista Juan pone en los labios de Jesús estas palabras: *Y esta es la voluntad del que me ha enviado: Que todo aquel que ve al Hijo, y cree en él, tenga vida eterna; y yo le resucitaré en el día postrero* (Jn 6:40). De la misma manera, unos capítulos después, a propósito de la muerte de Lázaro, quien fue un gran amigo de Jesús, Juan vuelve a escribir (Jn 11:21-26):

> Y Marta dijo a Jesús: Señor, si hubieses estado aquí, mi hermano no habría muerto. Mas también sé ahora que todo lo que pidas a Dios, Dios te lo dará. Jesús le dijo: Tu hermano resucitará. Marta le dijo: Yo sé que resucitará en la resurrección, en el día postrero. Le dijo Jesús: Yo soy la resurrección y la vida; el que cree en mí, aunque esté muerto, vivirá. Y todo aquel que vive y cree en mí, no morirá eternamente. ¿Crees esto?

En nuestra opinión, hay muchas evidencias indirectas de que, en efecto, hay vida después de la muerte.

¿Cómo sabemos que Dios nos ama?

J. Valdés

Mucho se habla del amor en nuestro mundo. Mucha tinta se ha invertido en definir lo que es el verdadero amor y cómo encontrarlo. Los poetas nos hablan de lo emocionante que es amar y ser amados. Los novelistas narran historias de amor. Los historiadores captan amores dignos de ser recordados en la posteridad. Las películas y las novelas contribuyen al tema enfatizando lo sensual y dramático que puede ser el amor. Pero el buen observador notará que estos conceptos de amor a menudo se contradicen unos a otros y las expresiones de amor en la vida real parecen quedar muy cortas de las expectativas que tenemos. Deberíamos preguntarnos, ¿por qué hay tanta confusión sobre lo que es el amor? ¿Cómo es el verdadero amor? ¿Cómo sabemos que alguien nos ama? Las respuestas a estas preguntas nos acercarán a la respuesta que buscamos sobre el amor de Dios hacia nosotros.

El ser humano entiende y necesita ser amado, pero lamentablemente el amor parece eludirle. Los acercamientos al tema desde la óptica humana parecen estar contaminados por el egoísmo, la sensualidad desmedida y los prejuicios del hombre caído. Desde que el ser humano se rebeló contra Dios en el jardín del edén, su brújula moral se ha ido deteriorando hasta el punto de que no somos capaces de amar con un amor cien por ciento puro y desinteresado. Quizás, el amor que más se acerca a la pureza y el desinterés que han de caracterizar el verdadero amor, es el amor de una madre. Sin embargo, aun este amor maternal a veces manifiesta las impurezas de nuestra condición caída. Es decir, el amor entre los seres humanos siempre será un amor imperfecto. De ahí emana toda la confusión que hoy vemos en cuanto al amor. Por tanto, si deseamos entender lo que es el verdadero amor, tenemos que acercarnos al tema desde la óptica de Dios. ¿Cómo define Dios el amor perfecto?

No existe en el mundo de la literatura un pasaje tan preciso y tan impactante sobre lo que es el amor que el que encontramos en la Palabra de Dios, en la primera carta del apóstol Pablo a los Corintios:

> El amor es sufrido, es benigno; el amor no tiene envidia, el amor no es jactancioso, no se envanece; no hace nada indebido, no busca lo suyo, no se irrita, no guarda rencor; no se goza de la injusticia, más se goza de la verdad. Todo lo sufre, todo lo cree, todo lo espera, todo lo soporta. El amor nunca deja de ser (1 Corintios 13:4-8).

Esta definición, desde la óptica divina, traspasa los límites de nuestra condición caída y eleva el amor por encima de todo egoísmo, toda sensualidad y todos los prejuicios que nos caracterizan. Es el amor que Dios tiene para sus hijos y es a la vez el estándar que todos debemos luchar por alcanzar, o por lo menos acercarnos lo más posible. Este es el tipo de amor que Jesús tenía en mente cuando respondió a la pregunta de los fariseos sobre el mandamiento más importante:

> Maestro, ¿cuál es el gran mandamiento en la ley? Jesús le dijo: Amarás al Señor tu Dios con todo tu corazón, y con toda tu alma, y con toda tu mente. Este es el primero y grande mandamiento. Y el segundo es semejante: Amarás a tu prójimo como a ti mismo. De estos dos mandamientos depende toda la ley y los profetas (Mateo 22:36-40).

El amor es el estándar que Dios mismo ha establecido para nuestras relaciones humanas y para nuestra relación con él. Y más que un estándar externo, hemos sido creados para amar y ser amados. Es por lo que el ser humano anhela, tanto dar, como recibir amor. Pero nos quedamos cortos al darlo y nos sentimos insatisfechos al recibirlo. Nos es difícil amar a los demás, de la misma manera que les es difícil a los demás amarnos. Dada nuestra frecuente frustración con el amor entre humanos, muy fácilmente llegamos a dudar del amor de Dios.

Si nos preguntamos, ¿cómo sabemos si alguien nos ama?, tenemos que procurar situarnos en la óptica de Dios y no en la de los hombres. Desde nuestra perspectiva humana, la evidencia que demandamos de quien nos ama gira en torno a la capacidad que ellos tengan de satisfacer nuestras necesidades. Inevitablemente caemos en una perspectiva egoísta al considerar amor aquello que nos satisface. Todo tiene que ver con satisfacer nuestras necesidades porque lo más importante siempre soy yo. No es difícil ver que si todos pensamos así, nadie se sentirá amado. Mientras yo estoy preocupado con que mi cónyuge satisfaga mis necesidades para saber si realmente me ama, mi cónyuge está esperando lo mismo de mí. Como ninguno de los dos estamos interesados en las necesidades del otro, sino solo en las nuestras, nunca nos sentimos del todo amados. Aun cuando atendemos a las necesidades de los demás, a menudo lo hacemos de manera egoísta, esperando ser correspondidos y damos para recibir.

Sin embargo, el amor que recibimos de Dios es diferente. **El amor de Dios es sufrido**. Dios demuestra su amor a través de su sacrificio por nosotros. Jesús les expresó este principio de amor sufrido a sus discípulos, justo antes de ir a la cruz para dar su vida por amor a ellos y a nosotros,

> Este es mi mandamiento: Que os améis unos a otros, como yo os he amado. *Nadie tiene mayor amor que este, que uno ponga su vida por sus amigos* (Juan 15:12-13).

¿Cómo sabemos que Dios nos ama? Solo tenemos que mirar a la cruz de Jesús. Nadie nos ha amado como Dios nos ha amado.

El amor de Dios nunca deja de ser. Esto lo vemos en otro de los pasajes más impactantes de toda literatura, en las palabras del apóstol Pablo a los Romanos, Dios nos dice que:

> *Por lo cual estoy seguro de que ni la muerte, ni la vida, ni ángeles, ni principados, ni potestades, ni lo presente, ni lo por venir, ni lo alto, ni lo profundo, ni ninguna otra cosa creada nos podrá separar del amor de Dios, que es en Cristo Jesús Señor nuestro* (Romanos 8:38-39).

No hay nada que un hijo de Dios pueda hacer para dejar de ser amado por su Padre celestial. Este tipo de fidelidad se encuentra solo en Dios a través de nuestro salvador Cristo Jesús. ¿Cómo sabemos que Dios nos ama? Solo tenemos que ver lo permanente que es su amor para con sus hijos.

El amor de Dios también es incondicional para con sus hijos. Esto queda claro al considerar las palabras del apóstol Pablo a los Romanos:

> *Mas Dios muestra su amor para con nosotros, en que, siendo aún pecadores, Cristo murió por nosotros* (Romanos 5:8).

Dios no nos ama porque somos amables, ni porque somos buenos, ni porque lo merecemos, nos ama porque escoge amarnos a pesar de que no lo merecemos. ¿Cómo sabemos que Dios nos ama? Solo tenemos que reconocer lo poco que merecemos su amor para entender lo mucho que nos ama.

El amor de Dios es generoso. Dios nos ama tanto, que nos ha adoptado para que seamos sus hijos y para que gocemos de todos los privilegios que esta adopción nos provee. El apóstol Juan nos deja estas preciosas palabras:

> *Mirad cuál amor nos ha dado el Padre, para que seamos llamados hijos de Dios* (1 Juan 3:1).
> *Mas a todos los que le recibieron, a los que creen en su nombre, les dio potestad de ser hechos hijos de Dios* (Juan 1:12).

El apóstol Pablo nos revela lo privilegiados que somos al ser adoptados como hijos de Dios:

> *El Espíritu mismo da testimonio a nuestro espíritu, de que somos hijos de Dios. Y si hijos, también herederos; herederos de Dios y coherederos con Cristo* (Romanos 8:16-17).

¿Cómo sabemos que Dios nos ama? Solo tenemos que ver lo generoso que Dios ha sido con nosotros en adoptarnos y hacernos herederos de lo que no merecíamos.

Al considerar lo maravilloso del amor de Dios, debemos preguntarnos a nosotros mismos, ¿estaríamos dispuestos a responder al amor de Dios? Es decir, ¿aceptaríamos el regalo de la salvación que él nos ofrece por amor? ¿Estaríamos dispuestos a recibir la adopción que él nos ofrece? Todos podemos llegar a ser hijos de Dios y experimentar el amor que tanto anhelamos, un amor que ningún ser humano nos puede dar. Te invito a que lo aceptes este mismo día.

¿Cómo podemos comunicarnos con Dios?

J. Valdés

La comunicación entre los seres humanos es difícil. A menudo sufrimos de malentendidos o nos faltan las palabras precisas para comunicar lo que realmente anhelamos comunicar, o quizás no tenemos acceso a la persona con la que deseamos comunicarnos. Otras veces encontramos que las personas no quieren escuchar lo que tenemos que decir. La falta de buena comunicación es motivo de muchos problemas de relación entre cónyuges, amigos, familiares y hermanos. Cualquiera pensaría que, si es tan difícil comunicarnos entre nosotros, ¿cuánto más difícil no será la comunicación con Dios? Sin embargo, la comunicación con Dios es muchísimo más fácil. Aunque nos parezca sorprendente, la comunicación con Dios es fácil porque él conoce nuestros pensamientos más íntimos. Él sabe lo que anhelamos comunicar, aunque no sepamos cómo decirlo bien. Él nos entiende y desea escucharnos. ¿Pero cómo es que podemos comunicarnos con Dios?

Dios nos ha dejado una forma muy sencilla para que nos comuniquemos con él, la oración. La oración se puede definir como tener una conversación con Dios. No es un monólogo, es un diálogo. Tan importante es escuchar lo que Dios tiene que decirnos como que le digamos a Dios lo que deseamos decirle. De nuestra parte, no necesitamos usar un gran vocabulario para impresionar a Dios. Dios desea que hablemos con él de la misma forma que hablamos con nuestros padres o nuestros amigos, con respeto; pero con libertad para expresar lo que realmente sentimos. Tampoco desea Dios que le leamos oraciones que otros han escrito, aunque estas sean oraciones hermosas. Dios desea que le expresemos lo que está en nuestros corazones, lo que nosotros sentimos y pensamos. ¿Pero cuán frecuentemente debemos orar?

El apóstol Pablo dice que debemos orar sin cesar (1 Ts 5:17). Esto no quiere decir que debemos mudarnos para el templo y vivir arrodillados en el altar. Pablo se refiere a que nuestra conversación con Dios no debe ser esporádica, sino continua. Dios está con nosotros todo el tiempo. Por lo que podemos conversar con él siempre. Dios va con nosotros en el auto, en el bus, está con nosotros en el trabajo, en la escuela, en la casa y en el templo. Nosotros no vamos a la iglesia para encontrarnos con Dios, él va *con* nosotros.[296] Cuando entendemos esto, entendemos que la oración es como llevar una conversación continua durante todo el día con alguien que nos acompaña en cada momento. Nuestra parte no es difícil de entender, orar es dialogar con Dios, pero ¿cómo es que Dios habla conmigo? ¿Cómo puede llamarse esto un diálogo?

Dios sabe cómo comunicarse con nosotros y nos habla regularmente. Sin embargo, nos cuesta escucharle y llegamos a pensar que no está hablándonos. A veces es porque estamos demasiado ocupados o entretenidos y las múltiples distracciones nos impiden escuchar lo que Dios nos quiere decir. Es como cuando tratamos de hablar con nuestros hijos mientras ellos tienen los auriculares puestos y están escuchando música. Podemos estar hablándoles el día entero y no escucharán nada. Así nos sucede con Dios. Debemos aprender el arte del silencio. Oramos a Dios, le contamos lo que hay en nuestro corazón y entonces debemos guardar silencio y estar atentos para escuchar su voz. A veces Dios nos habla directamente a nuestra mente y nos comunica lo que él desea que entendamos. Este tipo de comunicación requiere que nos acostumbremos a oír la voz de Dios en nuestros pensamientos. Otras veces Dios nos habla de forma más explícita por sueños o por visiones. Quizás la forma más directa en la que Dios nos habla es a través de la Biblia, o la predicación de ella. En nuestras oraciones debemos pedirle a Dios que nos enseñe a escuchar su voz. Dios es un buen maestro y desea que le escuchemos, por lo que nos enseñará a oírle. La oración es el modo directo de comunicación que Dios ha establecido para que nos mantengamos conectados con él.[297]

---

296 Vamos a la iglesia para encontrarnos con nuestros hermanos y edificarnos mutuamente, adorar juntos, compartir alimentos, y escuchar un mensaje de parte de Dios y aprender de la Biblia a través de los pastores y mensajeros que Dios ha escogido para instruirnos.

297 Para profundizar más sobre otros aspectos de la oración vea las *Preguntas 24-26*.

¿Cómo establecer una relación personal con Dios?

J. Valdés

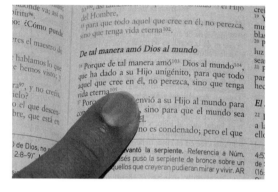

No podemos tener una relación con alguien que no conocemos o con quien no nos gusta compartir. ¿Cómo te iría en el noviazgo con una pareja que no le gusta hablar contigo? ¿Cuánto dura un matrimonio cuando uno o ambos cónyuges ya no desean compartir nada? Tampoco es factible relacionarnos con aquellos que no nos respetan ni nos tienen aprecio. Las relaciones se fundamentan sobre estos cuatro pilares. Para que una relación comience y permanezca debemos conocernos, agradarnos, respetarnos y apreciarnos. Estos pilares tienen que existir de ambas partes. ¿Aplican esto pilares fundamentales a nuestra relación con Dios? ¡Absolutamente!

De parte de Dios encontramos que él nos conoce, se agrada de nosotros, nos respeta y nos aprecia. ¿Quién nos conoce mejor que Dios? Es más, Dios nos conoce mejor de lo que nosotros nos conocemos a nosotros mismos. Aun así, conociendo nuestras debilidades y nuestra tendencia pecaminosa, Dios desea que tengamos una relación personal con él. Además, Dios nos creó para compartir con nosotros durante toda una eternidad, como hijos suyos. Tanto le agrada a Dios la idea de tener una relación personal con nosotros que estuvo dispuesto a pagar un precio muy alto para que dicha relación fuese posible. El hombre, en su condición de pecador, no tenía acceso a la presencia de Dios. Por eso, Dios envío a Jesucristo para purificarnos a través de su muerte en la cruz, efectuando una reconciliación con Dios para todo el que la deseare. El autor de la carta a los Hebreos lo capta de manera explícita al afirmar que:

> *... podemos entrar con valentía en el Lugar Santísimo del cielo por cau-*
> *sa de la sangre de Jesús. Por su muerte, Jesús abrió un nuevo camino –un*
> *camino que da vida– a través de la cortina al Lugar Santísimo. Ya que*
> *tenemos un gran Sumo Sacerdote que gobierna la casa de Dios, entremos*
> *directamente a la presencia de Dios con corazón sincero y con plena con-*
> *fianza en él. Pues nuestra conciencia culpable ha sido rociada con la sangre*
> *de Cristo a fin de purificarnos, y nuestro cuerpo ha sido lavado con agua*
> *pura* (Hebreos 10:19-22, NTV).

También hallamos que nadie respeta al ser humano como lo hace Dios. Dios nos ha dado libertad de voluntad y nos permite tomar las decisiones que deseemos, para bien o para mal. Él nos aconseja con el fin de que tomemos buenas decisiones, pero nunca nos obliga. En cuanto al aprecio, nadie nos ha amado más que Dios. En las maravillosas palabras de Jesús, Dios nos revela la magnitud de su amor por nosotros:

> *Porque de tal manera amó Dios al mundo, que ha dado a su Hijo unigé-*
> *nito, para que todo aquel que en él cree, no se pierda, más tenga vida eterna*
> (Juan 3:16).

Dios reúne todo lo necesario para tener una relación personal con el ser humano y anhela dicha relación, pero es necesario que el hombre también la desee. ¿Cómo podemos establecer una relación personal con Dios?

El primer paso para entrar en una relación personal con Dios es reconocer que solo existe un camino por el que podemos obtener acceso a Dios, este camino es Jesús. Solo quien acepta la salvación y el perdón de pecados que Jesús ofrece puede entablar una relación personal con Dios. Una vez que aceptamos ese regalo pasamos a ser hijos de Dios. Automáticamente entramos en una relación personal con Dios, la relación de Padre e hijo. Como hemos visto, de parte de Dios la relación no tiene obstáculos, puede llegar a ser una relación íntima y maravillosa. Sin embargo, nosotros tenemos que poner de nuestra parte para lograr ese tipo de relación maravillosa. Como suele suceder en las relaciones humanas, las relaciones requieren esfuerzo y trabajo.

Una vez que hemos aceptado el regalo de la salvación, debemos comenzar a conocer a Dios, a crecer en nuestro conocimiento de él. Cuanto más le conozcamos, más nos enamoraremos de él. ¿Cómo podemos crecer en el conocimiento de Dios? Debemos comenzar por meternos en la Biblia ya que es la forma principal en que él se nos ha dado a conocer en estos tiempos. Ahí aprenderemos muchísimo sobre quién es nuestro Dios y cómo se relaciona con las personas. Al estudio de su Palabra debemos añadir la oración. Cuanto más dialoguemos con Dios, mejor le conoceremos y más íntima será nuestra relación. Además de conocerlo y amarlo, cuanto más procuramos obedecer a Dios e involucrarnos en sus asuntos más nos agradará nuestra relación. En dicha relación con Dios tenemos oportunidades de ser parte de lo que Dios desea hacer en este mundo. Al acercarnos a Dios aprenderemos cuál es nuestra misión, comenzaremos a entender qué podemos hacer nosotros para avanzar el Reino de Dios. Cuanto más procuremos poner su Palabra por obra en nuestras vidas, mayor será el gozo y el agrado que encontraremos en él. En el Salmo 119, el salmista resume de forma maravillosa, una y otra vez, el deleite que resulta de buscar a Dios y poner su Palabra por obra:

[14] Me he gozado en el camino de tus testimonios más que de toda riqueza. [15] En tus mandamientos meditaré; consideraré tus caminos. [16] Me regocijaré en tus estatutos; no me olvidaré de tus palabras.

[24] Pues tus testimonios son mis delicias y mis consejeros.

[47] Y me regocijaré en tus mandamientos, los cuales he amado. [48] Alzaré asimismo mis manos a tus mandamientos que amé, y meditaré en tus estatutos.

[72] Mejor me es la ley de tu boca que millares de oro y plata.

[92] Si tu ley no hubiese sido mi delicia, ya en mi aflicción hubiera perecido.

[93] Nunca jamás me olvidaré de tus mandamientos, porque con ellos me has vivificado.

[97] ¡Oh, cuánto amo yo tu ley! Todo el día es ella mi meditación.

[103] ¡Cuán dulces son a mi paladar tus palabras! Más que la miel a mi boca. [104] De tus mandamientos he adquirido inteligencia; por tanto, he aborrecido todo camino de mentira. [105] Lámpara es a mis pies tu palabra, y lumbrera a mi camino.

[111] Por heredad he tomado tus testimonios para siempre, porque son el gozo de mi corazón. [112] Mi corazón incliné a cumplir tus estatutos de continuo, hasta el fin.

[127] Por eso he amado tus mandamientos más que el oro, y más que oro muy puro. [128] Por eso estimé rectos todos tus mandamientos sobre todas las cosas, y aborrecí todo camino de mentira. [129] Maravillosos son tus testimonios; por tanto, los ha guardado mi alma. [130] La exposición de tus palabras alumbra; hace entender a los simples. [131] Mi boca abrí y suspiré, porque deseaba tus mandamientos.

[167] Mi alma ha guardado tus testimonios, y los he amado en gran manera. [168] He guardado tus mandamientos y tus testimonios, porque todos mis caminos están delante de ti.

Sin duda, estas son las palabras de un hombre que goza de una maravillosa relación personal con Dios. Pero, además de conocerle, amarle y deleitarnos en él, una relación personal con Dios requiere de nuestro respeto.

Independientemente de su deseo de relacionarse con nosotros y de su continuo amor, Dios demanda que nos acerquemos a él con respeto. Si anhelamos una relación personal con Dios, tenemos que reconocerlo como Dios y entender que él no puede ser burlado, merece y demanda nuestro respeto absoluto.

Hemos visto que entrar en una relación personal con Dios no es difícil. Sin embargo, mantener dicha relación requiere que trabajemos continuamente en ella. Si nos descuidamos en cualquiera de las áreas fundamentales, la relación comenzará a enfriarse. De nosotros depende si gozaremos de una relación íntima o una relación distante. De nosotros depende si seremos un hijo amable o un hijo rebelde. Pero, tal como lo ilustró Jesús en su famosa parábola del hijo pródigo, nunca es tarde para restaurar la relación con nuestro Padre, el único que realmente confiere propósito y sentido a nuestras vidas.

Índice temático

Índice onomástico

Adán: 69, 70, 76, 90, 129-131, 182-183, 281, 314, 316, 332, 356, 362, 373-375, 377, 403
Akhtar, Shabbir: 169
Alá: 167-169, 185, 261
Al-Faruqi, Isma'il: 168
Al-Ghazali: 168, 307
Ambrosio: 396
Ariadna: 184
Aristóteles: 207, 250-253, 285, 288, 365
Arrio: 37
Artemisia annua: 294
Ayala, Francisco J.: 325, 369-370

Barrow, John D.: 265
Barth, Karl: 164
Bauer, Bruno: 199
Behe, Michael J.: 237,266,269,275-276
Berkhof, L.: 48, 164
Bhagavad Gita: 185
Blumembach, Johan: 377
Bonhoeffer, Dietrich: 29-30
Botta, Paul Emile: 323
Brahman: 171-175, 260-261
Brooks, Rodney: 343
Brooks, Ron: 21-22, 179
Brown, Dan: 420
Buccellati, Giorgio: 323
Buda: 167, 185, 429
Buffon, conde de: 313

Cabello, Pedro: 76
Cam: 373, 324
Canaán: 76-79, 283, 373-375
Calvino, Juan: 106-107, 292
Carroll, William E.: 253
Ciudad de Dios, La: 21
Clausius, Rudolf: 289
Colón, Cristóbal: 288
Colson, Charles: 197
Confucio: 185, 429

Chauvin, Derek: 373

Dam, Henrik: 296
Darwin, Charles: 30-31, 80, 237, 265, 267, 270, 273, 275,317, 325, 377
Daumer, Friedrich: 200
Davies, Paul: 309, 347
Dawkins, Richard: 75-76, 79-80, 215, 217, 235, 325-326, 419
De Aquino, Tomás: 18, 25, 135-136, 250-254, 394
De Hipona, Agustín: 21, 24, 35, 127, 394
Defoe, Daniel: 420
de Lubac, Henri: 200
Demócrito: 295
Dembski, William: 275, 318, 338
Díaz, Daniel: 26
Dirac, Paul: 164

Bibliografía

Al-Faruqi. (1982). *Christian Mission and Islamic Da`wah: Proceedings of the Chambèsy Dialogue Consultation*, The Islamic Foundation, Leicester.

Akhtar, S. (1990). *A Faith for all Seasons*. Chicago: Ivan R. Dee Publisher.

Aquinas, T. (2018). *Summa Theologica, Pt.1 Q.7 Art. 1*. California: Coyote Canyon Press.

Augustine, S. (2006). *The City of God*. New York: Barnes & Noble.

Ayala, F. J. (2007). *Darwin y el Diseño Inteligente*. Madrid: Alianza Editorial.

Barrow, J. D. & Tipler, F. J. (1988). *The Anthropic Cosmological Principle*, Oxford Paperbacks.

Behe, M. J. (1999) *La caja negra de Darwin*. Barcelona: Andrés Bello.

_____ 2008. *The Edge of Evolution*. New York: Free Press.

Bere, M. C. (1996). *Bible Doctrines for Today*. Pensacola: A Beka Book.

Berkhof, L. (1979). *Teología sistemática*. México: La Antorcha.

Brooks, R. (2002). "Robots: simular organismos vivos", *Mundo Científico*, Barcelona, 233: 52.

Bryson. (2003). *A short history of the nearly everything*, o.c. en *Nature*, 424.

Cabello, P. (2019). *Arqueología bíblica*. España: Almuzara.

Carroll, W. E. (2014). "Tomás de Aquino, creación y cosmología contemporánea", en *Dios y las cosmologías modernas*. Madrid: BAC.

Colson, C. & Pearcey, N. (1999). *Y ahora… ¿cómo viviremos?* Miami: Unilit.

Craig, W. L. (2007). "¿Es verdadera la teoría neo-darwiniana de la evolución?" en Zacharias, R. y Geisler, N. 2007, *¿Quién creó a Dios?* Miami: Vida, p. 87-88.

_____ (2011). "¿Cómo es posible que la Biblia afirme tanto la soberanía divina como la libertad humana?" en *Biblia de Estudio de Apologética*. Nashville, Tennesse: Holman, p. 1698.

Cruz, A. (1998) *Parábolas de Jesús en el mundo postmoderno*. Terrassa: Clie.

_____ (2002) *Sociología, una desmitificación*. Terrassa, Barcelona: Clie & FLET.

_____ (2015). *Nuevo Ateísmo*, Viladecavalls, Barcelona: Clie.

Darwin, C. (1859). *El origen de las especies.* Barcelona: Ediciones del Serbal.

Davies, P. (1988). *Dios y la nueva física.* Barcelona: Salvat.

Dawkins, R. (1979). *El gen egoísta.* Barcelona: Labor.

_____ (2011). *El espejismo de Dios,* ePUB.

_____ (2015). *El espejismo de Dios.* Barcelona: Espasa.

De Lubac, H. (1989). *La posteridad espiritual de Joaquín de Fiore,* 2 vols. Madrid: Encuentro.

Dembski, W. A. (2005). *Diseño inteligente:* Miami, Florida: Vida.

_____ (2010). *El fin del cristianismo.* Nashville, Tennesse: B&H Publishing Group.

Denton, M. (1986). *Evolution: a theory in crisis.* Chevy Chase: Adler & Adler.

De Vaux, R. (1985). *Instituciones del Antiguo Testamento.* Barcelona: Herder.

Díaz, D. "Eternidad" de su blog *Atenas y Jerusalén.* https://atenasyjerusalen.wordpress.com/2019/09/21/eternidad/

Doyle, T. (2012). *Dreams and Visions: Is Jesus Awakening the Muslim World?* Nashville: Thomas Nelson Publishers.

Erickson, M. (1998). *Christian Theology, 2nd ed.* Grand Rapids: Baker Books.

_____ (2008). *Teología Sistemática.* Viladecavalls, Barcelona: Clie.

Feinberg, P. D. (2011). "¿Tiene errores la Biblia?", en *Biblia de Estudio de Apologética.* Nashville, Tennesse: Holman.

Fricke, R. (2003). *Comentario Bíblico Mundo Hispano, T. 20, 1 y 2 Corintios,* El Paso, Texas.

Gafo, J. (1994). *10 palabras clave en bioética.* Estella, Navarra: Verbo Divino.

García Cordero, M. (1977). *La Biblia y el legado del Antiguo Oriente.* Madrid: Biblioteca de Autores Cristianos.

Geisler, N. & Brooks, R. (1995). *Cuando los escépticos pregunten: Un manual de evidencias cristianas.* Miami: Unilit.

Geisler, N. (1999). *Baker Encyclopedia of Christian Apologetics.* Grand Rapids: Baker Books.

Geisler, N. & Howe, T. (2008). *The Big Book of Bible Difficulties.* Grand Rapids, Michigan: Baker Books.

Geisler, N. L. & Douglas, E. P. (2015). *A Popular Survey of Bible Doctrine.* Indian Trail: NGIM.

Girón, J. (1954). *Los Testigos de Jehová y sus doctrinas.* Miami: Editorial Vida.

Gonzáles, J. R. (2003). Las "razas" biogenéticamente, no existen, pero el racismo sí, como ideología. *Revista Diálogo Educacional.* Paraná, Brasil Pontificia Universidade Católica do Paraná, v. 4, n.9, p.107-113.

GRAU, J. 1968, *Aquí va la respuesta*, Ediciones Evangélicas Europeas, Barcelona.

Gribbin, J. (1995). *In the Beginning*, EE. UU.: Little Brown & Co.

Grundem, W. (1994), *Systematic Theology: An Introduction to Biblical Doctrine.* Grand Rapids: Zondervan.

_____ (2007). *Teología Sistemática*. Miami: Editorial Vida.

_____ (2020). *Systematic Theology, 2ⁿᵈ·* Grand Rapids: *Ed.*, Zondervan.

Guitton, J. y otros. (1994), *Dios y la ciencia. Hacia el metarrealismo.* Madrid: Debate.

Guth, A. H. (1984). "El universo inflacionario", en Mas. Barcelona: L. (ed.) *Cosmología*, Libros de Investigación y Ciencia.

Habermas, G. R. (2011). "Son acaso los milagros bíblicos imitaciones de los mitos paganos?", en *Biblia de Estudio de Apologética*. Nashville: Holman, p. 1300.

_____ (2011). "Las aseveraciones de Jesús, ¿son acaso únicas entre las religiones del mundo?", en *Biblia de Estudio de Apologética*. Nashville: Holman, p. 1440.

Haley-Escuain. (1989). *Diccionario de dificultades y aparentes contradicciones bíblicas.* Terrassa, Barcelona: Clie.

Hawking, S. W. (1988). *Historia del tiempo*. Barcelona: Crítica.

Hoff, P. (2005). *Teología Evangélica, Tomo 1 & 2.* Miami: Editorial Vida.

Hörmann, K. (1985). *Diccionario de moral cristiana*. Barcelona: Herder.

Hume, D. (2020). *Diálogos sobre religión natural*, p. 149, citado en *Dios, la Libertad, y el Mal*, Alvin Plantinga. Salem, Oregón: Publicaciones Kerigma.

Jastrow, R. (1978). *God and the astronomers.* New York: Norton.

Jonas, H. (1996). *Técnica, medicina y ética.* Barcelona: Paidós.

Jones, C. (2017). *Why does God allow evil? Compelling answers for life's toughest questions.* Eugene: Harvest House Publishers.

Jou, D. (2008), *Déu, Cosmos, Caos*. Barcelona: Viena Edicions.

Keller, W. (1977) *Y la Biblia tenía razón.* Barcelona: Omega.

Kessler, H. (1989). *La resurrección de Jesús.* Salamanca: Sígueme.

Kline, M. (1972). *Mathematical Thought from Ancient to Modern Times.* New York: OUP USA.

Küng, H. (1980) *¿Existe Dios? Respuesta al problema de Dios en nuestro tiempo.* Madrid: Cristiandad.

Lemke, S. W. (2011). "¿Declara la Biblia que los animales tienen derechos?", en *Biblia de Estudio de Apologética*. Nashville, Tennessee: Holman, p. 283.

Levering, M. (2016). *Proofs of God: Classical Arguments from Tertullian to Barth*. Grand Rapids: Baker Academic.

Lewis, C. S. (1995). *Mero cristianismo*. Madrid: Rialp.

_____ (2001). *The Great Divorce*. San Francisco: HarperSanFrancisco.

Mayr, E. (1970). *Populations, Species and Evolution*. Cambridge, Mass: Harvard University Press.

McDowell, J. & S. (2018). *Evidencia que demanda un veredicto*. El Paso: Editorial Mundo Hispano.

Menzis, W. W. & Horton, S. M. (1993). *Doctrinas Bíblicas: Una perspectiva Pentecostal*. Miami: Editorial Vida.

Moliner, M. (2008). *Diccionario de uso del español*, Tomo 1. Madrid: Gredos.

Monod, J. (1977). *El azar y la necesidad*. Barcelona: Barral.

Murray, D. (2013). *Jesus on every page: 10 simple ways to seek and find Christ in the Old Testament*. Nashville: Thomas Nelson.

Nagel, Th. (2012). *Mind & Cosmos, Why the Materialist Neo-Darwinian Conception of Nature Is Almost Certainly False*. New York: Oxford University Press.

Newton, I. (1687). *Los Principios: Principios Matemáticos de la Filosofía Natural*, 3ª edición (1726), trad. I. Bernard Cohen y Anne Whitman (1999), General Scholium.

Orgel, L. E. (1975). *Los orígenes de la vida*. Madrid: Alianza Universidad.

Peláez, J. (1995). "Jesús y el Reino de Dios. Las comunidades primitivas. El judeo-cristianismo", p. 228, en Piñero, A. (Ed.), *Orígenes del cristianismo*, Córdoba: Ediciones El Almendro y Madrid: Universidad Complutense.

Popper, K. R. & Eccles, J. C. (1993). *El yo y su cerebro*. Barcelona: Labor.

Powell, D. (2009). *Guía Holman de Apologética Cristiana*. Nashville: B&H Español.

Qureshi, N. (2015). *Buscando a Alá, encontrando a Jesús: Un musulmán devoto encuentra al cristianismo*. Miami: Editorial Vida.

Ruse. (2009). *¿Puede un darwinista ser cristiano?* Madrid: Siglo XXI.

Salgado, E. (1975). *Radiografía de Cristo*. Madrid: Sedmay.

Sanford, J. C. (2014). *Genetic Entropy*. USA: FMS Publications.

Shehadi, F. (1964). *Ghazali's Unique Unknowable God*. Leiden: E. J. Brill.

Siemens, R. (2019). "La conquista de Canaán: ¿Un genocidio de los cananeos?", en Cruz, A. y Siemens, R. *Es tiempo de defender tu fe*. Asunción, Paraguay: El Lector.

Soler, F. J. (2014). *Dios y las cosmologías modernas*. Madrid: BAC.

Strobel, L. (2000). *El caso de Cristo*. Miami, Florida: Vida.

_____ (2007). "Preguntas difíciles acerca de Cristo" en Zacharias, R. y Geisler, N. *¿Quién creó a Dios?* Miami, Florida: Vida.

Tipler, F. J. (1996). *La física de la inmortalidad*. Madrid: Alianza.

Von Rad, G. (1988). *El libro del Génesis*. Salamanca: Sígueme.

Warfield, B. B. (1974). *La Persona y la Obra de Jesucristo*, Terrassa: Clie.

Wayne, H. (1992). *Charts of Christian Theology & Doctrine*. Grand Rapids: Zondervan Publishing House.

White, J. R. (2019). *The Forgotten Trinity*. Bloomington: Bethany House Publishers.

Wright, G. E. (1975). *Arqueología bíblica*. Madrid: Cristiandad.

Youngblood, R. F. (1995). *Nelson's New Illustrated Bible Dictionary*. Atlanta: Nelson.

Zacharias, R. & Geisler, N. (2007). *¿Quién creó a Dios?* Miami, Florida: Vida.

Zacharias, R. (2011). "¿Cómo se relaciona el cristianismo con el hinduismo?", en *Biblia de Estudio de Apologética*. Nashville, Tennessee: Holman, p. 990.